LEGISLAÇÃO PENAL EXTRAVAGANTE

VOLUME III

Alexandre Rocha Almeida de Moraes
Fábio Ianni Goldfinger
Coordenadores

LEGISLAÇÃO PENAL EXTRAVAGANTE

VOLUME III

- **ESTATUTO DO ÍNDIO** (Lei nº 6.001, de 19 de dezembro de 1973)
- **CRIMES DO ESTATUTO DA CRIANÇA E DO ADOLESCENTE** (Lei nº 8.069, de 13 de julho de 1990)
- **ORDEM TRIBUTÁRIA E SONEGAÇÃO FISCAL** (Lei nº 8.137, de 27 de dezembro de 1990)
- **JUIZADOS ESPECIAIS CRIMINAIS** (Lei nº 9.099, de 26 de setembro de 1995)
- **CRIMES AMBIENTAIS** (Lei nº 9.605, de 12 de fevereiro de 1998)
- **PROTEÇÃO ÀS VÍTIMAS, TESTEMUNHAS E RÉUS COLABORADORES** (Lei nº 9.807, de 13 de julho de 1999)
- **ESTATUTO DA PESSOA IDOSA** (Lei nº 10.741, de 01 de outubro de 2003)

Belo Horizonte
FORUM
CONHECIMENTO JURÍDICO
2025

FÓRUM
CONHECIMENTO JURÍDICO

Luís Cláudio Rodrigues Ferreira
Presidente e Editor

Apoio: Associação dos Magistrados Brasileiros

Coordenação editorial: Leonardo Eustáquio Siqueira Araújo
Revisão: Vanessa Leão
Capa e projeto gráfico: Walter Santos
Diagramação: Derval Braga

Rua Paulo Ribeiro Bastos, 211 – Jardim Atlântico – CEP 31710-430
Belo Horizonte – Minas Gerais – Tel.: (31) 2121.4900
www.editoraforum.com.br – editoraforum@editoraforum.com.br

Técnica. Empenho. Zelo. Esses foram alguns dos cuidados aplicados na edição desta obra. No entanto, podem ocorrer erros de impressão, digitação ou mesmo restar alguma dúvida conceitual. Caso se constate algo assim, solicitamos a gentileza de nos comunicar através do *e-mail* editorial@editoraforum.com.br para que possamos esclarecer, no que couber. A sua contribuição é muito importante para mantermos a excelência editorial. A Editora Fórum agradece a sua contribuição.

Dados Internacionais de Catalogação na Publicação (CIP) de acordo com ISBD

L514 Legislação penal extravagante: Volume III / Alexandre Rocha Almeida de Moraes, Fábio Ianni Goldfinger (coord.). Belo Horizonte: Fórum, 2025.

286p. ; 17cm x 24cm.
ISBN impresso 978-65-5518-818-9

ISBN digital 978-65-5518-813-4

1. Penal. 2. Crimes. 3. Leis penais extravagantes. I. Moraes, Alexandre Rocha Almeida de. II. Goldfinger, Fábio Ianni. III. Título.

CDD: 345
CDU: 343.2

Ficha catalográfica elaborada por Lissandra Ruas Lima – CRB/6 – 2851

Informação bibliográfica deste livro, conforme a NBR 6023:2018 da Associação Brasileira de Normas Técnicas (ABNT):

MORAES, Alexandre Rocha Almeida de; GOLDFINGER, Fábio Ianni (coord.). Legislação penal extravagante: Volume III. Belo Horizonte: Fórum, 2025. 286p. ISBN 978-65-5518-818-9.

A punição nem há de ser tão rápida que o delinquente virtual considere positiva a relação custo/benefício – se a pena é insuficiente, o risco sempre vale a pena –, nem tão longa que o criminoso potencial nela veja menos uma ameaça a temer e mais um desafio a enfrentar (o peso e a régua).
(DIP, Ricardo; MORAES JR.; Volney Corrêa Leite de. Crime e castigo: reflexões politicamente incorretas. Campinas:- Millennium, 2002, p. 24)

Este terceiro volume de comentários selecionou uma temática pouco comum nas Faculdades de Direito e no estudo cotidiano: os crimes do Estatuto do Índio, os crimes do Estatuto da Criança e do Adolescente, os crimes contra a ordem tributária e a sonegação fiscal, os juizados especiais criminais, os crimes ambientais, a proteção às vítimas, testemunhas e réus colaboradores e os crimes contra as pessoas idosas são objeto de estudo e discussão pelos renomados autores. Mais uma vez, as leis penais que fazem parte deste volume foram apresentadas sem ordem cronológica, escritas sob a forma de artigos científicos, muito além de meros comentários dos textos em vigor, por profissionais que são referências na academia e em suas atuações profissionais. Apresentamos o terceiro volume desta coletânea de Legislação Penal Extravagante com a clara intenção de apresentar uma obra que sirva, simultaneamente, para estudantes e operadores do direito e carregue o selo de excelência desse projeto de vanguarda da Editora Fórum.

Alexandre Rocha Almeida de Moraes
Fábio Ianni Goldfinger

ESTATUTO DO ÍNDIO: COMENTÁRIOS AOS CRIMES DA LEI Nº 6.001/1973

Tallita Juliana Ramos de Oliveira

1 Considerações Fundamentais

Percebe-se, ao iniciar o estudo sobre o direito indigenista, que há um obstáculo ao se aprofundar na matéria, simplesmente porque as deficiências da formação escolar no Brasil acabaram gerando distorções sobre o conceito real dos indígenas. Edilson Vitorelli defende que esse "obstáculo" é potencializado por uma legislação desatualizada, quase totalmente inconstitucional. Por fim, outro obstáculo para o estudo do direito indigenista é a escassez de bibliografia na área jurídica.[1]

A integração do indígena à sociedade se originou e ganhou força com o Estatuto do Índio, Lei nº 6.001/1973, bem como com as Constituições Federais de 1934 e 1967. O artigo 1º da referida Lei dispõe sobre a proteção aos indígenas, para preservar sua cultura e integrá-los à comunhão da sociedade.[2] No entanto, o referido artigo não foi recepcionado pela Carta Magna de 1988, visto que integrar o indígena à sociedade é negar a cultura indígena, sendo interpretado como negação da própria etnia.[3]

Com o advento da Constituição Federal de 1988, foi previsto, em seu artigo 231, um avanço aos Direitos Humanos, garantindo aos indígenas, de forma definitiva, o reconhecimento de sua organização social, costumes, línguas, crenças e tradições.

Destaca-se, também, a Convenção nº 169, da Organização Internacional do Trabalho (OIT), que foi incorporada pelo Brasil em 2004, a qual diz que serão respeitadas as formas que os povos indígenas tradicionalmente aplicam para a repressão dos crimes cometidos pelos seus membros nas suas comunidades, desde que o meio não seja a pena de morte, de caráter cruel ou infamante. Dispõe, ainda, que as autoridades e os tribunais levarão em

1 VITORELLI, Edilson. *Estatuto do Índio*: Lei nº 6.001/1973. 4. ed. Salvador: Editora JusPodivm, 2018. p. 21.

2 SILVA, Ludmila de Paula Castro. *Leis penais especiais comentadas*. 3. ed. Salvador: JusPodivm, 2020. p. 214.

3 BRASIL. Ministério Público Federal. *Câmara de Coordenação e Revisão, 6. Manual de jurisprudência dos direitos indígenas – 6ª Câmara de Coordenação e Revisão, Populações Indígenas e Comunidades Tradicionais*. Brasília: MPF, 2019. Disponível em: https://www.mpf.mp.br/atuacao-tematica/ccr6/documentos-e-publicacoes/manual-de-atuacao/manual-de-jurisprudencia-dos-direitos-indigenas.pdf. Acesso em 15 mai. 2023.

conta os costumes dos povos indígenas, e o artigo 10 diz que, ao serem aplicadas sanções penais pela legislação geral aos membros originários, serão apreciadas as suas características sociais e culturais, bem como será aplicado, de preferência, pena que não seja a privativa de liberdade.

Inobstante a especificação de questões importantes, a referida Convenção ainda possui termos vagos, tais quais "tolerar, na medida do possível"; em que pese também possuir disposições claras, tais como "a proibição da pena de morte ou de caráter cruel ou infamante".

Basicamente, após a Carta Magna de 1988, houve a criação de outras normas que possuem o escopo de proteger o indígena e sua cultura, sendo elas o Decreto nº 26/1991, dispondo sobre a educação indígena; o Decreto nº 1.775/1996, o qual dispõe sobre a demarcação de terras indígenas; o Decreto nº 3.156/1999, tratando-se de condições para a prestação de assistência à saúde dos povos indígenas no SUS – Sistema Único de Saúde.

Ainda, há a Resolução nº 287, de 25.06.2019, do Conselho Nacional de Justiça, a qual estabelece procedimentos ao tratamento das pessoas indígenas acusadas, rés, condenadas ou privadas de liberdade, com diretrizes para assegurar os direitos dessa população, no âmbito criminal do Poder Judiciário.

Entretanto, a Resolução do Conselho Nacional de Justiça não confere uma tangibilidade, de fato, às disposições da Constituição, do Estatuto do Índio e da Convenção 169 da OIT, apenas dispõe que seja realizada consulta prévia, caso haja dúvidas no âmbito da atividade judicial. Em que pese a consulta prévia ser um instrumento importante, a referida Resolução não avança de forma eficiente para garantir a segurança jurídica que deveria existir em relação à punição estatal contra indígenas que cometem crimes, principalmente em relação aos que já foram punidos dentro da tribo indígena, pelos seus membros.[4]

Assim, é imperioso admitir que a aplicabilidade do direito precisa superar a barreira do preconceito e da discriminação em relação aos povos originários.[5]

2 Precedentes históricos e direito comparado

É relevante dizer que a proteção legal dos povos indígenas é uma marcha em constante evolução, fazendo parte de vários momentos da história do Brasil.

No Brasil, diferentemente do que ocorreu em parte do continente sul-americano, colonizado pelos espanhóis, a população indígena é a menor, tendo em vista o processo de exclusão que ela sofreu, desde o período de colonização portuguesa, em que houve o assassinato dos povos originários.[6]

Em 1537, o Papa Paulo III exigia dos católicos respeito aos povos originários e às suas propriedades. A *Bula Sublimis Deus,* do referido Papa, foi um dos primeiros documentos registrados de proteção aos direitos humanos, com o seguinte teor:

> (...) fazendo uso da autoridade apostólica, determinamos e declaramos pelas presentes palavras que ditos índios, assim como todas as gentes que no futuro venham a chegar ao conhecimento dos cristãos, ainda que vivam fora da fé cristã, podem usar, possuir e gozar livremente e licitamente de sua liberdade e do domínio de suas propriedades, que não devem ser reduzidos à servidão e que tudo que seja feito de outro modo é nulo e sem valor; igualmente declaramos que ditos índios e demais povos devem ser

4 SILVA, Ludmila de Paula Castro Silva *et al.* A responsabilidade penal do indígena e a (i)legalidade da dupla punição. *RJESMPSP*, v. 22, 2022. p. 86-87.

5 VILLARES, Luiz Fernando (Coord.). *Direito penal e povos indígenas.* 1. ed. 3. imp. Curitiba: Ed. Juruá, 2014. p. 10.

6 VITORELLI, Edilson. *Estatuto do Índio*: Lei nº 6.001/1973. 4. ed. Salvador: Editora JusPodivm, 2018. p. 27.

> convidados a abraçar a fé de Cristo por meio da pregação da palavra de Deus e com o exemplo de vida boa. (...).[7]

Nota-se, diante da patente vulnerabilidade dos povos originários, que a bula supracitada não foi colocada em prática, sendo revogada logo em seguida e, com o avanço da colonização e a presença em massa desses colonizadores, a hostilidade contra o indígena se tornou maior, resultando em uma mortalidade em larga escala. Ainda, a contaminação dos indígenas com doenças advindas dos colonizadores, as quais eles não tinham imunidade, também contribuiu para a sua redução, bem como as guerras perpetradas nas áreas colonizadas contra a revolta dos indígenas.[8]

A primeira menção aos indígenas no ordenamento jurídico brasileiro foi na Constituição de 1824, reconhecendo a propriedade indígena sobre as terras que ocupavam, garantindo a sua proteção legal. Em seguida, a Constituição de 1934 foi a primeira a ter um capítulo específico sobre os indígenas, estabelecendo uma proteção aos seus direitos e territórios.

Entretanto, foi justamente com a promulgação da Constituição de 1988 que, de fato, houve uma evolução na proteção dos direitos indígenas, posto que ela reconhece o direito originário deles sobre as suas terras ocupadas, garantindo-lhes o seu usufruto exclusivo. Ainda, a Constituição Federal de 1988 determina que é dever do Estado demarcar, proteger e fazer respeitar as terras ocupadas pelos indígenas.

Atualmente, o Brasil possui mais de 215 etnias indígenas, sendo que, dessas, há 180 dialetos.[9] Estima-se que no ano de 1500 viviam, no Brasil, aproximadamente mais de três milhões de pessoas pertencentes a diversos grupos étnicos.[10]

Hoje em dia, de acordo com o IBGE, há no Brasil pouco mais de oitocentos e noventa e seis mil pessoas, e esses dados não se referem aos indígenas isolados, ou indígenas em vias de integração com a sociedade.[11]

É importante destacar que, apesar das adversidades históricas, muitas tribos indígenas persistem, preservando a sua história, o seu dialeto, a sua cultura e o seu modo de vida. Conquanto tenha havido muitos avanços na proteção dos povos originários, ainda há muito a ser superado, para que haja a plena garantia de seus direitos.

Ressalta-se que outros países também possuem legislações e estatutos, os quais tutelam os interesses dos povos indígenas, cite-se, como exemplo, países como o Canadá, a Austrália, a Bolívia, a Nova Zelândia, os Estados Unidos, a Colômbia, dentre outros.

O Canadá possui um tribunal próprio para as questões indigenistas e o "*Indian Act*", que é o Estatuto Canadense Indígena, o qual aborda questões como territórios, direitos individuais e coletivos dos povos originários, bem como estipula quem é considerado indígena.

Em 1974 consagrou-se o *Office of Native Claims,* que foi criado pelo governo Canadense para atender às reivindicações dos povos indígenas, principalmente para tratar sobre a questão

---

7 VITORELLI, Edilson. *Estatuto do Índio*: Lei nº 6.001/1973. 4. ed. Salvador: Editora JusPodivm, 2018. p. 27.

8 VITORELLI, Edilson. *Estatuto do Índio*: Lei nº 6.001/1973. 4. ed. Salvador: Editora JusPodivm, 2018. p. 28.

9 VILLARES, Luiz Fernando (Coord.). *Direito penal e povos indígenas*. 1. ed. 3. imp. Curitiba: Ed. Juruá, 2014. p. 15.

10 FUNAI. *Quem são*. Disponível em: https://www.gov.br/funai/pt-br/atuacao/povos-indigenas/quem-sao. Acesso em 14 mar. 2024.

11 IBGE. *O Brasil indígena*. [s.d.]. Disponível em: https://indigenas.ibge.gov.br/images/pdf/indigenas/folder_indigenas_web.pdf. Acesso em 14 mar. 2024.

territorial.[12] No que tange às disposições penais, o poder judiciário canadense “escuta”, primeiramente, a tribo indígena, para, só então, aplicar as medidas tradicionais.[13]

3 O Acordo de Não Persecução Penal realizado com os povos originários

O Acordo de Não Persecução Penal (ANPP) é um instrumento extrajudicial, alternativo à persecução penal, de natureza negocial, previsto no art. 28-A, §2º, do Código de Processo Penal, oportunizando ao Ministério Público que deixe de oferecer a denúncia em relação aos crimes praticados sem violência ou grave ameaça à pessoa, cuja pena mínima seja inferior a 4 (quatro) anos. Para que ocorra o Acordo de Não Persecução Penal, é necessário o preenchimento de algumas condições dispostas no referido artigo, e uma das mais relevantes é a obrigatoriedade da confissão formal e circunstanciada como requisito para o oferecimento do ANPP.

Para que haja a confissão formal e circunstanciada no ANPP, ainda que feita de forma extrajudicial, é necessário existir a autonomia da vontade em relação ao investigado.

Para adentrar na questão sobre aplicabilidade do Acordo de Não Persecução Penal aos povos originários, é necessário analisar a classificação do índio, conforme o art. 4º, da Lei nº 6.001/1973:

> Art. 4º - Os índios são considerados:
>
> I - Isolados - Quando vivem em grupos desconhecidos ou de que se possuem poucos e vagos informes através de contatos eventuais com elementos da comunhão nacional;
>
> II - Em vias de integração - Quando, em contato intermitente ou permanente com grupos estranhos, conservam menor ou maior parte das condições de sua vida nativa, mas aceitam algumas práticas e modos de existência comuns aos demais setores da comunhão nacional, da qual vão necessitando cada vez mais para o próprio sustento;
>
> III - Integrados - Quando incorporados à comunhão nacional e reconhecidos no pleno exercício dos direitos civis, ainda que conservem usos, costumes e tradições característicos da sua cultura.

Pondera Rogério Sanches que, no que concerne aos fundamentos da teoria do delito, o tratamento jurídico-penal do indígena constitui tema que gera posicionamentos fortes, mais precisamente quanto à culpabilidade, em relação à imputabilidade (capacidade de imputação).[14]

Parte da doutrina acredita que a ideia de que o indígena isolado é inimputável está defasada. Entende, assim, Marcela Baudel de Castro, que no Estatuto do Índio, a culpabilidade é analisada através da já ultrapassada classificação entre indígenas isolados, integrados

[12] SIX NATIONS. *Land Claims process – Crown Canada*. [s.d.]. Disponível em: https://www.sixnations.ca/LandsResources/CrownCanada.htm. Acesso em 14 mar. 2024.

[13] FEIT, Harvey A. *Aboriginal Rights in Canada*: indigenous strategies for relative autonomy within the Canadian State", em The Cana- 166dian Constitution Civil and Minority Rights, Canadian Studies in Wales Group, 1985. Disponível em: https://macsphere.mcmaster.ca/handle/11375/23937. Acesso em 15 mai. 2023. p. 40-63.

[14] SILVA, Ludmila de Paula Castro Silva *et al.* A responsabilidade penal do indígena e a (i)legalidade da dupla punição. *RJESMPSP*, v. 22, 2022. p. 84-110.

e em vias de integração.[15] Ou seja, a condição de indígena não integrado à sociedade não gera a presunção de que ele não tenha higidez mental, sendo assim, em regra, inimputável. Pelo contrário, a regra será que ele seja imputável, sendo ela afastada através dos mesmos critérios legais usados para todo cidadão.

Corroborando, aponta Víctor Gabriel Rodríguez:[16]

> No Brasil, em que ainda resta alguma população indígena não de todo integrada ao resto da sociedade, há que se questionar acerca da imputabilidade do índio. Mas esse questionamento deve necessariamente partir do abandono da antiga concepção de que o índio não integrado não tem desenvolvimento mental completo. Ainda que se reconheça, por questões antropológicas que aqui não cabe aprofundar, que a sociedade indígena se encontra em uma fase anterior de desenvolvimento – o que ainda assim é muito relativo –, não há qualquer sustentáculo, sequer jurídico, para que ao indígena não integrado se o considere de algum modo mentalmente incapacitado. O que pode ocorrer ao índio não integrado é que a ignorância acerca dos valores vigentes na sociedade não indígena possa impedir o conhecimento da proibição de alguns delitos. Não se trata apenas de conhecer a lei penal – que nesse contexto é o menor dos problemas –, mas da absorção ou não dos valores que são subjacentes à norma jurídico-penal. Se o ser humano aprende por imitação, há que se saber reconhecer que uma atitude que nos pareça abjeta pode representar um valor positivo a outra cultura. Em algumas tribos da Amazônia, matar o recém-nascido, o ancião ou o doente é atitude socialmente valorada para a manutenção do grupo.[17]

Portanto, nada impede a análise do cabimento do acordo de não persecução penal aos indígenas, em geral, nos casos permitidos em lei. Ademais, caso seja constatado que o indígena é semi-imputável, ainda assim poderá ser realizado o acordo de não persecução penal.

Nesse sentido, Alexandre Rocha Almeida de Moraes e Flávio Eduardo Turessi defendem que, não sendo constatada a periculosidade concreta do agente, poderá ser celebrado o ANPP ao semi-imputável, devendo incidir causa de diminuição de pena, na fração de dois terços, conforme art. 26, parágrafo único, do Código Penal, consoante orientação traçada pelo art. 28-A, §1º, do Código de Processo Penal.[18]

Em suma, a aplicação do Acordo de Não Persecução Penal em contextos relacionados aos povos originários requer sensibilidade e conhecimento da sua cultura, para que seja dada uma justa e adequada solução à situação específica.

---

15 CASTRO, Marcela Baudel de. O tratamento jurídico-penal conferido aos indígenas no ordenamento jurídico brasileiro. *E-Gov,* Florianópolis, 2 abr. 2013. Disponível em: https://egov.ufsc.br/portal/conteudo/o-tratamento-jur%C3%ADdico-penal-conferido-aos-ind%C3%ADgenas-no-ordenamento-jur%C3%ADdico-brasileiro-0. Acesso em 02 fev. 2023.

16 *Apud.* SILVA, Ludmila de Paula Castro Silva *et al.* A responsabilidade penal do indígena e a (i)legalidade da dupla punição. *RJESMPSP,* v. 22, 2022. p. 96.

17 RODRÍGUEZ, Víctor Gabriel. *Fundamentos do direito penal brasileiro.* São Paulo: Atlas, 2010. p. 284-285.

18 MORAES, Alexandre Rocha Almeida de Moraes; TURESSI, Flávio Eduardo. *Acordos de não persecução penal e cível.* 2. ed. Salvador: JusPodivm, 2022. p. 281.

4 Comentários aos artigos 56 e 59 do Estatuto do índio

Art. 56. No caso de condenação de índio por infração penal, a pena deverá ser atenuada e na sua aplicação o Juiz atenderá também ao grau de integração do silvícola.

Parágrafo único. As penas de reclusão e de detenção serão cumpridas, se possível, em regime especial de semiliberdade, no local de funcionamento do órgão federal de assistência aos índios mais próximos da habitação do condenado.

A redação deste artigo é vaga, tendo em vista a sua importância, e é por conta disso que a sua interpretação acaba ensejando discussões emblemáticas. Primeiramente, antes de se adentrar ao estudo do art. 56, há a necessidade de tecer uma breve análise do art. 3º, da Lei nº 6.001/1973, o qual traz o significado de indígena ou silvícola e comunidade indígena ou grupo tribal:

> Art. 3º Para os efeitos de lei, ficam estabelecidas as definições a seguir discriminadas:
>
> I – Índio ou Silvícola – É todo indivíduo de origem e ascendência pré-colombiana que se identifica e é identificado como pertencente a um grupo étnico cujas características culturais o distinguem da sociedade nacional;
>
> II – Comunidade Indígena ou Grupo Tribal – É um conjunto de famílias ou comunidades índias, quer vivendo em estado de completo isolamento em relação aos outros setores da comunhão nacional, quer em contatos intermitentes ou permanentes, sem, contudo, estarem neles integrados.

Partindo desse conceito, o art. 4º da Lei nº 6.001/1973 classifica o indígena em isolado, em vias de integração e integrado:

> Art. 4º Os índios são considerados:
>
> I – Isolados – Quando vivem em grupos desconhecidos ou de que se possuem poucos e vagos informes através de contatos eventuais com elementos da comunhão nacional;
>
> II – Em vias de integração – Quando, em contato intermitente ou permanente com grupos estranhos, conservam menor ou maior parte das condições de sua vida nativa, mas aceitam algumas práticas e modos de existência comuns aos demais setores da comunhão nacional, da qual vão necessitando cada vez mais para o próprio sustento;
>
> III – Integrados – Quando incorporados à comunhão nacional e reconhecidos no pleno exercício dos direitos civis, ainda que conservem usos, costumes e tradições característicos da sua cultura.

Neste dispositivo, o legislador inseriu o indígena como sujeito ativo da infração penal, sendo que, em caso de condenação, o magistrado deverá, na dosimetria da pena, decidir se haverá a atenuante e avaliar o grau de integração do silvícola.

Vale ressaltar que a jurisprudência predominante é no sentido de que o magistrado apenas aplicará a atenuante aos indígenas não integrados ou em vias de integração à comunhão nacional.[19]

Nesse sentido, Guilherme de Souza Nucci esclarece que caso o indígena não seja absolvido por inimputabilidade, sendo aplicada a medida de segurança cabível, deverá ser condenado, porém, com a atenuação específica. Ainda, da mesma forma que ele, não há sentido em aplicar qualquer atenuante ao indígena considerado integrado à sociedade. Possui-se plena noção das leis, razão pela qual não existe razão para conceder a atenuação da pena.[20]

O Superior Tribunal de Justiça, em diversos julgados, entende que é inaplicável a atenuante do art. 56, do Estatuto do Índio, ao indígena integrado à sociedade.[21]

Ademais, o referido artigo, em seu parágrafo único, trata sobre o cumprimento da pena pelo indígena em isolamento ou em vias de integração. Caso o sujeito ativo não receba medida de segurança, deverá cumprir a pena em regime de semiliberdade (equivalente ao regime semiaberto), por mais grave que seja o delito cometido pelo silvícola. Não se aplica o regime disposto no parágrafo único ao indígena totalmente integrado à sociedade, sendo este equiparado ao criminoso comum.[22]

No caso do estabelecimento de cumprimento da pena de semiliberdade, o objetivo do legislador é tratar o silvícola de forma especial, para que ele não se distancie de suas raízes. É por esse motivo que o parágrafo único fala que a preferência para o cumprimento da pena será em local de funcionamento do órgão federal de assistência mais próximo da habitação do condenado.

Entretanto, pontua Rogério Sanches que a pena imposta em estabelecimento da FUNAI será de difícil execução, tendo em vista a ausência de estruturação para encarcerar pessoas condenadas. Em suma, o legislador conferiu à FUNAI a execução de penas, destoando da missão maior do órgão, que é a de proteger e promover os direitos dos povos indígenas, o que, segundo ele, "acaba por refletir numa atuação muito aquém da esperada por todos".[23]

---

19 SUPERIOR TRIBUNAL DE JUSTIÇA. Agravo Regimental no Recurso Especial nº 1.361.948/PE, publicado em 16.09.2013 e decisão do Tribunal Regional Federal da 5ª Região na Apelação nº 200683050003400, publicado em 26.11.2008.

20 NUCCI, Guilherme de Souza. *Leis penais e processuais penais comentadas*: volume 2. 13. ed. Rio de Janeiro: Editora Forense, 2021. p. 469.

21 AGRAVO REGIMENTAL EM RECURSO ESPECIAL. PENAL. CRIME DE INCÊNDIO. INDÍGENA INTEGRADO À SOCIEDADE BRASILEIRA. PLEITO DE APLICAÇÃO DA ATENUANTE DO ART. 56, PARÁGRAFO ÚNICO DA LEI Nº 6.001/73. IMPOSSIBILIDADE. 1. Este Tribunal Superior possui entendimento firmado de que o art. 56, parágrafo único, da Lei nº 6.001/76 (Estatuto do Índio), a embasar a pretensão de atenuação da reprimenda, somente se destina à proteção do silvícola não integrado à comunhão nacional; ou seja, esse dispositivo legal não pode ser aplicado em favor do indígena já adaptado à sociedade brasileira. 2. Agravo regimental a que se nega provimento. (AgRg no REsp nº 1.361.948/PE, Rel. Ministro Marco Aurélio Bellizze, Quinta Turma, julgado em 10.09.2013, *DJe* 16.09.2013).

22 NUCCI, Guilherme de Souza. *Leis penais e processuais penais comentadas*: volume 2. 13. ed. Rio de Janeiro: Editora Forense, 2021. p. 470.

23 *Apud*. SILVA, Ludmila de Paula Castro Silva *et al*. A responsabilidade penal do indígena e a (i)legalidade da dupla punição. *RJESMPSP*, v. 22, 2022. p. 99.

Art. 57. Será tolerada a aplicação, pelos grupos tribais, de acordo com as instituições próprias, de sanções penais ou disciplinares contra os seus membros, desde que não revistam caráter cruel ou infamante, proibida em qualquer caso a pena de morte.

No *caput* do artigo supracitado, o legislador simplesmente autoriza as sanções penais e disciplinares indígenas, havendo apenas uma limitação quanto às penas de caráter cruel, infamante ou à pena de morte, compatível, assim, com o disposto no artigo 5º, inciso XLVII, alíneas "a" e "e", da Carta Magna.

Convém ressaltar, ainda, que a Convenção 169 da OIT, em seu artigo 9º, 1, prevê que:

> Na medida em que isso for compatível com o sistema jurídico nacional e com os direitos humanos internacionalmente reconhecidos, deverão ser respeitados os métodos aos quais os povos interessados recorrem tradicionalmente para a repressão dos delitos cometidos pelos seus membros.[24]

Cumpre esclarecer que o Estado não deve penalizar o fato em que já houve a punição de acordo com o sistema indígena, em observância ao princípio do *non bis in idem.* Oportuno mencionar, ainda, uma decisão do Tribunal de Justiça do Estado de Roraima, em um caso que envolve um homicídio entre indígenas, o qual reconheceu a autonomia da decisão tribal na aplicação da penalidade:

> APELAÇÃO CRIMINAL. Homicídio. Crime praticado entre indígenas na terra indígena Manoá/Pium. Região Serra da Lua, Município de Bonfim-RR. Homicídio entre parentes. Crime punido pela própria comunidade (Tuxauas e membros do Conselho da comunidade indígena do Manoá). Penas alternativas impostas, sem previsão na Lei Estatal. Limites do art. 57 do estatuto do índio observados. Denúncia do Ministério Público. Impossibilidade de persecução penal. *Jus Puniendi* Estatal a ser afastado. *Non Bis In Idem.* Questão de Direitos Humanos. Higidez do Sistema de Responsabilização Penal pela própria comunidade. Legitimidade fundada em leis e tratados. Convenção 169 da OIT. Lições do Direito Comparado. Declaração de ausência do Direito de punir Estatal que deve ser mantida. Apelo ministerial desprovido.[25]

Edilson Vitorelli ressalta que, na hipótese de a pena imposta pela tribo indígena ferir direitos humanos internacionalmente reconhecidos, o Estado interferirá, cabendo apenas ao Poder Judiciário analisar se a sanção indígena manteve os limites estabelecidos aos direitos humanos, não ingressando no mérito da questão.[26]

Lado outro, parte da doutrina entende que a intervenção do Estado nas penas impostas pelos indígenas deve ser tomada em um sentido mais amplo, sendo que a suposta dupla punição não implica, por si só, uma ilegítima intervenção do Estado.

---

[24] Convenção 169 da Organização Internacional do Trabalho.

[25] RORAIMA. Tribunal de Justiça (Câmara Única). *ACr nº 0090.10.000302-0.* Relator: Des. Mauro Campello, 18 dez. 2015.

[26] VITORELLI, Edilson. *Estatuto do Índio*: Lei nº 6.001/1973. 4. ed. Salvador: Editora JusPodivm, 2018. p. 399.

Todavia, Guilherme de Souza Nucci defende que o Estatuto do Índio está desatualizado, visto que não é compatível com o Estado Democrático de Direito, razão pela qual o art. 57 não possui amparo legal. A justificativa é a de que as penas indígenas, na sua imensa maioria, são cruéis, infamantes ou até mesmo de morte, sendo assim, vedadas pelo nosso ordenamento jurídico.[27]

CAPÍTULO II

Dos Crimes Contra os Índios

Art. 58. Constituem crimes contra os índios e a cultura indígena:

I – escarnecer de cerimônia, rito, uso, costume ou tradição culturais indígenas, vilipendiá-los ou perturbar, de qualquer modo, a sua prática. Pena – detenção de um a três meses;

II – utilizar o índio ou comunidade indígena como objeto de propaganda turística ou de exibição para fins lucrativos. Pena – detenção de dois a seis meses;

III – propiciar, por qualquer meio, a aquisição, o uso e a disseminação de bebidas alcoólicas, nos grupos tribais ou entre índios não integrados. Pena – detenção de seis meses a dois anos.

Parágrafo único. As penas estatuídas neste artigo são agravadas de um terço, quando o crime for praticado por funcionário ou empregado do órgão de assistência ao índio.

Trata-se de crime que tem por escopo prevenir e reprimir condutas que violem e coloquem em risco a cultura indígena. Infelizmente, as penas são muito brandas, de forma a permitir a transação penal. (Art. 76, da Lei nº 9.099/95).

Guilherme de Souza Nucci afirma que o bem jurídico tutelado é a "cerimônia, o rito, o uso, o costume ou a tradição cultural indígena". A cultura indígena pode ser definida como o conjunto de valores, costumes, danças, tradições etc.

Em todos os incisos, o sujeito ativo do crime pode ser qualquer pessoa. O sujeito passivo é o indígena ou o grupo tribal. Ainda, de acordo com Guilherme de Souza Nucci, o Estado, de forma secundária, pode ser o sujeito passivo, visto que tem interesse na proteção da cultura indígena.

O inciso I criminaliza as condutas de escárnio, vilipêndio ou perturbação da prática da cultura indígena. Escarnecer é zombar, fazer troça de algo ou de alguém, sendo a primeira conduta típica, rito (regras da cerimônia), uso (praxe), costume (hábito) ou tradição (transmissão de rituais ou valores através de gerações), relacionados à cultura indígena (padrões próprios que regem a comunidade dos silvícolas).[28]

O inciso I é punido a título doloso, não existindo a modalidade culposa.

Já quanto ao inciso II, Guilherme de Souza Nucci consigna que o objeto tutelado é o indígena ou a comunidade indígena. Aqui, utilizar, fazer uso, aproveitar, é a conduta

[27] NUCCI, Guilherme de Souza. *Leis penais e processuais penais comentadas*: volume 2. 13. ed. Rio de Janeiro: Editora Forense, 2021. p. 473.

[28] NUCCI, Guilherme de Souza. *Leis penais e processuais penais comentadas*: volume 2. 13. ed. Rio de Janeiro: Editora Forense, 2021. p. 474-475.

incriminadora. O referido autor ainda afirma que a tutela deste inciso seja apenas para o índio isolado ou em vias de integração.[29]

O proveito referente à conduta do inciso II é em obter lucro, vantagem indevida envolvendo a imagem indígena. Ludmila de Paula Castro e Silva afirma que, embora muitas comunidades indígenas estejam fixadas em locais de belezas esplendorosas, não se pode utilizar a figura do indígena como subterfúgio para o turismo.[30]

Somente será possível a prática do crime doloso ante a ausência de previsão da modalidade culposa. Há a necessidade de ter o elemento subjetivo em realizar a propaganda para turistas ou para obter lucro indevido. Admite-se a tentativa.

Por fim, o inciso III tipifica a conduta de propiciar (proporcionar) a aquisição (compra), o uso e a disseminação (espalhar) de bebidas alcoólicas nos grupos indígenas.

Mais uma vez, o legislador protege o indígena não integrado à sociedade ou o índio em vias de integração, bem como a aldeia, ou seja, sem contato com a sociedade. Neste inciso, também somente será possível a prática do crime doloso ante a ausência de previsão da modalidade culposa.

Ademais, trata-se de crime de ação penal pública incondicionada, sendo infração de menor potencial ofensivo, cabendo transação penal e suspensão condicional do processo.

As condutas típicas descritas no *caput* e nos incisos são crimes comuns, pois não exigem uma condição especial do sujeito ativo, formal, visto que não exige resultado naturalístico. Trata-se de crimes comissivos (escarnecer, vilipendiar, utilizar como objeto de propaganda com fins lucrativos, propiciar a aquisição, o uso e a disseminação de bebidas alcoólicas) e instantâneo, pois se consuma no exato momento da conduta.[31]

O parágrafo único prevê que a pena será agravada em um terço quando as condutas supracitadas forem praticadas por funcionário público ou empregado do órgão de assistência indígena.

O motivo para o aumento da pena se encontra na maior censurabilidade que deverá ser imputada à conduta do funcionário público, visto que ele age em nome do Estado, é conhecedor da cultura indígena, possuindo, assim, o dever de protegê-los. Da mesma forma, a causa de aumento de pena também deve ser aplicada aos agentes privados que exercem atividade junto à FUNAI ou outro órgão indigenista.[32]

Art. 59. No caso de crime contra a pessoa, o patrimônio ou os costumes, em que o ofendido seja índio não integrado ou comunidade indígena, a pena será agravada de um terço.

Trata-se de uma norma para os indígenas não integrados à sociedade. Aqui o legislador pretende punir com maior rigor o indivíduo que se aproveita da vulnerabilidade indígena, tendo em vista a menor compreensão dos costumes de uma sociedade, tornando-os mais

29 NUCCI, Guilherme de Souza. *Leis penais e processuais penais comentadas*: volume 2. 13. ed. Rio de Janeiro: Editora Forense, 2021. p. 474-475.

30 SILVA, Ludmila de Paula Castro. *Leis penais especiais comentadas*. 3. ed. Salvador: JusPodivm, 2020. p. 223.

31 NUCCI, Guilherme de Souza. *Leis penais e processuais penais comentadas*: volume 2. 13. ed. Rio de Janeiro: Editora Forense, 2021. p. 476.

32 VITORELLI, Edilson. *Estatuto do Índio*: Lei nº 6.001/1973. 4. ed. Salvador: Editora JusPodivm, 2018. p. 404.

vulneráveis e suscetíveis a se tornarem vítimas de atos criminosos.[33] Por fim, trata-se de uma causa especial de aumento de pena.

Referências

BRASIL. Conselho Nacional de Justiça. Manual Resolução 287/2019: procedimentos relativos a pessoas indígenas acusadas, rés, condenadas ou privadas de liberdade. Brasília, DF: CNJ, 2019.

BRASIL. Superior Tribunal de Justiça (Sexta Turma). HC 208.634/RS. Relator: Min. Rogério Schietti 14 jun. 2016. Disponível em: https://processo.stj.jus.br/processo/pesquisa/?src=1.1.3&aplicacao=processos.ea&tipoPesquis a=tipoPesquisaGenerica&num_registro=201101273835. Acesso em: 30 jul. 2024.

BRASIL. Ministério Público Federal. *Câmara de Coordenação e Revisão, 6. Manual de jurisprudência dos direitos indígenas – 6ª Câmara de Coordenação e Revisão, Populações Indígenas e Comunidades Tradicionais*. Brasília: MPF, 2019. Disponível em: https://www.mpf.mp.br/atuacao-tematica/ccr6/documentos-e-publicacoes/manual-de-atuacao/manual-de-jurisprudencia-dos-direitos-indigenas.pdf. Acesso em: 30 jul. 2024.

CASTRO, Marcela Baudel de. O tratamento jurídico-penal conferido aos indígenas no ordenamento jurídico brasileiro. *E-Gov,* Florianópolis, 2 abr. 2013. Disponível em: https://egov.ufsc.br/portal/conteudo/o-tratamento-jur%C3%ADdico-penal-conferido-aos-ind%C3%ADgenas-no-ordenamento-jur%C3%ADdico-brasileiro-0. Acesso em 02 fev. 2023.

FEIT, Harvey A. *Aboriginal Rights in Canada*: indigenous strategies for relative autonomy within the Canadian State", em The Cana- 166dian Constitution Civil and Minority Rights, Canadian Studies in Wales Group, 1985. Disponível em: https://macsphere.mcmaster.ca/handle/11375/23937. Acesso em 15 mai. 2023.

FUNAI. *Quem são*. Disponível em: https://www.gov.br/funai/pt-br/atuacao/povos-indigenas/quem-sao. Acesso em 30 jul. 2024.

IBGE. *O Brasil indígena*. [s.d.]. Disponível em: https://indigenas.ibge.gov.br/images/pdf/indigenas/folder_indigenas_web.pdf. Acesso em 14 mar. 2024.

MINISTÉRIO PÚBLICO FEDERAL. 2ª Câmara de Coordenação e Revisão. Voto nº 4873/2021. Procedimento nº 1.23.008.000394/2015-61. Relator: Francisco de Assis Vieira. Disponível em: https://conjur.com.br/dl/ar/arquivamento-homicidio-indigena.pdf. Acesso em: 30 jul.2024.

MORAES, Alexandre Rocha Almeida de Moraes; TURESSI, Flávio Eduardo. *Acordos de não persecução penal e cível*. 2. ed. Salvador: JusPodivm, 2022.

NAÇÕES UNIDAS. Declaração das Nações Unidas sobre os Direitos dos Povos Indígenas. UNIC: Rio, n. 23, mr. 2008. Disponível em: https://www.acnur.org/fileadmin/Documentos/portugues/BDL/Declaracao_das_Nacoes_Unidas_sobre_os_Direitos_dos_Povos_Indigenas.pdf. Acesso em: 30 jul.2024.

NUCCI, Guilherme de Souza. *Leis penais e processuais penais comentadas*: volume 2. 13. ed. Rio de Janeiro: Editora Forense, 2021.

OLIVEIRA, João Paulo; ROCHA FREIRE, Carlos Augusto. *A presença indígena na formação do Brasil*. Brasília: Ministério da Educação, Secretaria de Educação Continuada, Alfabetização e Diversidade; LACED/Museu Nacional, 2006. Disponível em: http://observatorioedhemfoc.hospedagemdesites.ws/observatorio/wp-content/uploads/2017/06/Anexo74_PresencaIndigena_naFormacaoBrasileira_Oliveira.pdf. Acesso em: 30 jul. 2024.

PERUZZO, Pedro Pulzatto; OZI, Giulia. O direito à autoidentificação dos povos indígenas como direito fundamental. *Revista Eletrônica do Curso de Direito da UFSM*, 15, 2, 2020. Disponível em: https://doi.org/10.5902/1981369434252. Acesso em: 30 jul. 2024.

RODRÍGUEZ, Víctor Gabriel. *Fundamentos do direito penal brasileiro*. São Paulo: Atlas, 2010.

RORAIMA. Tribunal de Justiça (Câmara Única). *ACr nº 0090.10.000302-0*. Relator: Des. Mauro Campello, 18 dez. 2015.

[33] VITORELLI, Edilson. *Estatuto do Índio*: Lei nº 6.001/1973. 4. ed. Salvador: Editora JusPodivm, 2018. p. 412.

SILVA, Ludmila de Paula Castro Silva *et al.* A responsabilidade penal do indígena e a (i)legalidade da dupla punição. *RJESMPSP*, v. 22, 2022.

SILVA, Ludmila de Paula Castro. *Leis penais especiais comentadas.* 3. ed. Salvador: JusPodivm, 2020.

SIX NATIONS. *Land Claims process – Crown Canada.* [s.d.]. Disponível em: https://www.sixnations.ca/LandsResources/CrownCanada.htm. Acesso em 14 mar. 2024.

VILLARES, Luiz Fernando (Coord.). *Direito penal e povos indígenas.* 1. ed. 3. imp. Curitiba: Ed. Juruá, 2014.

VITORELLI, Edilson. *Estatuto do Índio*: Lei nº 6.001/1973. 4. ed. Salvador: Editora JusPodivm, 2018.

Informação bibliográfica deste texto, conforme a NBR 6023:2018 da Associação Brasileira de Normas Técnicas (ABNT):

OLIVEIRA, Tallita Juliana Ramos de. Estatuto do índio: comentários aos crimes da Lei nº 6.001/1973. *In*: GOLDFINGER, Fábio Ianni; MORAES, Alexandre Rocha Almeida de (coord.). *Legislação penal extravagante*: Volume III. Belo Horizonte: Fórum, 2024. p. 11-22. ISBN 978-65-5518-818-9.

CRIMES AMBIENTAIS: COMENTÁRIOS À LEI Nº 9.605, DE 12 DE FEVEREIRO DE 1998

Flávio Eduardo Turessi

Fernando Reverendo Vidal Akaoui

Introdução: a tutela penal do meio ambiente e mandados de criminalização

As Constituições brasileiras de 1824, 1891, 1934, 1937, 1946 e 1967 olvidaram-se da matéria ambiental e da importância da sua tutela e reconhecimento como direito fundamental para as presentes e futuras gerações.

Ao contrário dos textos constitucionais anteriores, a Constituição Federal de 1988, atenta à evolução social e à necessidade do reconhecimento e da efetiva proteção aos direitos fundamentais de terceira dimensão, consagrou o meio ambiente ecologicamente equilibrado como direito essencial, vinculando-o, no limite, à dignidade da pessoa humana, verdadeira norma hipotética fundamental (CF/88, art. 225, *caput*).

Ainda que limitado, dentre outros postulados intrínsecos e extrínsecos, pelo princípio da intervenção mínima e seus consectários da fragmentariedade e subsidiariedade, a efetiva tutela do meio ambiente não pode prescindir do Direito Penal como instrumento de controle social, dada a magnitude do bem jurídico constitucionalmente agasalhado.

Aliás, cuida-se de *mandado expresso de criminalização* previsto no art. 225, §3º, da Constituição Federal de 1988, vale dizer, de matéria sobre a qual o legislador não tem a discricionariedade, mas a obrigatoriedade de tratar: "As condutas e atividades consideradas lesivas ao meio ambiente sujeitarão os infratores, pessoas físicas ou jurídicas, a sanções penais e administrativas, independentemente da obrigação de reparar os danos causados".

Assim é que, buscando conferir concretude ao mandado expresso de criminalização aqui destacado, o legislador penal ordinário editou a Lei nº 9.605, de 12 de fevereiro de 1998, que, ao invés de apontar, de forma clara e objetiva, quais textos legais seriam por ela revogados, optou, em seu art. 82, pela conhecida fórmula "revogam-se as disposições em contrário", conferindo ao intérprete a difícil missão de, diante do poliédrico conjunto de leis extravagantes então vigentes no país, identificar as eventuais hipóteses aparentemente conflitantes e, no limite, de revogação tácita.

Externando leitura crítica, Prado afirma que a Lei de Crimes Ambientais de 1998 "erige à categoria de delito uma grande quantidade de comportamentos que, a rigor, não deveriam passar de meras infrações administrativas ou, quando muito, de contravenções penais".[1]

De fato, a Lei nº 9.605/1998 criminaliza condutas que se revelam penalmente irrelevantes, mostrando-se exagerada a criminalização de certos comportamentos, em especial de alguns crimes culposos, como no caso do art. 49, parágrafo único, que criminaliza aquele que maltratar, *sem qualquer intenção*, plantas ornamentais.

Entretanto, passando em revista os tipos penais previstos na Lei de 1998, verifica-se que há diversos comportamentos graves que, malgrado típicos a partir da sua edição, receberam tratamento extremamente benevolente do legislador penal, com a eleição de sanções penais tímidas e insuficientes à tutela do bem jurídico que se busca resguardar, contribuindo para sua baixa densidade prática e efetividade na realidade das coisas.

1 Bem jurídico-penal difuso

A Lei nº 9.605/1998 visa a tutelar o meio ambiente de forma ampla, alcançando não apenas o *meio ambiente natural*, constituído pelo solo, água, ar atmosférico, fauna e flora, mas, também, o *meio ambiente artificial*, aqui compreendido o espaço urbano construído, e o *meio ambiente cultural*, constituído pelo patrimônio histórico, artístico, arqueológico, paisagístico e turístico, destacado do anterior pelo especial valor agregado.

Cuida-se de bem jurídico-penal de natureza difusa, com titulares indetermináveis, e de muito difícil reparação, caso produzido o resultado naturalístico concreto a partir da norma penal violada, reforçando a necessidade do emprego de normas penais de perigo abstrato.

Consagrando o meio ambiente como bem jurídico penal digno da tutela penal, reconhece a Lei nº 9.605/1988 a vítima coletiva, sem rosto, de forma recíproca e complementar à vítima individual e aos bens jurídico-penais individuais tradicionalmente tutelados, a ser igualmente protegida na sua integralidade.

Entretanto, mesmo com a edição da Lei nº 9.605/1998, percebe-se que a eleição de sanções penais tímidas às condutas típicas, muitas delas alcançadas pela possibilidade de aplicação de benefícios legais, como a transação penal e a suspensão condicional do processo, previstos nos arts. 27 e 28 da própria Lei de Crimes Ambientais, tem feito do Direito Penal Ambiental instrumento ineficaz para o enfrentamento de graves violações à fauna e à flora no Brasil, como são exemplos os desmatamentos na região da Amazônia legal e as queimadas no pantanal sul-mato-grossense.

2 Princípio da insignificância ou bagatela

O princípio da insignificância não encontra previsão legal expressa no ordenamento jurídico pátrio. Trata-se de criação Pretoriana, pautada em valores de política criminal, que tem como fundamento a natureza fragmentária e subsidiária do Direito Penal.

1 PRADO, Luiz Regis. *Direito penal do ambiente*: meio ambiente, patrimônio cultural, ordenação do território e biossegurança (com a análise da Lei nº 11.105/2005). São Paulo: RT, 2005. p. 176.

De acordo com Toledo, o princípio guarda correlação com a gradação qualitativa e quantitativa do injusto, permitindo que o fato insignificante seja excluído da tipicidade penal.[2]

Pelo princípio da insignificância desconsidera-se a tipicidade material de condutas que, por sua inexpressividade, devam ser afastadas do campo de reprovação penal. Trata-se, pois, de causa de exclusão da tipicidade.

Conforme a lição de Lopes, impõe-se o reconhecimento do princípio da insignificância diante da necessidade de se vislumbrar na estrutura do tipo penal um conteúdo material que leve à percepção da utilidade e da justiça de imposição de pena criminal ao autor de fatos formalmente típicos.[3]

Nessa ordem de valores, tem-se que a aplicação prática do princípio da insignificância depende da verificação concreta, caso a caso, de requisitos objetivos relacionados à conduta praticada e de requisitos subjetivos relacionados ao autor e à vítima do fato.

De acordo com Masson, são quatro os requisitos objetivos que devem ser analisados no caso concreto para o reconhecimento da insignificância: (i) mínima ofensividade da conduta; (ii) ausência de periculosidade social da ação; (iii) reduzido grau de reprovabilidade do comportamento; e (iv) inexpressividade da lesão jurídica.[4]

Já os requisitos de ordem subjetiva dizem respeito às condições pessoais do autor da conduta e às condições da própria vítima, que não pode ser alijada, pelo intérprete, desse processo de adequação típica.

Em regra, deve ser afastada a aplicação do princípio da insignificância como causa de exclusão da tipicidade nos delitos ambientais, dada a natureza difusa do bem jurídico-penal tutelado, de difícil reparação, e a necessidade de sua efetiva proteção para as presentes e futuras gerações.[5]

Ora, sendo o meio ambiente bem jurídico reconhecido como verdadeiro direito fundamental (art. 225, *caput*, da CF/88), de titularidade difusa, a ser garantido e explorado de forma racional e harmônica com atividades econômicas (art. 170, inc. VI, da CF/88), não

---

2 TOLEDO, Francisco de Assis. *Princípios básicos de direito penal*. 5. ed. São Paulo: Saraiva, 2000. p. 133.

3 LOPES, Maurício Antônio Ribeiro. *Princípio da insignificância no direito penal*: análise à luz das Leis nº 9.099/95: Juizados Especiais Criminais. São Paulo: RT, 1997. p. 34.

4 MASSON, Cleber. *Código penal comentado*. 10. ed. Rio de Janeiro: Método, 2022. p. 10.

5 Confira-se: "A Segunda Turma, em julgamento conjunto, denegou a ordem em "habeas corpus" e negou provimento a recurso ordinário em "habeas corpus" em que se pretendia fosse reconhecida a atipicidade da conduta pela incidência do princípio da insignificância. Em ambos os casos, os envolvidos foram denunciados pela suposta prática do crime do art. 34 da Lei nº 9.605/1998 (pesca proibida). Em um dos processos, a denúncia foi oferecida em razão de o acusado ter sido encontrado com 70 metros de rede de malha número 16 e iscas vivas, porém sem pescado algum. No outro, o denunciado foi flagrado praticando atos de pesca amadora, com o uso de redes de emalhar ancoradas (fixas), em local interditado para a atividade durante o período de safra da tainha. Também não havia nenhum espécime em seu poder. O Colegiado citou a definição da atividade da pesca, conforme o disposto no art. 36 da Lei nº 9.605/1998 ('Para os efeitos desta Lei, considera-se pesca todo ato tendente a retirar, extrair, coletar, apanhar, apreender ou capturar espécimes dos grupos dos peixes, crustáceos, moluscos e vegetais hidróbios, suscetíveis ou não de aproveitamento econômico, ressalvadas as espécies ameaçadas de extinção, constantes nas listas oficiais da fauna e da flora'). De acordo com o texto legal, a pesca não se restringe à captura do ser vivo, mas também abrange todo ato tendente a fazê-lo. Nesse sentido, a Turma assentou tratar-se de crime de perigo, que se consuma com a mera possibilidade de dano ao bem jurídico. Assim, a captura por meio da pesca é mero exaurimento do delito, de modo que não se pode falar em crime de bagatela por não ter sido apreendido nenhum ser vivo. Os comportamentos dos denunciados apresentam elevado grau de reprovabilidade. Além disso, os crimes não se exauriram porque as autoridades intervieram antes que houvesse dano maior à fauna aquática" (STF, RHC Nº 125.566/PR e HC Nº 127.926/SC, Rel. Min. Dias Toffoli, 2ª T., j. 26.10.2016, noticiados no Informativo 845). No mesmo sentido, confira-se: TRF, 4ª R., ApCrim 2004.71.01.001970-2, 7ª T., Rel. Des. Tadaaqui Hirose, *DJU* de 29.11.2006; TJMG, ApCrim 486.599-8, 5ª C.Crim., Rel. Des. Antônio Armando dos Anjos, j. 17.5.2005; TJSP, Ap. 815899.3/0-0000-000, 11ª C. do 6º Grupo da S. Crim., Rel. Des. Massami Uyeda, j. 19.4.2006, RT 851/522).

se pode acolher a tese de que eventual lesão verificada no caso concreto seja insignificante aos olhos do Direito Penal.

Excepcionalmente, é de se reconhecer a atipicidade material da conduta quando revelada a *evidente* e *completa* ausência de ofensividade ao bem jurídico-penal tutelado pela norma.

Nessa linha, a jurisprudência do STJ tem admitido a aplicação do princípio da insignificância aos crimes ambientais, desde que, analisadas as circunstâncias do caso concreto, se observe que o grau de reprovabilidade, a relevância da periculosidade social, bem como a ofensividade da conduta não prejudiquem a manutenção do equilíbrio ecológico.[6]

3 Legislação penal ambiental

O Código Florestal (Decreto nº 23.793, de 23 de janeiro de 1934) foi o primeiro diploma legal no Brasil a tutelar penalmente o meio ambiente.

A partir do Código Florestal de 1934, seguiu-se o Código de Caça (Decreto nº 24.645, de 10 de julho de 1934) e, pouco tempo depois, o próprio Código Penal de 1940 e a Lei de Contravenções Penais de 1941.

Posteriormente, sobrevieram outro Código Florestal (Lei nº 4.771, de 15 de setembro de 1965), a Lei nº 5.197, de 3 de janeiro de 1967 (proteção à fauna), o Decreto-Lei nº 221, de 28 de fevereiro de 1967 (proteção à pesca), o Decreto nº 50.877, de 29 de junho de 1961 (proteção às águas) e a Lei nº 7.643, de 18 de dezembro de 1987 (proteção aos cetáceos).

Com a promulgação da Constituição Federal de 1988, finalmente foi publicada a Lei nº 9.605, de 12 de outubro de 1998, a fim de dar cumprimento ao mandado de criminalização expressamente previsto no seu art. 225, §3º: "As condutas e atividades consideradas lesivas ao meio ambiente sujeitarão os infratores, pessoas físicas ou jurídicas, a sanções penais e administrativas, independentemente da obrigação de reparar os danos causados".

A Lei de Crimes Ambientais de 1998 deve ser interpretada e manejada de acordo com o sistema constitucionalmente desenhado para conferir efetiva proteção ao meio ambiente, e não de forma isolada e estanque.

Com efeito, malgrado não previsto no rol de direitos e deveres individuais e coletivos do art. 5º, a Constituição Federal de 1988, em seu art. 225, *caput*, consagra o direito ao meio ambiente equilibrado e o dever de defendê-lo e preservá-lo para as presentes e futuras gerações como verdadeiro direito fundamental da pessoa humana.

Aliás, o art. 170, inc. VI, da Constituição Federal de 1988, ao apresentar a defesa do meio ambiente como princípio da ordem econômica, aponta para a necessidade de harmonização entre a justa e lícita atividade econômica e a necessária preservação ambiental.

Nesse mesmo trilho, também é preciso pontuar o princípio da precaução como vetor orientador da tutela ambiental, aqui incluída a tutela penal do meio ambiente, voltado à antecipação do dano, como se verifica com a previsão de tipos penais de perigo abstrato na Lei nº 9.605/1998.

6 Confira-se: STJ, APn 888/DF, Rel. Min. Nancy Andrighi, Corte Especial, j. 2.5.2018, *DJe* 10.5.2018; STJ, AgRg no REsp nº 1845406/SC, Rel. Min. Rogério Schietti Cruz, 6ª T., J. em 14.08.2023, *DJe* 17.08.2023; STJ, AgRg no RHC 177595/MS, Rel. Min. Antônio Saldanha Palheiro, 6ª T. J. 26.06.2023, *DJe* 28.06.2023; (vide: STJ, Informativo de Jurisprudência nº 602).

4 Acordo de não persecução penal

O acordo de não persecução penal foi inicialmente criado pela Resolução nº 181/2017, do Conselho Nacional do Ministério Público, posteriormente modificada pela Resolução nº 183/2018, daquele mesmo órgão colegiado.

Ainda no ano de 2017 foram ajuizadas duas ações diretas de inconstitucionalidade perante o Supremo Tribunal Federal sustentado a inconstitucionalidade da Resolução, em especial do seu art. 18, que instituía expressamente o acordo de não persecução penal, por alegação de vício formal: ADIs nºs 5.790 e 5.793, pela Associação dos Magistrados do Brasil (AMB) e pela Ordem dos Advogados do Brasil (OAB), respectivamente.

Ocorre que, com a edição da Lei nº 13.964/2019, apelidada de "Lei ou Pacote Anticrime", que incorporou ao Código de Processo Penal o novo art. 28-A, as ADIs nºs 5.790 e 5.793, ainda pendentes de julgamento de mérito, restaram prejudicadas.

De acordo com o art. 28-A, *caput*, do Código de Processo Penal, não sendo caso de arquivamento e tendo o investigado confessado formal e circunstancialmente a prática de infração penal sem violência ou grave ameaça e com pena mínima inferior a 4 (quatro) anos, o Ministério Público poderá propor acordo de não persecução penal, desde que necessário e suficiente para reprovação e prevenção do crime.

O Código de Processo Penal, ao estabelecer os requisitos objetivos para a celebração do acordo de não persecução penal, nada fala a respeito da pena máxima prevista no preceito secundário da infração penal e, ao afastar a incidência do instituto diante de infrações penais cometidas com violência ou grave ameaça à pessoa, permite sua aplicação para delitos culposos.[7]

Assim, são exigidos os seguintes requisitos objetivos para a formalização do acordo de não persecução penal ao investigado: a) pena mínima inferior a quatro anos (CPP, art. 28-A, *caput*), b) infração penal não cometida com violência ou grave ameaça à pessoa (CPP, art. 28, *caput*), e c) necessidade e suficiência para a reprovação e prevenção da infração penal (CPP, art. 28-A, *caput*).

Além disso, o art. 28-A, §2º, inc. I, do Código de Processo Penal, afasta a possibilidade de aplicação do acordo de não persecução penal quando cabível a transação penal, bem como nas hipóteses de violência doméstica e familiar ou razões da condição de sexo feminino (CPP, art. 28-A, §2º, inc. IV).

Objetivamente, ressalvada a incidência do disposto no art. 28-A, §2º, inc. I, do Código de Processo Penal, todas as infrações penais previstas na Lei nº 9.605/1998 possuem pena mínima inferior a quatro anos e não são cometidas com violência ou grave ameaça à pessoa.

Entretanto, é preciso dizer que nem sempre o acordo de não persecução penal, a despeito da quantidade de pena prevista para os crimes ambientais, revelar-se-á necessário e suficiente para a reprovação e prevenção da infração penal ambiental cometida, devendo o órgão do Ministério Público apreciar a magnitude da infração praticada, a extensão dos danos ambientais causados e, mais disso, a viabilidade da recuperação ambiental para fundamentar, diante do caso concreto, a recusa do acordo que, frise-se, não se reveste da

7 Em sentido contrário, entendendo que a violência contra a pessoa pode ser tanto a violência dolosa quanto a violência culposa, Cabral afirma que "o legislador não delimitou a restrição a uma determinada modalidade de imputação subjetiva (o dolo), como o fez, por exemplo, no parágrafo único do art. 71, do Código Penal, nem previu expressamente a possibilidade de ANPP para todos os delitos culposos, como feito no caso do art. 44, I, *in fine*, do CP". (CABRAL, Rodrigo Leite Ferreira. *Manual do acordo de não persecução penal*: à luz da Lei nº 13.964/2019. Salvador: JusPodivm, 2020. p. 91-92).

qualidade de direito subjetivo da pessoa acusada, mas de expressão de política criminal institucional, conforme já decidido pelo STF no AgRg no HC nº 195.327/PR.[8]

No caso de cabimento do acordo de não persecução penal, após a verificação conjunta dos requisitos de ordem objetiva e subjetiva (CPP, art. 28-A, §2º, incs. II e III), colhida do investigado sua confissão formal e circunstanciada da prática do delito (CPP, art. 28-A, *caput*), o negócio jurídico extrajudicial envolvendo infração penal ambiental deve necessariamente contemplar, como um dos objetos cabíveis, a reparação do dano ambiental (CPP, art. 28-A, inc. I), sem prejuízo de outras condições a serem aplicadas cumulativamente.

Nessa ordem de valores, vale a pena destacar que, nas hipóteses de cabimento de transação penal ou suspensão condicional do processo, a Lei nº 9.605/1998, em seus art. 27 e 28, também estabelece, como condição prévia aos benefícios legais, a reparação do dano ambiental.

5 Disposições gerais (arts. 1º ao 5º)

Art. 1º (VETADO)

Art. 2º Quem, de qualquer forma, concorre para a prática dos crimes previstos nesta Lei, incide nas penas a estes cominadas, na medida da sua culpabilidade, bem como o diretor, o administrador, o membro de conselho e de órgão técnico, o auditor, o gerente, o preposto ou mandatário de pessoa jurídica, que, sabendo da conduta criminosa de outrem, deixar de impedir a sua prática, quando podia agir para evitá-la.

I Responsabilidade penal das pessoas naturais (art. 2º, primeira parte)

Em Direito Penal, o vocábulo *culpabilidade* carrega mais de um significado, com diferentes implicações, em contextos dogmáticos diversos.

Assim sendo, identificam-se três sentidos distintos para a locução culpabilidade: a culpabilidade como princípio fundamental do Direito Penal, consagrando a responsabilidade penal subjetiva e a exigência de dolo ou culpa para a realização do fato típico; a culpabilidade como limite de pena (CP, arts. 29 e 59); e a culpabilidade enquanto elemento estrutural

---

[8] EMENTA: AGRAVO REGIMENTAL. *HABEAS CORPUS*. ACORDO DE NÃO PERSECUÇÃO PENAL. INEXISTÊNCIA DE DIREITO SUBJETIVO DO ACUSADO. CONDENAÇÃO CONFIRMADA POR TRIBUNAL DE SEGUNDO GRAU. INVIABILIDADE. 1. As condições descritas em lei são requisitos necessários para o oferecimento do Acordo de Não Persecução Penal (ANPP), importante instrumento de política criminal dentro da nova realidade do sistema acusatório brasileiro. Entretanto, não obriga o Ministério Público, nem tampouco garante ao acusado verdadeiro direito subjetivo em realizá-lo. Simplesmente, permite ao *Parquet*, a opção, devidamente fundamentada, entre denunciar ou realizar o acordo, a partir da estratégia de política criminal adotada pela Instituição. 2. O art. 28-A do Código de Processo Penal, alterado pela Lei nº 13.964/19, foi muito claro nesse aspecto, estabelecendo que o Ministério Público "poderá propor acordo de não persecução penal, desde que necessário e suficiente para reprovação e prevenção do crime, mediante as seguintes condições". 3. A finalidade do ANPP é evitar que se inicie o processo, não havendo lógica em se discutir a composição depois da condenação, como pretende a defesa (Cf.: HC nº 191.464-AgR/SC, Primeira Turma, Rel. Min. Roberto Barroso, *DJe* de 26.11.2020). 4. Agravo Regimental a que nega provimento.

(dogmático) do delito, traduzida pelo conjunto de características pessoais do sujeito que conduzem ao seu reconhecimento, como juízo de censura.[9]

Aliás, do ponto de vista dogmático, como explica Moraes, a partir da reforma implementada na Parte Geral do Código Penal brasileiro em 1984, pode-se afirmar que crime (ou delito) é fato típico e ilícito; a culpabilidade, que até então integrava o conceito de crime, passou a ser um pressuposto de aplicação da pena.[10]

O art. 2º, primeira parte, da Lei de Crimes Ambientais, assim como se verifica no art. 29, *caput*, do Código Penal, emprega a culpabilidade como limite da pena, reforçando a necessidade de individualização da sanção penal entre coautores e partícipes, a partir da intensidade da culpa *lato sensu* do sujeito ativo do delito ambiental.

A previsão legal sob exame era desnecessária, pois, como se sabe, as disposições gerais do Código Penal aplicam-se aos fatos incriminados por lei especial, se esta não dispuser de modo diverso (CP, art. 12).

Em regra, os crimes ambientais são crimes comuns, não se exigindo do sujeito ativo condição ou capacidade especial para o seu cometimento; excepcionalmente, a Lei de Crimes Ambientais faz a opção por crimes próprios, que somente podem ser cometidos por determinadas pessoas, como se verifica, por exemplo, nos crimes contra a Administração Ambiental (Lei nº 9.605/1998, arts. 66 e 67).

II Relevância penal da omissão (art. 2º, *in fine*)

A omissão (inação), por si só, é um comportamento indiferente ao Direito Penal. Daí porque, nos crimes omissivos, não se fala em causalidade fática entre o comportamento e o resultado.

A omissão relevante para o Direito Penal é a que consiste em omitir o cumprimento de um dever jurídico de agir, quando o agente deixa de praticar a ação que lhe impunha o Direito, seja aquela que desobedeça a um comando da lei (dever legal), seja a que deixe de exercitar a atividade a que estava obrigado para evitar um resultado que a lei proíbe.[11]

A doutrina aponta para duas modalidades fundamentais de crimes omissivos: (i) próprios ou puros, que revelam a desobediência a uma norma imperativa ou mandamental; e, (ii) impróprios (também chamados de comissivos por omissão), que refletem o desrespeito a uma norma de proibição, vale dizer, aquela norma que impõe um dever jurídico de agir para impedir que processos alheios ao sujeito venham a ocasionar um resultado lesivo.[12]

O art. 2º, *in fine*, da Lei nº 9.605/1998, reforça a responsabilidade penal ambiental pela omissão do diretor, do administrador, do membro de conselho e de órgão técnico, do auditor, do gerente, do preposto ou mandatário de pessoa jurídica, que, sabendo da conduta criminosa de outrem, deixe de impedir a sua prática, quando podia agir para evitá-la.

Portanto, para além da previsão de tipos penais omissivos próprios na Lei de Crimes Ambientais, resta clara a ideia de que o ordenamento jurídico impõe, para os agentes aqui destacados, dada a posição de superioridade hierárquica na estrutura organizacional que integram, o dever jurídico de impedir o resultado como garantia de tutela ao bem jurídico-penal.

---

9 BUSATO, Paulo César. *Direito Penal*: parte geral. 2. ed. São Paulo: Atlas, 2015. p. 523.

10 MORAES, Alexandre Rocha Almeida de. *Direito Penal*: parte geral. Belo Horizonte: Fórum, 2021. p. 267.

11 BRUNO, Aníbal. *Direito Penal – Parte Geral*. 3. ed. Rio de Janeiro: Forense, 1967. t. 1, p. 313.

12 BITENCOURT, Cezar Roberto. *Tratado de direito penal – parte geral 1*. São Paulo: Saraiva, 2013. p. 311.

Nessa quadra, como explica Rodrigues,

> se nos *delicta comissiva per actionem* em princípio todo aquele que realiza a acção típica é autor do crime respectivo, nos *delicta comissiva per omissionem* não é quem quer que não impeça a verificação do resultado penalmente típico que pode ser responsável pela produção do mesmo. Enquanto os primeiros podem ser realizados por *quivis ex populo*, referenciados pela locução anónima e impessoal do pronome relativo "quem" dos tipos da Parte Especial do CP, os segundos, por seu turno, não podem predicar de todo aquele que podia evitar o dito evento.[13]

Contudo, tem-se que a matéria já era disciplinada no art. 13, §2º, do Código Penal, quando afirma que a omissão é penalmente relevante quando o omitente devia e podia agir para evitar o resultado, sendo também desnecessária a previsão na Lei de Crimes Ambientais.

De toda a sorte, no juízo de adequação típica de comportamentos omissivos, não se pode prescindir da análise do elemento subjetivo, evitando-se indevidos automatismos na aferição de dolo e culpa por parte do agente omisso.[14]

Como lembra Tavares, diferentemente dos crimes comissivos, nos quais o dolo deve orientar-se à realização da ação típica, nos crimes omissivos o dolo se expressa pela decisão acerca da inação, tendo o sujeito consciência de que poderia agir para evitar o resultado, sendo sua ação, portanto, necessária para impedi-lo.[15]

Art. 3º As pessoas jurídicas serão responsabilizadas administrativa, civil e penalmente conforme o disposto nesta Lei, nos casos em que a infração seja cometida por decisão de seu representante legal ou contratual, ou de seu órgão colegiado, no interesse ou benefício da sua entidade.

Parágrafo único. A responsabilidade das pessoas jurídicas não exclui a das pessoas físicas, autoras, coautoras ou partícipes do mesmo fato.

Teorias sobre a responsabilidade penal da pessoa jurídica

O debate jurídico sobre a responsabilidade penal da pessoa jurídica não é novo.

Em escorço histórico, Correra lembra que, no âmbito internacional, já no ano de 1379, a cidade de Montepiller, na França, experimentou condenação criminal por rebelar-se contra o pagamento de impostos, o mesmo ocorrendo com a Universidade de La Sorbonne, que, no ano de 1561, foi condenada por permitir a apresentação de tese acadêmica que defendia a redução dos poderes do Papa.[16]

Há, fundamentalmente, duas correntes doutrinárias que buscam discutir a responsabilidade penal da pessoa jurídica, esgrimando fundamentos contrários e favoráveis ao seu reconhecimento jurídico.

[13] RODRIGUES, Marta Felino. *A teoria penal da omissão e a revisão crítica de Jakobs*. Coimbra: Almedina, 2000. p. 47.

[14] PASCHOAL, Janaina Conceição. *Ingerência indevida*: os crimes comissivos por omissão e o controle pela punição do não fazer. Porto Alegre: Sergio Antônio Fabris, 2011. p. 73 e ss.

[15] TAVARES, Juarez. *Teoria dos crimes omissivos*. São Paulo: Marcial Pons, 2012. p. 393.

[16] CORRERA, Marcelo Carita. *Responsabilidade penal da pessoa jurídica*: a teoria do delito em face da autorresponsabilidade do ente coletivo. Belo Horizonte, São Paulo: D'Plácido, 2021. p. 55.

A primeira delas, com apoio na *teoria da ficção* idealizada por Savigny, parte da premissa de que as pessoas jurídicas têm existência fictícia e, dessa forma, carecem de vontade e de ação; conclui, portanto, que os entes jurídicos são absolutamente incapazes de delinquir (*societas delinquere non potest*).

Para essa corrente doutrinária, não se pode atribuir à pessoa jurídica a capacidade de cometer crimes, pois a "capacidade de culpabilidade é atributo jurídico de indivíduos com determinados níveis de desenvolvimento biológico e de normalidade psíquica".[17]

Partidário dessa orientação contrária à responsabilidade penal da pessoa jurídica, Dotti afirma que:

> A máxima *societas delinquere non potest* se mantém invariável nos sistemas penais positivos de um modo geral. O poder de decisão entre o fazer e o não fazer alguma coisa, que constitui a base psicológica e racional da conduta lícita ou ilícita, é um atributo inerente às pessoas naturais. Somente a ação humana, conceituada como a atividade dirigida a um fim, pode ser considerada como o suporte casual do delito.[18]

De outro lado, com arrimo na *teoria da realidade* de Otto Gierke, a outra corrente doutrinária sustenta que as pessoas jurídicas, por meio de seus mais variados órgãos, expressam sua vontade (coletiva) e exercem inequívoca capacidade de querer e de agir; portanto, os entes jurídicos, que são reais, vivos e ativos, podem figurar no polo passivo de ações penais.

Explicitando a tese, Prado ensina que, de acordo com essa orientação, as pessoas jurídicas aparecem como seres coletivos, dotados de vontade real, que podem exercitá-la em diversos sentidos, inclusive para fins proibidos ou ilícitos penais.[19]

Não obstante a importância e a riqueza da discussão doutrinária aqui destacada, é certo que a culpabilidade individual que informa todo o sistema punitivo tradicional revela-se insuficiente para a construção dogmática da tutela penal de bens jurídico-penais difusos, aqui incluída a seara processual penal, e, ao que nos interessa mais de perto, para a tutela penal do meio ambiente.[20]

No Brasil, o rompimento de barragem de rejeitos administrada por pessoa jurídica ligada ao grupo da mineradora Vale S/A, ocorrido no ano de 2018, na cidade de Brumadinho/MG, o colapso de mina explorada pela petroquímica Braskem na extração de sal-gema, minério utilizado na fabricação de soda cáustica no bairro do Mutange, com importantes impactos na Lagoa Mundaú, principal fonte de renda de pescadores e catadores de sururu, na cidade de Maceió/AL, no final do ano de 2023, e, no contexto internacional, o vazamento provocado pelo navio-petroleiro Exxon Valdez no Alasca, no dia 24 de março de 1989, espalhando 42 milhões de litros de petróleo no oceano e causando uma das mais nefastas marés negras de que se tem notícia, são apenas alguns dos muitos exemplos que desnudam a necessidade da ingerência do Direito Penal, enquanto instrumento de controle social, na efetiva tutela de bens e interesses difusos e responsabilização do ente moral, cujos resultados lesivos são, evidentemente, de difícil e, em certos casos, de improvável reparação.

17 SANTOS, Juarez Cirino dos. *A moderna teoria do fato punível*. 2. ed. Rio de Janeiro: Revan, 2002. p. 184.

18 DOTTI, René Ariel. *Curso de direito penal – parte geral*. 4. ed. São Paulo: RT, 2012. p. 388.

19 PRADO, Luiz Regis. *Direito penal do ambiente*: meio ambiente, patrimônio cultural, ordenação do território e biossegurança (com a análise da Lei nº 11.105/2005). São Paulo: RT, 2005. p. 145 e ss.

20 TURESSI, Flávio Eduardo. *Bens jurídicos coletivos*: proteção penal, fundamentos e limites constitucionais à luz dos mandados de criminalização. Curitiba: Juruá, 2015. p. 228.

Em nosso ordenamento jurídico, a Constituição Federal de 1988 dispõe sobre a responsabilidade penal da pessoa jurídica em duas oportunidades, a saber: a) no art. 173, §5º, ao tratar da ordem econômica e financeira; e, b) como já destacado nas linhas introdutórias deste trabalho, no art. 225, §3º, afirmando que "[a]s condutas e atividades consideradas lesivas ao meio ambiente sujeitarão os infratores, pessoas físicas ou jurídicas, a sanções penais e administrativas, independentemente da obrigação de reparar os danos causados".

Com o advento da Lei nº 9.605/1998, a discussão acerca da responsabilidade penal da pessoa jurídica ganhou fôlego e ainda mais relevância no meio jurídico, a partir das teorias já explicitadas, havendo quem negasse, inclusive, sua previsão constitucional, interpretando o art. 225, §3º, da CF, em duas partes estanques: para as pessoas físicas, a previsão de sanções penais; e, para as pessoas jurídicas, apenas sanções administrativas.

Entretanto, ao menos no campo jurisprudencial, a questão não tardou a ser pacificada pelo Superior Tribunal de Justiça (STJ), que, nos autos do Recurso Especial nº 564.960,[21] reconheceu a responsabilidade penal da pessoa jurídica por crimes ambientais, nos termos do art. 225, §3º, da CF, e do art. 2º da Lei nº 9.605/1998.

II A responsabilidade penal ambiental da pessoa jurídica na expressão das Cortes Superiores: a questão da dupla imputação necessária

Admitida a responsabilidade penal da pessoa jurídica em matéria ambiental, muito já se discutiu acerca da exigência da dupla imputação necessária como condição de admissibilidade da ação penal para o ente moral, isto é, da necessidade de figurarem no polo passivo da ação penal ambiental tanto a pessoa jurídica quanto a pessoa física, sob pena de rejeição da denúncia.

[21] EMENTA: 1. Hipótese em que pessoa jurídica de direito privado, juntamente com dois administradores, foi denunciada por crime ambiental, consubstanciado em causar poluição em leito de um rio, através de lançamento de resíduos, tais como, graxas, óleo, lodo, areia e produtos químicos, resultantes da atividade do estabelecimento comercial. II. A Lei ambiental, regulamentando preceito constitucional, passou a prever, de forma inequívoca, a possibilidade de penalização criminal das pessoas jurídicas por danos ao meio ambiente. III. A responsabilização penal da pessoa jurídica pela prática de delitos ambientais advém de uma escolha política, como forma não apenas de punição das condutas lesivas ao meio ambiente, mas como forma mesmo de prevenção geral e especial. IV. A imputação penal às pessoas jurídicas encontra barreiras na suposta incapacidade de praticarem uma ação de relevância penal, de serem culpáveis e de sofrerem penalidades. V. Se a pessoa jurídica tem existência própria no ordenamento jurídico e pratica atos no meio social através da atuação de seus administradores, poderá vir a praticar condutas típicas e, portanto, ser passível de responsabilização penal. VI. A culpabilidade, no contexto moderno, é a responsabilização social, e a culpabilidade da pessoa jurídica, neste contexto, limita-se à vontade do seu administrador ao agir em seu nome e proveito. VII. A pessoa jurídica só pode ser responsabilizada quando houver intervenção de uma pessoa física, que atua em nome e em benefício do ente moral. VIII. De qualquer modo, a pessoa jurídica deve ser beneficiária direta ou indiretamente pela conduta praticada por decisão do seu representante legal ou contratual ou de seu órgão colegiado. IX. A atuação do colegiado em nome e proveito da pessoa jurídica é a própria vontade da empresa. A coparticipação prevê que todos os envolvidos no evento delituoso serão responsabilizados na medida de sua culpabilidade. X. A Lei Ambiental previu para as pessoas jurídicas penas autônomas de multas, de prestação de serviços à comunidade, restritivas de direitos, liquidação forçada e desconsideração da pessoa jurídica, todas adaptadas à sua natureza jurídica. XI. Não há ofensa ao princípio constitucional de que 'nenhuma pena passará da pessoa do condenado [...]', pois é incontroversa a existência de duas pessoas distintas: uma física – que de qualquer forma contribui para a prática do delito – e uma jurídica, cada qual recebendo a punição de forma individualizada, decorrente de sua atividade lesiva. XII. A denúncia oferecida contra a pessoa jurídica de direito privado deve ser acolhida, diante de sua legitimidade para figurar no polo passivo da relação processual-penal. XIII. Recurso provido, nos termos do voto do Relator. (STJ, REsp nº 564.960, Rel. Min. Gilson Dipp, j. 02.06.2005, v.u.).

Defendendo a necessidade da dupla imputação, Marchesan, Steigleder e Cappelli lecionam que "não se pode compreender a responsabilização do ente moral sem a correspondente atuação de uma pessoa física, que age como elemento subjetivo próprio".[22]

Essa foi, inclusive, a orientação inicialmente traçada pela jurisprudência do próprio STJ,[23] que, interpretando a Lei, não admitia denúncia oferecida, apenas, em desfavor da pessoa jurídica, dissociando-a da pessoa física.

Ocorre que, em recente decisão paradigmática para o Direito Penal ambiental, o STF, nos autos do Recurso Extraordinário nº 548.181,[24] relatora a Ministra Rosa Weber, rechaçando a tese da dupla imputação necessária, firmou o entendimento segundo o qual "é admissível a condenação de pessoa jurídica pela prática de crime ambiental, ainda que absolvidas as pessoas físicas ocupantes de cargo de presidência ou de direção do órgão responsável pela prática criminosa".

Assim decidindo, o STF entendeu que a dupla imputação necessária afronta o art. 225, §3º, da CF, não sendo possível condicionar a responsabilização penal da pessoa jurídica à da pessoa humana.

De fato, a recente orientação jurisprudencial traçada pelo STF mostra-se mais adequada à realidade, pois, para além de inexistir norma jurídica prevendo a dupla imputação necessária, nem sempre será possível, diante de danos ambientais causados pelo funcionamento do ente moral, a despeito do modelo de heterorresponsabilidade penal adotado pelo texto da Lei Maior, apurar a conduta individualizada de cada um dos seus dirigentes, máxime diante de decisões colegiadas.

Assim sendo, a partir do quanto decidido pelo STF nos autos do Recurso Extraordinário nº 548.181, tem-se que o STJ, nas decisões que se seguiram, alterou sua própria jurisprudência, abandonando a tese da dupla imputação necessária.[25]

---

22 MARCHESAN, Ana Maria Moreira; STEIGLEDER, Anelise Monteiro; CAPPELLI, Sílvia. *Direito ambiental*. 6. ed. Porto Alegre: Verbo Jurídico, 2010. p. 238.

23 Ver: STJ, Recurso Ordinário em Mandado de Segurança nº 16.696/PR.

24 CRIME AMBIENTAL. ABSOLVIÇÃO DE PESSOA FÍSICA E RESPONSABILIDADE PENAL DE PESSOA JURÍDICA. [...]. No mérito, anotou-se que a tese do STJ, no sentido de que a persecução penal dos entes morais somente poderia ocorrer se houvesse, concomitantemente, a descrição e imputação de uma ação humana individual, sem o que não seria admissível a responsabilização da pessoa jurídica, afrontaria o art. 225, §3º, da CF. Sublinhou-se que, ao se condicionar a imputabilidade da pessoa jurídica à da pessoa humana, estar-se-ia quase que a subordinar a responsabilização jurídico-criminal do ente moral à efetiva condenação da pessoa física. Ressaltou-se que, ainda que se concluísse que o legislador ordinário não estabelecera por completo os critérios de imputação da pessoa jurídica por crimes ambientais, não haveria como pretender transpor o paradigma de imputação das pessoas físicas aos entes coletivos. Vencidos os Ministros Marco Aurélio e Luiz Fux, que negavam provimento ao extraordinário. Afirmavam que o art. 225, §3º, da CF, não teria criado a responsabilidade penal da pessoa jurídica. Para o Min. Luiz Fux, a mencionada regra constitucional, ao afirmar que os ilícitos ambientais sujeitariam "os infratores, pessoas físicas ou jurídicas, a sanções penais e administrativas", teria apenas imposto sanções administrativas às pessoas jurídicas. Discorria, ainda, que o art. 5º, XLV, da CF, teria trazido o princípio da pessoalidade da pena, o que vedaria qualquer exegese a implicar a responsabilidade penal da pessoa jurídica. Por fim, reputava que a pena visaria à ressocialização, o que tornaria impossível o seu alcance em relação às pessoas jurídicas. (STF, RE nº 548.181/PR, Rel. Min. Rosa Weber, informativo 714 STF, agosto 2013).

25 EMENTA: AGRAVO REGIMENTAL NO RECURSO EM MANDADO DE SEGURANÇA. TEORIA DA DUPLA IMPUTAÇÃO. PESSOA JURÍDICA QUE FIGURA ISOLADAMENTE COMO RÉ NA DENÚNCIA POR CRIME AMBIENTAL. POSSIBILIDADE. AGRAVO REGIMENTAL IMPROVIDO. 1. É assente nesta Corte Superior de Justiça que o agravo regimental deve trazer novos argumentos capazes de alterar o entendimento anteriormente firmado, sob pena de ser mantida a r. decisão vergastada pelos próprios fundamentos. 2. Este Superior Tribunal, na linha do entendimento externado pelo Supremo Tribunal Federal, passou a entender que, nos crimes societários, não é indispensável a aplicação da teoria da dupla imputação ou imputação simultânea, podendo subsistir a ação penal proposta contra a pessoa jurídica, mesmo se afastando a pessoa física do polo passivo da ação. Precedentes. 3. O trancamento de ação penal, somente deve ser acolhido se restar, de forma indubitável, comprovada a ocorrência de circunstância extintiva da punibilidade, de ausência de indícios de autoria ou de prova da materialidade do delito e ainda da atipicidade da conduta. 3. Agravo regimental improvido. (STJ, AgRg no RMS nº 48851/PA, Rel. Min. Nefi Cordeiro, *DJe* 26.02.2018).

III Responsabilidade penal da pessoa jurídica de direito público

Admitida pela jurisprudência do STF e do STJ, a partir da edição da Lei nº 9.605/1998, a responsabilidade penal da pessoa jurídica, seria possível responsabilizar criminalmente, pela prática de infração penal ambiental, a pessoa jurídica de Direito Público?

A Lei de Crimes Ambientais, ao dispor sobre a responsabilidade penal da pessoa jurídica, malgrado não distinga a natureza do ente coletivo – direito privado ou direito público –, estabelece que a punição será devida em decorrência de atos ordenados pelo representante legal ou contratual no interesse ou benefício da entidade.

Na hipótese de atuação do ente coletivo de direito público, sabe-se que os administradores não têm ampla liberdade de atuação, dada a vinculação ao princípio da legalidade estrita, que vincula a atividade estatal à vontade da lei.

Bem por isso, Vladmir Passos de Freitas e Gilberto Passos de Freitas afirmam que a pessoa jurídica de direito público não pode cometer ilícitos penais no seu próprio interesse ou benefício, já que constituídas para a consecução de fins lícitos previamente estabelecidos em lei; quando o administrador público age com desvio de poder, somente a pessoa física poderá ser responsabilizada penalmente pela infração penal cometida.[26]

Contudo, é preciso dizer que nem a Constituição Federal de 1988, em seu art. 225, §3º, nem a Lei nº 9.605/1998, em seu art. 3º, fazem qualquer distinção entre a pessoa jurídica de direito público e a pessoa jurídica de direito privado, não sendo dado ao intérprete fazê-lo, impondo limitação aos entes públicos não prevista na legislação.

Ademais, se a pessoa jurídica de direito público também pode ser constituída para atuar na esfera econômica, disputando mercado e, no limite, auferindo lucro com a exploração de atividades que também são oferecidas pelo setor privado, nada impede que venha a cometer crimes ambientais, sendo legítima a sua responsabilização penal pelo fato cometido.

A título exemplificativo, no que tange às sociedades de economia mista, o STJ, no RMS nº 39.173/BA, admitiu a responsabilidade penal da PETROBRÁS pela prática do crime de poluição previsto no art. 54, independentemente da responsabilização dos dirigentes da pessoa jurídica.

IV Acordo de não persecução penal e responsabilidade penal da pessoa jurídica

Reconhecida a responsabilidade criminal da pessoa jurídica pela prática de crimes ambientais, nada impede que seja celebrado com o ente moral o acordo de não persecução penal, devendo o objeto do acordo ser ajustado com as sanções previstas no art. 22 da Lei nº 9.605/1998.

Vide comentários ao item "4" da Introdução.

Art. 4º Poderá ser desconsiderada a pessoa jurídica sempre que sua personalidade for obstáculo ao ressarcimento de prejuízos causados à qualidade do meio ambiente.

[26] FREITAS, Vladimir Passos de; FREITAS, Gilberto Passos de. *Crimes contra a natureza (de acordo com a Lei nº 9.605/98)*. 8. ed. São Paulo: RT, 2006. p. 70.

A desconsideração da personalidade jurídica da sociedade não é inovação da Lei de Crimes Ambientais.

O Código de Defesa do Consumidor (Lei nº 8.078/1990), em seu art. 28, já previa a medida, que também fora incorporada à Lei Antitruste (Lei nº 8.884/1994, derrogada pela Lei nº 12.529/2011) e conta, ainda, com disciplina expressa no Código Civil (art. 50) e no próprio Código de Processo Civil de 2015, na forma de incidente a ser instaurado a pedido da parte ou do Ministério Público, quando lhe couber intervir no processo (arts. 133 e ss.).

Assim, malgrado a pessoa jurídica possua direitos e obrigações de forma autônoma em relação aos seus sócios, o Código Civil, em seu art. 50, dispõe expressamente que: "Em caso de abuso da personalidade jurídica, caracterizado pelo desvio de finalidade, ou pela confusão patrimonial, pode o juiz decidir, a requerimento da parte, ou do Ministério Público quando lhe couber intervir no processo, que os efeitos de certas e determinadas relações de obrigações sejam estendidos aos bens particulares dos administradores ou sócios da empresa".

É interessante notar que, em nosso ordenamento, a partir do art. 50 do Código Civil, anteriormente destacado, que fala em *abuso da personalidade jurídica* para a desconsideração da pessoa jurídica, como regra, não basta a mera insolvência do ente moral para a medida, sendo necessária a comprovação específica da prática de atos de desvio de finalidade ou de confusão patrimonial.[27]

Entretanto, excepcionando a regra, na esteira do previsto no Código de Defesa do Consumidor (art. 28, §5º), o art. 4º da Lei nº 9.605/1998, adotando a denominada *teoria da menor desconsideração*, não faz tais exigências, contentando-se com a mera comprovação da insolvência sempre que sua personalidade jurídica for obstáculo ao ressarcimento dos danos ambientais, independentemente da comprovação de quaisquer atos de desvio de finalidade.

Art. 5º (VETADO)

6 Da aplicação da pena (arts. 6º ao 24)

Art. 6º Para imposição e gradação da penalidade, a autoridade competente observará: I – a gravidade do fato, tendo em vista os motivos da infração e suas consequências para a saúde pública e para o meio ambiente; II – os antecedentes do infrator quanto ao cumprimento da legislação de interesse ambiental; III – a situação econômica do infrator, no caso da multa.

I Penas na Lei nº 9.605/1998

A Lei de Crimes Ambientais prevê, para as pessoas naturais, as seguintes modalidades de pena: (i) privativas de liberdade, que podem ser de reclusão e detenção; (ii) restritivas de direitos, aqui compreendidas as penas de prestação de serviços à comunidade, interdição temporária de direitos, suspensão parcial ou total de atividade, prestação pecuniária, e de

[27] STJ, REsp nº 1.729.554, Rel. Luís Felipe Salomão.

recolhimento domiciliar; (iii) pena de multa, a ser calculada de acordo com os critérios já previstos no próprio Código Penal.

Já para às pessoas físicas são previstas as seguintes espécies de pena (art. 21), a saber: (i) multa; (ii) restritivas de direitos; (iii) prestação de serviços à comunidade.

II Princípio constitucional da individualização da pena

A individualização da pena, princípio de Direito Penal constitucional expressamente previsto no art. 5º, XLVI, da CF, orienta que se eleja a justa e adequada sanção penal a ser aplicada ao condenado de forma pessoal, distinguindo-o dos demais infratores e evitando-se, no limite, a aplicação padronizada da sua reprimenda.[28]

Há três etapas distintas que, de maneira complementar, promovem a justa individualização da pena: (i) legislativa, com a previsão das penas mínima e máxima no preceito secundário dos tipos penais, ressalvando-se que a Constituição Federal veda a eleição de penas de morte (salvo em caso de guerra declarada – art. 84, XIX, CF), de caráter perpétuo, de trabalhos forçados, de banimento e cruéis (CF, art. 5º, XLVII); (ii) judiciária, quando o julgador, a partir daquela previsão legal mínima e máxima abstratamente prevista pelo legislador penal, elege motivadamente a proporcional sanção penal no caso concreto; (iii) executória, aquela que se verifica no processo de execução da pena.

Assim como se verifica no art. 59 do CP, que fornece ao julgador oito circunstâncias judiciais a serem percorridas na primeira fase da dosimetria da pena (CP, art. 68), o art. 6º da Lei de Crimes Ambientais cuida exatamente da etapa judicial de individualização da reprimenda penal, oferecendo ao julgador, na primeira fase da dosimetria da pena, critérios específicos para a fixação da pena-base, isto é, do *quantum* inicial a ser fixado a partir dos limites mínimo e máximo estabelecidos no tipo penal ambiental.

A previsão contida no art. 6º não exclui a incidência do art. 59 do CP, que também deve ser manejado pelo julgador no processo de individualização da pena por condenação criminal ambiental, de forma complementar, dada a inexistência de qualquer antinomia entre as duas disposições legais.

III A gravidade do fato, tendo em vista os motivos da infração e suas consequências para a saúde pública e para o meio ambiente

Na medida em que a Lei de Crimes Ambientais tutela bem jurídico de natureza difusa, o art. 6º, I, determina que, no processo de individualização da pena, seja observada a gravidade do fato e suas consequências para a saúde pública e o meio ambiente, prestigiando-se a vítima coletiva.

IV Os antecedentes do infrator quanto ao cumprimento da legislação de interesse ambiental

Cabe ao juiz, ao fixar a pena, avaliar se o condenado tem bons ou maus antecedentes ambientais no cumprimento da legislação ambiental, e não apenas com relação à prática de infrações penais contra o meio ambiente.

Portanto, eventuais condenações definitivas anteriores por infração à lei ambiental na esfera administrativa devem ser sopesadas pelo julgador na fixação da sanção penal.

28 NUCCI, Guilherme de Souza. *Individualização da pena*. 2. ed. São Paulo: RT, 2007. p. 30.

V A situação econômica do infrator, no caso da multa

Vide comentários ao art. 18.

Art. 7º As penas restritivas de direitos são autônomas e substituem as privativas de liberdade quando: I – tratar-se de crime culposo ou for aplicada a pena privativa de liberdade inferior a quatro anos; II – a culpabilidade, os antecedentes, a conduta social e a personalidade do condenado, bem como os motivos e as circunstâncias do crime indicarem que a substituição seja suficiente para efeitos de reprovação e prevenção do crime.

Parágrafo único. As penas restritivas de direitos a que se refere este artigo terão a mesma duração da pena privativa de liberdade substituída.

I Penas restritivas de direitos como espécie do gênero penas alternativas

Toda pena criminal que não implique no encarceramento do condenado deve ser entendida como pena alternativa (gênero), dividindo-se em penas restritivas de direitos e pena de multa (espécies).

II Características das penas restritivas de direitos

Autonomia: as penas restritivas de direitos são autônomas (não acessórias), já que existem por si sós, independentemente da pena privativa de liberdade prevista no preceito secundário do tipo penal incriminador.

Substitutividade: assim como se verifica no próprio Código Penal, na Lei de Crimes Ambientais, as penas restritivas de direitos não são previstas diretamente no preceito secundário do tipo penal incriminador. Portanto, no processo de individualização da resposta penal, cabe ao julgador, inicialmente, fixar a pena privativa de liberdade e, após, caso preenchidos os requisitos legais (art. 7º, I e II), substituí-la por pena restritiva de direitos.

Conversibilidade: a pena restritiva de direitos pode ser convertida em pena privativa de liberdade, durante a fase de execução, caso sobrevenha seu injustificado descumprimento ou, ainda, no caso de unificação de penas, por nova condenação criminal, tornando impossível o seu cumprimento (Lei de Execução Penal, art. 111).

III Requisitos

A Lei prevê requisitos de ordem objetiva (natureza do delito e quantidade de pena) e subjetiva (aspectos pessoais do agente) para a substituição da pena privativa de liberdade por restritivas de direitos.

III.i Crime culposo (art. 7º, I, primeira parte)

Independentemente do *quantum* da pena, a condenação pela prática de crime culposo não impede, por si só, a substituição da pena privativa de liberdade por penas restritivas de direitos.

III.ii Aplicada pena privativa de liberdade inferior a quatro anos (art. 7º, I, *in fine*)

Para os crimes dolosos, o patamar escolhido pelo legislador penal ambiental foi de pena *inferior* a 4 (quatro) anos. Caso a condenação criminal fixe pena privativa de liberdade *igual* a 4 (quatro) anos ou *superior*, o condenado não terá direito à substituição.

Aliás, cuidando-se de concurso de crimes, a substituição da pena privativa de liberdade por restritiva de direitos somente será cabível quando o montante total das penas não ultrapassar o limite previsto na lei.

De se ver que o Código Penal, em seu art. 44, I, admite a substituição da pena privativa de liberdade por restritiva de direitos, para os crimes dolosos, nas hipóteses em que o *quantum* da pena seja *igual* ou *inferior* a 4 (quatro) anos, disposição que não pode ser aplicada nas condenações por crimes ambientais, dado o *princípio da especialidade*.

De toda a sorte, é muito improvável que o condenado por crime ambiental cumpra pena privativa de liberdade, ainda que no regime inicial aberto, dada a possibilidade de substituição da pena corporal por restritiva de direitos e, como se verá mais adiante, da concessão da suspensão condicional da pena (*sursis*) nos casos de condenação a pena privativa de liberdade não superior a 3 (três) anos (art. 16).

III.iii Requisito subjetivo (art. 7º, II)

Doloso ou culposo, a pena privativa de liberdade devida pela condenação por crime ambiental somente poderá ser substituída por penas restritivas de direitos quando a culpabilidade, os antecedentes, a conduta social e a personalidade do condenado, bem como os motivos e as circunstâncias do crime indicarem que a medida seja suficiente para efeitos de reprovação e prevenção do crime, tal qual também se verifica no art. 44, III, do CP.

Ao contrário do que ocorre com a disciplina do Código Penal que, como regra, veda a substituição da pena privativa de liberdade por penas restritivas de direitos quando o réu for reincidente em crime doloso (CP, art. 44, II), salvo se a medida se mostrar recomendável e a reincidência não for específica (em virtude da prática do mesmo crime) a Lei de Crimes ambientais nada fala a esse respeito.

Assim, nada impede, nesse ponto, a aplicação analógica do Código Penal para a aferição subjetiva da substituição da pena privativa de liberdade nas hipóteses de condenado reincidente, dada sua natureza mais benéfica ao réu, sempre observado o disposto no art. 6º da Lei.

IV Duração

Como regra, a pena restritiva de direitos terá a mesma duração da pena privativa de liberdade inicialmente fixada.

Excepcionalmente, o art. 10 da Lei de Crimes Ambientais prevê prazos diferenciados para o cumprimento da interdição temporária de direito.

Art. 8º As penas restritivas de direitos são: I – prestação de serviços à comunidade; II – interdição temporária de direitos; III – suspensão parcial ou total de atividades; IV – prestação pecuniária; V – recolhimento domiciliar.

No Código Penal, em seu art. 43, são previstas as seguintes penas restritivas de direitos: I – prestação pecuniária; II – perda de bens e valores; III – (vetado); IV – prestação de serviço à comunidade ou a entidades públicas; V – interdição temporária de direitos; VI – limitação de fim de semana.

As duas primeiras penas restritivas de direitos anteriormente indicadas não faziam parte da redação original do Código Penal de 1940, sendo objeto de criação pela Lei nº 9.714/1998.

O inciso III, do art. 43, do Código Penal, previa, como pena restritiva de direitos, o *recolhimento domiciliar*, sendo que, pautado em razões de ordem prática, o então Presidente da República houve por bem vetar o dispositivo, argumentando a impossibilidade de sua fiscalização na realidade das coisas.

Não obstante, a Lei de Crimes Ambientais, em seu art. 8º, inc. V, incorporou ao seu texto o recolhimento domiciliar como espécie de pena alternativa que, na linha do veto presidencial, dificilmente contará com efetiva fiscalização, caso aplicada no caso concreto.

Tímida, a Lei de Crimes Ambientais, ao cuidar das penas restritivas de direitos, poderia ter inovado e, dada a possibilidade de responsabilização penal da pessoa jurídica, ter incluído, como uma de suas espécies, a proibição de participar de certames licitatórios por prazo certo e determinado.

De toda a sorte, ainda que se busque a aplicação da pena alternativa mais adequada ao caso concreto, preenchidos os requisitos legais, não é dado ao condenado optar, dentre todas elas, qual deseja cumprir, máxime sendo a tarefa individualizadora da sanção penal função afeta ao Poder Judiciário.

Vide comentários aos arts. 9º, 10, 11, 12 e 13.

Art. 9º A prestação de serviços à comunidade consiste na atribuição ao condenado de tarefas gratuitas junto a parques e jardins públicos e unidades de conservação, e, no caso de dano da coisa particular, pública ou tombada, na restauração desta, se possível.

De todas as espécies de penas restritivas de direitos previstas na Lei de Crimes Ambientais, certamente a prestação de serviços à comunidade é aquela que se oferece como a mais difundida na realidade forense.

Consiste na atribuição ao condenado de tarefas gratuitas em locais nos quais a própria Lei, de forma pedagógica, associa ao bem jurídico meio ambiente, tais como parques e jardins públicos e unidades de conservação.

Como afirmam Vladimir e Gilberto Passos de Freitas, se não houver qualquer local disponível, nada impede que o condenado seja incumbido de prestar serviços comunitários consistentes na limpeza de um rio, lagoa ou até mesmo do mar; entretanto, não é dado ao julgador fixar-lhe atribuições que não guardem correlação com a preservação ambiental.[29]

Ao contrário do que ocorre na disciplina do Código Penal (art. 46), o art. 9º em comento não faz qualquer menção ao montante mínimo da pena concretamente aplicada ao condenado para que a pena possa ser aplicada em substituição à privativa de liberdade.

[29] FREITAS, Vladimir Passos de; FREITAS, Gilberto Passos de. *Crimes contra a natureza (de acordo com a Lei nº 9.605/98)*. 8. ed. São Paulo: RT, 2006. p. 294-295.

Art. 10. As penas de interdição temporária de direito são a proibição de o condenado contratar com o Poder Público, de receber incentivos fiscais ou quaisquer outros benefícios, bem como de participar de licitações, pelo prazo de 5 (cinco) anos, no caso de crimes dolosos, e de 3 (três) anos, no de crimes culposos.

Cuida-se de pena que se dirige às atividades comerciais da pessoa condenada, seja ela física ou jurídica, e que, portanto, deve guardar correlação com a conduta praticada.

O art. 10 excepciona a regra que vincula o prazo de cumprimento da pena restritiva de direitos ao montante da pena privativa de liberdade inicialmente fixada; nessa hipótese, o prazo de cumprimento será de 5 (cinco) anos, se o crime for doloso, e de 3 (três) anos, se o crime for culposo, independentemente do montante da pena privativa de liberdade concretamente aplicada.

Art. 11 A suspensão das atividades será aplicada quando estas não estiverem obedecendo às prescrições legais.

De acordo com o art. 8º, III, a suspensão das atividades poderá ser *parcial* ou *total*.

A suspensão das atividades, seja ela parcial ou total, representa um *plus* em relação às penas de interdição temporária de direito e, portanto, deve ser reservada para aquelas hipóteses de danos ambientais concretamente mais graves e reiterados.

Art. 12 A prestação pecuniária consiste no pagamento em dinheiro à vítima ou à entidade pública ou privada com fim social, de importância, fixada pelo juiz, não inferior a 1 (um) salário mínimo nem superior a 360 (trezentos e sessenta) salários mínimos. O valor pago será deduzido do montante de eventual reparação civil a que for condenado o infrator.

O Código Penal, em seu art. 45, *caput*, ao tratar da prestação pecuniária, prevê que o pagamento possa ser feito em favor da *vítima* ou de seus *dependentes*.

A Lei de Crimes Ambientais, por sua vez, nada fala a respeito dos eventuais dependentes da vítima como beneficiários da prestação pecuniária.

Isso porque, cuidando-se de crime vago, com vítimas indeterminadas, as condutas previstas como infrações ambientais escapam do alcance individual, não sendo possível falar-se em dependentes/beneficiários.

Contudo, como alerta Nucci, não é impossível identificar uma comunidade específica atingida pela infração ambiental, como no caso de crime de poluição, devendo a prestação pecuniária ser destinada justamente à coletividade atingida.[30]

[30] NUCCI, Guilherme de Souza. *Leis penais e processuais penais comentadas*. 5. ed. São Paulo: RT, 2010. p. 934.

O art. 12 da Lei de Crimes Ambientais também prevê, como beneficiária da prestação pecuniária, entidade pública ou privada com destinação social, não havendo menção expressa à sua finalidade; entretanto, deve-se buscar entidade destinada à proteção ambiental em nome da máxima efetividade da pena.

Em sua parte final, o dispositivo orienta que o valor pago será deduzido do montante de eventual reparação civil a que for condenado o infrator.

Ora, a prestação pecuniária, como já adiantado, é espécie do gênero pena alternativa, revestindo-se da roupagem de sanção penal, sendo equivocada a ideia de compensação com eventual reparação civil imposta ao autor do delito ambiental.

Art. 13 O recolhimento domiciliar baseia-se na autodisciplina e senso de responsabilidade do condenado, que deverá, sem vigilância, trabalhar, frequentar curso ou exercer atividade autorizada, permanecendo recolhido nos dias e horários de folga em residência ou em qualquer local destinado à sua moradia habitual, conforme estabelecido na sentença condenatória.

Como já adiantado nos comentários ao art. 8º da Lei de Crimes Ambientais, cuida-se de pena alternativa de improvável fiscalização prática e duvidosa eficiência quanto aos fins da pena, dada a absoluta ausência de vigilância e dificuldades estruturais de controle.

Art. 14 São circunstâncias que atenuam a pena: I – baixo grau de instrução ou escolaridade do agente; II – arrependimento do infrator, manifestado pela espontânea reparação do dano, ou limitação significativa da degradação ambiental causada; III – comunicação prévia pelo agente do perigo iminente de degradação ambiental; IV – colaboração com os agentes encarregados da vigilância e do controle ambiental.

Atenuantes genéricas são circunstâncias legais que não integram as elementares do tipo penal, mas que a elas se juntam e servem para atenuar a pena da pessoa condenada.

O Código Penal, em seu art. 65, emprega a locução "sempre" ao afirmar que tais circunstâncias se prestam a atenuar a pena, na segunda fase da individualização da reprimenda devida.

A Lei de Crimes Ambientais não seguiu essa técnica legislativa.

Entretanto, é sabido que, se a pena-base foi fixada em seu patamar mínimo, ainda que reconhecida circunstância atenuante genérica, a pena, nesta etapa da individualização, não poderá ser fixada aquém do seu mínimo legal. Noutras palavras, ainda que reconhecida circunstância atenuante, o juiz deve respeitar o limite mínimo previsto no preceito secundário do tipo penal incriminador, nos termos do verbete da Súmula nº 231 do STJ: "A incidência da circunstância atenuante não pode conduzir à redução da pena abaixo do mínimo legal".

As circunstâncias atenuantes previstas no art. 14 aplicam-se, apenas, aos delitos ambientais previstos na lei especial. Todavia, nada impede o reconhecimento de atenuantes genéricas previstas nos arts. 65 e 66 do próprio Código Penal ao criminoso ambiental, quando não verificada, no caso concreto, hipótese de antinomia.

I Baixo grau de instrução ou escolaridade do agente

Não é difícil imaginar que determinados crimes ambientais, em especial condutas atentatórias à fauna e à flora, terão por sujeito ativo pessoas com pouca instrução ou escolaridade, criadas e educadas no campo, acostumadas com práticas que, até a edição da Lei nº 9.605/1998, eram aceitas por certos grupos ou comunidades locais.

Assim, se por um lado o desconhecimento da lei é inescusável, de outro lado o reduzido grau de compreensão do alcance da norma penal pode, em certos casos, atenuar a pena.

II Arrependimento do infrator, manifestado pela espontânea reparação do dano, ou limitação significativa da degradação ambiental causada

A atenuante genérica sob exame guarda semelhança com o instituto do arrependimento posterior, causa de diminuição de pena prevista no art. 16 do Código Penal.

Entretanto, ao contrário do arrependimento posterior, que exige a reparação do dano até o recebimento da denúncia, a atenuante genérica prevista na Lei de Crimes Ambientais não prevê qualquer requisito de ordem temporal para que possa ser reconhecida, podendo o infrator reparar o dano até a prolação da sentença condenatória.

De toda a sorte, para servir como atenuante nos delitos ambientais, o arrependimento do infrator deve ser *espontâneo* e *efetivo* na completa reparação do dano provocado por sua conduta.

Inegavelmente, a Lei reconhece a vítima difusa e estimula a reparação dos danos, que, nessa quadra de violações, não podem se limitar às estreitas amarras dos danos materiais, alcançando, ainda, danos morais, traduzidos na deformação do equilibro socioambiental, a depender do caso concreto.

Em arremate, a lei estabelece, ainda, que configura arrependimento do infrator a limitação da degradação causada, desde que seja significativa, isto é, expressiva, com indisfarçável grau de subjetivismo na sua aferição prática.

III Comunicação prévia pelo agente do perigo iminente de degradação ambiental

Cuida-se da hipótese em que, após ser o autor de conduta causadora de perigo de degradação ambiental, o agente comunica o ocorrido, proporcionando a execução de contramedidas capazes de evitar o dano efetivo ou a redução dos danos concretamente verificados.

Uma vez mais, a Lei estimula a reparação dos danos ambientais, beneficiando o agente que, a despeito de sua conduta criminosa, demonstre real desejo na reparação ou minimização de prejuízos.

IV Colaboração com os agentes encarregados da vigilância e do controle ambiental

Assim como se verifica na hipótese anterior, ao prever a colaboração do autor do delito com os agentes encarregados da vigilância e do controle como atenuante genérica, a Lei de Crimes Ambientais busca estimular a reparação dos danos, sendo certo que, para seu reconhecimento, essa atitude também deve ser efetiva, traduzindo resultados concretos na preservação ambiental.

Art. 15 São circunstâncias que agravam a pena, quando não constituem ou qualificam o crime: I – reincidência nos crimes de natureza ambiental; II – ter o agente cometido a infração: a) para obter vantagem pecuniária; b) coagindo outrem para a execução material da infração; c) afetando ou expondo a perigo, de maneira grave, a saúde pública ou o meio ambiente; d) concorrendo para danos à propriedade alheia; e) atingindo áreas de unidades de conservação ou áreas sujeitas, por ato do Poder Público, a regime especial de uso; f) atingindo áreas urbanas ou quaisquer assentamentos humanos; g) em período de defeso à fauna; h) em domingos ou feriados; i) à noite; j) em épocas de seca ou inundações; l) no interior do espaço territorial especialmente protegido; m) com o emprego de métodos cruéis para abate ou captura de animais; n) mediante fraude ou abuso de confiança; o) mediante abuso do direito de licença, permissão ou autorização ambiental; p) no interesse de pessoa jurídica mantida, total ou parcialmente, por verbas públicas ou beneficiada por incentivos fiscais; q) atingindo espécies ameaçadas, listadas em relatórios oficiais das autoridades competentes; r) facilitada por funcionário público - no exercício de suas funções.

Agravantes são circunstâncias legais que não integram as elementares do tipo penal, mas que a elas se juntam e servem para agravar a pena da pessoa condenada.

O Código Penal, em seu art. 61, trata das agravantes genéricas e, em seu art. 62, das agravantes no caso de concurso de pessoas.

Assim como ocorre com as atenuantes genéricas, o Código Penal também emprega, em seu art. 61, a locução "sempre", ao afirmar que tais circunstâncias se prestam a agravar a pena, na segunda fase da individualização da reprimenda devida, quando não constituam ou qualifiquem o crime.

A Lei de Crimes Ambientais, assim como se verifica com as atenuantes genéricas, não seguiu essa técnica legislativa.

Entretanto, é sabido que, se a pena-base foi fixada em seu patamar máximo, ainda que reconhecida circunstância agravante genérica, a pena, nesta etapa da individualização, não poderá ser fixada além do seu máximo legal. Noutras palavras, ainda que reconhecida circunstância agravante, o juiz deve respeitar o limite máximo previsto no preceito secundário do tipo penal incriminador.

Malgrado a especialidade das agravantes explicitadas na Lei de Crimes Ambientais, nada impede que ao autor do delito ambiental também seja aplicada agravante genérica prevista no Código Penal, quando não verificado qualquer conflito ou antinomia.

I Reincidência nos crimes de natureza ambiental

Genericamente, a reincidência vem tratada no art. 63 do Código Penal: "Verifica-se a reincidência quando o agente comete novo crime, depois de transitar em julgado a sentença que, no País ou no estrangeiro, o tenha condenado por crime anterior".

Cuida-se da prática de novo crime depois de verificada condenação anterior definitiva, no Brasil ou no exterior, pela prática de outro crime. Ademais, como é sabido, combinando-se o art. 7º da Lei das Contravenções Penais (Decreto-Lei nº 3.688/1941) com o art. 63 do Código Penal, é possível concluir que também será reincidente o agente que, após definitivamente condenado por crime no Brasil ou no estrangeiro, venha a cometer nova contravenção penal no Brasil.

O art. 15, inc. I, da Lei de Crimes Ambientais, trata de hipótese de *reincidência específica*, pois se refere a prática de *crimes de natureza ambiental*. Assim o fazendo, Nucci entende que resta afastada a reincidência prevista no art. 61, inc. I, do Código Penal, pois a lei especial passa a considerar apenas a reincidência em delitos ambientais como fator de elevação da pena.[31]

Essa, também, é a orientação doutrinária de Vladimir e Gilberto Passos de Freitas, ao afirmarem que, "[s]e a condenação anterior for por outro crime, poderá haver apenas exasperação na dosagem da pena a título de antecedente".[32]

Seja como for, cuidando-se de reincidência específica, nada impede que a exasperação da pena, na segunda fase individualizadora, seja operada em fração superior à de 1/6 (um) sexto, *quantum* costumeiramente aplicado nas hipóteses de reincidência genérica.[33]

De outro lado, a condenação anterior por crime ambiental, com o seu trânsito em julgado, forja a reincidência do condenado caso sobrevenha a prática de crime comum, ressalvado o período depurador previsto no art. 64, inc. I, do Código Penal.

II Ter o agente cometido a infração para obter vantagem pecuniária

Prevê a Lei que a pena do autor de crime ambiental que, violando o bem jurídico-penal tutelado pela norma, busque, de qualquer forma, o lucro, sofra exasperação, como se verifica, por exemplo, nos casos de extração ilegal de madeira em áreas protegidas, ou, ainda, no caso de desobediência à ordem de interdição.[34]

---

31 NUCCI, Guilherme de Souza. *Leis penais e processuais penais comentadas*. 5. ed. São Paulo: RT, 2010. p. 938.

32 FREITAS, Vladimir Passos de; FREITAS, Gilberto Passos de. *Crimes contra a natureza (de acordo com a Lei nº 9.605/98)*. 8. ed. São Paulo: RT, 2006. p. 297-298.

33 Nesse sentido: "AGRAVO REGIMENTAL NO *HABEAS CORPUS*. PENAL. ARGUIDA OFENSA AO PRINCÍPIO DA COLEGIALIDADE. IMPROCEDÊNCIA. TRÁFICO DE DROGAS. APLICAÇÃO DA PENA. SEGUNDA FASE DA DOSIMETRIA. AGRAVANTE DA REINCIDÊNCIA. AUMENTO SUPERIOR A 1/6 (UM SEXTO). FUNDAMENTAÇÃO CONCRETA. REINCIDÊNCIA ESPECÍFICA DO ACUSADO. DETRAÇÃO PENAL. AUSÊNCIA DE REFLEXO NO REGIME PRISIONAL, NA HIPÓTESE. AGRAVO REGIMENTAL DESPROVIDO. 1. Segundo reiterada manifestação desta Corte, não viola o princípio da colegialidade a decisão monocrática do Relator calcada em jurisprudência dominante do Superior Tribunal de Justiça, tendo em vista a possibilidade de submissão do julgado ao exame do Órgão Colegiado, mediante a interposição de agravo regimental. Precedente. 2. Segundo a jurisprudência do Superior Tribunal de Justiça, embora não estabelecida pelo Código Penal a quantidade de aumento de pena em decorrência das agravantes genéricas, deve ela se pautar pelo patamar mínimo fixado para as majorantes, que é de 1/6 (um sexto). Não obstante, pode ser fixada fração superior mediante fundamentação concreta e específica para justificar o incremento em maior extensão. No caso, as instâncias ordinárias fundamentaram o acréscimo da pena do Agravante, na segunda fase da dosimetria, na fração de 1/3 (um terço), salientando que a reincidência específica do Acusado demonstra maior reprovabilidade da conduta. O referido entendimento encontra amparo na jurisprudência desta Corte. 3. No mais, a fixação do regime inicial fechado não decorre do *quantum* da pena imposta, mas da presença de circunstância judicial desfavorável e da reincidência, razão pela qual eventual detração do período de prisão provisória não terá o condão de afetar o regime prisional inicial. Precedentes. 4. Agravo regimental desprovido (STJ, 6ª T., AgRg no HC nº 612769/SP, Rel. Min. LAURITA VAZ, j. em 01.12.2020, *DJe* 16.12.2020).

34 Nesse sentido: "DIREITO PENAL E PROCESSUAL PENAL. CRIME AMBIENTAL. AUSÊNCIA DE OMISSÃO. ART. 68 DA LEI Nº 9.605/98. RESPONSABILIDADE PESSOAL DO GESTOR. SÓCIO COM DOMÍNIO DO FATO. EMPRESA DE GRANDE PORTE. SÚMULA 7/STJ. PENA-BASE. EXASPERAÇÃO. FUNDAMENTAÇÃO IDÔNEA. AGRAVANTE PREVISTA NO ART. 15, INCISO II, ALÍNEA "A", DA LEI Nº 9.605/98. INCIDÊNCIA. VALOR DO DIA-MULTA EXACERBADO. AUSÊNCIA DE PREQUESTIONAMENTO. AGRAVO REGIMENTAL NÃO PROVIDO. [...]. 8. Não há qualquer ilegalidade na aplicação da agravante prevista no art. 15, inc. II, "a", da Lei nº 9.605/98, uma vez que, conforme a Corte de origem, o delito foi cometido com o objetivo de obter vantagem pecuniária, uma vez que as condutas foram praticadas no âmbito da atividade empresarial do réu, que descumpriu ordem de interdição do estabelecimento comercial com o objetivo de dar continuidade à atividade e, assim, obter vantagem pecuniária. [...]. 10. Agravo regimental não provido. (STJ, AgRg no AREsp nº 1527212/DF, Rel. Min. Reynaldo Soares da Fonseca, 5ª T., j. 19.09.2019, *DJe* 27.09.2019).

III Ter o agente cometido a infração coagindo outrem para a execução material da infração

A agravante sob exame guarda correspondência com a agravante genérica prevista no art. 62, inc. II, do Código Penal.

Coagir é obrigar alguém, com o emprego de violência física ou de grave ameaça, resistíveis ou irresistíveis, a praticar um crime.

Para o executor-coagido (coato), tem-se que a coação física irresistível exclui a conduta, dada a inexigibilidade de conduta diversa e, nesse caso, responderá pela infração penal apenas o coator, incidindo a agravante.

De outro lado, sendo a coação resistível, seja ela física ou moral, o executor-coagido (coato) também responderá pela infração penal, com a atenuante prevista no art. 65, inc. III, do Código Penal; o autor da coação responderá pelo delito ambiental com a agravante do art. 15, inc. II, "b", da Lei nº 9.605/1998.

IV Ter o agente cometido a infração afetando ou expondo a perigo, de maneira grave, a saúde ou o meio ambiente.

A redação conferida à agravante sob exame, marcadamente genérica, revela sua difícil verificação e aplicação práticas.

Ora, o bem jurídico-penal tutelado pela Lei nº 9.605/1998 é, à toda evidência, o meio ambiente e seus consectários, inclusive a saúde pública, bens de natureza difusa pertencentes à coletividade de forma indivisível. Consequentemente, parece claro que as condutas típicas previstas na lei afetam ou expõem a perigo – concreto ou abstrato –, a saúde ou o meio ambiente.

Como se não bastasse, a expressão "de maneira grave", marcada pelo subjetivismo, dificulta ainda mais a exegese e a aplicação prática dessa circunstância agravante.

Assim, dada a orientação traçada pelo art. 6º, inc. I, da Lei nº 9.605/1998, que fornece critérios para a imposição e gradação de penalidades pelas autoridades competentes, aqui incluídas as sanções penais, mostra-se mais adequada a análise da gravidade e consequências da infração penal como circunstância judicial, na primeira fase da dosimetria da pena, e não como agravante genérica.

De toda a sorte, as recentes catástrofes ambientais vistas, por exemplo, no Estado de Minas Gerais, causadas pelo rompimento de barragens de rejeitos de mineração, traduzem claros exemplos de infrações que, de maneira grave, afetaram a saúde e o meio ambiente.

V Concorrendo para danos à propriedade alheia

Cuida-se de agravante genérica de improvável verificação na realidade das coisas.

Ora, se com sua conduta típica o agente também concorrer para a produção de danos em propriedade alheia, ao invés de ter sua pena agravada, como inicialmente se poderia supor, responderá pelo delito ambiental praticado em concurso (material ou formal) com o crime comum cometido.

Assim, por exemplo, se o agente destruir ou danificar floresta considerada de preservação permanente e, assim o fazendo, danificar a cerca divisória da propriedade vizinha, causando a indevida fuga de animais confinados, responderá pelo delito previsto no art. 38, "caput", da Lei nº 9.605/1998, em concurso com o delito de dano, previsto no art. 163 do Código Penal, punido apenas na modalidade dolosa (não há previsão de dano culposo).

Bem por isso, Nucci salienta que, caso o autor degrade sua própria propriedade e, assim agindo, culposamente atinja propriedade alheia, responderá pelo delito ambiental com a agravante do art. 15, inc. II, "d", da Lei de Crimes Ambientais, justamente por não ser prevista a figura do dano culposo no Código Penal.[35]

VI Atingindo áreas de unidades de conservação ou áreas sujeitas, por ato do Poder Público, a regime especial de uso

Pelas mesmas razões anteriormente expostas, cuida-se de outra agravante genérica de improvável verificação prática.

O autor do crime ambiental que também atinja, com seu proceder, áreas de unidades de conservação ou áreas sujeitas a regime especial de uso responderá, em concurso de crimes, pelas infrações cometidas.

VII Atingindo áreas urbanas ou quaisquer assentamentos humanos

Assim como se verifica nos itens "V" e "VI", se o autor da infração ambiental, com sua conduta, também atingir áreas urbanas ou assentamentos humanos, responderá por todas as infrações penais cometidas, em concurso de crimes, salvo na hipótese de crime comum punido exclusivamente na modalidade dolosa, quando terá incidência a agravante.

VIII Em período de defeso à fauna

Período de defesa à fauna é a época em que a caça está proibida em território nacional, a fim de se assegurar a reprodução dos espécimes, por regramento administrativo.

Aqui, vale a pena observar que, em nosso território nacional, a proibição à caça é a regra que, somente em hipóteses excepcionais, é permitida pela autoridade administrativa.

Cuida-se de outra agravante genérica de difícil verificação prática, pois, como se sabe, o art. 29, §4º, inc. II, da Lei nº 9.605/1998, já prevê que a pena será aumentada de metade se o agente matar, perseguir, caçar, apanhar, utilizar espécimes da fauna silvestre em período proibido à caça.

IX Em domingos ou feriados

A agravante sob exame encontra fundamento nas dificuldades práticas, pela escassez de recursos humanos e materiais, da promoção de efetiva fiscalização pelas autoridades ambientais nos domingos e feriados.

A justificativa não convence, cabendo ao Poder Público aparelhar-se adequadamente com vistas à efetiva fiscalização. Assim, melhor seria que a escolha feita pelo autor do crime ambiental de praticar a conduta típica em dia de sabida fiscalização reduzida fosse considerada como circunstância judicial desfavorável, a ser sopesada na primeira fase da dosimetria da pena, e não como agravante genérica.

De toda a sorte, ao disciplinar o processo de individualização da sanção penal para os crimes contra a flora, o art. 53, inc. II, "e", da Lei de Crimes Ambientais, estabelece que a pena será aumentada de um sexto a um terço se o crime for cometido durante a noite, em domingo ou feriado, sendo possível sustentar que a agravante deve ser aplicada somente para as demais infrações penais.

35 NUCCI, Guilherme de Souza. *Leis penais e processuais penais comentadas*. 5. ed. São Paulo: RT, 2010. p. 939.

X À noite

Considera-se dia o período que vai da aurora ao crepúsculo. Considera-se noite o período em que não há luz solar, sem a necessária correlação com determinados horários pré-estabelecidos.

Justifica-se a previsão da agravante pela menor vigilância naturalmente realizada pelo Poder Público em razão das dificuldades proporcionadas pela ausência de luz solar. Ninguém duvida que fiscalizar áreas de mata fechada durante a noite é muito mais difícil do que durante o dia.

A maior reprovação da conduta criminosa que se vê facilitada na sua execução pelo repouso noturno e indisfarçável menor vigilância sobre o bem jurídico-penal não é nova, cabendo rememorar, aqui, a causa de aumento de pena prevista no art. 155, §1º, do Código Penal.

XI Em épocas de seca ou inundações

A agravante também é prevista como causa de aumento de pena para os crimes contra a flora tipificados pela Lei de Crimes Ambientais, em seu art. 53, inc. II, "d", aplicando-se, portanto, somente aos demais delitos ambientais.

De fato, verifica-se ainda maior reprovabilidade na conduta do agente que, valendo-se da gravidade e dos impactos causados nos ecossistemas por secas ou inundações, fenômenos naturais que prejudicam culturas, produções e causam desequilíbrio ambiental, pratica a infração penal.

XII No interior do espaço territorial especialmente protegido

São áreas especialmente protegidas em razão da sua importância para a preservação ambiental, como, por exemplo, as unidades de conservação.

XIII Com o emprego de métodos cruéis para abate ou captura de animais

Nos delitos ambientais, a toda evidência, não se pode confundir o objeto material da conduta com a figura da vítima.

Objeto material é a pessoa ou a coisa sobre a qual recai a conduta criminosa. Nos crimes contra a fauna, o objeto material da conduta é o animal.

Buscou o legislador agravar a pena daquele que, para o abate ou captura do animal, emprega método cruel.

Não se aplica a agravante ao delito previsto no art. 32 da Lei nº 9.605/1998, pois, como se percebe, a crueldade já faz parte daquele tipo penal, caso em que haveria indisfarçável *bis in idem*.

XIV Mediante fraude ou abuso de confiança

Fraude é manobra enganosa, o ardil; com a fraude, o agente obtém alguma vantagem ou, no caso de delitos ambientais, alguma facilidade na execução da conduta típica.

No abuso de confiança o agente trai a boa-fé que lhe foi depositada para a execução do crime. Consiste na quebra da confiança, na traição, como na hipótese do médico veterinário ou do biólogo que, contratados para auxiliar na preservação de animais ou espécimes, se valem dessa condição para a prática da infração penal ambiental.

XV Mediante abuso do direito de licença, permissão ou autorização ambiental

Assim como na hipótese anterior, também se vislumbra, na agravante sob exame, uma verdadeira quebra de confiança entre o concedente da licença, permissão ou autorização ambiental e o autor da infração penal que, valendo-se da concordância dos órgãos ambientais para a execução de determinada atividade, subverte a lógica permissiva para praticar crimes.

XVI No interesse de pessoa jurídica mantida, total ou parcialmente, por verbas públicas ou beneficiada por incentivos fiscais

Identifica-se maior gravidade na conduta criminosa que, ao final, beneficia pessoa jurídica já favorecida com dinheiro público e benefícios fiscais, ainda que não voltada para fins ambientais.

XVII Atingindo espécies ameaçadas, listadas em relatórios oficiais das autoridades competentes

A agravante genérica também é prevista como causa de aumento de pena nos crimes contra a flora, não se aplicando nessa quadra de violações (art. 53, inc. II, "c", Lei nº 9.605/1998).

XVIII Facilitada por funcionário público no exercício de suas funções

De acordo com o art. 327, *caput*, do Código Penal: "Considera-se funcionário público, para os efeitos penais, que, embora transitoriamente ou sem remuneração, exerce cargo, emprego ou função pública". O mesmo Código Penal, em seu art. 327, §1º, trata da figura do funcionário público por equiparação.

Para a incidência da agravante, não basta o envolvimento de funcionário público na prática criminosa; deve existir nexo de causalidade entre a função pública (de forma ampla) exercida e a facilidade proporcionada na execução do delito ambiental.

Bem por isso, à luz do art. 29 do Código Penal, é difícil imaginar hipótese em que o particular não responda pelo mesmo crime praticado pelo funcionário público, e não por crime autônomo agravado; ademais é oportuno rememorar que, nos termos do art. 30 do mesmo Código Penal, não se comunicam as circunstâncias e as condições de caráter pessoal, salvo quando elementares do crime.

Art. 16 Nos crimes previstos nesta Lei, a suspensão condicional da pena pode ser aplicada nos casos de condenação a pena privativa de liberdade não superior a três anos.

Com a reforma de 1984, na Parte Geral do Código Penal, a suspensão condicional da pena deixou de ser um mero incidente de execução penal para transmudar-se em medida penal alternativa à prisão, mediante o cumprimento de obrigações de fazer e de não fazer, em certo período de prova.[36]

No ponto, vale observar que, cuidando-se de condenação por delitos ambientais, o requisito objetivo exigido para a concessão do *sursis*, isto é, a quantidade de pena não superior a três anos, é mais elástico na Lei nº 9.605/1998 em relação à regra prevista no Código Penal, em seu art. 77, *caput*, que prevê o patamar de pena privativa de liberdade não superior a dois anos.

Os requisitos de ordem subjetiva exigidos para a concessão do benefício são aqueles previstos no próprio Código Penal.

Art. 17 A verificação da reparação a que se refere o §2º do art. 78 do Código Penal será feita mediante laudo de reparação do dano ambiental, e as condições a serem impostas pelo juiz deverão relacionar-se com a proteção ao meio ambiente.

A suspensão da pena é medida condicional, vale dizer, está sujeita ao cumprimento de determinadas condições, sob pena de revogação.

De acordo com o art. 78, §2º, do Código Penal (*sursis* especial),

> Se o condenado houver reparado o dano, salvo impossibilidade de fazê-lo, e se as circunstâncias do art. 59 deste Código lhe forem inteiramente favoráveis, o juiz poderá substituir a exigência do parágrafo anterior pelas seguintes condições, aplicadas cumulativamente: a) proibição de frequentar determinados lugares; b) proibição de ausentar-se da comarca onde reside, sem autorização do juiz; c) comparecimento pessoal e obrigatório a juízo, mensalmente, para informar a justificar suas atividades.

O art. 17 da Lei de Crimes Ambientais estimula a reparação do dano ambiental.

Na lição de Vlamidir Passos de Freitas e Gilberto Passos de Freitas:

> Note-se que o art. 17 da Lei nº 9.605/98 faz justa exigência de que as condições impostas pelo juiz sejam relacionadas com a proteção ao meio ambiente. Assim não tem sentido, por exemplo, condicionar a suspensão da pena a auxílio em hospital ou casa de menor. E mais. O mesmo artigo determina que a reparação do dano seja verificada por laudo próprio.[37]

Assim, buscou o legislador de 1998 condicionar a extinção da punibilidade do condenado à efetiva reparação do dano ambiental, não se contentando com a mera promessa ou intenção de fazê-lo.

[36] DOTTI, René Ariel. *Curso de direito penal – parte geral.* 4. ed. São Paulo: RT, 2012. p. 689.

[37] FREITAS, Vladimir Passos de; FREITAS, Gilberto Passos de. *Crimes contra a natureza (de acordo com a Lei nº 9.605/98).* 8. ed. São Paulo: RT, 2006. p. 292.

Art. 18 A multa será calculada segundo os critérios do Código Penal; se revelar-se ineficaz, ainda que aplicada no valor máximo, poderá ser aumentada até três vezes, tendo em vista o valor da vantagem econômica auferida.

Com a Reforma Penal de 1984, o Código Penal adotou o sistema de dias-multa para aplicação da pena (art. 49).

Como explica Reale Júnior:

> Por esse sistema, há uma grande flexibilidade na fixação do valor da multa, pois primeiramente deve o juiz determinar o valor do dia-multa entre um trigésimo do salário mínimo e cinco vezes esse salário. Fixado o valor do dia-multa, cumpre estabelecer o número de dias-multa, que pode variar de dez a trezentos e sessenta dias-multa. A escolha do valor da multa deve ser orientada pelo necessário e suficiente para atender o fim de reprovação, levando em conta, obrigatoriamente, a situação econômica do réu, art. 60 do Código Penal.[38]

O Código Penal estabelece que, caso seja considerada ineficaz, a pena de multa pode ser triplicada, ainda que fixada no teto (CP, art. 60, §1º). No sistema do Código Penal, a ineficácia da pena de multa está relacionada à capacidade econômica do condenado.

A Lei de Crimes Ambientais fornece regra semelhante. Afirma o art. 18 que, caso seja considerada ineficaz, a pena de multa pode ser aumentada em até três vezes. Entretanto, o conteúdo jurídico de ineficácia da pena de multa trazido pela Lei é diferente do conteúdo fornecido pelo Código Penal.

Para a Lei nº 9.605/1998, a ineficácia da multa não está relacionada à capacidade econômica do réu, mas à vantagem econômica auferida com sua conduta criminosa.

Em complemento, a Lei nº 13.731, de 8 de novembro de 2018, estabelece que

> um décimo do valor das multas por crime, infração penal ou infração administrativa decorrentes de condutas e atividades lesivas ao meio ambiente, arrecadadas pelos órgãos ambientais integrantes do Sistema Nacional de Meio Ambiente – SISNAMA, será destinado à arborização urbana e à recuperação de áreas degradadas.

Art. 19 A perícia de constatação do dano ambiental, sempre que possível, fixará o montante do prejuízo causado para efeitos de prestação de fiança e cálculo de multa.

Parágrafo único. A perícia produzida no inquérito civil ou no juízo cível poderá ser aproveitada no processo penal, instaurando-se o contraditório.

38 REALE JÚNIOR, Miguel. *Instituições de direito penal*: parte geral. 4. ed. Rio de Janeiro: Forense, 2013. p. 397.

I Corpo de delito e exame de corpo de delito

O art. 158 do Código de Processo Penal orienta que "quando a infração deixar vestígios, será indispensável o exame de corpo de delito, direto ou indireto, não podendo supri-lo a confissão do acusado".

Em complemento, o art. 564, inc. III, "b", do Código de Processo Penal, estabelece que haverá nulidade absoluta por falta do "exame de corpo de delito nos crimes que deixam vestígios, ressalvado o disposto no art. 167".

A partir do regramento legal, Badaró ensina que o corpo de delito é o conjunto dos elementos materiais deixados pelo crime; já o exame de corpo de delito é um meio de prova pericial que se destina à apuração dos elementos materiais da prática criminosa, por meio de sua constatação direta e documentação imediata.[39]

Dessa forma, cuidando-se de crimes ambientais, a perícia de constatação dos danos deve buscar, também, a fixação do montante do prejuízo causado, inclusive para fins de fixação da fiança e quantificação da pena de multa.

II Prova emprestada

Como regra, as perícias são realizadas ainda na fase de investigação da prática criminosa, na fase administrativa da persecução penal, sob pena de perecimento dos vestígios do crime pela ação do tempo ou, ainda, de sua supressão ou adulteração pela ação humana.

Com a produção do exame pericial, as partes são cientificadas do documento, estabelecendo-se sobre a prova verdadeiro contraditório diferido, nos termos dos arts. 158 a 161, 167, 170 e 176 a 184 do Código de Processo Penal.

Denomina-se prova emprestada aquela produzida em um determinado processo e que, posteriormente, é transladada para novos autos, mantido o valor probante do feito original.[40]

Assim, dado o valor probante inerente à prova pericial, em regra irrepetível enquanto meio de prova, o parágrafo único do art. 19 estabelece que a perícia produzida no inquérito civil ou no juízo cível poderá ser aproveitada no processo penal, instaurando-se, à evidência, o contraditório diferido.

Em suma, é perfeitamente possível o aproveitamento da perícia produzida no inquérito civil, a cargo do Ministério Público, ou no Juízo Cível, no bojo de ação civil pública, também para fins penais, instaurando-se o contraditório posterior.

Art. 20 A sentença penal condenatória, sempre que possível, fixará o valor mínimo para reparação dos danos causados pela infração, considerando os prejuízos sofridos pelo ofendido ou pelo meio ambiente.

Parágrafo único. Transitada em julgado a sentença condenatória, a execução poderá efetuar-se pelo valor fixado nos termos do caput, sem prejuízo da liquidação para apuração do dano efetivamente sofrido.

Sentença é o ato que põe fim ao processo, com ou sem julgamento de mérito.

---

39 BADARÓ, Gustavo Henrique. *Processo penal*. 3. ed. São Paulo: RT, 2015. p. 435-436.

40 BADARÓ, Gustavo Henrique. *Processo penal*. 3. ed. São Paulo: RT, 2015. p. 391.

O art. 381 do Código de Processo Penal elenca os requisitos essenciais da sentença, a saber: I – os nomes das partes ou, quando não possível, as indicações necessárias para identificá-las; II – a exposição sucinta da acusação e da defesa; III – a indicação dos motivos de fato e de direito em que se fundar a decisão; IV – a indicação dos artigos de lei aplicados; V – o dispositivo; VI – a data e a assinatura do juiz.

As hipóteses de absolvição são previstas no art. 386, incisos I a VII, do Código de Processo Penal.

Já o art. 387, *caput*, do Código de Processo Penal, oferece o conteúdo específico da sentença penal condenatória, que também deve ser orientada pelo art. 68 do Código Penal, no tocante à individualização da pena.

O art. 20 da Lei de Crimes Ambientais permite expressamente que o juiz fixe o valor mínimo para reparação dos danos causados pela infração na sentença condenatória, máxime diante da regra contida no art. 19, *caput*, a respeito do conteúdo da prova pericial.

Aliás, o próprio Código de Processo Penal, em seu art. 387, inc. IV, com a redação dada pela Lei nº 11.179, de 2008, também permite que o juiz, ao proferir a sentença condenatória, fixe valor mínimo para a reparação dos danos causados pela infração, considerando os prejuízos sofridos pelo ofendido.

Cuida-se de movimento legislativo claramente voltado à (re)descoberta e valorização do papel da vítima no processo penal, tantas vezes esquecida e remetida a um papel de mera expectadora da relação processual.

De toda a sorte, como a Lei fala em "valor mínimo", nada impede que, a despeito da execução da sentença condenatória, seja buscada a sua complementação na esfera cível.

Art. 21 As penas aplicáveis isolada, cumulativa ou alternativamente às pessoas jurídicas, de acordo com o disposto no art. 3º, são: I – multa; II – restritivas de direitos; III – prestação de serviços à comunidade.

Posição geográfica

As penas aplicáveis à pessoa jurídica não estão previstas nos preceitos secundários dos tipos penais; ao revés, encontram previsão expressa nos arts. 21 a 24 da Lei de Crimes Ambientais: multa, pena restritiva de direitos e prestação de serviços à comunidade.

Art. 22 As penas restritivas de direitos da pessoa jurídica são: I – suspensão parcial ou total de atividades; II – interdição temporária de estabelecimento, obra ou atividade; III – proibição de contratar com o Poder Público, bem como dele obter subsídios, subvenções ou doações. §1º. A suspensão de atividades será aplicada quando estas não estiverem obedecendo às disposições legais ou regulamentares, relativas à proteção do meio ambiente. §2º. A interdição será aplicada quando o estabelecimento, obra ou atividade estiver funcionando sem a devida autorização, ou em desacordo com a concedida, ou com violação de disposição legal ou regulamentar. §3º. A proibição de contratar com o Poder Público e dele obter subsídios, subvenções ou doações não poderá exceder o prazo de dez anos.

I Penas restritivas de direitos

As penas restritivas de direitos são a suspensão parcial ou total de atividades, interdição temporária de estabelecimento, obra ou atividade e proibição de contratar com o Poder Público, bem como dele obter subsídios, subvenções ou doações.

Dada a amplitude das penas previstas à pessoa jurídica, como toda e qualquer sanção penal, deve o juiz reservar as medidas mais drásticas para as hipóteses mais graves. Assim, por exemplo, cuidando da suspensão de atividades, a parcial restrição prefere à suspensão total, máxime se for considerada a função social da empresa e os impactos trabalhistas gerados com sua total paralisação.

II Prazo de duração da pena restritiva de direitos para a pessoa jurídica

Como se sabe, o art. 55 do Código Penal dispõe que a pena restritiva de direitos possui o mesmo prazo de duração da pena privativa de liberdade substituída.

Todavia, como não há previsão de pena privativa de liberdade para a pessoa jurídica (e nem poderia haver) e, cuidando-se de dano ambiental, o prazo naturalmente exigido para a reparação de área degradada, por vezes, é muito superior ao tempo de prisão previsto no preceito secundário dos tipos penais previstos na Lei, qual deve ser a duração da pena?

A pena restritiva de direitos deverá ter o mesmo prazo da pena privativa de liberdade prevista no preceito secundário do tipo penal, ainda que, naquele curto espaço de tempo, não seja possível a consolidação da reparação do dano ambiental.

Como afirma Freitas, não há como impor-se à pessoa jurídica pena restritiva de direitos por prazo superior ao limite legal, devendo o acompanhamento da integral recuperação ambiental ser promovido em outros autos, notadamente em ação civil pública, dada a existência do título executivo judicial.

III Prescrição e omissão da Lei de Crimes Ambientais

Dada a omissão legislativa, a jurisprudência do STJ orienta no sentido de que os prazos prescricionais das reprimendas de multa e restritivas de direitos impostas cumulativamente à pessoa jurídica pela prática dos delitos da Lei nº 9.605/1998 devem obedecer às mesmas regras do Código Penal previstas para as penas privativas de liberdade.

Vale dizer, em se tratando de crimes ambientais, malgrado incabível a imposição de penas privativas de liberdade à pessoa jurídica, o prazo prescricional deve obedecer à regra do art. 109, parágrafo único, do Código Penal, que estabelece serem aplicáveis, às sanções restritivas de direitos, os mesmos prazos definidos para a prescrição da pena privativa de liberdade.[41]

Art. 23 A prestação de serviços à comunidade pela pessoa jurídica consistirá em: I – custeio de programas e de projetos ambientais; II – execução de obras de recuperação de áreas degradadas; III – manutenção de espaços públicos; IV – contribuições a entidades ambientais ou culturais públicas.

[41] Nesse sentido: STJ, AgRg no AREsp nº 1616383/RJ, Rel. Min. Nefi Cordeiro, 6ª T., j. 19.05.2020, *DJe* 26.05.2020.

Trata-se de pena restritiva de direitos que, se corretamente manejada, revelar-se-á extremamente eficaz aos fins propostos pela própria Lei: reparação do dano ambiental.

Não obstante tenha inovado com a aceitação da responsabilidade penal da pessoa jurídica, a Lei de Crimes Ambientais, ao prever as correlatas sanções penais, revelou-se tímida e poderia ter avançado ainda mais.

Para além da exigência de reparação dos danos ambientais (arts. 19 e 20) e das penas restritivas de direitos eleitas, dentre elas a prestação de serviços comunitários, a Lei poderia ter avançado um pouco mais e, deitando olhos para populações indígenas, ribeirinhas, comunidades de pescadores profissionais e minorias vulneráveis social e economicamente afetadas, ao prever a execução de obras de recuperação, desenhado cenário jurídico voltado à contratação e capacitação daquelas próprias pessoas, com vistas à manutenção da subsistência comunitária.

Art. 24 A pessoa jurídica constituída ou utilizada, preponderantemente, com o fim de permitir, facilitar ou ocultar a prática de crime definido nesta Lei terá decretada sua liquidação forçada, seu patrimônio será considerado instrumento do crime e como tal perdido em favor do Fundo Penitenciário Nacional.

I Liquidação forçada da pessoa jurídica

É difícil imaginar, na realidade das coisas, a existência de pessoa jurídica constituída ou utilizada para a prática de crimes ambientais, ainda que preponderantemente.

Como afirmam Vladimir e Gilberto Passos de Freitas, "[n]ão se tem conhecimento da existência desse tipo de sociedade no Brasil. Tudo indica que este artigo tem finalidade mais preventiva e que acabará sendo aplicado raramente".[42]

De toda a sorte, é sabido que atividades extrativas altamente lucrativas realizadas por pessoas jurídicas, como no caso das madeireiras, a depender do caso concreto, podem ser objeto de liquidação forçada, caso comprovada a sua utilização ilícita (clandestina).

Cuida-se de pena acessória e, nessa condição, para que seja aplicada, deve existir prévio pedido deduzido na denúncia.

A liquidação forçada da pessoa jurídica acarreta a sua extinção e o seu patrimônio, considerado instrumento do crime (CP, art. 91, inc. II, "a"), é perdido em favor do FUNPEN.

[42] FREITAS, Vladimir Passos de; FREITAS, Gilberto Passos de. *Crimes contra a natureza (de acordo com a Lei nº 9.605/98)*. 8. ed. São Paulo: RT, 2006. p. 74.

7 Da apreensão do produto e do instrumento de infração administrativa ou de crime (art. 25)

Art. 25 Verificada a infração, serão apreendidos seus produtos e instrumentos, lavrando-se os respectivos autos. §1º. Os animais serão prioritariamente libertados em seu habitat ou, sendo tal medida inviável ou não recomendável por questões sanitárias, entregues a jardins zoológicos, fundações ou entidades assemelhadas, para guarda e cuidados sob a responsabilidade de técnicos habilitados. (Redação dada pela Lei nº 13.052, de 2014). §2º. Até que os animais sejam entregues às instituições mencionadas no §1º deste artigo, o órgão autuante zelará para que eles sejam mantidos em condições adequadas de acondicionamento e transporte que garantam o seu bem-estar físico. (Redação dada pela Lei nº 13.052, de 2014). §3º. Tratando-se de produtos perecíveis ou madeiras, serão estes avaliados e doados a instituições científicas, hospitalares, penais e outras com fins beneficentes. (Renumerando do §2º para §3º pela Lei nº 13.052, de 2014). §4º. Os produtos e subprodutos da fauna não perecíveis serão destruídos ou doados a instituições científicas, culturais ou educacionais. (Renumerando do §3º para §4º pela Lei nº 13.052, de 2014). §5º. Os instrumentos utilizados na prática da infração serão vendidos, garantida a sua descaracterização por meio da reciclagem. (Renumerando do §4º para §5º pela Lei nº 13.052, de 2014).

I Apreensão do produto e instrumento da infração penal ambiental

A providência descrita pelo art. 25, *caput*, da Lei de Crimes Ambientais, não é inovadora e, mais disso, é fundamental para o sucesso da investigação criminal e posterior ação penal.

Com efeito, ao prever as diligências iniciais que deverão ser realizadas pela autoridade policial ao tomar conhecimento do crime, o art. 6º do Código de Processo Penal, em seus incisos I e II, orienta que se dirija ao local e providencie o estado de conservação das coisas até a chegada da perícia e, mais disso, que apreenda os objetos que tiverem relação com o fato, após liberados pelos peritos criminais.

Para tanto, não se exige prévio mandado judicial; no caso de busca domiciliar, salvo as exceções constitucionais, será necessária a ordem judicial para o cumprimento da diligência.

Ademais, vale a pena rememorar que o art. 118 do Código de Processo Penal expressamente dispõe que, "[a]ntes de transitar em julgado a sentença final, as coisas apreendidas não poderão ser restituídas enquanto interessarem ao processo".

E, em arremate, tem-se que o art. 91, inc. II, "a" e "b", do Código Penal, estabelece, como efeito da condenação, a perda em favor da União, ressalvado o direito do lesado ou de terceiro de boa-fé, dos instrumentos do crime, desde que consistam em coisas cujo fabrico, alienação, uso, porte ou detenção constitua fato ilícito, e do produto do crime ou de qualquer bem ou valor que constitua proveito auferido pelo agente com a prática do fato criminoso.

II Perdimento dos instrumentos do crime ambiental

Diferentemente do disposto no art. 91, II, "a", do Código Penal, a Lei de Crimes Ambientais permite o perdimento de quaisquer instrumentos do crime ambiental, ilícitos ou até mesmo lícitos, como, por exemplo, máquinas e veículos automotores empregados por madeireira clandestina na exploração ilegal.

Nessa linha, confira-se a orientação jurisprudencial do STJ:

> RECURSO ESPECIAL. DIREITO PENAL E PROCESSO PENAL. LEGISLAÇÃO EXTRAVAGANTE. LEI DOS CRIMES AMBIENTAIS. LEI Nº 9.605/1998. RESPONSABILIDADE PENAL DE PESSOA JURÍDICA. RESTITUIÇÃO DE COISA APREENDIDA. CARGA DE MADEIRA. QUANTIDADE E ESPÉCIE DE MADEIRA TRANSPORTADA DISSONANTE DA GUIA FLORESTAL. INDÍCIOS DE PRÁTICA DE DELITO AMBIENTAL. INDEVIDA RESTITUIÇÃO. LAUDO TÉCNICO. REVISÃO. SÚMULA Nº 7/STJ. MATÉRIA CONSTITUCIONAL. STF. 1. A denominada Lei dos Crimes Ambientais, Lei nº 9.605/1998, representa, para muitos, um avanço para a sociedade brasileira, principalmente pela acolhida explícita da responsabilidade penal das pessoas jurídicas e pela criminalização de diversas condutas lesivas ao meio ambiente, anteriormente não tipificadas por nosso ordenamento jurídico. 2. A restituição, quando apreciada pelo magistrado, deve atender aos mesmos pressupostos exigidos na ocasião de seu exame pela autoridade policial: a) ser comprovada a propriedade; b) o bem não ser confiscável (art. 91, II, do CP), e c) o bem não mais interessar ao inquérito policial ou à ação penal. 3. Diante de indícios de que a coisa apreendida – carregamento de madeira – constitui objeto de crime ambiental, nos termos do art. 46, parágrafo único, da Lei nº 9.605/1998, não pode ser ela restituída em parte ou em sua totalidade à pessoa jurídica porque, inclusive, é passível de doação a instituições científicas, hospitalares, penais e outra com fins beneficentes, nos termos do art. 25, §3º, da aludida lei. [...]. 7. Recurso especial improvido. (Resp. nº 1329837/MT, Rel. Min. Sebastião Reis Júnior, 6ª T., *DJ* 29.09.2015).

São reconhecidamente escassos os recursos públicos, materiais e humanos, destinados à proteção do meio ambiente.

Assim, a exemplo do que ocorre com a Lei de Drogas (Lei nº 11.346/2006, arts. 61 e ss.), mostra-se adequada a utilização de máquinas e utensílios outrora empregados em atividades ilegais, mesmo que lícita sua propriedade, muitos deles caros e de difícil aquisição pelo Poder Público, na reparação ambiental e na efetiva tutela do meio ambiente pelos órgãos do Estado.

8 Da ação e do processo penal (arts. 26 ao 28)

Art. 26 Nas infrações penais previstas nesta Lei, a ação penal é pública incondicionada.

Parágrafo único. (VETADO).

I Sistema acusatório

O sistema acusatório, superando o modelo inquisitivo, promove a devida separação entre quem acusa, quem defende e quem julga, e confere ao Ministério Público o necessário controle sobre a persecução penal.[43]

[43] TURESSI, Flávio Eduardo. *Justiça penal negociada e criminalidade macroeconômica organizada*: o papel da política criminal na construção da ciência global do direito penal. Salvador: JusPodivm, 2019. p. 196.

Com efeito, confiando ao Ministério Público, no art. 129, inc. I, da Constituição Federal de 1988, a legitimidade exclusiva para a propositura da ação penal pública, e assegurando ao acusado, dentre outros, o contraditório e a ampla defesa, o ordenamento jurídico brasileiro adotou claramente o sistema acusatório.

Nesse modelo, a ação penal relativa aos crimes ambientais previstos na Lei nº 9.605/1998 é pública incondicionada.

Lei nº 4.771/65

O Código de Processo Penal brasileiro (Decreto-Lei nº 3.689, de 3 de outubro de 1941), sabidamente influenciado pelo Código de Processo Penal italiano da década de 30 do século XX (Código Rocco), entrando em vigor no dia 1º de janeiro de 1942, em pleno Estado Novo (que perdurou até 1945), carrega em vários de seus artigos e institutos a ideologia própria que marcou aquele período político no Brasil, deixando de lado uma pretensa neutralidade jurídica diante dos influxos decorrentes da ampliação da intervenção do Estado na esfera privada.[44]

Ocorre que, com a promulgação da Constituição-cidadã, no dia 5 de outubro de 1988, e a abertura democrática instituída no país a partir de então, a necessária compatibilidade entre a legislação infraconstitucional e o texto da Lei Maior desnudou a existência de diplomas que não poderiam ser recepcionados pela nova ordem constitucional e a necessidade de serem promovidas adequações hermenêuticas para que muitas disposições legais vigentes pudessem permanecer vivas no ordenamento jurídico brasileiro, a partir de uma nova e reformulada leitura conforme a Constituição.

O denominado procedimento judicialiforme, por exemplo, então regido pela Lei nº 4.611, de 2 de abril de 1965, que, de forma expressa, admitia a iniciativa da ação penal pública *ex officio* pela autoridade policial ou judicial, através de simples portaria, para processamento, pelo rito comum sumário, das contravenções penais e dos delitos de lesão corporal culposa e homicídio culposo previstos no Código Penal, dada a disposição contida no artigo 129, inciso I, da Constituição Federal de 1988, evidentemente não foi recepcionado.

Da mesma forma, o (antigo) Código Florestal, Lei nº 4.771, de 15 de setembro de 1965, em seu art. 33, "b", conferia legitimidade a funcionários da repartição florestal e de autarquias com atribuições correlatas para a propositura de ação penal por crimes ambientais. Antes mesmo de ser revogada pela Lei nº 12.651, de 2012, a disposição não havia sido recepcionada pela nova ordem constitucional.

Art. 27 Nos crimes ambientais de menor potencial ofensivo, a proposta de aplicação imediata de pena restritiva de direitos ou multa, prevista no art. 76 da Lei nº 9.099, de 26 de setembro de 1995, somente poderá ser formulada desde que tenha havido a prévia composição do dano ambiental, de que trata o art. 74 da mesma lei, salvo em caso de comprovada impossibilidade.

44 TURESSI, Flávio Eduardo; PONTE, Antônio Carlos da. Tutela penal de interesses difusos, justiça penal negociada e os novos desafios do Ministério Público. *Argumenta Journal Law*, Jacarezinho – PR, Brasil, n. 36, p. 343-374, 2022.

I Infração penal de menor potencial ofensivo

O conceito de infração penal de menor potencial ofensivo é oferecido pelo art. 61 da Lei nº 9.099/1995, com a redação dada pela Lei nº 11.313/2006: "Consideram-se infrações penais de menor potencial ofensivo, para os efeitos desta Lei, as contravenções penais e os crimes a que a Lei comine pena máxima não superior a 2 (dois) anos, cumulada ou não com multa".

O conceito legal de infração penal de menor potencial ofensivo, ao invés de levar em consideração a natureza jurídica do bem a ser tutelado pela norma penal, põe em evidência a quantidade de pena, vale dizer, a pena máxima prevista para a infração penal no preceito secundário do tipo penal.

Para tanto, caso haja causas de aumento ou de diminuição de pena, na identificação da infração penal de menor potencial ofensivo e suas consequências, deve-se levar em consideração o *máximo* de pena possível.

Essa também é a orientação de Renato Brasileiro de Lima, quando afirma que "em se tratando de causas de aumento, aplica-se o *quantum* que mais aumente a pena; causas de diminuição, o *quantum* que menos diminua a pena".[45]

Agravantes e atenuantes genéricas devem ser desconsideradas.

II Transação penal

Mitigando o princípio da obrigatoriedade da ação penal pública, dispõe o art. 76, *caput*, da Lei nº 9.099/95, que, "[h]avendo representação ou tratando-se de crime de ação penal pública incondicionada, não sendo o caso de arquivamento, o Ministério Público poderá propor a aplicação imediata de pena restritiva de direitos ou multas, a ser especificada na proposta".

A partir do modelo constitucionalmente desenhado para a adoção de espaços de consenso no processo penal (CF/88, art. 98, inc. I), a Lei nº 9.099/1995 permite a celebração de *acordo* entre o Ministério Público e o autor da infração penal de menor potencial ofensivo, evitando-se o processo adversarial e, no limite, a imposição de pena privativa de liberdade.

Na lição de Mirabete, ao formular a proposta de transação penal, o Ministério Público não está emitindo um juízo definitivo de culpabilidade, até porque não foram produzidas todas as provas que podem levar a essa conclusão, mas um juízo de probabilidade da culpabilidade, numa antevisão da necessidade da aplicação da pena com os elementos de convicção até então apresentados.[46]

III Prévia composição do dano ambiental

A *prévia* reparação do dano ambiental, como *pré-requisito* para que o Ministério Público possa formular a medida despenalizadora ao autor do crime ambiental de menor potencial ofensivo, prestigia o *princípio do poluidor-pagador*, vetor que informa toda a proteção jurídica conferida ao meio ambiente de forma ampla, nas esferas civil, penal e administrativa, nos termos do art. 225, §3º, da Constituição Federal de 1988.

45 LIMA, Renato Brasileiro de. *Legislação criminal especial comentada*: volume único. 7. ed. Salvador: JusPodivm, 2019. p. 508.

46 MIRABETE, Júlio Fabbrini. *Juizados especiais criminais*: comentários, jurisprudência, legislação. 5. ed. São Paulo: Atlas, 2002. p. 129.

Como ensina Fiorillo, "[p]odemos identificar no princípio do poluidor-pagador duas órbitas de alcance: a) busca evitar a ocorrência de danos ambientais (*caráter preventivo*); e b) ocorrido o dano, visa à sua reparação (*caráter repressivo*)".[47]

Reportando-se ao princípio sob exame, Gomes apresenta interessante objeção à nomenclatura conhecida, preferindo denominá-lo de princípio da ampla responsabilização pelo dano ambiental, e isso, por duas razões:

> a) evitar-se a falsa – e perigosa – idéia de que o pagamento dá o direito à contraprestação (poluição); b) incutir-se a idéia de que a responsabilização não se restringe à reparação ou à cobrança de indenização pelo dano ambiental causado, mas que se dá também no âmbito penal e administrativo, importantes esferas sancionatórias, que ao lado da civil compõem um sistema jurídico amplo de prevenção, reparação e repressão, apto a inibir ou a minimizar os efeitos das ações e omissões lesivas ao interesse tutelado, que são provocadas por particulares ou pelo próprio Poder Público.[48]

De toda a sorte, para que tenha extinta a sua punibilidade, cabe ao autor da infração penal ambiental cumprir integralmente a transação penal proposta pelo Ministério Público e homologada pelo juízo criminal e, antes disso, comprovar a efetiva composição do dano ambiental, não satisfazendo o pré-requisito legal a reparação meramente parcial.[49]

Assim, é forçoso reconhecer que a Lei de Crimes Ambientais, em seu art. 27, introduziu um *pré-requisito impediente à transação penal*: a falta ou a parcial reparação do dano ambiental, salvo quando comprovadamente impossível fazê-lo.

[47] FIORILLO, Celso Antônio Pacheco. *Curso de direito ambiental brasileiro*. 12. ed. São Paulo: Saraiva, 2011. p. 92.

[48] GOMES, Luís Roberto. *O Ministério Público e o controle da omissão administrativa*: o controle da omissão estatal no direito ambiental. Rio de Janeiro: Forense, 2003. p. 212.

[49] CRIMINAL. HC. CRIMES CONTRA O MEIO AMBIENTE. LEI Nº 9.099/95. NULIDADE DO ACÓRDÃO POR IRREGULARIDADE NA COMPOSIÇÃO DO ÓRGÃO JULGADOR. CONVOCAÇÃO DOS JUÍZES DE DIREITO COMPATÍVEL COM OS POSTULADOS CONSTITUCIONAIS. ILEGALIDADE NÃO VISLUMBRADA. NATUREZA JURÍDICA DA SENTENÇA HOMOLOGATÓRIA DA TRANSAÇÃO PENAL. REPARAÇÃO APENAS PARCIAL DO DANO AMBIENTAL. NATUREZA JURÍDICA DA SENTENÇA HOMOLOGATÓRIA DA TRANSAÇÃO PENAL. OBRIGATORIEDADE DE CUMPRIMENTO DOS TERMOS DO ACORDO. ORDEM DENEGADA. I. Não se acolhe alegação de nulidade do acórdão por suposta irregularidade na composição do Órgão Julgador, pois o procedimento de substituição dos Desembargadores dos Tribunais de Justiça, mediante convocação de Juízes de Direito, é compatível com os postulados constitucionais, daí não decorrendo, tampouco, qualquer ilegalidade. Precedente do STF. II. A sentença homologatória da transação penal tem natureza jurídica condenatória e faz lei entre as partes. III. Se o paciente se obrigou à reparação de toda a área danificada, no acordo celebrado quando da transação penal homologada, é descabido o pleito de reparação apenas parcial dos danos ambientais causados. IV. Ordem denegada (STJ, HC nº 14957/SP, Rel. Min. Gilson Dipp, 5ª T., j. 09.04.2002, *DJ* 03.06.2002, p. 219).

Art. 28 As disposições do art. 89 da Lei nº 9.099, de 26 de setembro de 1995, aplicam-se aos crimes de menor potencial ofensivo definidos nesta Lei, com as seguintes modificações: I – a declaração de extinção de punibilidade, de que trata o §5º do artigo referido no caput, dependerá de laudo de constatação de reparação do dano ambiental, ressalvada a impossibilidade prevista no inciso I do §1º do mesmo artigo; II – na hipótese de o laudo de constatação comprovar não ter sido completa a reparação, o prazo de suspensão do processo será prorrogado, até o período máximo previsto no artigo referido no caput, acrescido de mais um ano, com suspensão do prazo da prescrição; III – no período de prorrogação, não se aplicarão as condições dos incisos II, III e IV do §1º do artigo mencionado no caput; IV – findo o prazo de prorrogação, proceder-se-á à lavratura de novo laudo de constatação de reparação do dano ambiental, podendo, conforme seu resultado, ser novamente prorrogado o período de suspensão, até o máximo previsto no inciso II deste artigo, observado o disposto no inciso III; V – esgotado o prazo máximo de prorrogação, a declaração de extinção de punibilidade dependerá de laudo de constatação que comprove ter o acusado tomado as providências necessárias à reparação integral do dano.

I Inadequação técnica da Lei de Crimes Ambientais

Não foi feliz o legislador ao prever que as disposições do art. 89 da Lei nº 9.099/1995 "aplicam-se aos crimes de menor potencial ofensivo definidos nesta Lei", pois, como visto nos comentários ao art. 27, a definição de infração penal de menor potencial ofensivo não é dada pela Lei nº 9.605/1998, mas pela Lei dos Juizados Especiais Criminais.

Ademais, a ressalva era desnecessária, uma vez que o próprio art. 89, *caput*, da Lei nº 9.099/1995, já explicita a aplicação da suspensão condicional do processo para os crimes abrangidos ou não pela Lei dos Juizados Especiais Criminais.[50]

II Suspensão condicional do processo

Mitigando o princípio da indisponibilidade da ação penal pública, a Lei nº 9.099/1995, em seu art. 89, *caput*, dispõe o seguinte:

> Nos crimes em que a pena mínima cominada for igual ou inferior a um ano, abrangidas ou não por esta Lei, o Ministério Público, ao oferecer a denúncia, poderá propor a suspensão do processo, por dois a quatro anos, desde que o acusado não esteja sendo processado ou não tenha sido condenado por outro crime, presentes os demais requisitos que autorizariam a suspensão condicional da pena (art. 77 do Código Penal).

[50] Sobre o cabimento da suspensão condicional do processo, ver súmulas dos Tribunais Superiores: Súmula nº 536 do STJ: "A suspensão condicional do processo e a transação penal não se aplicam na hipótese de delitos sujeitos ao rito da Lei Maria da Penha"; Súmula nº 243 do STJ: "O benefício da suspensão do processo não é aplicável em relação às infrações penais cometidas em concurso material, concurso formal ou continuidade delitiva, quando a pena mínima cominada, seja pelo somatório, seja pela incidência da majorante, ultrapassar o limite de 1 (um) ano"; Súmula nº 723 do STF: "Não se admite a suspensão condicional do processo por crime continuado, se a soma da pena mínima da infração mais grave com o aumento mínimo de 1/6 (um sexto) for superior a 1 (um) ano".

Cuida-se de instituto despenalizador que apresenta como característica fundamental o *nolo contendere*, vale dizer, uma forma de defesa em que o acusado não contesta a imputação, mas não admite a culpa e nem proclama a sua inocência.[51]

Aceita a suspensão condicional do processo, a peça acusatória é recebida pelo juiz que, naquela mesma decisão, suspende o curso do processo, submetendo o acusado a um período de prova, de 2 (dois) a 4 (quatro) anos, para o cumprimento das suas condições: (i) reparação do dano, salvo impossibilidade de fazê-lo; (ii) proibição de frequentar determinados lugares; (iii) proibição de ausentar-se da comarca onde reside, sem autorização do juiz; (iv) comparecimento pessoal e obrigatório a juízo, mensalmente, para informar e justificar suas atividades; (v) não instauração de outro processo em virtude da prática de crime ou de contravenção penal.

Expirado o prazo da suspensão condicional do processo e não havendo motivo para sua revogação, o réu terá extinta a sua punibilidade (art. 89, §5º, da Lei nº 9.099/95).

III Suspensão condicional do processo na Lei nº 9.605/1998

Assim como se verifica com a transação penal, ao cuidar da suspensão condicional do processo, o legislador de 1998 põe em evidência a necessidade de reparação do dano ambiental para a concessão da medida despenalizadora, modificando, em parte, as disposições da Lei nº 9.099/1995 para a aplicação do instituto em crimes ambientais:

a) a extinção da punibilidade do réu (Lei nº 9.099/1995, art. 89, §5º) fica condicionada à vinda aos autos de laudo de constatação de reparação do dano ambiental, ainda que já expirado o período de prova sem qualquer fundamento para sua revogação, salvo a impossibilidade de fazê-lo, o que se verifica quando o dano for incomensurável ou quando o réu insolvente comprovar sua incapacidade financeira de promover a reparação exigida;

b) haverá prorrogação do período de prova, até o período máximo de 4 (quatro) anos, acrescido de mais um ano, mantida a suspensão do prazo prescricional (Lei nº 9.099/1995, art. 89, §6º), sempre que o laudo de constatação apontar a incompleta reparação do dano ambiental;

c) na medida em que o fundamento da prorrogação do período de prova recai sobre a deficiente reparação do dano ambiental (ou sua falta) e não sobre o comportamento do acusado, durante o período acrescido não se aplicam as condições de proibição de frequentar determinados lugares, de se ausentar da comarca sem autorização judicial e de comparecimento pessoal e obrigatório a juízo, permanecendo suspenso o curso do prazo prescricional;

d) ao término da prorrogação do período de prova, novo laudo de constatação deverá ser confeccionado, caso em que, continuando insuficiente a reparação do dano ambiental, poderá ocorrer nova prorrogação do período de suspensão, mantido o regime da prorrogação anterior, até o limite máximo previsto no art. 28, inc. II, da Lei de Crimes Ambientais;

e) de acordo com o art. 28, inc. V, da Lei de Crimes Ambientais, expirado o período máximo de prorrogação possível do período de prova (10 anos ao todo), mais um laudo de constatação deve ser confeccionado (terceiro laudo de constatação) com vistas à comprovação da recuperação do dano ambiental. A Lei não permite a terceira prorrogação do período de prova e, caso descumprida a condição, o curso

[51] ISHIDA, Válter Kenji. *A suspensão condicional do processo*. São Paulo: Saraiva, 2003. p. 30.

da ação penal deve ser retomado, salvo se comprovada a impossibilidade de fazê-lo. Satisfeita a exigência, a punibilidade do réu deve ser extinta.

IV Críticas

Se por um lado mostra-se louvável a preocupação do legislador com a reparação do dano ambiental, exigindo a vinda de laudo de constatação para essa finalidade, a elasticidade conferida para a prorrogação do período de prova mostra-se exagerada.

Na observação de Demercian e Maluly, numa interpretação literal do art. 28, depreende-se que o período de prova poderá atingir 10 (dez) anos: 4 (quatro) anos prorrogáveis por mais 1 (um) (cf. arts. 89 da Lei nº 9.099/1995 c/c o art. 28, inc. II, da Lei nº 9.605/1998), e mais o prazo máximo de prorrogação, que é de 5 (cinco) anos (cf. art. 28, inc. VI, da Lei nº 9.605/1998).[52]

9 Dos crimes em espécie (arts. 29 ao 69-A)

Seção I – Dos crimes contra a Fauna (arts. 29 ao 37)

I Alcance da Lei

Em nosso ordenamento jurídico, os crimes ambientais contra a fauna estão previstos de forma concentrada nos tipos penais da Lei nº 9.605/1998, que, de forma tácita, revogou os crimes contra a fauna previstos em leis anteriores.

A exceção está prevista na Lei nº 7.643/1987, que proíbe a pesca de cetáceo nas águas jurisdicionais brasileiras e, em seu art. 2º, prevê que "[a] infração ao disposto nesta lei será punida com a pena de 2 (dois) a 5 (cinco) anos de reclusão e multa de 50 (cinquenta) a 100 (cem) Obrigações do Tesouro Nacional – OTN, com perda da embarcação em favor da União, em caso de reincidência", dado que o dispositivo não foi revogado nem expressa e nem tacitamente pela Lei de Crimes Ambientais.

A proteção jurídica conferida pela Lei nº 9.605/1998 não se restringe à fauna silvestre (conjunto de animais que vivem em liberdade – art. 1º, Lei nº 5.197/1967), alcançando, ainda, a fauna doméstica (ver comentários ao art. 32 da Lei).

Como se sabe, os animais não são sujeitos de direitos. A proteção que recai sobre os animais existe para favorecer a própria existência humana e, reflexamente, proteger as demais espécies.[53]

II Competência

Outrora tipificados na Lei nº 5.197/1967, os crimes contra a fauna eram de competência da Justiça Federal, já que seu art. 1º dispunha que "a fauna silvestre é propriedade do Estado", tendo a jurisprudência do STF assentado a fauna como bem da União.[54]

---

52 DEMERCIAN, Pedro Henrique; MALULY, Jorge Assaf. *Curso de processo penal.* 10. ed. São Paulo: Rideel, 2023. p. 335.

53 FIORILLO, Celso Antônio Pacheco. *Curso de direito ambiental brasileiro.* 12. ed. São Paulo: Saraiva, 2011. p. 268.

54 STF, Pleno, Conflito de Jurisdição nº 6.115/RJ, Rel. subst. Min. Soares Muñoz, j. 03.11.1978.

Mesmo após a promulgação da Constituição Federal de 1988, o STJ, insistindo na competência da Justiça Federal para processar e julgar os crimes contra a fauna, editou a Súmula nº 91, com o seguinte verbete: "Compete à Justiça Federal processar e julgar os crimes praticados contra a fauna".

Contudo, revendo o posicionamento anterior, o STJ cancelou a Súmula nº 91, dado que a própria Lei de Crimes Ambientais não dispôs sobre a competência criminal, passando a enxergar a coletividade (e não a União) como sujeito passivo das infrações ambientais previstas pelo legislador de 1988.

De fato, não se pode aceitar que a fauna seja patrimônio único da União, notadamente porque, como é sabido, ao lado da própria União, também compete aos Estados, ao Distrito Federal e aos Municípios zelar pela tutela ao meio ambiente (art. 225, §1º, inc. VII, da CF/88).

Com efeito, o art. 225, §1º, da Constituição Federal de 1988 impõe ao *Poder Público* o dever de defender e preservar o meio ambiente para as presentes e futuras gerações.

Como explica José Afonso da Silva, "Poder Público" é expressão genérica que se refere a todas as entidades territoriais públicas, sendo que os limites dessas competências encontram-se previstos nos arts. 21 a 24 da Constituição Federal de 1988.[55]

Assim, na síntese de Vladimir e Gilberto Passos de Freitas, a competência para processar e julgar os crimes contra a fauna é, em regra, da Justiça comum estadual e, excepcionalmente, da Justiça comum federal, nos casos em que os espécimes atingidos pela conduta estiverem protegidos em área da União, como, por exemplo, uma reserva indígena.[56]

Portanto, para que haja competência da Justiça Federal, a prática do crime ambiental deve ter ocorrido em detrimento de bens, serviços ou interesse da União, nos termos do art. 109, IV, da Constituição Federal, sendo que, havendo sentença prolatada quanto ao delito conexo, a competência para julgamento do delito ambiental remanescente deve ser aferida isoladamente.[57]

---

55 SILVA, José Afonso da. *Direito ambiental constitucional*. 4. ed. São Paulo: Malheiros, 2003. p. 75.

56 FREITAS, Vladimir Passos de; FREITAS, Gilberto Passos de. *Crimes contra a natureza (de acordo com a Lei nº 9.605/98)*. 8. ed. São Paulo: RT, 2006. p. 56.

57 Nesse sentido: "CONFLITO NEGATIVO DE COMPETÊNCIA. PROCESSUAL PENAL. CRIMES AMBIENTAIS. DELITO DE COMPETÊNCIA DA JUSTIÇA FEDERAL. SENTENÇA PROFERIDA. DELITO REMANESCENTE. PROCESSAMENTO E JULGAMENTO PELA JUSTIÇA FEDERAL POR CONEXÃO. DESCABIMENTO. SÚMULA Nº 235 DO STJ. ART. 38, CAPUT, DA LEI Nº 9.605/1998. ÁREA DE PRESERVAÇÃO PERMANENTE ÀS MARGENS DE RIO ESTADUAL. COMPETÊNCIA DA JUSTIÇA DO ESTADO. CONFLITO CONHECIDO PARA DECLARAR COMPETENTE O JUÍZO SUSCITADO. 1. A Súmula nº 235 do Superior Tribunal de Justiça dispõe que "[a] conexão não determina a reunião dos processos, se um deles já foi julgado". Embora o Enunciado tenha origem em feitos de natureza cível, é pacífico o entendimento de que a sua orientação também é aplicável aos processos penais. 2. No caso concreto, o Juízo Federal Suscitante, após receber os autos em razão da declinação de competência do Juízo Estadual Suscitado, extinguiu a ação penal, no tocante ao crime do art. 55, *caput*, da Lei nº 9.605/1998, referente à conduta de extração de areia e cascalho, por reconhecer a litispendência em relação à ação penal que tramitara naquele juízo, na qual, inclusive, já houvera a prolação de sentença condenatória. 3. Havendo sentença prolatada quanto ao delito conexo, a competência para julgamento do delito remanescente deve ser aferida isoladamente. 4. Para que haja competência da Justiça Federal, a prática do delito do art. 38, *caput*, da Lei nº 9.605/1998 deve ter ocorrido em detrimento de bens, serviços ou interesse da União, nos termos do art. 109, inciso IV, da Constituição da República. 5. O Rio das Mortes, que banha o Município de São João Del-Rei/MG, tem o seu curso integralmente no Estado de Minas Gerais, conforme se constatou em pesquisa na página eletrônica do Instituto Mineiro de Gestão das Águas – IGAM. Por essa razão, é de propriedade do referido Estado, nos termos do art. 20, inciso III, c. c. o art. 26, inciso I, do Texto Constitucional. Assim, o crime do art. 38, *caput*, da Lei nº 9.605/1998, praticado na área de preservação permanente, em suas margens, não atingiu o patrimônio, serviços ou interesse da União, cabendo à Justiça Estadual o seu julgamento. 6. Conflito conhecido para declarar competente o Juízo de Direito da 1ª Vara Criminal e da Infância e da Juventude de São João Del-Rei-MG, o Suscitado". (STJ, CC 193.005/MG, Rel. Min. LAURITA VAZ, 3ª Seção, J. 08.02.2023, *DJe* 15.02.2023).

Art. 29 Matar, perseguir, caçar, apanhar, utilizar espécimes da fauna silvestre, nativos ou em rota migratória, sem a devida permissão, licença ou autorização da autoridade competente, ou em desacordo com a obtida: Pena – detenção de seis meses a um ano, e multa.

I Objeto jurídico

O bem jurídico tutelado pela Lei é o meio ambiente.

II Objeto material

É o espécime da fauna silvestre, nativo ou em rota migratória.

III Núcleos do tipo

Matar é eliminar a vida (do espécime); *perseguir* é correr atrás, seguir de perto, ir ao encalço (do espécime); *caçar* é perseguir animais silvestres para os aprisionar ou matar, valendo-se de arma de fogo, arma branca, redes, laços ou quaisquer instrumentos que possibilitem a captura; *apanhar* é aprisionar; *utilizar* é fazer uso, aproveitar-se do animal com alguma vantagem, ainda que não patrimonial.

IV Sujeitos ativo e passivo

Crime comum, pode ser praticado por qualquer pessoa, física ou jurídica. Sujeito passivo é a coletividade.

V Elemento subjetivo

É o dolo, a vontade livre e consciente de matar, perseguir, caçar, apanhar ou utilizar espécimes da fauna silvestre, nativos ou em rota migratória. Não se exige finalidade específica. Não há previsão culposa. O elemento normativo está contido na expressão "sem a devida permissão, licença ou autorização da autoridade competente, ou em desacordo com a obtida".

VI Consumação e tentativa

Os núcleos *matar*, *caçar* e *apanhar* exigem o resultado naturalístico para a consumação (crime material); nas formas *perseguir* e *utilizar* não se exige a produção do resultado naturalístico para a consumação (crime formal). Sendo possível o fracionamento das condutas em diversos atos, é cabível a tentativa.

VII Jurisprudência selecionada

"AGRAVO REGIMENTAL NO HABEAS CORPUS. CRIMES AMBIENTAIS. CRIME CONTRA A FAUNA. TER EM CATIVEIRO ESPÉCIME DA FAUNA SILVESTRE SEM A DEVIDA LICENÇA DA AUTORIDADE COMPETENTE (ART. 29, §1º, INCISO III, DA LEI Nº 9.605/1998). MAUS TRATOS (ART. 32, CAPUT, DA LEI Nº 9.605/1998). AUSÊNCIA DE LAUDO PERICIAL. POSSIBILIDADE. MATERIALIDADE E AUTORIA DEMONSTRADAS COM BASE EM OUTROS ELEMENTOS PROBATÓRIOS. AFASTAMENTO, DEVIDAMENTE FUNDAMENTADO, DO PERDÃO

JUDICIAL PREVISTO NO ART. 29, §2º DA LEI Nº 9.605/1998. AGRAVO REGIMENTAL A QUE SE NEGA PROVIMENTO. 1. Não há que se falar em nulidade por ausência de perícia, máxime quando a materialidade delitiva se assentou em outros elementos de prova contundentes, como o auto de infração, o relatório de fiscalização, o laudo de constatação e as declarações testemunhais (AgRg no AREsp nº 1104676/SP, Rel. Ministro JORGE MUSSI, Quinta Turma, julgado em 11.12.2018, *Dje* de 1.2.2019). 2. Na hipótese, embora se trate de crime que deixa vestígios, a perícia se mostrou dispensável no caso em análise, uma vez que a conduta típica praticada pelo ora agravante foi amplamente demonstrada pelo auto de prisão em flagrante, bem como pela prova oral colhida ao longo da instrução criminal. Conforme foi consignado pela Corte local, restou claro nos autos que o acusado manteve em cativeiro espécime da fauna silvestre sem licença ou autorização da autoridade ambiental competente, notadamente em razão dos depoimentos dos agentes policiais – que foram enfáticos ao relatarem que o acusado mutilou as duas asas do pássaro que mantinha em cativeiro. 3. Ressalta-se, ainda, que desconstituir as conclusões alcançadas pelas instâncias ordinárias, com fundamento em exame exauriente do conjunto fático-probatório constante dos autos, firmadas no sentido de que a autoria e materialidade dos crimes foram suficientemente demonstradas por outros meios de prova constantes dos autos, a suplantar a realização de exame pericial, demandaria necessariamente aprofundado revolvimento do contexto de fatos e provas, providência vedada em sede de habeas corpus. 4. Não se vislumbra o alegado constrangimento ilegal ao ora agravante em decorrência da não aplicação do perdão judicial previsto no art. 29, §2º, da Lei de Crimes contra o Meio Ambiente (Lei nº 9.605/1998), pois, como bem entendeu o Tribunal de origem, as circunstâncias do crime não permitem a concessão do benefício, notadamente em razão dos maus tratos sofridos pela ave, que, como visto, teve suas duas asas mutiladas e foi mantida em cativeiro pelo acusado, o que enseja maior reprovabilidade da conduta. 5. Agravo regimental a que se nega provimento". (STJ, AgRg no HC nº 716459/MG, Rel. Min. Reynaldo Soares da Fonseca, 5ª T., j. 08.03.2022, *Dje* 14.03.2022).

"AGRAVO REGIMENTAL NO RECURSO ESPECIAL. PENAL. CRIME CONTRA A FAUNA. ART. 29, §1º, INCISO III, DA LEI Nº 9.605/1998. PLEITO DE RECONHECIMENTO DA ATIPICIDADE MATERIAL DA CONDUTA. IMPOSSIBILIDADE. ACÓRDÃO RECORRIDO. DUPLO FUNDAMENTO. CONSTITUCIONAL E INFRACONSTITUCIONAL. RECURSO EXTRAORDINÁRIO. NÃO INTERPOSIÇÃO. SÚMULA Nº 126 DO STJ. TESE DE NÃO APLICAÇÃO DA PENA. ART. 29, §2º, DA MENCIONADA LEI. PREQUESTIONAMENTO. AUSÊNCIA. SÚMULAS Nºs 282 E 356, AMBAS DA SUPREMA CORTE. AGRAVO REGIMENTAL DESPROVIDO. 1. A Corte federal de origem superou o pleito de atipicidade material da conduta não só pela infringência do art. 29, §1º, inciso III, da Lei nº 9.605/1998, – tendo-lhe parecido indiferente o número de aves mantidas em cativeiro – mas também pelo direito fundamental da humanidade a um meio ambiente ecologicamente equilibrado, tanto para a sociedade atual quanto para as gerações futuras, tendo, inclusive, invocado o art. 225 da Constituição Federal. 2. Assim, existindo dois fundamentos autônomos, suficientes, cada um de per se, para manter a autoridade do acórdão recorrido, a ausência de interposição do recurso extraordinário atrai o óbice da Súmula nº 126/STJ. 3. Agravo regimental desprovido". (STJ, AgRg no REsp nº 1868884/SP, Relª. Min. Laurita Vaz, 6ª T., j. 26.05.2020, *DJe* 03.06.2020).

§1º. Incorre nas mesmas penas: I – quem impede a procriação da fauna, sem licença, autorização ou em desacordo com a obtida; II – quem modifica, danifica ou destrói ninho, abrigo ou criadouro natural; III – quem vende, expõe à venda, exporta ou adquire, guarda, tem em cativeiro ou depósito, utiliza ou transporta ovos, larvas ou espécimes da fauna silvestre, nativa ou em rota migratória, bem como produtos e objetos dela oriundos, provenientes de criadouros não autorizados ou sem a devida permissão, licença ou autorização da autoridade competente.

I Objeto jurídico

O bem jurídico tutelado pela Lei é o meio ambiente.

II Objeto material

São os espécimes da fauna e os objetos que se prestam à sua proteção (por exemplo, o ninho, abrigo ou criadouro natural), os ovos e larvas.

III Núcleos do tipo

Impedir é impossibilitar, servir de obstáculo, embaraçar (a procriação da fauna); *modificar* é transformar, alterar, mudar a forma; *danificar* é deteriorar; *destruir* é arruinar, demolir; vender é alienar, trocar por dinheiro; *expor à venda* é oferecer à venda; *exportar* é retirar do território nacional; *adquirir* é obter por meio oneroso; *guardar* é manter sob vigilância, vigiar; *ter em cativeiro* é manter em confinamento; *ter em depósito* é manter armazenado; *utilizar* é fazer uso; *transportar* é levar de um lugar para o outro.

IV Sujeitos ativo e passivo

Crime comum, pode ser praticado por qualquer pessoa, física ou jurídica. Sujeito passivo é a coletividade.

V Elemento subjetivo

É o dolo, a vontade livre e consciente de praticar as condutas típicas. Não se exige finalidade específica. Não há previsão culposa. O elemento normativo está previsto nas expressões "sem licença, autorização ou em desacordo com a obtida" e "sem a devida permissão, licença ou autorização da autoridade competente".

VI Consumação e tentativa

Admite-se a tentativa, já que as condutas podem ser fracionadas em atos distintos. Contudo, há condutas que prescindem do resultado para a consumação, como, por exemplo, expor à venda.

VII Jurisprudência

Não foi encontrada.

§2º No caso de guarda doméstica de espécie silvestre não considerada ameaçada de extinção, pode o juiz, considerando as circunstâncias, deixar de aplicar a pena.

I Perdão judicial

Debruçando-se sobre o instituto do perdão judicial, Basileu Garcia, em tom crítico, afirma que suscita reparo a carência de disposições gerais sobre o instituto, que o legislador nem se deu ao trabalho de batizar ostensivamente com a denominação aceita pela doutrina. Para o autor, teria sido benéfico que o Código Penal perfilhasse o instituto, sem tergiversações, para clareza de todos, como o fazem o Código Penal uruguaio e o italiano, este admitindo o instituto só em relação aos menores de 18 anos, os quais são abrangidos pelo Direito comum, porque a imputabilidade, na Itália, começa aos 14 anos.[58]

O Código Penal de 1940 prevê, em seu art. 107, inc. IX, o perdão judicial como *causa de extinção da punibilidade* do agente, o qual somente pode ser concedido nos casos expressamente previstos em lei.

Portanto, a sentença que concede ao réu o perdão judicial é extintiva da sua punibilidade, não se podendo cogitar de condenação e seus efeitos.

Em nosso ordenamento jurídico, para além do art. 29, §2º, da Lei de Crimes Ambientais, o perdão judicial encontra previsão expressa nos seguintes casos: a) art. 121, §5º, do Código Penal; b) art. 129, §8º, do Código Penal; c) art. 140, §1º, do Código Penal; d) art. 180, §5º, do Código Penal; e) art. 8º da Lei das Contravenções Penais; f) art. 39, §2º, da Lei das Contravenções Penais; g) art. 13 da Lei nº 9.807/1999.

Cuidando-se da guarda doméstica de espécime silvestre não considerada ameaçada de extinção, a Lei de Crimes Ambientais permite ao juiz que deixe de aplicar a pena ao réu.

Na assertiva de Vladimir e Gilberto Passos de Freitas, com a previsão expressa do perdão judicial, buscou o legislador solucionar o problema de milhares de animais, notadamente aves, que são comumente utilizados em residências como animais de estimação, já que, antes da edição da Lei nº 9.605/1998, a jurisprudência sempre fora liberal com os infratores, havendo inúmeros julgados absolutórios, e o perdão judicial, malgrado sua natureza jurídica, reafirma a tipicidade da conduta.[59]

II Jurisprudência

> "DIREITO AMBIENTAL. POSSE IRREGULAR DE ANIMAIS SILVESTRES POR LONGO PERÍODO DE TEMPO. O particular que, por mais de vinte anos, manteve adequadamente, sem indício de maus-tratos, duas aves silvestres em ambiente doméstico pode permanecer na posse dos animais. Nesse caso específico, aplicar o art. 1º da Lei nº 5.197/1967 ("Os animais de quaisquer espécies, em qualquer fase do seu desenvolvimento e que vivem naturalmente fora do cativeiro, constituindo a fauna silvestre, bem como seus ninhos, abrigos e criadouros naturais são propriedades do Estado, sendo proibida a sua utilização, perseguição, destruição, caça ou apanha") e o art. 25 da Lei nº 9.605/1998 ("Verificada a infração, serão apreendidos seus produtos e instrumentos, lavrando-se

[58] GARCIA, Basileu. *Instituições de direito penal.* 2. ed. São Paulo: Max Limonad, 1952. v. I, t. II, p. 662-663.

[59] FREITAS, Vladimir Passos de; FREITAS, Gilberto Passos de. *Crimes contra a natureza (de acordo com a Lei nº 9.605/98).* 8. ed. São Paulo: RT, 2006. p. 101.

os respectivos autos") equivaleria à negação da sua finalidade, que não é decorrência do princípio da legalidade, mas uma inerência dele. A legislação deve buscar a efetiva proteção dos animais. Assim, seria desarrazoado determinar a apreensão dos animais para duvidosa reintegração ao seu habitat e seria difícil identificar qualquer vantagem em transferir a posse para um órgão da Administração Pública. Ademais, no âmbito criminal, o art. 29, §2º, da Lei nº 9.605/1998 expressamente prevê que "no caso de guarda doméstica de espécie silvestre não considerada ameaçada de extinção, pode o juiz, considerando as circunstâncias, deixar de aplicar a pena". (STJ, Resp. nº 1.425.943/RN, Rel. Min. Herman Benjamin, j. 2.9.2014).

§3º. São espécimes da fauna silvestre todos aqueles pertencentes às espécies nativas, migratórias e quaisquer outras, aquáticas ou terrestres, que tenham todo ou parte de seu ciclo de vida ocorrendo dentro dos limites do território brasileiro, ou águas jurisdicionais brasileiras.

I Fauna

A Constituição Federal de 1988, em seu art. 225, §1º, inc. VII, ao explicitar a proteção à fauna, deixou de fornecer o seu conceito, cabendo ao legislador ordinário fazê-lo.

A Lei nº 5.197/1967 – Lei de Proteção à Fauna –, recepcionada pela nova ordem constitucional, em seu art. 1º, dispõe que "[o]s animais de quaisquer espécies em qualquer fase do seu desenvolvimento e que vivem naturalmente fora do cativeiro, constituindo a fauna silvestre, bem como os seus ninhos, abrigos e criadouros naturais são propriedades do Estado, sendo proibida a sua utilização, perseguição, destruição, caça ou apanha".

Assim, com base na própria Lei de 1967, José Afonso da Silva ensina que, em sentido lato, a palavra "fauna" refere-se ao conjunto de todos os animais de uma região ou de um período geológico, abrangendo a fauna aquática, a fauna das árvores e do solo (insetos e micro-organismos) e a fauna silvestre (animais de pelo e de pena).[60]

Os animais domésticos não são objeto de tutela pela Lei nº 5.197/1967; entretanto, a existência dos animais domésticos indiscutivelmente traz benefícios à sociedade e ao bem-estar mental das pessoas e, como não poderiam deixar de ser, são tutelados pela Lei de Crimes Ambientais (ver comentários ao art. 32).

O art. 29, §3º, da Lei de Crimes Ambientais, apresenta o conceito legal de fauna silvestre: seres pertencentes às espécies nativas, migratórias e quaisquer outras, aquáticas ou terrestres, que tenham todo ou parte do seu ciclo de vida ocorrendo dentro dos limites do território brasileiro, ou águas jurisdicionais brasileiras.

Cuida-se de norma penal explicativa que busca esclarecer o conteúdo dos tipos penais previstos na Lei.

Para Vladimir e Gilberto Passos de Freitas, os insetos também são protegidos pela lei penal, por serem considerados animais; mas, de outro lado, a proteção penal não alcança os animais exóticos, dado que o texto legal fala em "espécies nativas" e "migratórias", sendo que a expressão genérica "quaisquer outras" se refere ao restante do texto, ou seja,

60 SILVA, José Afonso da. *Direito ambiental constitucional*. 4. ed. São Paulo: Malheiros, 2003. p. 193.

a que tenha seu ciclo de vida ocorrendo em nosso território ou águas jurisdicionais, no todo ou em parte.[61]

Animais exóticos, por não fazerem parte da fauna silvestre, são objeto de tutela penal pelo art. 32 da Lei de Crimes Ambientais.

> **§4º A pena é aumentada de metade, se o crime é praticado: I – contra espécie rara ou considerada ameaçada de extinção, ainda que somente no local da infração; II – em período proibido à caça; III – durante a noite; IV – com abuso de licença; V – em unidade de conservação; VI – com emprego de métodos ou instrumentos capazes de provocar destruição em massa.**

O §4º sob exame trata de *causas especiais de aumento de pena*, que incidem na terceira fase da dosimetria da sanção penal (CP, art. 68) nos delitos contra a fauna. Não se confundem com as agravantes genéricas previstas no art. 15 da Lei de Crimes Ambientais.

I Espécie rara ou considerada ameaçada de extinção

Atualmente, a Portaria nº 444, de 17 de dezembro de 2014, do Instituto Brasileiro do Meio Ambiente e dos Recursos Naturais Renováveis (IBAMA), em seu art. 1º, *caput*, reconhece como espécies da fauna silvestre ameaçadas de extinção aquelas constantes da "Lista Nacional Oficial de Espécies da Fauna Ameaçadas de Extinção" (Anexo I da Portaria), sendo exemplos o tamanduá-bandeira, o cervo do pantanal, o mico-leão-da-cara-dourada, a onça-pintada, a onça-parda e o lobo-guará.

Espécie rara é aquela que dificilmente se encontra, ainda que não esteja sob o risco de extinção.[62]

II Período proibido à caça

A caça de animais silvestres é proibida no Brasil desde o ano de 1967, com a edição da Lei nº 5.197 (Lei da Caça).

Atualmente, tramita no Congresso Nacional o Projeto de Lei (PL) nº 5.544/2020, de autoria do Deputado Federal Nilson F. Stainsack (PP), que busca legalizar a caça esportiva no território nacional.

A única espécie animal cuja caça é permitida no Brasil é a do javali, espécie considerada invasora com grande potencial reprodutivo (Instrução Normativa nº 03/2013, publicada pelo IBAMA, decreta a nocividade do javali e dispõe sobre o seu manejo e controle), mediante licença da autoridade competente.

III Noite

A razão da causa de aumento é a dificuldade que o período noturno impõe à fiscalização. Cuida-se do período em que não há luz solar, independentemente do horário.

[61] FREITAS, Vladimir Passos de; FREITAS, Gilberto Passos de. *Crimes contra a natureza (de acordo com a Lei nº 9.605/98)*. 8. ed. São Paulo: RT, 2006. p. 86.

[62] FREITAS, Vladimir Passos de; FREITAS, Gilberto Passos de. *Crimes contra a natureza (de acordo com a Lei nº 9.605/98)*. 8. ed. São Paulo: RT, 2006. p. 101.

IV Abuso de licença

A Portaria IBAMA nº 2.969, de 31 de julho de 1972, dispõe sobre a obtenção de licença para caçadores amadoristas. A Portaria IBAMA nº 52, de 28 de maio de 1999, autoriza a caça amadorista no Estado do Rio Grande do Sul. Sempre que a atividade for praticada fora das especificações regulamentares, incidirá a causa de aumento de pena.

V Unidades de conservação

O art. 225, §1º, inc. III, da Constituição Federal de 1988, dispõe que compete ao Poder Público o dever de definir, em todas as unidades da Federação, espaços territoriais e seus componentes a serem especialmente protegidos, sendo a alteração e a supressão permitidas somente através de lei, vedada qualquer utilização que comprometa a integridade dos atributos que justifiquem a sua proteção.

Não havendo distinção, os espaços territoriais a serem especialmente protegidos podem ser definidos tanto em áreas públicas quanto em áreas particulares.

O art. 225, §1º, inc. III, da Carta Política de 1988, foi regulamentado pela Lei nº 9.985/2000, que, em seu art. 2º, inc. I, tratou de fornecer o conceito legal de unidade de conservação: "Espaços territoriais e seus recursos ambientais (a atmosfera, as águas interiores bem como superficiais e subterrâneas, os estuários, o mar territorial, o solo, o subsolo, os elementos da biosfera, a fauna e a flora, incluindo as águas jurisdicionais, com características naturais relevantes, legalmente constituídos pelo Poder Público, com o objetivo de conservação e limites definidos, sob regime especial de administração, ao qual se aplicam garantias adequadas de proteção".

As unidades de conservação fazem parte do Sistema Nacional de Unidades de Conservação da Natureza (SNUC), constituídas pelo conjunto de unidades de conservação federais, estaduais e municipais, de acordo com a estrutura disposta pela própria Lei nº 9.985/2000, divididas em dois grandes grupos, a saber: a) Unidades de Proteção Integral: o objetivo é preservar a natureza, sendo admitido apenas o uso indireto dos seus recursos naturais, salvo exceções previstas na própria lei; b) Unidades de Uso Sustentável: o objetivo básico é compatibilizar a conservação da natureza com o uso sustentável de parcelas integrantes do SNUC.[63]

VI Emprego de métodos ou instrumentos capazes de provocar destruição em massa

Dada a potencialidade lesiva, tais como venenos e explosivos.

§5º A pena é aumentada até o triplo, se o crime decorre do exercício de caça profissional.

[63] FIORILLO, Celso Antônio Pacheco. *Curso de direito ambiental brasileiro*. 12. ed. São Paulo: Saraiva, 2011. p. 234-235.

Como já foi aqui adiantado, a Lei nº 5.197/1967 (Lei de Caça) proíbe a caça em todo o território nacional. Assim, aquele que se dedica à caça como profissão, matando animais por dinheiro, responde pelo crime majorado.

§6º As disposições deste artigo não se aplicam aos atos de pesca.

A pesca possui regulamentação própria.

Art. 30 Exportar para o exterior peles e couros de anfíbios e répteis em bruto, sem a autorização da autoridade ambiental competente: Pena – reclusão, de um a três anos, e multa.

I Objeto jurídico

O bem jurídico tutelado pela Lei é o meio ambiente.

II Objeto material

São os couros e as peles em bruto de répteis e anfíbios, ainda que não ameaçados de extinção.

III Núcleo do tipo

O pleonasmo é a marca do presente tipo penal. Exportar é mandar, enviar, remeter para fora do país. Exportar "para o exterior" é redundância.[64]

IV Sujeitos ativo e passivo

Crime comum, pode ser praticado por qualquer pessoa, física ou jurídica. O sujeito passivo é a coletividade.

V Elemento subjetivo

É o dolo. Não há elemento subjetivo específico do tipo. Não se pune a modalidade culposa, por falta de previsão legal expressa. O elemento normativo está contido na expressão "sem a autorização da autoridade ambiental competente".

[64] Vladimir e Gilberto Passos de Freitas entendem que não há erro na construção do tipo, pois exportar é "mandar transportar para fora de um país, estado ou município". Isto significa que é possível exportar também dentro do território nacional. Mas em tal hipótese, evidentemente, não haverá incidência desse tipo penal". (FREITAS, Vladimir Passos de; FREITAS, Gilberto Passos de. *Crimes contra a natureza (de acordo com a Lei nº 9.605/98)*. 8. ed. São Paulo: RT, 2006. p. 105).

VI Consumação e tentativa

A consumação ocorre com o efetivo envio da pele/couro em bruto para o exterior; sendo possível o fracionamento da conduta, fala-se na tentativa quando a consumação não ocorre por circunstâncias alheias à vontade do agente.

VII Conflito aparente de normas

O aparente conflito de adequação típica com o crime de contrabando (CP, art. 334) deve ser resolvido pelo princípio da especialidade.

VIII Jurisprudência

Não foi encontrada.

Art. 31 Introduzir espécime animal no País, sem parecer técnico oficial favorável e licença expedida por autoridade competente: Pena – detenção, de três meses a um ano, e multa.

I Objeto jurídico

O bem jurídico tutelado pela Lei é o meio ambiente. Buscou a Lei de Crimes Ambientais combater a disseminação não controlada de animais no território nacional, com sérios riscos ao equilíbrio do ecossistema, plantações e lavouras, seja um predador ou até mesmo uma presa.

II Objeto material

Qualquer espécime de animal vivo, sem distinção.

III Núcleo do tipo

Introduzir no país é fazer ingressar em território nacional.

IV Sujeitos ativo e passivo

Crime comum, pode ser praticado por qualquer pessoa, física ou jurídica. O sujeito passivo é a coletividade.

V Elemento subjetivo

É o dolo. Não há elemento subjetivo específico do tipo. Também não se pune a modalidade culposa, por falta de previsão legal expressa. O elemento normativo está contido na expressão "sem parecer técnico oficial favorável e licença expedida por autoridade competente".

VI Consumação e tentativa

Crime material, a consumação se dá com a efetiva introdução do espécime no território nacional. É possível a tentativa, quando o ingresso é evitado por circunstâncias alheias à vontade do agente.

VII Jurisprudência

Não foi encontrada.

Art. 32 Praticar ato de abuso, maus-tratos, ferir ou mutilar animais silvestres, domésticos ou domesticados, nativos ou exóticos: Pena – detenção, de três meses a um ano, e multa.

I Objeto jurídico

Como já foi destacado nas linhas introdutórias destes comentários à Lei de Crimes Ambientais, a ingerência penal na tutela do meio ambiente encontra base constitucional no *mandado expresso de criminalização* instituído pelo art. 225, §3º, da Lei Maior, quando determina que "as condutas e atividades consideradas lesivas ao meio ambiente sujeitarão os infratores, pessoas físicas ou jurídicas, a sanções penais".

Ao contrário das Constituições Federais anteriores, que se olvidaram da questão ambiental, a Carta de 1988 consagra o direito ao meio ambiente ecologicamente equilibrado como direito fundamental.[65]

Aliás, como lembra Raul Machado Horta, as Constituições brasileiras de 1824, 1891, 1934, 1937, 1946 e 1967 não continham regra sobre meio ambiente nem empregaram a palavra identificadora da moderna preocupação ecológica.[66]

Constitucionalmente agasalhado, o meio ambiente desponta, indiscutivelmente, como bem jurídico difuso de magnitude penal, vale dizer, digno de proteção pelo Direito Penal.

Nessa ordem de valores, a criminalização de maus-tratos contra animais não é exclusividade do ordenamento jurídico brasileiro.

Como ilustra Bechara, na Alemanha, tem-se o crime de crueldade com animais, previsto no parágrafo 17 da Lei de Proteção aos Animais (*Tierschutzgesetz*); na Espanha, com a reforma instituída em 25 de novembro de 2003, introduziu-se o delito de maus tratos a animais no art. 337 do Código Penal espanhol; na Itália, a partir da reforma de 20 de julho de 2004, introduziu-se no Código Penal italiano o Título IX *bis*, intitulado "Dos Delitos contra o Sentimento pelos Animais".[67]

Entretanto, a análise do tipo penal sob exame remete a algumas questões controversas a seu respeito, a começar pela legitimidade do próprio Direito Penal como instrumento de tutela, objeto destacado no presente item.

Majoritariamente, a doutrina nacional leciona que o delito de maus-tratos a animais busca tutelar o bem jurídico meio ambiente.

[65] TURESSI, Flávio Eduardo. *Bens jurídicos coletivos*: proteção penal, fundamentos e limites constitucionais à luz dos mandados de criminalização. Curitiba: Juruá, 2015. p. 167.

[66] HORTA, Raul Machado. *Estudos de direito constitucional*. Belo Horizonte: Del Rey, 1995. p. 307-308.

[67] BECHARA, Ana Elisa Liberatore Silva. *Bem jurídico-penal*. São Paulo: Quartier Latin, 2014. p. 313.

Nessa linha de intelecção, Prado afirma que o art. 32 da Lei tutela o meio ambiente, particularmente a fauna silvestre, doméstica ou domesticada, nativa ou exótica.[68] Dele não discordam Milaré e Costa Jr., quando apontam a fauna, parte integrante do meio ambiente, como o bem jurídico tutelado pela norma.[69]

Contudo, há críticas a essa orientação doutrinária que, no ponto, merecem ser enfrentadas.

Sintetizando a tese contrária à legitimidade da ingerência penal nessa quadra de violações, Bechara expõe que, no início do século XX, desenvolveu-se o entendimento da saúde e do bem-estar dos animais como objetos de proteção penal, relacionando-se tais valores a um interesse moral da sociedade, sendo que, na leitura da penalista, "não parece possível aceitar que sentimentos sociais ou convicções culturais sejam dignos de tutela penal em razão de serem dominantes, sob pena de justificar criminalizações contrárias ao caráter democrático e pluralista do Estado".[70]

De fato, sendo função do Direito Penal a tutela de bens jurídicos, em um Estado social e democrático de Direito, valores morais ocasionais cultuados em determinados grupos sociais não devem ser objeto de tutela penal.

Como explica Mir Puig,

> El Derecho penal de un Estado social y democrático debe asegurar la protección efectiva de todos los membros de la sociedade, por lo que há de tender a la prevención de delitos (Estado social), entendidos como aquellos comportamentos que los ciudadanos estimen dañosos para sus bienes jurídicos – "bienes" no en un sentido naturalista ni ético-individual, sino como posibilidades de participación en los sistemas sociales fundamentales –, y en la medida en que los mismos ciudadanos consideren graves tales hechos (Estado democrático).[71]

Entretanto, cuidando-se de maus-tratos a animais, tem-se que uma visão puramente ecocentrista da questão, que nega a existência do bem jurídico-penal a ser tutelado, e, no limite, a própria legitimidade do Direito Penal nessa quadra de violações, deve ser afastada.

Destarte, não há, nessa quadra de ingerência penal, apenas aspectos morais a serem protegidos, o que, de fato, esvaziaria o conteúdo material do delito.

Assim, há de se conjugar, equilibradamente, as visões antropocentrista e ecocentrista na escorreita exegese da norma, de forma complementar, e não excludente, a fim de se evitar visões extremadas do seu devido e necessário alcance.

Como se verá no próximo item, o sujeito passivo do delito não é o animal (objeto material da conduta) e o tipo penal sob exame não pretende tutelar a sua integridade física.

Bem por isso, ao reconhecer a legitimidade do Direito Penal no enfrentamento aos maus-tratos a animais, Silveira sentencia:

> De modo algum se nega que se trata de situação de necessária tutela penal. Mas em quais termos? Em que pesem argumentos no sentido de que a disposição do art. 32, da Lei nº 9.605/98, venha a proibir toda e qualquer atividade que implique em

68 PRADO, Luiz Regis. *Direito penal do ambiente*: meio ambiente, patrimônio cultural, ordenação do território e biossegurança (com a análise da Lei nº 11.105/2005). São Paulo: RT, 2005. p. 248.

69 MILARÉ, Édis; COSTA JR., Paulo José da. *Direito penal ambiental*: comentários à Lei nº 9.605/98. Campinas: Millenium, 2002. p. 85.

70 BECHARA, Ana Elisa Liberatore Silva. *Bem jurídico-penal*. São Paulo: Quartier Latin, 2014. p. 319.

71 MIR PUIG, Santiago. *Estado, pena y delito*. Reimpressión. Montevideo: B de F, 2007. p. 105.

> maus-tratos a animais, não parece haver razão para a proibição peremptória de qualquer evento em que exista infligência de dor ou esforço físico. O que se pune, a qualquer título, é o excesso. A visão unicamente ecocêntrica, nesse sentido, poderia implicar em total restrição da atividade animal, bem como seu emprego no esporte. Não se pretende isso. O que se intenta, sim, é a restrição a abusos, ferimentos, excessos e mutilações de animais.[72]

Nessa ordem de valores, rituais popularmente conhecidos como "farra do boi" e "rinhas de galo", este último proibido no Brasil desde a edição do Decreto nº 50.620, de 18 de maio de 1961, eventos marcados por mutilações e perseguições gratuitas aos animais, a toda evidência, revelam-se como despropositados, desarrazoados e merecedores da necessária ingerência penal na salvaguarda do meio ambiente de forma ampla.

De outro lado, o emprego de animais em atividades regulares de trabalho, notadamente no campo, e até mesmo em atividades festivas que não importem em excessos, privação de água e alimento, deve ser recebido e tratado como um indiferente penal.

A Lei nº 10.519, de 17 de julho de 2002, dispõe sobre a promoção e a fiscalização da defesa sanitária animal quando da realização de rodeio e dá outras providências.

II Objeto material

São os animais silvestres, domésticos ou domesticados, nativos ou exóticos.

Como visto em linhas anteriores, o art. 29, §3º, da Lei de Crimes Ambientais dispõe que são espécimes da fauna silvestre todos aqueles pertencentes às espécies nativas, migratórias e quaisquer outras, aquáticas ou terrestres, que tenham todo ou parte de seu ciclo de vida ocorrendo dentro dos limites do território brasileiro, ou águas jurisdicionais brasileiras. De acordo com a Instrução Normativa nº 169, de 20 de fevereiro de 2008, do Instituto Brasileiro do Meio Ambiente e dos Recursos Renováveis – IBAMA –, considera-se animal silvestre todo animal pertencente à fauna silvestre nativa ou exótica (art. 3º, V).

Animal doméstico é o nascido e criado em ambiente doméstico, vale dizer, no âmbito residencial e familiar.

Animal domesticado é aquele adaptado à convivência humana, é o animal amansado, ainda que empregado para atividades laborativas do ser humano.

Animal nativo é o pertencente às espécies nativas ou migratórias, aquáticas ou terrestres, de ocorrência natural em território nacional ou águas jurisdicionais brasileiras (Instrução Normativa IBAMA nº 169/2008, art. 3º, XVIII).

Animal exótico é o pertencente às espécies cuja distribuição geográfica original não inclui o território brasileiro ou que foram nele introduzidas, pelo homem ou espontaneamente, em ambiente natural, excetuando-se as espécies domésticas (Instrução Normativa IBAMA nº 169/2008, art. 3º, XVII).

III Núcleo do tipo

Pune-se aquele que praticar ato de abuso, maus-tratos, ferir ou mutilar.

A redação conferida ao tipo penal não é das mais precisas. Como identificar a conduta daquele que pratica ato de abuso? De toda a sorte, praticar ato de abuso corresponde a submeter o animal a excessos, a riscos desarrazoados.

[72] SILVEIRA, Renato de Mello Jorge. *Fundamentos da adequação social em direito penal.* São Paulo: Quartier Latin, 2010. p. 375.

Praticar maus-tratos implica em causar sofrimento indevido e evitável, desnecessário, expondo a risco a integridade física ou até mesmo a vida do animal.[73]

Ferir é lesionar, machucar.

Mutilar é seccionar, causar mutilação, separando partes do corpo do animal.

IV Sujeitos ativo e passivo

Crime comum, pode ser praticado por qualquer pessoa, física ou jurídica. O sujeito passivo é a coletividade.

V Elemento subjetivo

É o dolo. Não há elemento subjetivo específico do tipo. Também não se pune a modalidade culposa, por falta de previsão legal expressa.

VI Consumação e tentativa

Consuma-se o delito com a prática de quaisquer das condutas típicas previstas. É possível a tentativa.

VII Concurso aparente de normas

O art. 64, *caput*, da Lei das Contravenções Penais (LCP), pune com prisão simples, de dez dias a um mês, ou multa, de cem a quinhentos mil réis, aquele que tratar animal com crueldade ou submetê-lo a trabalho excessivo.

Com a edição da Lei nº 9.605/1998 passou-se a se discutir se o art. 32 sob exame teria promovido a revogação tácita do art. 64 da LCP, dado o tratamento legislativo conferido aos objetos materiais.

Defendendo a subsistência de ambas as infrações penais, Nucci afirma que o art. 32 da Lei de Crimes Ambientais diz respeito, exclusivamente, aos animais silvestres, não alcançando os animais domesticados, sendo que, "[q]uando encontramos os termos *domésticos* ou *domesticados*, devemos ler como mera decorrência da anterior menção a animais silvestres, exatamente como, em seguida, deparamo-nos com os termos nativos ou exóticos".[74]

Nessa mesma direção, debruçando-se sobre o art. 32, *caput*, da Lei de Crimes Ambientais, Sirvinskas entende que "incide neste dispositivo quem pratica maus-tratos a animais silvestres, domésticos ou domesticados, nativos ou exóticos; consequentemente, não estão abrangidos os demais animais, como, por exemplo, o cachorro, o gato, a vaca, o galo, o cavalo etc.".[75]

Em sentido contrário, discorrendo sobre os objetos materiais do tipo penal previsto no art. 32 da Lei de 1998, Prado anota que:

> É importante precisar a distinção desses objetos materiais, para se evitar determinados equívocos, que consideram a vigência atual do artigo 64 da Lei das Contravenções

[73] MARCÃO, Renato. *Crimes ambientais*: anotações e interpretação jurisprudencial da parte criminal da Lei nº 9.605, de 12.02.1998. São Paulo: Saraiva, 2011. p. 83.

[74] NUCCI, Guilherme de Souza. *Leis penais e processuais penais comentadas*. 5. ed. São Paulo: RT, 2010. p. 228.

[75] SIRVINSKAS, Luís Paulo. *Tutela penal do meio ambiente*: breves considerações atinentes à Lei nº 9.605, de 12.02.1998. São Paulo: Saraiva, 1998. p. 54.

> Penais. Ora, o artigo 32 da Lei nº 9.605/1998 versa também sobre animais domésticos, operando assim a revogação do art. 64 da Lei das Contravenções Penais. De sua parte, o artigo 29, parágrafo 3º, diz respeito tão-somente a animais silvestres, que não devem ser confundidos com domésticos, como já explicitado *ut supra*.[76]

Ora, força é convir que o art. 64 da LCP foi tacitamente revogado pelo art. 32 da Lei de Crimes Ambientais, que possui como objeto material das condutas não apenas o animal silvestre, mas também o animal doméstico, domesticado, nativo ou exótico.

De toda a forma, ao menos no plano prático, a discussão doutrinária anteriormente explicitada perdeu sua razão de ser com a inclusão do §1º-A do art. 32, pela Lei nº 14.064, de 2020, encerrando qualquer dúvida a respeito da proteção conferida a animais domésticos pela Lei nº 9.605/1998, como se verá a seguir, nos comentários ao §1º-A.

VIII **ADPF 640**

O Supremo Tribunal Federal (STF), no julgamento da Arguição de Descumprimento de Preceito Fundamental (ADPF) 640, ajuizada pelo Partido Republicano da Ordem Nacional (PROS), por unanimidade de votos, vedou o abate de animais silvestres, domésticos ou domesticados, nativos ou exóticos, apreendidos em situação de maus-tratos. Em seu voto, o Ministro Gilmar Mendes afirmou que o sacrifício de animais pode ser justificado em alguns casos, como atividades de criação para consumo, sacrifício em rituais religiosos de matrizes africanas (RE nº 496601) ou abate em casos comprovados de doenças, pragas ou outros riscos sanitários. Nessas hipóteses, o STF tem se utilizado do princípio da proporcionalidade, de forma a evitar que os atos sejam praticados com excessos ou crueldades que causem sofrimento injustificado aos animais.

IX **Jurisprudência**

> ADMINISTRATIVO E AMBIENTAL. APREENSÃO DE PAPAGAIO. ANIMAL ADAPTADO AO CONVÍVIO DOMÉSTICO. POSSIBILIDADE DE MANUTENÇÃO DA POSSE DO RECORRIDO. REEXAME DO CONTEXTO FÁTICO-PROBATÓRIO DOS AUTOS. SÚMULA Nº 7/STJ. 1. *In casu*, o Tribunal local entendeu que "não se mostra razoável a devolução do papagaio 'Tafarel' à fauna silvestre, uma vez que está sob a guarda da autora há pelo menos vinte anos, sendo certa sua adaptação ao convívio com seres humanos, além de não haver qualquer registro ou condição de maus tratos". Vale dizer, a Corte de origem considerou as condições fáticas que envolvem o caso em análise para concluir que a ave deveria continuar sob a guarda da recorrida, porquanto criada como animal doméstico. 2. Ademais, a fauna silvestre, constituída por animais "que vivem naturalmente fora do cativeiro", conforme expressão legal, é propriedade do Estado (isto é, da União) e, portanto, bem público. 3. A Lei nº 9.605/1998 expressamente enuncia que o juiz pode deixar de aplicar a pena de crimes contra a fauna, após considerar as circunstâncias do caso concreto. Não se pode olvidar que a legislação deve buscar a efetiva proteção dos animais, finalidade observada pelo julgador ordinário. Incidência da Súmula nº 7/STJ. 4. Precedentes: AgRg no AREsp nº 333105/PB, Relatora Ministra ASSUSETE MAGALHÃES, SEGUNDA TURMA, *Dje* 01.09.2014; AgRg no AREsp nº 345926/SC, Rel. Ministro HERMAN BENJAMIN, SEGUNDA TURMA, *DJe* 04.05.2011; e REsp

[76] PRADO, Luiz Regis. *Direito penal do ambiente*: meio ambiente, patrimônio cultural, ordenação do território e biossegurança (com a análise da Lei nº 11.105/2005). São Paulo: RT, 2005. p. 250.

nº 1.084.347/RS, Rel. Ministro HERMAN BENJAMIN, SEGUNDA TURMA, *DJe* 30.9.2010. 5. Agravo Regimental não provido. (STJ, AgRg no REsp nº 1483969/CE, Rel. Min. Herman Benjamin, 2ª T., j. 25.11.2014, *DJe* 04.12.2014).

§1º. Incorre nas mesmas penas quem realiza experiência dolorosa ou cruel em animal vivo, ainda que para fins didáticos ou científicos, quando existirem recursos alternativos.

I Vivissecação

Também pratica o crime quem realiza experiência dolorosa ou cruel em animal vivo, ainda que para fins didáticos ou científicos, quando existirem recursos alternativos.

Nas palavras de Marcão:

> [...] pune-se a execução de experimentos para fins didáticos, assim considerados aqueles que visem difundir e/ou aprimorar o conhecimento humano, ou científicos, como os empregados nas pesquisas sobre novos medicamentos, que utilizem animais vivos, desde que de tal prática resulte dor ou sofrimento excessivo e desnecessário ao espécime, e desde que não exista outra forma de se buscar os mesmos resultados.[77]

Toma-se como exemplo, aqui, a vivissecção cruel e/ou dolorosa, ainda que para fins didáticos ou científicos. A vivissecção sempre foi permitida em todo o território nacional e a Lei nº 6.638/1979 estabelecia as normas para a sua prática didático-científica.

Com o advento da norma ordem constitucional (CF/88, art. 225, VII) e a edição da Lei de Crimes Ambientais, as hipóteses de execução prática da vivissecção passaram a ser mais restritas, o que não implica dizer que foram abolidas.

Atualmente, a Lei nº 11.794/2008 autoriza a vivissecção por instituições credenciadas no CONCEA (Conselho Nacional de Controle de Experimentação Animal).

II Jurisprudência

> CONTROLE. ZOONOSE. MEIO CRUEL. Os centros dedicados ao controle de zoonoses (doenças- que podem migrar de animais aos seres humanos) devem priorizar medidas que controlem a reprodução dos animais (injeção de hormônio ou esterilização), pois elas se mostram mais eficazes no combate dessas enfermidades (Informe Técnico nº 8 da OMS). Porém, há que se permitir o extermínio dos animais quando, em casos extremos, tal medida mostre-se imprescindível para o resguardo da saúde humana. No entanto, a utilização de meio cruel para esse fim está proibida sob pena de violação do art. 225 da CF/1988, do art. 3º da Declaração Universal dos Direitos dos Animais e do art. 32 da Lei nº 9.605/1998. Assim, o uso de gás asfixiante nesses centros é tido por medida de extrema crueldade que viola o sistema normativo de proteção aos animais. O uso do gás sequer se justifica pelo fundamento de que o administrador público está a exercer o dever discricionário. Não se pode acolher que, com base nessa

[77] MARCÃO, Renato. *Crimes ambientais*: anotações e interpretação jurisprudencial da parte criminal da Lei nº 9.605, de 12.02.1998. São Paulo: Saraiva, 2011. p. 84.

discricionariedade, o administrador realize prática ilícita, certo que há liberdade na escolha do método a ser utilizado, caso haja meios que se equivalham entre os não cruéis, mas nunca o exercício da discricionariedade que implique violação da própria finalidade legal (STJ, REsp nº 1.115.916-MG, Rel. Min. Humberto Martins, j. 1.09.2009. Informativo 405-STJ).

§1º-A Quando se tratar de cão ou gato, a pena para as condutas descritas no *caput* deste artigo será de reclusão, de 2 (dois) a 5 (cinco) anos, multa e proibição da guarda. (Incluído pela Lei nº 14.064, de 2020).

I Maus tratos contra cães e gatos

O dispositivo sob exame afasta qualquer dúvida a respeito da tutela penal de animais domésticos pelo art. 32 da Lei de Crimes Ambientais e consequente revogação tácita do art. 64 da Lei das Contravenções Penais.

Cuidando-se de cães e gatos como objeto material das condutas descritas no *caput*, o §1º-A estabelece pena diferenciada, de 2 a 5 anos de reclusão, multa e proibição da guarda; trata-se, portanto, de circunstância qualificadora, já que modificado o preceito secundário do tipo penal.

A Lei nº 14.064, de 30 de setembro de 2020, foi apelidada de "Lei Sanção", alusão feita a um cão da raça pitbull que, no Município de Confins/MG, teve suas patas traseiras decepadas de forma cruel após ser amordaçado com arame farpado no focinho.

II Proporcionalidade

Não obstante a legitimidade constitucional da tutela penal nessa quadra de violações, cabe destacar a desproporção na eleição da pena abstratamente prevista pelo legislador de 1998 e de 2020.

Cuidando dos crimes contra a pessoa, o art. 136, *caput*, do Código Penal tipifica o delito de maus-tratos com a seguinte redação:

> Expor a perigo a vida ou a saúde de pessoa sob sua autoridade, guarda ou vigilância, para fim de educação, ensino, tratamento ou custódia, quer privando-a de alimentação ou cuidados indispensáveis, quer sujeitando-a a trabalho excessivo ou inadequado, quer abusando de meios de correção ou disciplina.

A pena prevista para a modalidade fundamental do crime de maus-tratos é de detenção, de dois meses a um ano, ou multa.

Ora, a pena prevista no preceito secundário do art. 32, *caput*, da Lei nº 9.605/1998, já era maior do que a pena devida para o crime de maus-tratos e, cuidando-se de cães e gatos, passou a ser ainda maior.

Há flagrante afronta ao princípio da proporcionalidade, máxime diante de bens jurídico-penais distintos: crimes contra a pessoa *versus* crimes contra o meio ambiente.

No *caput*, o crime de maus-tratos tipificado no Código Penal é infração penal de menor potencial ofensivo, sendo cabível, em tese, transação penal e o benefício da suspensão condicional do processo previsto no art. 89, *caput*, da Lei nº 9.099/1995.

Já na hipótese do art. 32, §1º-A, da Lei de Crimes Ambientais, sequer se cogita do cabimento da suspensão condicional do processo, podendo-se falar, em tese, em acordo de não persecução penal (CPP, art. 28-A, *caput*).

III Jurisprudência

APELAÇÃO CRIMINAL – MAUS-TRATOS QUALIFICADO – ABSOLVIÇÃO – NÃO ACOLHIMENTO – CONJUNTO PROBATÓRIO ROBUSTO – AUSÊNCIA DE COMPROVAÇÃO DO ESTADO DE EMBRIAGUEZ – CONDENAÇÃO MANTIDA – RECURSO IMPROVIDO. I – Não há falar em absolvição, pois as provas dos autos revelam-se suficientes a embasar o édito condenatório, porquanto demonstram, além de qualquer dúvida razoável, que o réu praticou abusos e maus-tratos contra dois cães, privando-os do acesso à água e a alimentos, assim como deixando de prover assistência ao animal que possuía fratura em uma das patas. Impossível, também, a exclusão da imputabilidade mediante consideração do estado de embriaguez, tendo em vista que somente aquela considerada completa e proveniente de caso fortuito ou força maior é capaz de afastar a responsabilização criminal. Assim, deve-se manter a condenação. (TJMS, 1ª Câmara Criminal, Ap. Criminal nº 0000217-23.2021.8.12.0026, Rel. Des. Emerson Cafure, j. 05.04.2023).

§2º A pena é aumentada de um sexto a um terço, se ocorre morte do animal.

Ocorrendo a morte do animal, aumenta-se a pena de um sexto a um terço. O *quantum* da exasperação da pena, na terceira fase do processo de individualização, deve guardar correlação com a forma do abuso, dos maus-tratos, do ferimento ou da mutilação que levaram o animal à morte. Quanto maior a crueldade imposta ao animal, maior a exasperação da pena.

Art. 33 Provocar, pela emissão de efluentes ou carreamento de materiais, o perecimento de espécimes da fauna aquática existentes em rios, lagos, açudes, lagoas, baías ou águas jurisdicionais brasileiras: Pena – detenção, de um a três anos, ou multa, ou ambas cumulativamente.

I Objeto jurídico

O bem jurídico-penal tutelado é o meio ambiente, com especial proteção à fauna aquática (ictiológica).

II Objeto material

É a fauna aquática (ictiológica) existente em rios, lagos, açudes, lagoas, baías e águas jurisdicionais brasileiras.

III Núcleos do tipo

Provocar o perecimento quer dizer causar a morte. No caso, a morte deve ser causada pela emissão de efluentes ou carreamento de materiais.

Efluentes são resíduos, líquidos ou sólidos, capazes de causar a poluição das águas, como o esgoto sanitário.

Carrear significa carregar, levar, fazer chegar materiais às águas.

IV Sujeitos ativo e passivo

Crime comum, pode ser praticado por qualquer pessoa, física ou jurídica. Sujeito passivo é a coletividade.

V Elemento subjetivo

É o dolo. Como destacam Vladimir e Gilberto de Freitas: "No *caput*, o agente deverá ter noção do possível resultado de sua conduta, ainda que creia que ele não ocorrerá (dolo eventual)".[78] Não é exigida finalidade específica. Não se pune a forma culposa, como no caso de má conservação do solo e ausência de estrutura física para o devido escoamento de águas pluviais.

VI Consumação e tentativa

A consumação se dá com a prática de quaisquer das condutas típicas previstas. Admite-se a tentativa quando o perecimento da fauna aquática não ocorrer por circunstâncias alheias à vontade do agente. Em sentido contrário, Vladimir e Gilberto Passos de Freitas entendem que "[o] *caput* não admite forma tentada, eis que não se concebe situação em que a conduta seja sustada enquanto se desenvolve".[79]

VII Jurisprudência

Não foi encontrada.

Parágrafo único. Incorre nas mesmas penas: I – quem causa degradação em viveiros, açudes ou estações de aquicultura de domínio público; II – quem explora campos naturais de invertebrados aquáticos e algas, sem licença, permissão ou autorização da autoridade competente; III – quem fundeia embarcações ou lança detritos de qualquer natureza sobre bancos de moluscos ou corais, devidamente demarcados em carta náutica.

I Degradação em viveiros, açudes ou estações de aquicultura de domínio público

Não se exige, para a consumação do delito, a mortandade de espécimes, como é exigido no *caput* do artigo. Contenta-se a figura típica com a degradação. Viveiros são lugares destinados à criação e reprodução de animais; açudes são construções destinadas

78 FREITAS, Vladimir Passos de; FREITAS, Gilberto Passos de. *Crimes contra a natureza (de acordo com a Lei nº 9.605/98)*. 8. ed. São Paulo: RT, 2006. p. 118.

79 FREITAS, Vladimir Passos de; FREITAS, Gilberto Passos de. *Crimes contra a natureza (de acordo com a Lei nº 9.605/98)*. 8. ed. São Paulo: RT, 2006. p. 118.

a represar águas; estações de aquicultura são aquelas previstas no art. 50 do Código de Pesca (Decreto-Lei nº 221/67).[80]

II Exploração de campos naturais de invertebrados aquáticos e algas

Não se exige, para a consumação do delito, a mortandade de espécimes, como é exigido no *caput* do artigo. Contenta-se a figura com a exploração não consentida do campo natural. O elemento normativo do tipo é justamente a ausência do ato administrativo que possibilite a exploração.

III Fundear embarcação ou lançar detritos

Não se exige, para a consumação do delito, a mortandade de espécimes, como é exigido no *caput* do artigo. Basta, para a consumação do delito, que o agente fundeie ou lance detritos de qualquer natureza. Carta náutica é o documento que mapeia o fundo do mar, seus bancos de moluscos e corais; inexistindo carta náutica, a conduta será atípica.

Art. 34 Pescar em período no qual a pesca seja proibida ou em lugares interditados por órgão competente: Pena – detenção, de 1 (um) a 3 (três) anos, ou multa, ou ambas as penas cumulativamente.

I Objeto jurídico

O bem jurídico-penal tutelado é o meio ambiente, com especial proteção à fauna aquática (ictiológica) e ao equilíbrio dos ecossistemas aquáticos.

II Objeto material

São os peixes e as espécimes da fauna aquática, como os crustáceos e os moluscos. Os cetáceos, aqui definidos como mamíferos aquáticos, não são objeto material do crime previsto no art. 34 da Lei nº 9.605/1998, mas de tutela penal específica pela Lei nº 7.643/1987, por seu art. 1º, que não foi revogado pela Lei de Crimes Ambientais.

III Núcleo do tipo

A própria Lei nº 9.605/1998, em seu art. 36, dispõe que,

> para os efeitos desta Lei, considera-se pesca todo ato tendente a retirar, extrair, coletar, apanhar, apreender ou capturar espécimes dos grupos dos peixes, crustáceos, moluscos e vegetais hidróbios, suscetíveis ou não de aproveitamento econômico, ressalvadas as espécies ameaçadas de extinção, constantes nas listas oficiais da fauna e da flora.

Trata-se de norma penal em branco. A Lei nº 11.959/2009, que dispõe sobre a Política Nacional de Desenvolvimento Sustentável da Aquicultura e da Pesca, em seu art. 2º, inc. III,

[80] FREITAS, Vladimir Passos de; FREITAS, Gilberto Passos de. *Crimes contra a natureza (de acordo com a Lei nº 9.605/98)*. 8. ed. São Paulo: RT, 2006. p. 117.

define pesca como "toda operação, ação ou ato tendente a extrair, colher, apanhar, apreender ou capturar recursos pesqueiros". Em seu art. 2º, inc. XXI, define pescador amador como "a pessoa física, brasileira ou estrangeira, que, licenciada pela autoridade competente, pratica a pesca sem fins econômicos". E, em seu art. 2º, inc. XXII, pescador profissional como "a pessoa física, brasileira ou estrangeira residente no País que, licenciada pelo órgão público competente, exerce a pesca com fins comerciais, atendidos os critérios estabelecidos em legislação específica".

IV Sujeitos ativo e passivo

Crime comum, pode ser praticado por qualquer pessoa, física ou jurídica. O sujeito passivo é a coletividade.

V Elemento subjetivo

É o dolo. Não há elemento subjetivo específico e nem mesmo previsão do delito na modalidade culposa. O art. 34 sob exame proíbe a pesca em período defeso, isto é, em período no qual seja vedada a atividade em detrimento da livre reprodução dos espécimes (piracema), de acordo com regulamentação administrativa da autoridade ambiental competente, ou em locais/lugares interditados pelo órgão ambiental competente.

De acordo com o art. 6º da Lei nº 11.959/2009:

> O exercício da atividade pesqueira poderá ser proibido transitória, periódica ou permanentemente, nos termos das normas específicas, para proteção: I – de espécies, áreas ou ecossistemas ameaçados; II – do processo reprodutivo das espécies e de outros processos vitais para a manutenção e a recuperação dos estoques pesqueiros; III – da saúde pública; IV – do trabalhador.

VI Consumação e tentativa

Trata-se de crime material (de resultado), que se consuma com a efetiva pesca dos espécimes protegidos. Portanto, não obstante a definição trazida à colação pelo art. 36 da Lei (norma penal explicativa), para fins de consumação do delito, exige-se a efetiva retirada de espécimes das águas no período proibido ou no lugar interditado. Admite-se a tentativa.

VII Jurisprudência

> RECURSO ESPECIAL. CRIME AMBIENTAL. PESCA EM LOCAL PROIBIDO. PRINCÍPIO DA INSIGNIFICÂNCIA. AUSÊNCIA DE DANO EFETIVO AO MEIO AMBIENTE. ATIPICIDADE MATERIAL DA CONDUTA. REJEIÇÃO DA DENÚNCIA. RECURSO PROVIDO. 1. A devolução do peixe vivo ao rio demonstra a mínima ofensividade ao meio ambiente, circunstância registrada no "Relatório de Fiscalização firmado pelo ICMBio [em que] foi informado que a gravidade do dano foi leve, além do crime não ter sido cometido atingindo espécies ameaçadas". 2. Os instrumentos utilizados – vara de molinete com carretilha, linhas e isopor –, são de uso permitido e não configuram profissionalismo, mas ao contrário, demonstram o amadorismo da conduta do denunciado. Precedente. 3. Na ausência de lesividade ao bem jurídico protegido pela norma incriminadora (art. 34, *caput*, da Lei nº 9.605/1998), verifica-se a atipicidade da conduta. 4. Recurso especial provido para reconhecer a atipicidade material da conduta, restabelecendo a decisão primeva

de rejeição da denúncia. (STJ, REsp nº 1409051/SC, Rel. Min. Nefi Cordeiro, *DJe* 28.04.2017).

Parágrafo único. Incorre nas mesmas penas quem: I – pesca espécies que devam ser preservadas ou espécimes com tamanhos inferiores aos permitidos; II – pesca quantidades superiores às permitidas, ou mediante a utilização de aparelhos, petrechos, técnicas e métodos não permitidos; III – transporta, comercializa, beneficia ou industrializa espécimes provenientes da coleta, apanha e pesca proibidas.

I Espécies preservadas ou espécimes com tamanhos inferiores aos permitidos (Inc. I)

De acordo com Vladimir e Gilberto Passos de Freitas, espécie significa o conjunto de indivíduos semelhantes entre si, com patrimônio genético semelhante, espécime é noção individual e inclui animais e plantas.[81]

O tipo penal encerra duas formas de enfrentamento à pesca predatória: pescar espécies que devam ser preservadas, independentemente do tamanho; pescar espécimes com tamanhos inferiores aos permitidos, ainda que não identificada como ameaçada de risco de extinção (norma penal em branco).

O objetivo é claro: permitir o crescimento e a reprodução dos espécimes da fauna aquática, preservando-os para as presentes e futuras gerações.

Consuma-se o crime com a pesca do espécime, sendo possível falar-se em tentativa.

O elemento subjetivo é o dolo, não sendo exigida qualquer finalidade específica. Não há previsão de forma culposa.

II Excesso na captura (Inc. II)

O tipo penal proíbe a pesca em quantidades superiores às permitidas ou mediante a utilização de instrumentos não permitidos, de acordo com regulamentação administrativa (norma penal em branco).

Consuma-se com a efetiva pesca, sendo possível falar-se na figura tentada.

O elemento subjetivo é o dolo, não sendo exigida qualquer finalidade específica. Não há previsão de forma culposa.

III Terceiro colaborador (Inc. III)

A conduta proibida não é praticada pelo próprio pescador, mas por terceiros que colaboram com a atividade da pesca predatória (norma penal em branco).

Consuma-se com o transporte, a comercialização, a industrialização dos espécimes provenientes da coleta, apanha e pesca proibidas, sendo possível cogitar-se da figura tentada.

O elemento subjetivo é o dolo, não sendo exigida qualquer finalidade específica. Não há previsão de forma culposa.

[81] FREITAS, Vladimir Passos de; FREITAS, Gilberto Passos de. *Crimes contra a natureza (de acordo com a Lei nº 9.605/98)*. 8. ed. São Paulo: RT, 2006. p. 121.

IV Jurisprudência

RECURSO ORDINÁRIO EM HABEAS CORPUS. PESCA EM PERÍODO PROIBIDO. CRIME AMBIENTAL TIPIFICADO NO ART. 34, PARÁGRAFO ÚNICO, INCISO I, DA LEI Nº 9.605/98. PROTEÇÃO CRIMINAL DECORRENTE DE MANDAMENTO CONSTITUCIONAL (CF, ART. 225, §3º). INTERESSE MANIFESTO DO ESTADO NA REPRESSÃO ÀS CONDUTAS DELITUOSAS QUE VENHAM A COLOCAR EM SITUAÇÃO DE RISCO O MEIO AMBIENTE OU LHE CAUSAR DANOS. PRETENDIDA APLICAÇÃO DA INSIGNIFICÂNCIA. IMPOSSIBILIDADE. CONDUTA REVESTIDA DE INTENSO GRAU DE REPROVABILIDADE. CRIME DE PERIGO QUE SE CONSUMA COM A SIMPLES COLOCAÇÃO OU EXPOSIÇÃO DO BEM JURÍDICO TUTELADO A PERIGO DE DANO. ENTENDIMENTO DOUTRINÁRIO. RECURSO NÃO PROVIDO. 1. A proteção, em termos criminais, ao meio ambiente decorre de mandamento constitucional, conforme prescreve o §3º do art. 225: "[a]s condutas e atividades consideradas lesivas ao meio ambiente sujeitarão os infratores, pessoas físicas ou jurídicas, a sanções penais e administrativas, independentemente da obrigação de reparar os danos causados". 2. Em razão da sua relevância constitucional, é latente, portanto, o interesse do Estado na repreensão às condutas delituosas que possam colocar o meio ambiente em situação de perigo ou lhe causar danos, consoante a Lei nº 9.605/98. 3. Essa proteção constitucional, entretanto, não afasta a possibilidade de se reconhecer, em tese, o princípio da insignificância quando há a satisfação concomitante de certos pressupostos, tais como: a) mínima ofensividade da conduta do agente; b) nenhuma periculosidade social da ação; c) reduzidíssimo grau de reprovabilidade do comportamento; d) inexpressividade da lesão jurídica provocada (RHC nº 122.646/BA-AgR, Segunda Turma, Relator o Ministro Celso de Mello, *DJe* de 12.08.14). 4. A conduta praticada pode ser considerada como um crime de perigo, que se consuma com a mera possibilidade do dano. 5. O comportamento do recorrente é dotado de intenso grau de reprovabilidade, pois ele agiu com liberalidade ao pescar em pleno defeso, utilizando-se de redes de pesca de aproximadamente 70 (setenta) metros, o que é um indicativo da prática para fins econômicos e não artesanais, afastando, assim, já que não demonstrada nos autos, a incidência do inciso I do art. 37 da Lei Ambiental, que torna atípica a conduta quando praticada em estado de necessidade, para saciar a fome do agente ou de sua família. 6. Nesse contexto, não há como afastar a tipicidade material da conduta, tendo em vista que a reprovabilidade que recai sobre ela está consubstanciada no fato de o recorrente ter pescado em período proibido utilizando-se de método capaz de colocar em risco a reprodução dos peixes, o que remonta, indiscutivelmente, à preservação e ao equilíbrio do ecossistema aquático. 7. Recurso ordinário ao qual se nega provimento. (STF, RHC 125566/PR, Rel. Min. Dias Toffoli, *DJe* 28.1./2016).

Art. 35 Pescar mediante a utilização de: I – explosivos ou substâncias que, em contato com a água, produzam efeito semelhante; II – substâncias tóxicas, ou outro meio proibido pela autoridade competente: Pena – reclusão de um ano a cinco anos.

I Objeto jurídico

O bem jurídico-penal tutelado é o meio ambiente, com especial proteção à fauna aquática (ictiológica) e ao equilíbrio dos ecossistemas aquáticos.

II Objeto material

São os peixes e as espécimes da fauna aquática, como os crustáceos e os moluscos.

III Núcleo do tipo

Como já adiantado nos comentários ao art. 34, a própria Lei nº 9.605/1998, em seu art. 36, dispõe que,

> para os efeitos desta Lei, considera-se pesca todo ato tendente a retirar, extrair, coletar, apanhar, apreender ou capturar espécimes dos grupos dos peixes, crustáceos, moluscos e vegetais hidróbios, suscetíveis ou não de aproveitamento econômico, ressalvadas as espécies ameaçadas de extinção, constantes nas listas oficiais da fauna e da flora.

A lei visa a punir o uso e/ou o emprego de explosivos ou substâncias que produzam efeitos semelhantes, de substâncias tóxicas ou de qualquer meio proibido pela autoridade ambiental competente no exercício da atividade pesqueira.

Crime de forma vinculada, os métodos vedados pela lei são explicitados nos incisos I e II do art. 35. Norma penal em branco, o que pode ser considerado "explosivo" ou "substância tóxica" depende de complementação normativa.

IV Sujeitos ativo e passivo

Pode ser praticado por qualquer pessoa, física ou jurídica. Sujeito passivo é a coletividade.

V Elemento subjetivo do tipo

É o dolo, não sendo exigido qualquer elemento subjetivo específico. Não há previsão na forma culposa.

VI Consumação e tentativa

Crime instantâneo, consuma-se com a morte dos espécimes da fauna aquática (ictiológica). Admite a tentativa.

VII Jurisprudência

Não foi encontrada.

Art. 36 Para os efeitos desta Lei, considera-se pesca todo ato tendente a retirar, extrair, coletar, apanhar, apreender ou capturar espécimes dos grupos dos peixes, crustáceos, moluscos e vegetais hidróbios, suscetíveis ou não de aproveitamento econômico, ressalvadas as espécies ameaçadas de extinção, constantes nas listas oficiais da fauna e da flora.

I Norma penal explicativa

Aplica-se aos arts. 34 e 35 da Lei de Crimes Ambientais.

II A questão do *conatus* no crime de pesca

A partir do disposto no art. 36 da Lei, que considera pesca todo ato *tendente* a retirar espécimes dos grupos dos peixes, a doutrina diverge sobre a natureza jurídica dos crimes contra a fauna aquática: crimes materiais ou formais?

Como se sabe, quanto ao resultado naturalístico, os crimes podem ser assim classificados: materiais ou de resultado, formais e de mera conduta.

A) Materiais ou de resultado: são aqueles nos quais o tipo descreve a conduta e um resultado naturalístico, exigindo-se para a sua consumação, a verificação daquele evento, como no caso do crime de homicídio (CP, art. 121).

B) Formais: são as infrações penais nas quais o tipo penal descreve a conduta e o resultado, mas, ao contrário dos delitos de natureza material, não exigem a produção daquele evento para a consumação, como no delito de extorsão mediante sequestro (CP, art. 159).

C) De mera conduta: não há nenhuma referência, no tipo penal, ao resultado naturalístico, que se limita a descrever a conduta punível, ainda que sem modificação do mundo exterior, como no crime de omissão de socorro (CP, art. 135).

Para Vladimir Passos de Freitas e Gilberto Passos de Freitas, o legislador quis punir o ato preparatório de tais ações quando empregou o vocábulo *tendente* na redação do art. 36, concluindo os autores pela inexistência de tentativa nos crimes ambientais relacionados com a pesca.[82]

Em sentido contrário, Nucci, colocando em evidência o núcleo do tipo – *pescar* –, afirma que a conduta é de natureza material, pois "a simples definição do que vem a ser pesca, como já mencionado, tem a facilidade de expor ao operador do Direito a amplitude do termo utilizado no contexto de proteção à fauna aquática, mas não pode, jamais, servir de base para a interpretação concreta de cada tipo penal incriminador".[83]

De fato, os crimes que atingem a fauna aquática são, quanto ao resultado, materiais (infrações penais de resultado). Portanto, para a consumação dessas infrações penais, mostra-se necessária a produção do resultado naturalístico, não sendo dado utilizar-se do art. 36 da Lei para qualificar a infração penal como "crime de atentado".

Portanto, admite-se a tentativa.

82 FREITAS, Vladimir Passos de; FREITAS, Gilberto Passos de. *Crimes contra a natureza (de acordo com a Lei nº 9.605/98)*. 8. ed. São Paulo: RT, 2006. p. 130

83 NUCCI, Guilherme de Souza. *Leis penais e processuais penais comentadas*. 5. ed. São Paulo: RT, 2010. p. 972.

Art. 37 Não é crime o abate de animal, quando realizado: I – em estado de necessidade, para saciar a fome do agente ou de sua família; II – para proteger lavouras, pomares e rebanhos da ação predatória ou destruidora de animais, desde que legal e expressamente autorizado pela autoridade competente; III – VETADO; IV – por ser nocivo o animal, desde que assim caracterizado pelo órgão competente.

O art. 37 da Lei trata de causas de exclusão da ilicitude.

As excludentes de ilicitude já são previstas no art. 23 do Código Penal, sendo desnecessária sua previsão na Lei de Crimes Ambientais, nos termos do art. 12 do próprio Código Penal: "As regras gerais deste Código aplicam-se aos fatos incriminados por lei especial, se esta não dispuser de modo diverso".

Aliás, no caso da excludente prevista no inc. II, há flagrante antinomia entre a necessidade da pronta reação com a exigência de autorização expressa de autoridade competente, pois, como ressalta Prado, "considerar que uma pessoa, cujo patrimônio esteja sendo destruído por animal silvestre, fique inerte até o trâmite de um processo administrativo (que pode demorar meses) é, sem dúvida, irreal".[84]

Da mesma forma, no caso do inc. IV, que trata do abate de animal nocivo, mostra-se equivocada a redação conferida pelo legislador que, desarrazoadamente, condiciona o reconhecimento da excludente à caracterização da nocividade do animal pelo órgão competente.

Ora, de acordo com o art. 24 do Código Penal, "[c]onsidera-se em estado de necessidade quem pratica o fato para salvar de perigo atual, que não provocou por sua vontade, nem podia de outro modo evitar, direito próprio ou alheio, cujo sacrifício, nas circunstâncias, não era razoável exigir-se".

Como explica Estefam, a situação de necessidade pressupõe, antes de tudo, a existência de um perigo atual que ponha em conflito dois ou mais interesses legítimos, sendo que a "atualidade deve ser aferida pela *necessidade de pronta reação* para defesa do bem ameaçado".[85]

Assim, diante da necessidade de pronta reação, a nocividade do animal, na realidade das coisas, não pode ser aferida em momento posterior pelo órgão ambiental competente, e sim por quem age na defesa de direito próprio ou de terceiros, no momento do ataque.

Seção II – Dos crimes contra a Flora (arts. 38 ao 53)

Ao entrar em vigor, a Lei nº 9.605/1998 operou profundas mudanças na Lei nº 4.771/1965 (antigo Código Florestal), elevando a maioria das contravenções penais nela previstas à categoria de crimes.

Permaneciam em vigor apenas as contravenções penais previstas no art. 26, alíneas "e", "j", "l" e "m", da Lei nº 4.771/1965.

---

84 PRADO, Luiz Regis. *Direito penal do ambiente*: meio ambiente, patrimônio cultural, ordenação do território e biossegurança (com a análise da Lei nº 11.105/2005). São Paulo: RT, 2005. p. 241.

85 ESTEFAM, André. *Direito penal, 1*: parte geral. 2. ed. São Paulo: Saraiva, 2012. p. 272.

Ocorre que, com a revogação expressa da Lei nº 4.771/1965 pela Lei nº 12.651/2012 (novo Código Florestal), não subsistem mais as contravenções penais ambientais ainda vivas no ordenamento jurídico após a edição da Lei nº 9.605/1998.

Art. 38 Destruir ou danificar floresta considerada de preservação permanente, mesmo que em formação, ou utilizá-la com infringência das normas de proteção.
Pena – detenção, de um a três anos, ou multa, ou ambas as penas cumulativamente.

Parágrafo único. Se o crime for culposo, a pena será reduzida à metade.

I Objeto jurídico

O bem jurídico-penal tutelado é o meio ambiente, com especial proteção às florestas consideradas de preservação permanente. Flora é o gênero; floresta é espécie de vegetação.

De acordo com o art. 3º, inc. II, e art. 4º, do Código Florestal (Lei nº 12.651/2012), área de preservação permanente (APP) é a área protegida, coberta ou não por vegetação nativa, com a função ambiental de preservar os recursos hídricos, a paisagem, a estabilidade geológica, a biodiversidade, o fluxo gênico de fauna e flora, proteger o solo e assegurar o bem-estar das populações humanas, como as matas ciliares e a vegetação ao redor das nascentes.

De acordo com o Anexo I da Portaria nº 486-P do IBDF, item 18, considera-se floresta a formação arbórea densa, de alto porte, que recobre área de terra mais ou menos extensa.

II Objeto material

A floresta considerada de preservação permanente, ainda que em formação.

III Núcleos do tipo

Destruir é eliminar, arruinar totalmente, devastar. Danificar é estragar parcialmente, deteriorar.

IV Sujeitos ativo e passivo

Crime comum, qualquer pessoa pode praticar o delito, inclusive o proprietário ou até mesmo o mero possuidor da área atingida. A pessoa jurídica também pode ser sujeito ativo do delito. Sujeito passivo é a coletividade.

V Elemento subjetivo

É o dolo, não se exigindo qualquer finalidade específica. Admite-se a modalidade culposa no parágrafo único do art. 38, com redução da pena pela metade.

VI Consumação e tentativa

Dá-se a consumação com a prática das condutas descritas no tipo incriminador. Crime material, admite a tentativa na modalidade dolosa (a forma culposa não admite a tentativa).

VII Suspensão da punibilidade pela celebração de termo de compromisso

Nos termos dos arts. 59, §3º, e 60, §§1º e 2º, da Lei nº 12.651/2012 (Código Florestal), a celebração de termo de compromisso entre o proprietário ou o possuidor do imóvel e o órgão ambiental competente suspenderá a punibilidade dos crimes previstos nos arts. 38, 39 e 48 da Lei nº 9.605/1998, durante o seu cumprimento, com interrupção do prazo prescricional.

VIII Jurisprudência

Para a caracterização do tipo do art. 38 da Lei nº 9.605/98 é necessária a ocorrência de efetiva destruição (total) ou danificação (dano parcial) dos espécimes existentes na floresta (TRF 4ª R., SER 2005.72.00.001969-4, 7ª T., Rel. Des. Néfi Cordeiro, *DJU* 25.1.2006).

> PENAL – CRIME CONTRA A FLORA – FALTA DE LICENÇA DE OPERAÇÃO – Incorre nas sanções do art. 38, *caput*, da Lei nº 9.605/1998, o agente que realiza o desmatamento e a degradação de floresta, considerada de preservação permanente, para construção de edificações, sem a devida licença de operação. (TRF 4ª R. – AC 2000.72.05.005898-3 – SC – 8ª T. – Rel. Des. Paulo Afonso Brum Vaz – *DJU* 21.1.2004).

Art. 38-A Destruir ou danificar vegetação primária ou secundária, em estágio avançado ou médio de regeneração, do Bioma Mata Atlântica, ou utilizá-la com infringência das normas de proteção (Incluído pela Lei nº 11.428, de 2006): Pena – detenção, de 1 (um) a 3 (três) anos, ou multa, ou ambas as penas cumulativamente.

Parágrafo único. Se o crime for culposo, a pena será reduzida à metade (Incluído pela Lei nº 11.428, de 2006).

I Objeto jurídico

O bem jurídico-penal tutelado é o meio ambiente, com especial proteção ao Bioma Mata Atlântica.

II Objeto material

É a vegetação do Bioma Mata Atlântica.

De acordo com o art. 2º da Lei nº 11.428/2006, consideram-se integrantes do Bioma Mata Atlântica as seguintes formações florestais nativas e ecossistemas associados, com as respectivas delimitações estabelecidas em mapa do Instituto Brasileiro de Geografia e Estatística – IBGE, conforme regulamento: Floresta Ombrófila Densa; Floresta Ombrófila Mista, também denominada de Mata de Araucárias; Floresta Ombrófila Aberta; Floresta Estacional Semidecidual; e Floresta Estacional Decidual, bem como os manguezais, as vegetações de restingas, campos de altitude, brejos interioranos e encraves florestais do Nordeste. E, de acordo com o art. 2º, parágrafo único, da Lei nº 11.428/2006, somente os remanescentes de vegetação nativa no estágio primário e nos estágios secundário inicial, médio e avançado de regeneração na área de abrangência definida no caput deste artigo terão o seu uso e conservação regulados por esta Lei.

Trata-se de norma penal em branco.

III Núcleos do tipo

Destruir é eliminar, arruinar totalmente, devastar. Danificar é estragar parcialmente, deteriorar.

IV Sujeitos ativo e passivo

Crime comum, pode ser cometido por qualquer pessoa, física ou jurídica. Sujeito passivo é a coletividade.

V Elemento subjetivo

É o dolo, não sendo exigido qualquer fim específico. Não há previsão de modalidade culposa.

VI Consumação e tentativa

Crime material, consuma-se com a prática das condutas descritas no tipo incriminador. Admite a tentativa.

VII Suspensão da punibilidade pela celebração de termo de compromisso

Nos termos dos arts. 59, §3º, e 60, §§1º e 2º, da Lei nº 12.651/2012 (Código Florestal), a celebração de termo de compromisso entre o proprietário ou possuidor do imóvel e o órgão ambiental competente suspenderá a punibilidade dos crimes previstos nos arts. 38, 39 e 48 da Lei nº 9.605/1998, durante o seu cumprimento, com interrupção do prazo prescricional.

VIII Jurisprudência

Não foi encontrada.

Art. 39 Cortar árvores em floresta considerada de preservação permanente, sem permissão da autoridade competente: Pena – detenção, de 1 (um) a 3 (três)- anos, ou multa, ou ambas as penas cumulativamente.

I Objeto jurídico

O bem jurídico-penal tutelado é o meio ambiente, com especial proteção às árvores em floresta considerada de preservação permanente.

II Objeto material

Árvore situada em floresta de preservação permanente.

Nos termos do art. 3º, inc. II, e art. 4º do Código Florestal (Lei nº 12.651/2012), área de preservação permanente é aquela protegida, coberta ou não por vegetação nativa, com a função ambiental de preservar os recursos hídricos, a paisagem, a estabilidade geológica, a biodiversidade, o fluxo gênico de fauna e flora, proteger o solo e assegurar o bem-estar das populações humanas, como as matas ciliares e a vegetação ao redor de nascentes.

Cuida-se de norma penal em branco, dado que os conceitos de floresta e de área de preservação permanente são previstos em espécies normativas diversas.

III Núcleos do tipo

Cortar é separar em duas ou mais partes, partir em pedaços, podendo ou não ser empregado instrumento/ferramenta para essa finalidade ou ser executada com as próprias mãos.

IV Sujeitos ativo e passivo

Crime comum, pode ser praticado por qualquer pessoa, física ou jurídica. Sujeito passivo é a coletividade.

V Elemento subjetivo

É o dolo, não sendo exigida qualquer finalidade específica. Não há previsão na forma culposa.

VI Consumação e tentativa

Consuma-se com o corte de árvore em floresta de preservação permanente. Crime de perigo abstrato, é indiferente o corte de apenas uma árvore, sendo presumido o dano. Admite a tentativa.

VII Suspensão da punibilidade pela celebração de termo de compromisso

Nos termos dos arts. 59, §3º, e 60, §§1º e 2º, da Lei nº 12.651/2012 (Código Florestal), a celebração de termo de compromisso entre o proprietário ou o possuidor do imóvel e o órgão ambiental competente suspenderá a punibilidade dos crimes previstos nos arts. 38, 39 e 48 da Lei nº 9.605/1998, durante o seu cumprimento, com interrupção do prazo prescricional.

VIII Jurisprudência

> "PROCESSO PENAL. AGRAVO REGIMENTAL NO AGRAVO EM RECURSO ESPECIAL. CRIME AMBIENTAL CONTRA A FLORA. ART. 39 DA LEI Nº 9.605/98. PRINCÍPIO DA INSIGNIFICÂNCIA. REINCIDÊNCIA ESPECÍFICA. INAPLICABILIDADE. I – A análise da controvérsia apresentada no recurso especial prescinde do reexame de provas; é suficiente, apenas, a revaloração dos fatos incontroversos explicitados no acórdão recorrido. II – A aplicação do princípio da insignificância, como causa de atipicidade da conduta, especialmente em se tratando de crimes ambientais, é cabível desde que presentes os seguintes requisitos: conduta minimamente ofensiva, ausência de periculosidade do agente, reduzido grau de reprovabilidade do comportamento e lesão jurídica inexpressiva. III – No caso dos autos, o delito em análise se trata da supressão de 02 troncos de árvores nativas, sem autorização do órgão ambiental competente, portanto, não demonstrada a ínfima ofensividade ao bem ambiental tutelado. Ademais, o

Eg. Tribunal de origem consignou que o agravante é reincidente específico, o que impede o reconhecimento do aludido princípio. Agravo regimental desprovido". (STJ, AgRg no REsp 1850002/MG, Rel. Min. Felix Fischer, 5ª T., J. 16.06.2020, *DJe* 24.06.2020).

"PENAL E PROCESSUAL PENAL. AÇÃO PENAL ORIGINÁRIA. CRIME AMBIENTAL. CORTE DE ÁRVORE EM FLORESTA DE PRESERVAÇÃO PERMANENTE. AUMENTO DE PENA. ESPÉCIES RARAS. CONDUTA DESCRITA NOS ARTS. 39 E 53, II, "C", DA LEI Nº 9.605/98. INDÍCIOS SUFICIENTES DE AUTORIA E MATERIALIDADE. DENÚNCIA RECEBIDA. 1. Ação penal em que se imputa a Desembargador do Tribunal de Justiça do Estado de Goiás a prática do delito tipificado no art. 39, combinado com o art. 53, inc. II, alínea "c", da Lei nº 9.605/98 – corte de árvores em floresta considerada de preservação permanente, sem permissão da autoridade competente, com aumento de pena em razão de o delito em tese haver sido supostamente cometido "contra espécies raras ou ameaçadas de extinção, ainda que a ameaça ocorra somente no local da infração". 2. A denúncia observou os requisitos previstos no artigo 41 do Código de Processo Penal (exposição do fato criminoso, com todas as suas circunstâncias; a qualificação do denunciado; a classificação do crime; e o rol de testemunhas), inexistindo qualquer das situações impeditivas previstas no art. 395 do referido diploma. 3. Embora o denunciado tenha afirmado falta de justa causa para a ação penal, as provas presentes nos autos até este momento são suficientes para, nesta fase processual, demonstrar os indícios de autoria e a materialidade delitiva, quais sejam: Auto de Infração; Relatório de Fiscalização; Certidão contendo rol das testemunhas que poderão ser capazes de comprovar a prática do respectivo ilícito ambiental e Termo de Inspeção da Flora lavrados pelo IBAMA; anexo fotográfico; decisão administrativa condenatória; termo de declarações de testemunha e, por último, laudo de perícia criminal. 4. Recebida denúncia em fase de A S DE S C, pela prática em tese do delito tipificado no art. 39, combinado com o art. 53, inciso II, alínea "c", da Lei nº 9.605/98, determinando-se a instauração da competente ação penal". (STJ, APn 703/GO, Rel. Min. Benedito Gonçalves, Corte Especial, J. 24.10.2016, *DJe* 29.11.2016).

Art. 40 Causar dano direto ou indireto às Unidades de Conservação e às áreas de que trata o art. 27 do Decreto nº 99.274, de 6 de junho de 1990, independentemente de sua localização: Pena – reclusão, de 1 (um) a 5 (cinco) anos. §1º. Entende-se por Unidades de Conservação de Proteção Integral as Estações Ecológicas, as Reservas Biológicas, os Parques Nacionais, os Monumentos Naturais e os Refúgios de Vida Silvestre (Redação dada pela Lei nº 9.985, de 2000). §2º. A ocorrência de dano afetando espécies ameaçadas de extinção no interior das Unidades de Conservação de Proteção Integral será considerada circunstância agravante para a fixação da pena (Redação dada pela Lei nº 9.985, de 2000). §3º. Se o crime for culposo, a pena será reduzida à metade.

Objeto jurídico

O bem jurídico-penal tutelado é o meio ambiente, com especial proteção às Unidades de Conservação e áreas circundantes, chamadas "zonas de amortecimento".

Com efeito, a Lei nº 9.985, de 18 de julho de 2000, regulamentando o art. 225, §1º, incs. I, II, III e IV, da Constituição Federal de 1988, instituiu o Sistema Nacional de Unidades de Conservação da Natureza e, em seu art. 2º, inc. I, define Unidade de Conservação como o espaço territorial e seus recursos ambientais, incluindo as águas jurisdicionais, com características naturais relevantes, legalmente instituído pelo Poder Público, com objetivos de conservação e limites definidos, sob regime especial de administração, ao qual se aplicam garantias adequadas de proteção.

Nos termos do art. 27 do Decreto nº 99.274/1990, nas áreas circundantes das Unidades de Conservação, num raio de dez quilômetros, qualquer atividade que possa afetar a biota ficará subordinada às normas editadas pelo CONAMA.

A Resolução CONAMA nº 13, de 6 de dezembro de 1990, em seu art. 2º, dispõe que "[n]as áreas circundantes das Unidades de Conservação, num raio de dez quilômetros, qualquer atividade que possa afetar a biota deverá ser obrigatoriamente licenciada pelo órgão ambiental competente".

Contudo, a Resolução CONAMA nº 428/10 revogou expressamente a Resolução nº 13/90. A nova Resolução limita a faixa de três mil metros a partir dos limites da Unidade de Conservação como sendo a área de entorno a ser protegida.

II Objeto material

É a Unidade de Conservação e áreas circundantes, num raio de 10 quilômetros (Decreto nº 99.274/1990, art. 27). Portanto, se o agente provocar danos à fauna ou à flora em espaço não alcançado pela Unidade de Conservação, mas em área que a circunda, dentro de um raio de até dez quilômetros, praticará o delito previsto no art. 40 da Lei de Crimes Ambientais.

III Núcleos do tipo

Causar dano significa provocar, ocasionar. Dano direto é aquele que atinge a área protegida, sua fauna e flora; dano indireto o que atinge a área protegida por via reflexa, derivada, consequencial.

IV Sujeitos ativo e passivo

Crime comum, pode ser cometido por qualquer pessoa física ou jurídica. Sujeito passivo é a coletividade.

V Elemento subjetivo

É o dolo, não sendo exigida qualquer finalidade específica. Admite-se a modalidade culposa (§3º).

VI Consumação e tentativa

Crime material, consuma-se com a verificação do dano. Admite-se a tentativa.

VII Agravante

De acordo com o §2º, a ocorrência de dano afetando espécies ameaçadas de extinção no interior das Unidades de Conservação de Proteção Integral deve ser sopesada como agravante na fixação da pena, incidindo na segunda fase do processo de individualização.

VIII Jurisprudência

"Habeas Corpus. Crimes contra o meio ambiente (Lei nº 9.605/98) e de loteamento clandestino (Lei nº 6.766/79). Inépcia formal da denúncia. Tipicidade da conduta criminosa inscrita no artigo 40 da Lei nº 9.605/98. Caracterização da área degradada como "unidade de conservação". Reexame de provas. Auto-aplicabilidade do artigo 40 da Lei nº 9.605/98. [...]. Não se reputa inepta a denúncia que preenche os requisitos formais do artigo 41 do Código de Processo Penal e indica minuciosamente as condutas criminosas em tese praticadas pelo paciente, permitindo, assim, o exercício do direito de ampla defesa. [...]. O artigo 40 da Lei nº 9.605/98, independentemente das alterações inseridas pela Lei nº 9.985/2000 ou da regulamentação trazida pelo Decreto nº 4.340/02, possuía, já em sua redação original, densidade normativa suficiente para permitir a sua aplicação imediata, sendo certo que essas alterações não implicaram *abolitio criminis* em nenhuma medida. [...]. Habeas corpus conhecido em parte e, nessa parte, denegado". (STF, HC 89.735, Rel. Min. Menezes Direito, *DJ* de 29.02.08).

"AGRAVO REGIMENTAL NO AGRAVO EM RECURSO ESPECIAL. DELITO AMBIENTAL. CRIME CONTRA A FLORA. ART. 619 DO CPP. OMISSÃO. QUESTÃO APRECIADA. VIOLAÇÃO AO ART. 155 DO CPP. NÃO OCORRÊNCIA. CONDENAÇÃO EMBASADA EM PROVAS COLHIDAS NO INQUÉRITO POLICIAL E EM JUÍZO. ESTRITO CUMPRIMENTO DO DEVER LEGAL. REEXAME FÁTICO-PROBATÓRIO. AGRAVO IMPROVIDO. 1. Não se verifica violação ao art. 619 do CPP se as questões tidas como omissas foram apreciadas no sentido de que a condenação se embasou não somente em provas colhidas no inquérito policial, mas também em perícias realizadas na instrução processual, as quais indicaram que o lote, no qual houve a supressão da vegetação sem a devida autorização do Poder Público encontrava-se inserido em APA do Lago Paranoá, o que basta para a configuração do delito descrito no artigo 40 da Lei nº 9.605/1998. 2. Não se verifica a violação ao art. 155 do CPP se a condenação foi embasada não somente em provas colhidas no inquérito policial, mas considerando também as provas colhidas durante a instrução processual realizada pelo Juízo de origem, tendo incidência no ponto a Súmula nº 83/STJ. 3. A revisão do entendimento das instâncias ordinárias, acolhendo o pleito defensivo, acerca de ter o acusado atuado no estrito cumprimento de seu dever legal, demandaria necessário revolvimento das provas dos autos, o que não se admite na via do recurso especial, ante o óbice consubstanciado na Súmula nº 7/STJ. 4. Agravo regimental improvido". (STJ, AgRg nos EDcl no AREsp nº 1733470/DF, Rel. Min. Olindo Menezes (Desembargador convocado do TRF 1ª Região, 6ª T., J. 18.05.2021, *DJe* 24.05.2021).

Art. 40-A (VETADO) (Artigo incluído pela Lei nº 9.985, de 18.7.2000). §1º. Entende-se por Unidades de Conservação de Uso Sustentável as Áreas de Proteção Ambiental, as Áreas de Relevante Interesse Ecológico, as Florestas Nacionais, as Reservas Extrativistas, as Reservas de Fauna, as Reservas de Desenvolvimento Sustentável e as Reservas Particulares do Patrimônio Natural. (Parágrafo incluído pela Lei nº 9.985, de 18.7.2000). §2º. A ocorrência de dano afetando espécies ameaçadas de extinção no interior das Unidades de Conservação de Uso Sustentável será considerada circunstância agravante para a fixação da pena. (Parágrafo incluído pela Lei nº 9.985, de 18.7.2000). §3º. Se o crime for culposo, a pena será reduzida à metade. (Parágrafo incluído pela Lei nº 9.985, de 18.7.2000).

Com o veto ao *caput* do art. 40-A, os §§1º e 2º que seguem devem ser aplicados ao art. 40, que passa a ser o tipo penal prevalente.

I Unidade de Conservação de Uso Sustentável

As Unidades de Conservação integrantes do Sistema Nacional de Unidades de Conservação da Natureza – SNUC – dividem-se em: I – Unidades de Proteção Integral; e II – Unidades de Uso Sustentável (art. 7º da Lei nº 9.985/2000).

De acordo com o art. 7º, §2º, da Lei nº 9.985/2000, "o objetivo básico das Unidades de Uso Sustentável é compatibilizar a conservação da natureza com o uso sustentável de parcela dos seus recursos naturais".

E, nos termos do art. 14, incs. I a VII, da Lei nº 9.985/2000, constituem o Grupo das Unidades de Uso Sustentável as seguintes categorias de unidade de conservação: I – Área de Proteção Ambiental; II – Área de Relevante Interesse Ecológico; III – Floresta Nacional; IV – Reserva Extrativista; V – Reserva de Fauna; VI – Reserva de Desenvolvimento Sustentável; e VII – Reserva Particular do Patrimônio Natural.

II Área de Proteção Ambiental

De acordo com o disposto no art. 15, *caput*, da Lei nº 9.985/2000,

> é uma área em geral extensa, com um certo grau de ocupação humana, dotada de atributos abióticos, bióticos, estéticos ou culturais especialmente importantes para a qualidade de vida e o bem-estar das populações humanas, e tem como objetivos básicos proteger a diversidade biológica, disciplinar o processo de ocupação e assegurar a sustentabilidade do uso dos recursos naturais. §1º. A Área de Proteção Ambiental é constituída por terras públicas ou privadas. §2º. Respeitados os limites constitucionais, podem ser estabelecidas normas e restrições para a utilização de uma propriedade privada localizada em uma Área de Proteção Ambiental. §3º. As condições para a realização de pesquisa científica e visitação pública nas áreas sob domínio público serão estabelecidas pelo órgão gestor da unidade. §4º. Nas áreas sob propriedade privada, cabe ao proprietário estabelecer as condições para pesquisa e visitação pelo público, observadas as exigências e restrições legais. §5º. A Área de Proteção Ambiental disporá de um Conselho presidido pelo órgão responsável por sua administração e constituído por representantes dos órgãos públicos, de organizações da sociedade civil e da população residente, conforme se dispuser no regulamento desta Lei.

III Área de relevante interesse ecológico

De acordo com o art. 16 da Lei nº 9.985/2000,

> é uma área em geral de pequena extensão, com pouca ou nenhuma ocupação humana, com características naturais extraordinárias ou que abriga exemplares raros da biota regional, e tem como objetivo manter os ecossistemas naturais de importância regional ou local e regular o uso admissível dessas áreas, de modo a compatibilizá-lo com os objetivos de conservação da natureza. §1º. A Área de Relevante Interesse Ecológico é constituída por terras públicas ou privadas. §2º. Respeitados os limites constitucionais, podem ser estabelecidas normas e restrições para a utilização de uma propriedade privada localizada em uma Área de Relevante Interesse Ecológico.

IV Floresta Nacional

De acordo com o art. 17 da Lei nº 9.985/2000,

> é uma área com cobertura florestal de espécies predominantemente nativas e tem como objetivo básico o uso múltiplo sustentável dos recursos florestais e a pesquisa científica, com ênfase em métodos para exploração sustentável de florestas nativas. §1º. A Floresta Nacional é de posse e domínio públicos, sendo que as áreas particulares incluídas em seus limites devem ser desapropriadas de acordo com o que dispõe a lei. §2º. Nas Florestas Nacionais é admitida a permanência de populações tradicionais que a habitam quando de sua criação, em conformidade com o disposto em regulamento e no Plano de Manejo da unidade. §3º. A visitação pública é permitida, condicionada às normas estabelecidas para o manejo da unidade pelo órgão responsável por sua administração. §4º. A pesquisa é permitida e incentivada, sujeitando-se à prévia autorização do órgão responsável pela administração da unidade, às condições e restrições por este estabelecidas e àquelas previstas em regulamento. §5º. A Floresta Nacional disporá de um Conselho Consultivo, presidido pelo órgão responsável por sua administração e constituído por representantes de órgãos públicos, de organizações da sociedade civil e, quando for o caso, das populações tradicionais residentes. §6º. A unidade desta categoria, quando criada pelo Estado ou Município, será denominada, respectivamente, Floresta Estadual e Floresta Municipal.

V Reserva Extrativista

De acordo com o disposto no art. 18 da Lei nº 9.985/2000,

> é uma área utilizada por populações extrativistas tradicionais, cuja subsistência baseia-se no extrativismo e, complementarmente, na agricultura de subsistência e na criação de animais de pequeno porte, e tem como objetivos básicos proteger os meios de vida e a cultura dessas populações, e assegurar o uso sustentável dos recursos naturais da unidade. §1º. A Reserva Extrativista é de domínio público, com uso concedido às populações extrativistas tradicionais conforme o disposto no art. 23 desta Lei e em regulamentação específica, sendo que as áreas particulares incluídas em seus limites devem ser desapropriadas, de acordo com o que dispõe a lei. §2º. A Reserva Extrativista será gerida por um Conselho Deliberativo, presidido pelo órgão responsável por sua administração e constituído por representantes de órgãos públicos, de organizações da sociedade civil e das populações tradicionais residentes na área, conforme se dispuser em regulamento e no ato de criação da unidade. §3º. A visitação pública é permitida, desde que compatível com os interesses locais e de acordo com o disposto no Plano de Manejo da área. §4º. A pesquisa científica é permitida e incentivada, sujeitando-se à prévia autorização do órgão responsável pela administração da unidade, às condições e restrições por este estabelecidas e às normas previstas em regulamento. §5º. O Plano de Manejo da unidade será aprovado pelo seu Conselho Deliberativo. §6º. São proibidas a exploração de recursos minerais e a caça amadorística ou profissional. §7º. A exploração comercial de recursos madeireiros só será admitida em bases sustentáveis e em situações especiais e complementares às demais atividades desenvolvidas na Reserva Extrativista, conforme o disposto em regulamento e no Plano de Manejo da unidade.

VI Reserva de Fauna

De acordo com o disposto no art. 19 da Lei nº 9.985/2000,

> é uma área natural com populações animais de espécies nativas, terrestres ou aquáticas, residentes ou migratórias, adequadas para estudos técnico-científicos sobre o manejo econômico sustentável de recursos faunísticos. §1º. A Reserva de Fauna é de posse e domínio públicos, sendo que as áreas particulares incluídas em seus limites devem ser desapropriadas de acordo com o que dispõe a lei. §2º. A visitação pública pode ser permitida, desde que compatível com o manejo da unidade e de acordo com as normas estabelecidas pelo órgão responsável por sua administração. §3º. É proibido o exercício da caça amadorística ou profissional. §4º. A comercialização dos produtos e subprodutos resultantes das pesquisas obedecerá ao disposto nas leis sobre fauna e regulamentos.

VII **Reserva de Desenvolvimento**

De acordo com o disposto no art. 20 da Lei nº 9.985/2000,

> é uma área natural que abriga populações tradicionais, cuja existência baseia-se em sistemas sustentáveis de exploração dos recursos naturais, desenvolvidos ao longo de gerações e adaptados às condições ecológicas locais e que desempenham um papel fundamental na proteção da natureza e na manutenção da diversidade biológica. §1º. A Reserva de Desenvolvimento Sustentável tem como objetivo básico preservar a natureza e, ao mesmo tempo, assegurar as condições e os meios necessários para a reprodução e a melhoria dos modos e da qualidade de vida e exploração dos recursos naturais das populações tradicionais, bem como valorizar, conservar e aperfeiçoar o conhecimento e as técnicas de manejo do ambiente desenvolvido por estas populações. §2º. A Reserva de Desenvolvimento Sustentável é de domínio público, sendo que as áreas particulares incluídas em seus limites devem ser, quando necessário, desapropriadas, de acordo com o que dispõe a lei. §3º. O uso das áreas ocupadas pelas populações tradicionais será regulado de acordo com o disposto no art. 23 desta Lei e em regulamentação específica. §4º. A Reserva de Desenvolvimento Sustentável será gerida por um Conselho Deliberativo, presidido pelo órgão responsável por sua administração e constituído por representantes de órgãos públicos, de organizações da sociedade civil e das populações tradicionais residentes na área, conforme se dispuser em regulamento e no ato de criação da unidade. §5º. As atividades desenvolvidas na Reserva de Desenvolvimento Sustentável obedecerão às seguintes condições: I – é permitida e incentivada a visitação pública, desde que compatível com os interesses locais e de acordo com o disposto no Plano de Manejo da área; II – é permitida e incentivada a pesquisa científica voltada à conservação da natureza, à melhor relação das populações residentes com seu meio e à educação ambiental, sujeitando-se à prévia autorização do órgão responsável pela administração da unidade, às condições e restrições por este estabelecidas e às normas previstas em regulamento; III – deve ser sempre considerado o equilíbrio dinâmico entre o tamanho da população e a conservação; IV – é admitida a exploração de componentes dos ecossistemas naturais em regime de manejo sustentável e a substituição da cobertura vegetal por espécies cultiváveis, desde que sujeitas ao zoneamento, às limitações legais e ao Plano de Manejo da área. §6º. O Plano de Manejo da Reserva de Desenvolvimento Sustentável definirá as zonas de proteção integral, de uso sustentável e de amortecimento e corredores ecológicos, e será aprovado pelo Conselho Deliberativo da unidade.

VIII **Reserva Particular do Patrimônio Natural**

De acordo com o disposto no art. 21 da Lei nº 9.985/2000,

é uma área privada, gravada com perpetuidade, com o objetivo de conservar a diversidade biológica. §1º. O gravame de que trata este artigo constará de termo de compromisso assinado perante o órgão ambiental, que verificará a existência de interesse público, e será averbado à margem da inscrição no Registro Público de Imóveis. §2º. Só poderá ser permitida, na Reserva Particular do Patrimônio Natural, conforme se dispuser em regulamento: I – a pesquisa científica; II – a visitação com objetivos turísticos, recreativos e educacionais; III – (Vetado). §3º. Os órgãos integrantes do SNUC, sempre que possível e oportuno, prestarão orientação técnica e científica ao proprietário de Reserva Particular do Patrimônio Natural para a elaboração de um Plano de Manejo ou de Proteção e de Gestão da unidade.

IX Agravante

O §2º prevê como circunstância agravante, a ser reconhecida na segunda fase do processo de individualização da pena, a ocorrência de dano que afete espécies da flora ameaçadas de extinção; trata-se de norma penal em branco, que depende de complementação a ser apresentada pelo órgão ambiental competente a respeito das espécies ameaçadas de extinção.

X Crime culposo

Punível o crime na forma culposa, de acordo com seu §3º, com pena reduzida à metade.

Art. 41 Provocar incêndio em mata ou floresta: Pena – reclusão, de 2 (dois) a 4 (quatro) anos, e multa.

Parágrafo único. Se o crime é culposo, a pena é de detenção de 6 (seis) meses a 1 (um) ano, e multa.

I Objeto jurídico

É o meio ambiente, com especial destaque para matas e florestas.

II Objeto material

Mata ou floresta. Entende-se por floresta a vegetação cerrada, constituída de árvores de grande porte, cobrindo grande extensão de terras.[86]

Matas são extensões de terras onde se agrupam árvores, nativas ou cultivadas.[87]

Não obstante a distinção doutrinária apresentada, pode-se dizer que mata ou floresta são expressões que traduzem um conglomerado de árvores, não havendo qualquer prejuízo, para fins hermenêuticos, de serem empregados como sinônimos no juízo de adequação típica.

86 FREITAS, Vladimir Passos de; FREITAS, Gilberto Passos de. *Crimes contra a natureza (de acordo com a Lei nº 9.605/98)*. 8. ed. São Paulo: RT, 2006. p. 134.

87 FREITAS, Vladimir Passos de; FREITAS, Gilberto Passos de. *Crimes contra a natureza (de acordo com a Lei nº 9.605/98)*. 8. ed. São Paulo: RT, 2006. p. 155.

III Núcleos do tipo

Provocar incêndio e dar causa ao evento. Incendiar. Atear fogo. Crime de forma livre, pode ser cometido por qualquer meio ou com o emprego de quaisquer produtos inflamáveis.

IV Sujeitos ativo e passivo

Crime comum, pode ser praticado por qualquer pessoa, até mesmo a pessoa jurídica. O sujeito passivo é a coletividade.

V Elemento subjetivo do tipo

É o dolo, não sendo exigido qualquer fim específico na conduta do agente. O parágrafo único prevê a modalidade culposa, com pena de detenção, de 6 (seis) meses a 1 (um) ano, e multa.

VI Consumação e tentativa

Crime plurissubsistente, a conduta pode ser fracionada em diversos atos, permitindo, assim, a tentativa, quando o incêndio não ocorre por circunstâncias alheias à vontade do agente.

VII Art. 250, §1º, inc. II, "h", do Código Penal

Há aparente conflito de normas entre o art. 41 da Lei de Crimes Ambientais e o art. 250, §1º, inc. II, "h", do Código Penal, que se resolve pela aplicação do princípio da especialidade.

O tipo penal previsto no Código Penal visa a tutelar a incolumidade pública, sendo certo que o art. 41 da Lei tutela o meio ambiente; cuidando-se de incêndio em mata ou floresta, aplica-se o art. 41 da Lei de Crimes Ambientais. Incêndios provocados em pastagens, lavouras ou áreas não classificadas como matas ou florestas remetem ao crime de incêndio tipificado no Código Penal.

VIII Jurisprudência

> RECURSO ESPECIAL. ALÍNEAS "A" E "C" DO PERMISSIVO CONSTITUCIONAL. CRIME CONTRA A FLORA. INCÊNDIO EM MATA OU FLORESTA. OBJETIVIDADE JURÍDICA. PATRIMÔNIO AMBIENTAL. FOGO DE GRANDES PROPORÇÕES. CONDUTA RESTRITA À VEGETAÇÃO DO CERRADO E SEU AMBIENTE ARBÓREO. COMPROVAÇÃO FÁTICA. EXISTÊNCIA DE CRIME. SÚMULA 7. DOSIMETRIA. PENA-BASE APLICADA NO MÍNIMO. INVIABILIDADE DE DIMINUIÇÃO POR OCORRÊNCIA DE ATENUANTES. PRESCRIÇÃO AFASTADA. O tipo penal do crime de incêndio em mata ou floresta reside, pela própria definição legal, na hipótese da configuração de fogo descontrolado e de proporções em ambiente arbóreo protegido pela lei ambiental. Uma vez tendo a instância ordinária consagrado com a prova dos autos a violação ao bem jurídico tutelado pela norma incriminadora em questão, resta insubsistente a reforma pela via especial, em face da necessidade do confronto probatório. Súmula 7. A diminuição da pena pela existência de atenuantes não incide diante da fixação no mínimo. Recurso especial não conhecido (STJ, REsp nº 933356/MG, Rel. Min. Maria Thereza de Assis Moura, 6ª T., J. 18.12.2007, *DJ* 18.02.2008, p. 89, RT vol. 872 p. 596).

Art. 42 Fabricar, vender, transportar ou soltar balões que possam provocar incêndios nas florestas e demais formas de vegetação, em áreas urbanas ou qualquer tipo de assentamento humano: Pena – detenção, de 1 (um) a 3 (três) anos ou multa, ou ambas as penas cumulativamente.

I Objeto jurídico

É o meio ambiente, com especial destaque para florestas e demais formas de vegetação inseridas em áreas urbanas ou em qualquer tipo de assentamento humano.

II Objeto material

É o balão apto a servir de instrumento incendiário. Referindo-se o tipo penal a "balões que possam provocar incêndios", tem-se que se o artefato não possuir potencialidade lesiva, seja pela não utilização de material combustível (mecha combustível), seja por ser de pequeno porte, a conduta será atípica.

III Núcleos do tipo

Fabricar é produzir, criar, construir o balão. Vender e entregar a terceiros onerosamente. Transportar é levar de um local para outro. Soltar é colocar o balão no ar, impulsionando-o para cima com o ar quente decorrente da combustão da mecha propulsora.

IV Sujeitos ativo e passivo

Crime comum, pode ser praticado por qualquer pessoa, física ou jurídica. O sujeito passivo é a coletividade.

De acordo com dados veiculados pela Força Aérea Brasileira (FAB),

> no Brasil, a ocorrência de balões de ar quente não tripulados (balões juninos) aumenta nos meses de maio, junho e julho. São Paulo e Rio de Janeiro são os Estados brasileiros que lideram o ranking nessa época do ano. Apenas no Aeroporto de Guarulhos (SP), por exemplo, foram feitos 73 reportes entre maio e julho de 2019. Dependendo da massa do balão e da velocidade da aeronave, o impacto da colisão pode chegar a 250 toneladas. Um balão de 15 quilos, por exemplo, considerado pequeno, ao colidir contra um avião que esteja voando a cerca de 300km/h causa um impacto de três toneladas e meia.[88]

V Elemento subjetivo do tipo

É o dolo, não sendo exigida qualquer finalidade específica. Não há previsão na modalidade culposa.

[88] BRASIL. Força Aérea Brasileira (FAB). *Soltar balões é crime e pode ocasionar problemas para a aviação.* [s.d.]. Disponível em: https://www.fab.mil.br/noticias/imprime/35990/RISCO%20BALOEIRO%20-%20Soltar%20bal%C3%B5es%20%C3%A9%20crime%20e%20pode%20ocasionar%20problemas%20para%20a%20avia%C3%A7%C3%A3o. Acesso em 23 out. 2023.

VI Consumação e tentativa

Cuida-se de crime material que se consuma com a realização de quaisquer condutas típicas, independentemente da efetiva produção do evento incendiário (crime de perigo abstrato). Admite a tentativa.

VII Art. 261, *caput*, do Código Penal

O tipo penal prevê o crime de atentado contra a segurança de transporte marítimo, fluvial ou aéreo, tutelando a incolumidade pública e a segurança dos meios de transporte. Pune com reclusão, de 2 (dois) a 5 (cinco) anos, aquele que "expor a perigo embarcação ou aeronave, própria ou alheia, ou praticar qualquer ato tendente a impedir ou dificultar navegação marítima, fluvial ou aérea". Caso a soltura do balão também exponha a perigo aeronave poder-se-á falar em concurso formal de crimes. O art. 261, §1º, do Código Penal, prevê a figura qualificada na hipótese de ocorrência do efetivo sinistro (crime preterdoloso).

VIII Projeto de Lei nº 1.176/2019

O PL de autoria do Deputado Lincoln Portela (PR-MG), que ainda tramita no Congresso Nacional, visa a aumentar a pena do crime previsto no art. 42 da Lei para reclusão de 5 (cinco) a 8 (oito) anos, e multa.

IX Jurisprudência

> EMENTA – APELAÇÃO CRIMINAL – RECURSO DA DEFESA – FABRICAR E SOLTAR BALÕES – PRELIMINAR – PROVA ILÍCITA – SIGILO DOS DADOS – DEPÓSITO REGISTRAL – AUSÊNCIA DE PROTEÇÃO CONSTITUCIONAL – INÉPCIA DENÚNCIA – REQUISITOS PREENCHIDOS – NULIDADES AFASTADAS – PENA-BASE – CONSEQUÊNCIAS DO CRIME – VALORAÇÃO IDÔNEA – ATENUANTE DA CONFISSÃO – REDUÇÃO AQUÉM DO MÍNIMO LEGAL – IMPOSSIBILIDADE – SÚMULA Nº 231, STJ – REDUÇÃO DA PRESTAÇÃO PECUNIÁRIA – SIMETRIA COM A PENA PRIVATIVA DE LIBERDADE – REDIMENSIONAMENTO – PREQUESTIONAMENTO – RECURSO CONHECIDO E PARCIALMENTE PROVIDO, EM PARTE COM O PARECER. A exegese da confidencialidade relativa garantida pela cláusula constitucional atinge apenas a comunicação telefônica e de dados, o que não significa sigilo dos dados em si, assim entendidos como depósito registral, tanto que, juridicamente, são figuras distintas, diferentemente protegidas pelo legislador constituinte originário. Inexiste nulidade por inépcia da denúncia se de sua simples leitura é possível extrair com clareza, que prescinde de maiores esforços exegéticos, a descrição do fato criminoso, com todas as suas circunstâncias, a qualificação do agente e a classificação do delito, o que, indene de dúvidas, cumpre os requisitos do art. 41 da Lei Adjetiva Penal, possibilitando, ademais, o exercício do contraditório e da ampla defesa pelo acusado. As consequências do crime afiguram-se realmente agravadas, já que a conduta do acusado de soltar balões realmente provocou incêndio em residência, sendo que o tipo prevê apenas uma possibilidade de que tal ocorra, de modo que o fundamento pode ser utilizado sem incidir em *bis in idem*. A existência de atenuante não pode conduzir à redução da pena abaixo do mínimo legal previsto em abstrato no tipo penal, consoante Súmula nº 231 do Superior Tribunal de Justiça. O valor da prestação pecuniária alternativa deve observar os princípios da proporcionalidade e razoabilidade, de forma a guardar compatibilidade e simetria com a reprimenda corporal. É assente na jurisprudência que, se o julgador aprecia integralmente as matérias

que lhe são submetidas, se torna despicienda a manifestação expressa acerca de dispositivos legais utilizados pelas partes como sustentáculo às suas pretensões. (TJMS, Apelação – Nº 0001193-53.2014.8.12.0033 – Eldorado, Rel. Des. Jairo Roberto de Quadros, J. 07.02.2019).

Art. 43 (VETADO).

Art. 44 Extrair de florestas de domínio público ou consideradas de preservação permanente, sem prévia autorização, pedra, areia, cal ou qualquer espécie de minerais: Pena – detenção, de 6 (seis) meses a 1 (um) ano, e multa.

I Objeto jurídico

É o meio ambiente, com especial destaque para as florestas de domínio público ou consideradas de preservação permanente.

II Objeto material

Pedra, areia, cal ou qualquer espécie de mineral. Norma penal em branco, a regulamentação das espécies minerais encontra-se prevista em diploma extrapenal. O setor de mineração abrange todos os processos e atividades cujo foco seja a extração de substâncias minerais a partir de depósitos minerais terrestres e marinhos, bem como o transporte desse material por meio de dutos. No âmbito deste trabalho, os hidrocarbonetos (Petróleo e Gás) não estão contemplados no Setor de Mineração, constituindo um outro setor.

III Núcleos do tipo

Extrair é retirar, colher, arrancar. O tipo prevê o elemento normativo "sem prévia autorização". Assim, caso a autorização tenha sido previamente concedida, o fato será atípico.

IV Sujeitos ativo e passivo

Crime comum, pode ser praticado por qualquer pessoa, física ou jurídica. Sujeito passivo é a coletividade.

V Elemento subjetivo do tipo

É o dolo, não sendo exigida qualquer finalidade específica. Não há previsão na modalidade culposa.

VI Consumação e tentativa

Crime material, exige-se a efetiva extração do mineral para sua consumação. Admite a tentativa.

VII Jurisprudência

Não foi encontrada.

Art. 45 Cortar ou transformar em carvão madeira de lei, assim classificada por ato do Poder Público, para fins industriais, energéticos ou para qualquer outra exploração, econômica ou não, em desacordo com as determinações legais: Pena – reclusão, de 1 (um) a 2 (dois) anos, e multa.

I Objeto jurídico

É o meio ambiente, com especial destaque para madeira de lei.

II Objeto material

É a madeira de lei, material encontrado em árvores mais nobres, como o ipê, o carvalho, a araucária, a imbuia, o jacarandá, o mogno, o pau-brasil e o cedro. A denominação remonta ao tempo em que o Brasil era colônia de Portugal, dada a necessidade de autorização da Coroa para a sua extração. Madeira de lei é aquela mais dura, forte e costumeiramente empregada nas construções civis e sujeitas às ações do tempo e ataques de insetos e fungos. As madeiras de lei possuem grande resistência e qualidade, daí a necessidade de proteção para que não sejam cortadas e transformadas em carvão.

III Núcleos do tipo

Cortar é fragmentar, separar, dividir. Transformar é modificar, conferir novo formato, converter. Caso haja autorização da autoridade competente, a conduta será atípica, dada a previsão do elemento normativo “em desacordo com as determinações legais”.

IV Sujeitos ativo e passivo

Crime comum, pode ser praticado por qualquer pessoa, física ou jurídica. Sujeito passivo é a coletividade.

V Elemento subjetivo do tipo

É o dolo, não sendo exigida qualquer finalidade específica. Não há previsão na modalidade culposa.

VI Consumação e tentativa

Consuma-se com o corte da madeira ou com a sua transformação em carvão. Caso o mesmo agente corte e, posteriormente, transforme a madeira cortada em carvão, responderá por crime único (tipo misto alternativo ou de conteúdo múltiplo). Crime material, admite a tentativa.

VII Jurisprudência

Não foi encontrada.

Art. 46 Receber ou adquirir, para fins comerciais ou industriais, madeira, lenha, carvão e outros produtos de origem vegetal, sem exigir a exibição de licença do vendedor, outorgada pela autoridade competente, e sem munir-se da via que deverá acompanhar o produto até final beneficiamento: Pena – detenção, de 6 (seis) meses a 1 (um) ano, e multa.

Parágrafo único. Incorre nas mesmas penas quem vende, expõe à venda, tem em depósito, transporta ou guarda madeira, lenha, carvão e outros produtos de origem vegetal, sem licença válida para todo o tempo da viagem ou do armazenamento, outorgada pela autoridade competente.

I Objeto jurídico

É o meio ambiente, com especial destaque para produtos de origem vegetal.

II Objeto material

O objeto material do delito é a madeira, a lenha, o carvão e os produtos de origem vegetal.

III Núcleos do tipo

Receber é ingressar na posse. Adquirir é obter a propriedade a título oneroso. De se observar que o tipo penal incriminador apresenta o elemento normativo "sem exigir a exibição de licença do vendedor, outorgada pela autoridade competente". Assim, a Lei dos Crimes Ambientais exige que o comerciante e/ou o industrial tenham em seu poder documentação idônea que comprove a origem do material de origem vegetal que busca comercializar ou empregar em sua linha de produção, não bastando a licença para o funcionamento da empresa e/ou atividade comercial individualmente considerada.

Nessa ordem de valores, de acordo com o disposto no art. 35, *caput*, da Lei nº 12.651/2012, "[o] controle da origem da madeira, do carvão e de outros produtos ou subprodutos florestais incluirá sistema nacional que integre os dados dos diferentes entes federativos, coordenado, fiscalizado e regulamentado pelo órgão federal competente do Sisnama".

Em complemento, de acordo com o art. 36, *caput*, da Lei nº 12.651/2012, "[o] transporte, por qualquer meio, e o armazenamento de madeira, lenha, carvão e outros produtos ou subprodutos florestais oriundos de florestas de espécies nativas, para fins comerciais ou industriais, requerem licença do órgão competente do Sisnama, observado o disposto no art. 35".

Portanto, a licença do vendedor, conferida pela autoridade competente, é o documento que comprova a origem lícita do produto de origem vegetal e que permite a sua negociação lícita, evitando-se a clandestinidade e, no limite, a prática do crime.

IV Sujeitos ativo e passivo

Sujeito ativo é o comerciante, seja pessoa física ou jurídica. Sujeito passivo é a coletividade.

V Elemento subjetivo do tipo

É o dolo, não sendo exigida qualquer finalidade específica. Não há previsão na modalidade culposa.

VI Consumação e tentativa

Cuida-se de crime formal, não sendo exigida a verificação de resultado naturalístico para sua consumação. Assim, ainda que o material não tenha sido posteriormente comercializado, o recebimento ou a aquisição, para fins comerciais ou industriais, já importa na consumação do delito. Mesmo que de difícil verificação prática, admite a tentativa.

VII Parágrafo único

Incorre nas mesmas penas quem "vende, expõe à venda, tem em depósito, transporta ou guarda madeira, lenha, carvão e outros produtos de origem vegetal, sem licença válida para todo o tempo da viagem ou do armazenamento, outorgada pela autoridade competente".

O parágrafo único do tipo penal sob exame deixa claro que a licença outorgada pela autoridade competente pode ser exigida, para a verificação da procedência lícita do produto, em quaisquer fases pelas quais o material passar, alcançando desde o transporte até a venda ao destinatário final.

VIII Jurisprudência

Não foi encontrada.

Art. 47 (VETADO).

Art. 48 Impedir ou dificultar a regeneração natural de florestas e demais formas de vegetação: Pena – detenção, de 6 (seis) meses a 1 (um) ano, e multa.

I Objeto jurídico

É o meio ambiente, com especial destaque para a flora e suas variadas formas de vegetação.

II Objeto material

Florestas e demais formas de vegetação que experimentaram o processo de degeneração.

III Núcleos do tipo

Impedir é obstruir, obstar, evitar o processo de regeneração natural da área afetada, vale dizer, de reconstituição da parte destruída ou danificada. Dificultar é tornar algo custoso, moroso, vale dizer, tornar difícil o processo de regeneração natural da área afetada, por exemplo, pelo pisoteio de semoventes no local.

O tipo penal incriminador visa a punir o agente que interfere no processo natural de regeneração de áreas degradadas.

IV Sujeitos ativo e passivo

Crime comum, pode ser praticado por qualquer pessoa, física ou jurídica. Sujeito passivo é a coletividade.

V Elemento subjetivo do tipo

É o dolo, não sendo exigida qualquer finalidade específica. Não há previsão na modalidade culposa.

VI Consumação e tentativa

Crime material, consuma-se com a realização da conduta. Admite a tentativa.

VII Jurisprudência

> AGRAVO REGIMENTAL. RECURSO ESPECIAL. CRIME AMBIENTAL. ARTIGO 48 DA LEI Nº 9.605/98. IMPEDIR OU DIFICULTAR A REGENERAÇÃO NATURAL DE FLORESTAS E DEMAIS FORMAS DE VEGETAÇÃO. DESNECESSIDADE DA ÁREA DEVASTADA SER DE PRESERVAÇÃO PERMANENTE. RECURSO IMPROVIDO. 1. A tipificação da conduta descrita no artigo 48 da Lei nº 9.605/98 prescinde de a área ser de preservação permanente. 2. Agravo regimental a que se nega provimento. (STJ, AgRg no REsp nº 1498059/RS, 5ª T., Rel. Min. Leopoldo de Arruda Raposo, *DJe* 1.10.2015).

O ato do paciente de impedir a regeneração natural de flora ao cercar e construir duas quadras esportivas em área pública estendeu-se no tempo, sendo constantemente violado o bem jurídico tutelado (meio ambiente). Assim, ainda que a vegetação tenha sido retirada quando a área não era considerada de preservação ambiental e antes da vigência da Lei do Meio Ambiente, a conduta descrita é típica (art. 48 da Lei nº 9.605/1998). Houve prorrogação do momento consumativo, pois o paciente poderia fazer cessar sua atividade delitiva, bastando retirar a cerca que anexa seu terreno à área pública de preservação permanente invadida quando foi notificado para tanto, e assim não o fez. Logo, a conduta narrada caracteriza-se como crime permanente, em que não é possível precisar o início da atividade delituosa, bastando apenas provar, a qualquer momento, que a conduta persiste. Assim, o lapso prescricional somente começa a fluir do momento em que cessa a permanência. Desse modo, a Turma denegou a ordem (STJ, HC 116.088-DF, Rel. Min. Laurita Vaz, J. 16.09.2010. Informativo 447).

Art. 49 Destruir, danificar, lesar ou maltratar, por qualquer modo ou meio, plantas de ornamentação de logradouros públicos ou em propriedade privada alheia: Pena – detenção, de 3 (três) meses a 1 (um) ano, ou multa, ou ambas as penas cumulativamente.

Parágrafo único. No crime culposo, a pena é de 1 (um) a 6 (seis) meses, ou multa.

I Objeto jurídico

É o meio ambiente, com especial destaque para as plantas de ornamentação de logradouros públicos ou em propriedade privada alheia.

II Objeto material

São as plantas de ornamentação de logradouros públicos ou em propriedade privada alheia.

Plantas de ornamentação são aquelas destinadas ao enfeite, ao embelezamento do local. Árvores não estão incluídas como objeto material do delito.[89]

III Núcleos do tipo

Destruir é desfazer, eliminar completamente, fazer desaparecer. Danificar é inutilizar, estragar. Lesar é causar lesão. Maltratar é causar mal. Nas condutas danificar, lesar e maltratar não se exige que a planta seja completamente eliminada.

IV Sujeitos ativo e passivo

Crime comum, pode ser praticado por qualquer pessoa, física ou jurídica. Sujeito passivo é a coletividade; subsidiariamente, o Poder Público (Município) e, no caso das plantas de ornamentação em propriedade privada alheia, o seu proprietário.

V Elemento subjetivo do tipo

É o dolo, não sendo exigida qualquer finalidade específica. O parágrafo único prevê a modalidade culposa, com pena de 1 (um) a 6 (seis) meses, ou multa.

A previsão da punição na modalidade culposa tem recebido críticas por parcela da doutrina. Sirvinskas, por exemplo, vê dificuldades na responsabilização penal de alguém que, culposamente, num acidente automobilístico, invade um canteiro de plantas ornamentais e causa a destruição das suas mudas.[90]

[89] FREITAS, Vladimir Passos de; FREITAS, Gilberto Passos de. *Crimes contra a natureza (de acordo com a Lei nº 9.605/98)*. 8. ed. São Paulo: RT, 2006. p. 172.

[90] SIRVINSKAS, Luís Paulo. *Tutela penal do meio ambiente*: breves considerações atinentes à Lei nº 9.605, de 12.02.1998. São Paulo: Saraiva, 1998. p. 79.

VI Consumação e tentativa

Crime material, consuma-se com a efetiva destruição, dano, lesão ou maltrato à planta. Admite a tentativa.

VII Jurisprudência

Não foi encontrada.

Art. 50 Destruir ou danificar florestas nativas ou plantadas ou vegetação fixadora de dunas, protetora de mangues, objeto de especial preservação:
Pena – detenção, de 3 (três) meses a 1 (um) ano, e multa.

I Objeto jurídico

É o meio ambiente, com especial destaque para as florestas nativas ou plantadas ou vegetação fixadora de dunas, protetora de mangues, objeto de especial preservação.

II Objeto material

É a floresta nativa ou plantada, assim como a vegetação fixadora de dunas e protetora de mangues.

Floresta nativa é aquela composta de espécies originárias da localidade; floresta plantada é aquela criada a partir do plantio de espécies propícias ao meio.

Nos termos do disposto no art. 2º da Lei nº 12.651/2012,

> As florestas existentes no território nacional e as demais formas de vegetação nativa, reconhecidas de utilidade às terras que revestem, são bens de interesse comum a todos os habitantes do País, exercendo-se os direitos de propriedade com as limitações que a legislação em geral e especialmente esta Lei estabelecem.

Dunas são formações arenosas produzidas, no todo ou em parte, pela ação do vento, e estabilizadas ou fixadas por vegetação.[91]

De acordo com o art. 3º, inc. XIII, da Lei nº 12.651/2012, manguezal é o

> ecossistema litorâneo que ocorre em terrenos baixos, sujeitos à ação das marés, formado por vasas lodosas recentes ou arenosas, às quais se associa, predominantemente, a vegetação natural conhecida como mangue, com influência fluviomarinha, típica de solos limosos de regiões estuarinas e com dispersão descontínua ao longo da costa brasileira, entre os Estados do Amapá e de Santa Catarina.

III Núcleos do tipo

Destruir é fazer desaparecer, desfazer, eliminar. Danificar é causar dano, estragar.

[91] FREITAS, Vladimir Passos de; FREITAS, Gilberto Passos de. *Crimes contra a natureza (de acordo com a Lei nº 9.605/98)*. 8. ed. São Paulo: RT, 2006. p. 175.

IV Sujeitos ativo e passivo

Crime comum, pode ser praticado por qualquer pessoa, física ou jurídica. O sujeito passivo é a coletividade.

V Elemento subjetivo do tipo

É o dolo, não sendo exigida qualquer finalidade específica. Não há previsão de punição na forma culposa.

VI Consumação e tentativa

Delito material, consuma-se com a produção do resultado naturalístico. Admite a tentativa.

VII Jurisprudência

Não foi encontrada.

Art. 50-A Desmatar, explorar economicamente ou degradar floresta, plantada ou nativa, em terras de domínio público ou devolutas, sem autorização do órgão competente (Incluído pela Lei nº 11.284, de 2006): Pena – reclusão, de 2 (dois) a 4 (quatro) anos e multa (Incluído pela Lei nº 11.284, de 2006). §1º. Não é crime a conduta praticada quando necessária à subsistência imediata pessoal do agente ou de sua família (Incluído pela Lei nº 11.284, de 2006). §2º. Se a área explorada for superior a 1.000 ha (mil hectares), a pena será aumentada de 1 (um) ano por milhar de hectare (Incluído pela Lei nº 11.284, de 2006).

I Objeto jurídico

É o meio ambiente, com especial destaque para a floresta plantada ou nativa.

II Objeto material

Floresta nativa é aquela composta de espécies originárias da localidade; floresta plantada é aquela criada a partir do plantio de espécies propícias ao meio.

Nos termos do disposto no art. 2º da Lei nº 12.651/2012,

> as florestas existentes no território nacional e as demais formas de vegetação nativa, reconhecidas de utilidade às terras que revestem, são bens de interesse comum a todos os habitantes do País, exercendo-se os direitos de propriedade com as limitações que a legislação em geral e especialmente esta Lei estabelecem.

III Núcleos do tipo

Desmatar é arrancar, retirar, derrubar as árvores que compõem a floresta. Explorar é aproveitar, tirar proveito econômico. Degradar é deteriorar, danificar.

O tipo penal sob exame, acrescentado pela Lei nº 11.284/2006, a toda evidência, não se confunde com o art. 50, *caput*, da Lei de Crimes Ambientais, com alcance e significado diversos.

Em análise comparativa, Nucci aponta cinco diferenças pontuais entre os dois tipos penais incriminadores: a) desmatar é derrubar árvores; destruir é eliminar árvores, conduta que oferece maior amplitude e afeta o todo; b) o art. 50-A contém a elementar "exploração econômica" da floresta, o que não implica, necessariamente, em sua destruição ou produção de dano; c) degradar implica em desgaste da área, conduta mais branda do que danificar; d) o art. 50, *caput*, da Lei de Crimes Ambientais tem por objeto material as florestas situadas em áreas de domínio público ou desocupadas, sendo dispensável a existência de qualquer norma específica de proteção editada; e) o delito previsto no art. 50-A da Lei possui, em seu preceito secundário, pena maior, não sendo considerado infração de menor potencial ofensivo.[92]

IV **Sujeitos ativo e passivo**

Crime comum, pode ser praticado por qualquer pessoa, física ou jurídica. Sujeito passivo é a coletividade.

V **Elemento subjetivo do tipo**

É o dolo, não sendo exigida qualquer finalidade específica. Não há previsão de punição na forma culposa.

VI **Consumação e tentativa**

Delito material, exige a efetiva produção do resultado naturalístico para sua consumação. Admite a tentativa.

VII **Estado de necessidade (§1º)**

O §1º cuida de causa de exclusão da tipicidade, afirmando que não há crime quando a conduta é praticada na salvaguarda da subsistência imediata pessoal do agente ou de sua família. A previsão expressa mostra-se desnecessária, dada a aplicação subsidiária do Código Penal no regime jurídico da Lei de Crimes Ambientais.

VIII **Causa de aumento de pena (§2º)**

Empregou o legislador de 2006 técnica incomum e nada usual para a previsão de causa de aumento de pena, a ser sopesada na terceira fase da dosimetria (CP, art. 68), na individualização da sanção penal devida ao agente violador da norma.

Assim, colocando em destaque a extensão da área atingida, o art. 50-A, §2º, estabelece que a pena será exasperada em 1 (um) ano por cada milhar de hectare desmatado, explorado economicamente ou degradado, desde que supere 1.000 (mil) hectares. Portanto, quanto maior a extensão do dano, maior será a exasperação da pena.

[92] NUCCI, Guilherme de Souza. *Leis penais e processuais penais comentadas*. 5. ed. São Paulo: RT, 2010. p. 995.

IX Jurisprudência

Não foi encontrada.

Art. 51 Comercializar motosserra ou utilizá-la em florestas e nas demais formas de vegetação, sem licença ou registro da autoridade competente: Pena – detenção, de 3 (três) meses a 1 (um) ano, e multa.

I Objeto jurídico

É o meio ambiente, com especial destaque para as florestas e demais formas de vegetação.

II Objeto material

É a motosserra, vale dizer, a serra cujo funcionamento é acionado por motor elétrico ou a combustão.

III Núcleos do tipo

Comercializar é comprar e vender, negociar. Utilizar é fazer uso. A comercialização e/ou a utilização de motosserras exige prévia autorização administrativa da autoridade competente.

IV Sujeitos ativo e passivo

Crime comum, pode ser praticado por qualquer pessoa, física ou jurídica. Sujeito passivo é a coletividade.

V Elemento subjetivo do tipo

É o dolo, não sendo exigida qualquer finalidade específica. Não há previsão de punição na forma culposa.

VI Consumação e tentativa

Crime de natureza formal, não é exigido qualquer resultado naturalístico (efetivo dano ambiental) para sua consumação, que ocorre com a mera comercialização de motosserra ou sua utilização sem licença ou registro da autoridade competente. Admite a tentativa.

VII Jurisprudência

Não foi encontrada.

Art. 52 Penetrar em Unidades de Conservação conduzindo substâncias ou instrumentos próprios para caça ou para exploração de produtos ou subprodutos florestais, sem licença da autoridade competente: Pena – detenção, de 6 (seis) meses a 1 (um) ano, e multa.

I Objeto jurídico

É o meio ambiente, com especial destaque para as Unidades de Conservação.

II Objeto material

São as Unidades de Conservação. De acordo com o disposto no art. 2º, inc. I, da Lei nº 9.985/2000, entende-se por Unidade de Conservação o

> espaço territorial e seus recursos ambientais, incluindo as águas jurisdicionais, com características naturais relevantes, legalmente instituído pelo Poder Público, com objetivos de conservação e limites definidos, sob regime especial de administração, ao qual se aplicam garantias adequadas de proteção.

III Núcleos do tipo

Penetrar é ingressar, invadir, embrenhar-se em Unidade de Conservação conduzindo os instrumentos e substâncias indicadas no tipo penal incriminador, sem licença da autoridade competente. Havendo a prévia autorização administrativa, não há crime.

IV Sujeitos ativo e passivo

Crime comum, pode ser praticado por qualquer pessoa física. Não pode ser praticado pela pessoa jurídica. Sujeito passivo é a coletividade.

V Elemento subjetivo do tipo

É o dolo, não sendo exigida qualquer finalidade específica. Não há previsão de punição na forma culposa.

VI Consumação e tentativa

Crime de mera conduta, consuma-se com o ingresso do agente nos locais preservados na posse dos instrumentos impróprios indicados no tipo penal, independentemente do efetivo dano naturalístico. Não admite a tentativa.

VII Jurisprudência

Não foi encontrada.

Art. 53 Nos crimes previstos nesta Seção, a pena é aumentada de um sexto a um terço se: I – do fato resulta a diminuição de águas naturais, a erosão do solo ou a modificação do regime climático; II – o crime é cometido: a) no período de queda das sementes; b) no período de formação de vegetações; c) contra espécies raras ou ameaçadas de extinção, ainda que a ameaça ocorra somente no local da infração; d) em época de seca ou inundação; e) durante a noite, em domingo ou feriado.

I Causas específicas de aumento de pena para os crimes contra a flora

O art. 53 da Lei de Crimes Ambientais apresenta causas específicas de aumento de pena para os crimes contra a flora, de 1/6 (um sexto) a 1/3 (um terço), que preferem àquelas previstas no art. 15 da Lei, a saber:

a) Do fato resulta a diminuição de águas naturais, a erosão do solo ou a modificação do regime climático. Aumenta-se a pena se, do fato, agravam-se as condições ambientais com a diminuição de águas naturais, erosão do solo ou modificação do regime climático. São consequências que podem decorrer do desmatamento da área e que justificam o recrudescimento da pena.

b) Crime é cometido:

   b.1) no período de queda de sementes: nesse período verifica-se o ciclo natural de reprodução dos espécimes e reflorestamento natural da área, sendo potencialmente mais grave a conduta praticada no período.

   b.2) no período de formação de vegetações: a conduta praticada no período de formação de vegetações também se mostra potencialmente mais grave, dado o incompleto desenvolvimento da área atingida.

   b.3) contra espécies raras ou ameaçadas de extinção, ainda que a ameaça ocorra somente no local da infração: espécies raras são aquelas que, mesmo não correndo o risco de extinção, são mais difíceis de serem encontradas e possuem número reduzido de indivíduos.

   b.4) em época de seca ou inundação: seca é o período de estiagem, de reduzida incidência de chuvas; inundação é o alagamento de uma determinada área ou região (vide comentários ao art. 15, inc. II, "j").

   b.5) durante a noite, em domingo ou feriado: vide comentários ao art. 15, inc. II, "h" e "i".

II Jurisprudência

PENAL E PROCESSUAL PENAL. AÇÃO PENAL ORIGINÁRIA. CRIME AMBIENTAL. CORTE DE ÁRVORE EM FLORESTA DE PRESERVAÇÃO PERMANENTE. AUMENTO DE PENA. ESPÉCIES RARAS. CONDUTA DESCRITA NOS ARTS. 39 E 53, II, "C", DA LEI Nº 9.605/98. INDÍCIOS SUFICIENTES DE AUTORIA E MATERIALIDADE. DENÚNCIA RECEBIDA. 1. Ação penal em que se imputa a Desembargador do Tribunal de Justiça do Estado de Goiás a prática do delito tipificado no art. 39, combinado com o art. 53, inciso II, alínea "c", da Lei nº 9.605/98 – corte de árvores em floresta considerada de preservação permanente, sem permissão da autoridade competente, com aumento de pena em razão de o delito em tese haver sido supostamente cometido "contra espécies raras ou ameaçadas de extinção, ainda que a ameaça ocorra somente no local da infração". 2. A denúncia observou os requisitos previstos no artigo 41 do Código de Processo Penal (exposição do fato criminoso, com todas as suas circunstâncias; a qualificação do denunciado; a classificação do crime; e rol das testemunhas), inexistindo qualquer das situações impeditivas previstas no art. 395 do referido diploma. 3. Embora o denunciado tenha afirmado falta de justa causa para a ação penal, as provas presentes nos autos até este momento são suficientes para, nesta fase processual, demonstrar os indícios de autoria e a materialidade delitiva, quais sejam: Auto de Infração; Relatório de Fiscalização; Certidão contendo rol das testemunhas que poderão ser capazes de comprovar a prática do respectivo ilícito ambiental e Termo de Inspeção da Flora lavrados pelo IBAMA; anexo fotográfico; decisão administrativa condenatória; termo de declarações de testemunha e, por último, laudo de perícia criminal. 4. Recebida denúncia em fase de A S DE S C, pela prática em tese do delito tipificado no art. 39, combinado com o art. 53, inciso II, alínea "c", da Lei nº 9.605/98, determinando-se a instauração da competente ação penal. (STJ, APn 703/GO, Rel. Min. Benedito Gonçalves, Corte Especial, *DJ* 29.11.2016).

Seção III – Da poluição e outros crimes ambientais (arts. 54 ao 61)

Art. 54 Causar poluição de qualquer natureza em níveis tais que resultem ou possam resultar em danos à saúde humana, ou que provoquem a mortandade de animais ou a destruição significativa da flora: Pena – reclusão, de 1 (um) a 4 (quatro) anos, e multa. §1º. Se o crime é culposo: Pena – detenção, de 6 (seis) meses a 1 (um) ano, e multa. §2º. Se o crime: I – tornar uma área, urbana ou rural, imprópria para a ocupação humana; II – causar poluição atmosférica que provoque a retirada, ainda que momentânea, dos habitantes das áreas afetadas, ou que cause danos diretos à saúde da população; III – causar poluição hídrica que torne necessária a interrupção do abastecimento público de água de uma comunidade; IV – dificultar ou impedir o uso público das praias; V – ocorrer por lançamento de resíduos sólidos, líquidos ou gasosos, ou detritos, óleos ou substâncias oleosas, em desacordo com as exigências estabelecidas em leis ou regulamentos: Pena – reclusão, de 1 (um) a 5 (cinco) anos. §3º. Incorre nas mesmas penas previstas no parágrafo anterior quem deixar de adotar, quando assim o exigir a autoridade competente, medidas de precaução em caso de risco de dano ambiental grave ou irreversível.

I Objeto jurídico

É o meio ambiente.

II Objeto material

O tipo penal sob exame, bastante amplo, apresenta conduta que pode recair sobre o ser humano, os animais e a flora.

De acordo com o art. 3º da Lei nº 6.938/1981, que dispõe sobre a Política Nacional do Meio Ambiente, considera-se poluição a degradação da qualidade ambiental resultante de atividades que, direta ou indiretamente: a) prejudiquem a saúde, a segurança e o bem-estar da população; criem condições adversas às atividades sociais e econômicas; c) afetem desfavoravelmente a biota; d) afetem as condições estéticas ou sanitárias do meio ambiente; e) lancem matérias ou energia em desacordo com os padrões ambientais estabelecidos.

A partir do conceito legal de poluição dado pela Lei que disciplina a Política Nacional do Meio Ambiente é fácil perceber que a atividade degradadora compreende toda e qualquer alteração das propriedades e condições naturais ambientais – solo, água e ar –, tornando-as impróprias à fauna, flora ou, ainda, prejudicial à saúde ou à segurança da pessoa humana.

III Núcleos do tipo

Causar poluição é provocar, de qualquer modo, o surgimento da sujeira no ar, nas águas, no solo ou em quaisquer componentes do meio ambiente. Portanto, ainda que o verbo *causar* implique, ordinariamente, em ação (comissão), também é possível a responsabilização pelo crime na omissão, desde que o agente tenha violado o dever jurídico de agir.

O crime de poluição sonora era previsto em tipo penal específico no anteprojeto da Lei dos Crimes Ambientais (art. 59), com a seguinte redação: "Produzir sons, ruídos ou vibrações em desacordo com as prescrições legais ou regulamentares, ou desrespeitando as normas sobre emissão e imissão de ruídos e vibrações resultantes de quaisquer atividades: Pena – detenção, de 3 (três) meses a 1 (um) ano, e multa".

O art. 59 da Lei foi vetado pelo Presidente da República, extraindo-se das razões do veto que

> [o] bem juridicamente tutelado é a qualidade ambiental, que não poderá ser perturbada por poluição sonora, assim como compreendida a produção de sons, ruídos e vibrações em desacordo com as prescrições legais ou regulamentares, ou desrespeitando as normas sobre emissão e imissão de ruídos e vibrações resultantes de quaisquer atividades. O art. 42 do Decreto-Lei nº 3.688, de 3 de outubro de 1941, que define as contravenções penais, já tipifica a perturbação do trabalho ou do sossego alheio, tutelando juridicamente a qualidade ambiental de forma mais apropriada e abrangente, punindo com prisão simples, de 15 (quinze) dias a 3 (três) meses, ou multa, a perturbação provocada pela produção de sons em níveis inadequados ou inoportunos, conforme normas legais ou regulamentares. Tendo em vista que a redação do dispositivo tipifica penalmente a produção de sons, ruídos ou vibrações em desacordo com as normas legais ou regulamentares, não a perturbação da tranquilidade ambiental provocada por poluição sonora, além de prever penalidade em desacordo com a dosimetria penal vigente, torna-se necessário o veto do art. 59 da norma projetada.

Entretanto, tem-se que a provocação de poluição sonora por meio da emissão de ruídos, sons ou vibrações que extrapolem os limites estabelecidos e os níveis apontados como toleráveis pelo poder público, inclusive de acordo com regras de zoneamento urbano, reveste-se de natureza e magnitude penais, dada a potencialidade de causação de danos à saúde humana, notadamente disfunções auditivas, e doenças de natureza psicológica decorrentes da perturbação do sossego do lar.

Portanto, a provocação de *poluição sonora*, em níveis superiores aos tolerados por normas técnicas e de zoneamento, também tipifica o crime de poluição, desde que, evidentemente, resulte ou possa resultar em danos à saúde pública.

IV Sujeitos ativo e passivo

Crime comum, pode ser praticado por qualquer pessoa, física ou jurídica.

V Elemento subjetivo do tipo

É o dolo, não se falando em elemento subjetivo específico. Pune-se a modalidade culposa (§1º).

VI Consumação e tentativa

A Lei de Crimes Ambientais deve ser interpretada de forma sistemática à luz dos postulados do desenvolvimento sustentável e da prevenção. Nessa ordem de valores, o crime previsto na primeira parte do art. 54 da Lei de Crimes Ambientais tem natureza formal, consumando-se com a mera potencialidade de causar danos à saúde humana. Já na segunda parte do tipo penal, ao falar em danos que "provoquem a mortandade de animais ou a destruição significativa da flora", exige-se a produção do resultado naturalístico para sua consumação (crime material). Admite-se a tentativa nas duas situações anteriormente referidas.

VII Crime qualificado (§2º)

Em razão das consequências mais graves do resultado da conduta, o §2º, do art. 54, apresenta a forma qualificada do crime de poluição, que passa a ser punido com reclusão de 1 (um) a 5 (cinco) anos.

De se observar que, na modalidade qualificada, malgrado a pena em abstrato do crime de poluição seja de, no máximo, 5 (cinco) anos de reclusão, a pena mínima continua sendo de 1 (um) ano, havendo a possibilidade, inclusive, da propositura da suspensão condicional do processo para ambas as figuras típicas, de acordo com o caso concreto, ressalvada a análise das condições subjetivas exigidas pelo art. 89 da Lei nº 9.099/95. Como se não bastasse, a figura qualificada olvidou-se de cumular a pena de multa (prevista na modalidade fundamental), sanção penal de relevante importância para a prevenção e repressão aos crimes ambientais, notadamente diante do crime de poluição ambiental, não raras vezes praticado em larga escala e por pessoas jurídicas, inclusive de direito público.

Na prática, malgrado reconhecidamente mais graves, as figuras qualificadas pelo resultado não representam maior reprovação penal ao autor do delito de poluição ambiental.

Seja como for, as figuras qualificadas pelo resultado, que deve ser assumido pelo agente poluidor, podem ser assim agrupadas:

a) Poluição do solo/área imprópria para a ocupação humana: a conduta revela-se objetivamente mais grave se tornar uma área, urbana ou rural, imprópria para a ocupação humana.
b) Poluição atmosférica: o uso de combustíveis fósseis e o descontrole das queimadas em florestas, com a emissão de gases na atmosfera, dentre outras práticas, têm causado danos e alterações climáticas cada vez mais relevantes à qualidade ambiental do planeta, como o efeito estufa, a chuva ácida e, no limite, o aquecimento global. A circunstância qualificadora prevista no inc. II trata justamente desse tipo de poluição atmosférica, exigindo, para seu reconhecimento, que haja a retirada dos habitantes da área afetada, ainda que de forma momentânea.
c) Poluição da água: os recursos hídricos são de essencial importância para a vida humana. O Decreto nº 24.643, de 10 de julho de 1934 – Decreta o Código de Águas –, em seu art. 109, estabelece que "[a] ninguém é lícito conspurcar ou contaminar as águas que não consome, com prejuízo a terceiros".
   A Lei nº 14.026, de 15 de julho de 2020, atualiza o marco legal do saneamento básico e altera a Lei nº 9.984, de 17 de julho de 2000, para atribuir à Agência

Nacional de Águas e Saneamento Básico (ANA) competência para editar normas de referência sobre o serviço de saneamento; a Lei nº 10.768, de 19 de novembro de 2003, para alterar o nome e as atribuições do cargo de Especialista em Recursos Hídricos; a Lei nº 11.107, de 6 de abril de 2005, para vedar a prestação por contrato de programa dos serviços públicos de que trata o art. 175 da Constituição Federal; a Lei nº 11.445, de 5 de janeiro de 2007, para aprimorar as condições estruturais do saneamento básico no País; a Lei nº 12.305, de 2 de agosto de 2010, para tratar dos prazos para a disposição final ambientalmente adequada dos rejeitos; a Lei nº 13.089, de 12 de janeiro de 2015 (Estatuto da Metrópole), para estender o seu âmbito de aplicação às microrregiões; e a Lei nº 13.529, de 4 de dezembro de 2017, para autorizar a União a participar de fundo com a finalidade exclusiva de financiar serviços técnicos especializados.

d) Poluição das praias: de acordo com o art. 2º, "a", do Decreto nº 24.643/1934, os mares territoriais são considerados águas públicas de uso comum; de acordo com o art. 29, I, "a", as águas públicas de uso comum, quando marítimas, pertencem à União.

   Já o art. 10, "caput", da Lei nº 7.661, de 16 de maio de 1998, que institui o Plano Nacional de Gerenciamento Costeiro, dispõe que "[a]s praias são bens públicos de uso comum do povo, sendo assegurado, sempre, livre e franco acesso a elas e ao mar, em qualquer direção e sentido, ressalvados os trechos considerados de interesse de segurança nacional ou incluídos em áreas protegidas por legislação específica" e, em seu §3º, acrescenta que "[e]ntende-se por praia a área coberta e descoberta periodicamente pelas águas, acrescida da faixa subsequente de material detrítico, tal como areias, cascalhos, seixos e pedregulhos, até o limite onde se inicie a vegetação natural, ou, em sua ausência, onde comece outro ecossistema".

e) Poluição por lançamento de resíduos sólidos, líquidos ou gasosos: a Lei nº 12.305, de 2 de agosto de 2010, institui a Política Nacional de Resíduos Sólidos e, em seu art. 3º, inc. XVI, entende por resíduos sólidos todo "material, substância, objeto ou bem descartado resultante de atividades humanas em sociedade, a cuja destinação final se procede, se propõe proceder ou se está obrigado a proceder, nos estados sólido ou semissólido, bem como gases contidos em recipientes e líquidos cujas particularidades tornem inviável o seu lançamento na rede pública de esgotos ou em corpos d'água, ou exijam para isso soluções técnica ou economicamente inviáveis em face da melhor tecnologia disponível".

   Em complemento, a Lei nº 11.445, de 5 de janeiro de 2007, ao estabelecer as diretrizes nacionais para o saneamento básico, também dispõe sobre o manejo de resíduos sólidos.

   Já a classificação de resíduos líquidos segue a diretriz da NBR 10.004, da Associação Brasileira de Normas Técnicas, que os divide em classe I (perigosos), classe II A (não inertes) e classe II B (inertes).

   A Lei nº 9.966, de 28 de abril de 2000, dispõe sobre a prevenção, o controle e a fiscalização da poluição causada por lançamento de óleo e outras substâncias nocivas ou perigosas em águas sob jurisdição nacional.

VIII **Omissão (§3º)**

A omissão torna-se penalmente relevante quando presente o dever jurídico de agir (CP, art. 13, §2º). No caso, deve existir prévia exigência da autoridade competente para a adoção de providências que não foram tomadas pelo agente. Trata-se de crime de perigo abstrato que não reclama a verificação naturalística de quaisquer danos ambientais. Basta a potencialidade lesiva de risco de dano ambiental grave ou irreversível.

IX Jurisprudência

PROCESSO PENAL. AGRAVO REGIMENTAL NO RECURSO EM MANDADO DE SEGURANÇA. ART. 54 DA LEI Nº 9.605/98. POLUIÇÃO SONORA. TRANCAMENTO DA AÇÃO PENAL. PRESCINDIBILIDADE DE EXAME PERICIAL. ILEGALIDADE NÃO VERIFICADA. AGRAVO IMPROVIDO. 1. De acordo com o entendimento desta Corte Superior, "a Lei de Crimes Ambientais deve ser interpretada à luz dos princípios do desenvolvimento sustentável e da prevenção, indicando o acerto da análise que a doutrina e a jurisprudência têm conferido à parte inicial do art. 54 da Lei nº 9.605/1998, de que a mera possibilidade de causar dano à saúde humana é idônea a configurar o crime de poluição, evidenciada sua natureza formal ou, ainda, de perigo abstrato". (STJ, RHC 62.119/SP, Rel. Min. Gurgel de Faria, 5ª T., *DJe* 5.2.2016), grifou-se). 2. Nesse sentido, "o delito previsto na primeira parte do artigo 54 da Lei nº 9.605/1998 possui natureza formal, sendo suficiente a potencialidade de dano à saúde humana para configuração da conduta delitiva, não se exigindo, portanto, a realização de perícia (EREsp nº 1.417.279/SC, Rel. Min. Joel Ilan Paciornik, 3ª Seção, *DJe* 20.4.2018, grifou-se). 3. Considerando que a denúncia detalhou todas as circunstâncias da ocorrência, bem como indicou que o ruído, medido pela autoridade policial, ultrapassou os limites legais estabelecidos, não há como acolher a pretensão defensiva acerca da imprescindibilidade da realização de exame pericial, estando a materialidade do delito atrelada a diversos documentos, como o auto de infração ambiental. 4. Agravo regimental não provido". (STJ, AgRg no RMS nº 61894/MS, 5ª T., Rel. Min., Ribeiro Dantas, j. 5.12.2019, *DJe* 13.12.2019).

DIREITO PENAL E PROCESSUAL PENAL. EMBARGOS DE DIVERGÊNCIA. DISSÍDIO CONFIGURADO. CRIME DO ART. 54 DA LEI Nº 9.605/98. AUTORIA E MATERIALIDADE COMPROVADAS. NATUREZA FORMAL DO DELITO. REALIZAÇÃO DE PERÍCIA. DESNECESSIDADE. POTENCIALIDADE DE DANO À SAÚDE. EMBARGOS DE DIVERGÊNCIA PROVIDOS. RECURSO ESPECIAL DESPROVIDO. 1. O delito previsto na primeira parte do artigo 54 da Lei nº 9.605/1998 possui natureza formal, sendo suficiente a potencialidade de dano à saúde humana para configuração da conduta delitiva, não se exigindo, portanto, a realização de perícia. Embargos de Divergência providos, recurso especial desprovido. (STJ, EREsp nº 1.417.279/SC, Rel. Min. Joel Ilan Paciornik, *DJe* 20.04.2018).

AGRAVO REGIMENTAL NO RECURSO ESPECIAL. PENAL E PROCESSUAL PENAL. POLUIÇÃO AMBIENTAL QUALIFICADA. ARTIGOS 54, §1º, I, II, III E IV E §3º E 56, §1º, I E II, C/C 58, I, TODOS DA LEI Nº 9.605/98. ENVIO E ARMAZENAMENTO DE RESÍDUOS TÓXICOS. PROVIDÊNCIAS NÃO EFETIVADAS PARA REPARAÇÃO DO DANO CAUSADO. NATUREZA PERMANENTE DA CONDUTA. PRÁTICA QUE SE PERDUROU NO TEMPO. NÃO CESSAÇÃO DA ATIVIDADE. IMPOSSIBILIDADE DE AFERIÇÃO DA PRESCRIÇÃO. PRECEDENTES. BEM JURÍDICO-CONSTITUCIONAL DE ELEVADO VALOR. DIREITO AO MEIO AMBIENTE ECOLOGICAMENTE EQUILIBRADO. INEXISTÊNCIA DE OMISSÃO NO ACÓRDÃO RECORRIDO. AGRAVO REGIMENTAL DESPROVIDO. 1. A controvérsia cinge-se em estabelecer se os delitos pelos quais a empresa agravante foi condenada – poluição na sua modalidade qualificada (arts. 54, §2º, I, II, III e IV, e §3º, e 56, §1º, I e II, c/c 58, I, da Lei nº 9.605/98), considerado o momento de sua consumação, são de natureza permanente ou instantânea de efeitos permanentes, para fins de reconhecimento de prescrição.

2. *In casu*, as condutas delituosas se resumem na ação de causar poluição ambiental que provoque danos à população e ao próprio ambiente, em desacordo com as exigências estabelecidas na legislação de proteção, e na omissão em adotar medidas de precaução nos casos de risco de dano grave ou irreversível ao ecossistema. Com efeito, há dificuldade de classificação do tipo legal quanto ao momento de sua consumação na medida em que é de fácil visualização a conduta inicial definida – causar poluição – que pode restar configurada simplesmente na primeira ação ou omissão por parte do autor ou, ainda, perdurar no tempo. 3. No caso dos autos, a empresa agravante armazenou seu lixo industrial no município de Ulianópolis, e, dessa conduta, resultou poluição grave na área degradada, sendo que, até o momento da prolação do julgado, não teria tomado providências para reparar o dano, caracterizando a continuidade da prática infracional. Desse modo, constata-se que o crime de poluição qualificada em exame é permanente, ainda que por omissão da parte recorrente, que foi prontamente notificada a reparar o dano causado. 4. Esta Corte tem se posicionado pela impossibilidade de aferição do transcurso do lapso prescricional quanto a delito cometido em desfavor do meio ambiente, quando pautado na continuidade das atividades ilícitas. 5. Esse posicionamento vem tomando força e deve ser a linha de orientação a ser seguida, considerado o bem jurídico-constitucional de elevado valor a que a lei faz referência, direito ao meio ambiente ecologicamente equilibrado – que legitima a intervenção do Estado no controle das ações praticadas a seu desfavor, devendo ser promovida a efetiva aplicação das normas penais. 6. Não há falar em omissão no aresto hostilizado, pois se rechaçou a tese posta nas contrarrazões ao argumento de que a recorrente admitiu ter recebido notificação da Prefeitura Municipal de Ulianópolis para retirar os resíduos e assim não o fez. 7. Agravo regimental desprovido. (STJ, AgRg no REsp nº 1847097/PA, Rel. Min. Joel Ilan Paciornik, *DJe* 13.03.2020).

Art. 55. Executar pesquisa, lavra ou extração de recursos minerais sem a competente autorização, permissão, concessão ou licença, ou em desacordo com a obtida: Pena – detenção, de 6 (seis) meses a 1 (um) ano, e multa.

Parágrafo único. Nas mesmas penas incorre quem deixa de recuperar a área pesquisada ou explorada, nos termos da autorização, permissão, licença, concessão ou determinação do órgão competente.

I Objeto jurídico

É o meio ambiente, com especial destaque para a preservação dos recursos minerais ante atividades mineradoras que, por si sós, já são potencialmente lesivas nas suas mais variadas formas. Nos termos do art. 225, §2º, da Constituição Federal de 1988, "aquele que explorar recursos minerais fica obrigado a recuperar o meio ambiente degradado...".

II Objeto material

É a pesquisa, lavra ou extração de recursos minerais.

III Núcleos do tipo

Executar é realizar, promover, fazer a pesquisa, lavra ou extração de recursos minerais.

De acordo com o art. 14 do Decreto-lei nº 227, de 28 de fevereiro de 1967 (Código de Minas), "[e]ntende-se por pesquisa mineral a execução dos trabalhos necessários à definição da jazida, sua avaliação e a determinação da exequibilidade do seu aproveitamento econômico".

Já o art. 36 do Código de Minas entende por lavra "o conjunto de operações coordenadas objetivando o aproveitamento industrial da jazida, desde a extração das substâncias minerais úteis que contiver, até o beneficiamento das mesmas".

A extração de recursos minerais pode se dar por meio da garimpagem (Código de Minas, art. 70, I), faiscação (Código de Minas, art. 70, II), ou cata (Código de Minas, art. 70, III).

Norma penal em branco, a conduta somente será típica se a atividade se desenvolver sem a prévia autorização, permissão, concessão ou licença ambiental da autoridade competente ou em desacordo com a obtida.

IV Sujeitos ativo e passivo

Crime comum, pode ser praticado por qualquer pessoa, física ou jurídica

V Elemento subjetivo do tipo

É o dolo, não sendo exigida qualquer finalidade específica. Não se pune a forma culposa.

VI Consumação e tentativa

Crime formal, consuma-se com a execução de uma das condutas típicas, independentemente da produção de resultado naturalístico. Admite a tentativa.

VII Parágrafo único

O parágrafo único apresenta a figura típica por equiparação, incorrendo nas mesmas penas previstas para o "caput" quem deixa de recuperar a área pesquisada ou explorada, nos termos da autorização, permissão, licença, concessão ou determinação do órgão competente.

Trata-se de crime omissivo expressamente previsto na Lei. Aliás, a Lei nº 6.938/1981, em seu art. 2º, inc. VIII, também impõe ao agente a obrigação de recuperar a área degradada pela exploração mineradora.

O processo de recuperação da área deve ser contínuo e concomitante à atividade de exploração, não sendo dado ao detentor da autorização administrativa aguardar o encerramento das atividades para, ao final, iniciar as atividades reparatórias.

Somente pode ser praticado por quem já tenha sido contemplado com a autorização administrativa e, dessa forma, tenha a obrigação de recuperar a área explorada (crime próprio).

O elemento subjetivo é o dolo e não há previsão de forma culposa.

VIII Jurisprudência

AGRAVO REGIMENTAL NO RECURSO ESPECIAL. EXPLORAÇÃO DE MATÉRIA-PRIMA PERTENCENTE À UNIÃO. ART. 2º DA LEI Nº 8.176/1991. EXTRAÇÃO DE RECURSOS MINERAIS SEM LICENÇA. ART. 55 DA LEI Nº 9.605/1998. PRINCÍPIO DA INSIGNIFICÂNCIA. AUSÊNCIA DE PREQUESTIONAMENTO. CRIME ÚNICO. IMPOSSIBILIDADE. CONCURSO FORMAL DE CRIMES CONFIGURADO. AGRAVO REGIMENTAL NÃO PROVIDO. [...]. 2. Os crimes tipificados nos arts. 2º da Lei nº 8.176/1991 e 55 da Lei nº 9.605/1998 visam à tutela de bens jurídicos diversos. Enquanto este delito tem por finalidade a proteção do meio ambiente, quanto aos recursos encontrados no solo e no subsolo, aquele tem por objeto a preservação de bens e matérias-primas que integrem o patrimônio da União. A jurisprudência desta Corte, em situações fáticas muito semelhantes à dos autos, afastou o conflito aparente de normas e, em vista da lesividade a bens jurídicos distintos, reconheceu o concurso formal de crimes. Precedentes. 3. Agravo regimental não provido. (STJ, AgRg no REsp nº 1856109/RS, Rel. Min. Rogério Schietti Cruz, *DJe* 26.06.2020).

Art. 56. Produzir, processar, embalar, importar, exportar, comercializar, fornecer, transportar, armazenar, guardar, ter em depósito ou usar produto ou substância tóxica, perigosa ou nociva à saúde humana ou ao meio ambiente, em desacordo com as exigências estabelecidas em leis ou nos seus regulamentos: Pena – reclusão, de 1 (um) a 4 (quatro) anos, e multa. §1º. Nas mesmas penas incorre quem (Redação dada pela Lei nº 12.305, de 2010): I – abandona os produtos ou substâncias referidos no *caput* ou os utiliza em desacordo com as normas ambientais ou de segurança (Incluído pela Lei nº 12.305, de 2010); II – manipula, acondiciona, armazena, coleta, transporta, reutiliza, recicla ou dá destinação final a resíduos perigosos de forma diversa da estabelecida em lei ou regulamento (Incluído pela Lei nº 12.305, de 2010). §2º. Se o produto ou a substância for nuclear ou radioativa, a pena é aumentada de um sexto a um terço. §3º. Se o crime é culposo: Pena – detenção, de 6 (seis) meses a 1 (um) ano, e multa.

I Objeto jurídico

O bem jurídico tutelado é o meio ambiente.

II Objeto material

É o produto ou a substância tóxica, perigosa ou nociva à saúde humana ou ao meio ambiente.

Como lecionam Vladimir Passos de Freitas e Gilberto Passos de Freitas, substâncias tóxicas são as que, quando inaladas, ingeridas ou penetradas na pele, podem implicar efeitos graves, até mesmo a morte. Substâncias perigosas são aquelas cuja utilização pode implicar em riscos ao meio ambiente. Substâncias nocivas à saúde humana são aquelas que, por inalação, ingestão ou contato com a pele, podem ocasionar efeitos graves aos seres humanos. Substâncias nocivas ao meio ambiente são aquelas que podem atingir a flora, a fauna, a água e os recursos naturais de forma ampla.[93]

III Núcleos do tipo

Produzir é criar, fazer existir; *processar* é manipular, operar; *embalar* é empacotar, acondicionar em recipiente; *importar* é fazer entrar em território nacional; *exportar* é retirar para fora do território nacional; *comercializar* é fazer circular por meio de compra e venda;

93 FREITAS, Vladimir Passos de; FREITAS, Gilberto Passos de. *Crimes contra a natureza (de acordo com a Lei nº 9.605/98)*. 8. ed. São Paulo: RT, 2006. p. 223.

fornecer é entregar a alguém, abastecer; *transportar* é levar de um lugar para outro; *armazenar* é conservar, reter em local adequado; *guardar* é manter sob cuidado ou vigilância; *ter em depósito* é possuir em local seguro; *usar* é servir-se.

Tipo misto alternativo, a prática de uma das condutas típicas já perfaz o crime. Mais de uma conduta que recaia sobre o mesmo objeto material implica no cometimento de crime único.

Norma penal em branco, o tipo penal reclama complementação em norma extrapenal a fim de esclarecer qual é o produto ou substância tóxica e os limites de sua utilização lícita.

IV Sujeitos ativo e passivo

Crime comum, pode ser praticado por qualquer pessoa, física ou jurídica.

V Elemento subjetivo

É o dolo, não sendo exigida qualquer finalidade específica. Punível a forma culposa (§3º).

VI Consumação e tentativa

Consuma-se com a prática de quaisquer das condutas descritas no tipo, independentemente da produção de resultado naturalístico. Nas modalidades produzir, processar, embalar, importar, exportar, comercializar, fornecer e usar, sendo possível o fracionamento da conduta em diversos atos, fala-se na possibilidade da tentativa. De toda a sorte, cuidando-se de tipo penal bastante abrangente, a tentativa será de difícil verificação na realidade das coisas.

VII Lei nº 7.802/1989 e conflito aparente de normas

De acordo com o art. 15 da Lei nº 7.802/1989 (Lei de Agrotóxicos),

> aquele que produzir, comercializar, transportar, aplicar, prestar serviço, der destinação a resíduos e embalagens vazias de agrotóxicos, seus componentes e afins, em descumprimento às exigências estabelecidas na legislação pertinente estará sujeito à pena de reclusão, de 2 (dois) a 4 (quatro) anos, além de multa.

Já o art. 16 da mesma Lei nº 7.802/1989 dispõe que

> o empregador, profissional responsável ou o prestador de serviço, que deixar de promover as medidas necessárias de proteção à saúde e ao meio ambiente, estará sujeito à pena de reclusão, de 2 (dois) a 4 (quatro) anos, além 7de multa de 100 (cem) a 1.000 (mil) MVR. Em caso de culpa, será punido com pena de reclusão de 1 (um) a 3 (três) anos, além de multa de 50 (cinquenta) a 500 (quinhentos) MVR.

Agrotóxicos são espécies de substâncias tóxicas que podem causar danos ao meio ambiente e à saúde humana (art. 2º da Lei nº 7.802/1989). Assim, diante do uso ilegal de agrotóxicos, cabe perguntar: qual o tipo penal incriminador aplicável? Por qual delito responde o agente: art. 15 da Lei nº 7.802/1989 ou art. 56 da Lei de Crimes Ambientais?

Não houve a revogação do art. 15 da Lei de Agrotóxicos pela Lei de Crimes Ambientais, devendo o conflito aparente de normas ser dirimido pelo princípio da especialidade.

Como pontuam Vladimir Passos de Freitas e Gilberto Passos de Freitas, o art. 56 da Lei de Crimes Ambientais não faz qualquer menção expressa a agrotóxicos, seus componentes ou afins e, ainda, não há qualquer menção ao tipo penal previsto no art. 16 da Lei de Agrotóxicos. Portanto, os tipos penais previstos nos arts. 15 e 16 da Lei de Agrotóxicos devem ser preservados.[94]

VIII **Figura equiparada (§1º)**

O §1º do art. 56 apresenta duas figuras típicas equiparadas ao "caput", a saber:

a) Abandono de produtos ou substâncias tóxicas ou perigosas. Abandonar é largar, deixar em local impróprio; utilizar é fazer uso. Dada a potencialidade lesiva à saúde humana e ao meio ambiente de forma ampla, o descarte de produtos ou substâncias tóxicas deve atender às normas de segurança previamente dispostas sobre a atividade, com especial destaque para a Lei nº 12.305/2010 (norma penal em branco).

   Crime comum, pode ser praticado por qualquer pessoa, física ou jurídica. Punível na modalidade dolosa, sem exigência de finalidade específica. Consuma-se com a realização da conduta, independentemente da produção do resultado naturalístico (crime formal). Admite a tentativa.

b) Mau uso de resíduos perigosos. Manipular é manusear, preparar com as próprias mãos; acondicionar é alocar, guardar em local adequado; armazenar é depositar; coletar é recolher; transportar é levar de um ponto a outro; reutilizar é utilizar o mesmo resíduo mais de uma vez; reciclar é tratar o resíduo; dar destinação final é remeter ao destino final.

   Crime comum, pode ser praticado por qualquer pessoa, física ou jurídica. Punível na modalidade dolosa, sem exigência de finalidade específica. Consuma-se com a realização da conduta, independentemente da produção do resultado naturalístico (crime formal). Admite a tentativa.

IX **Causa de aumento de pena (§2º)**

A causa de aumento de pena incide na terceira fase do processo de individualização da sanção penal (CP, art. 68). No caso, a pena será aumentada de um sexto a um terço se o produto ou a substância forem nucleares ou radioativas. Substância nuclear é aquela "capaz de produzir energia, mediante processo autossustentado de fissão nuclear (art. 1º, II, Lei nº 6.453/77). Substância radioativa é aquela que possui a propriedade de alguns produtos emissores de partículas ou radiação eletromagnética".

De acordo com Vladimir Passos de Freitas e Gilberto Passos de Freitas, "tendo o citado art. 56 tacitamente revogado os arts. 20, 22, 24 e 25 da Lei nº 6.453, de 17.10.1977, que cuida da responsabilidade civil por danos nucleares e da responsabilidade criminal por atos relacionados com atividades nucleares, a agravante se fazia necessária". Ainda de acordo com os autores, ela incidirá em condutas não previstas no diploma revogado, como no caso de abandono de produto nuclear.[95]

---

94 FREITAS, Vladimir Passos de; FREITAS, Gilberto Passos de. *Crimes contra a natureza (de acordo com a Lei nº 9.605/98)*. 8. ed. São Paulo: RT, 2006. p. 221.

95 FREITAS, Vladimir Passos de; FREITAS, Gilberto Passos de. *Crimes contra a natureza (de acordo com a Lei nº 9.605/98)*. 8. ed. São Paulo: RT, 2006. p. 226.

X Crime culposo (§3º)

Punível na modalidade culposa, desde que demonstrada a quebra do dever de cuidado pela negligência, imprudência ou imperícia.

XI Jurisprudência

AGRAVO REGIMENTAL NO RECURSO ESPECIAL. CRIME AMBIENTAL. ART. 56 DA LEI Nº 9.605/1998. PRINCÍPIO DA INSIGNIFICÂNCIA. INAPLICABILIDADE. ATIPICIDADE DE CONDUTA. INOCORRÊNCIA. AGRAVO REGIMENTAL NÃO PROVIDO. 1. Inviável a aplicação do princípio da insignificância, a fim de afastar a tipicidade da conduta prevista no art. 56 da Lei nº 9.605/1998, aquele que, agindo em desacordo com as exigências legais ou regulamentares, é flagrado guardando e transportando em seu veículo automotor 8kg de inseticida, de procedência uruguaia, que tem substância tóxica, perigosa ou nociva à saúde humana ou ao equilíbrio do meio ambiente, de origem chinesa, como princípio ativo, e que não tem registro e aprovação no Ministério da Agricultura, Pecuária e Abastecimento. 2. Agravo regimental não provido. (STJ, AgRg no REsp nº 1367294/RS, Rel. Min. Rogério Schietti Cruz, 6ª T., *DJ* 23.2.2017).

Art. 57. (VETADO)

Art. 58. Nos crimes dolosos previstos nesta Seção, as penas serão aumentadas: I – de um sexto a um terço, se resulta dano irreversível à flora ou ao meio ambiente em geral; II – de um terço até a metade, se resulta lesão corporal de natureza grave em outrem; III – até o dobro, se resultar a morte de outrem.

Parágrafo único. As penalidades previstas neste artigo somente serão aplicadas se do fato não resultar crime mais grave.

I Causas de aumento de pena

Incidem na terceira fase da dosimetria da pena (CP, art. 68). As causas de aumento de pena previstas no art. 56, §3º, convivem com as causas de aumento de pena previstas no art. 58, I, II e III, da Lei de Crimes Ambientais. Aplica-se a regra do art. 68, parágrafo único, do Código Penal, no caso da incidência de mais de uma causa de aumento de pena, podendo o juiz aplicar dois aumentos ou somente o maior, fundamentadamente.

II Dano irreversível à flora ou ao meio ambiente em geral

Os crimes contra o meio ambiente são, em regra, crimes de perigo abstrato. Havendo efetiva lesão após consumado o delito (exaurimento da conduta), com a comprovação de dano irreversível à flora ou ao meio ambiente em geral, a pena é aumentada de um sexto a um terço.

III Lesão corporal de natureza grave ou morte de outrem

Cuida-se de crime preterdoloso, pois, para o reconhecimento da causa de aumento de pena, o resultado naturalístico causado pela conduta decorre de culpa, e não de desígnios autônomos. Caso o agente, ao praticar o delito ambiental, também tenha a intenção de cometer o crime de lesão corporal ou o de homicídio, responderá por ambas as infrações penais em concurso formal (CP, art. 70). As hipóteses de lesão corporal de natureza grave são previstas no art. 129, §§1º e 2º, do Código Penal.

A pena é aumentada na fração de um terço até a metade se resultar lesão corporal grave; até o dobro se resultar a morte do agente.

Art. 59. (VETADO)

Art. 60. Construir, reformar, ampliar, instalar ou fazer funcionar, em qualquer parte do território nacional, estabelecimentos, obras ou serviços potencialmente poluidores, sem licença ou autorização dos órgãos ambientais competentes, ou contrariando as normas legais e regulamentares pertinentes: Pena – detenção, de 1 (um) a 6 (seis) meses, ou multa, ou ambas as penas cumulativamente.

I Objeto jurídico

O bem jurídico tutelado é o meio ambiente.

II Objeto material

É o estabelecimento, obra ou serviço potencialmente poluidor. Estabelecimento é o local físico que abriga a empresa, a fábrica ou a instituição responsável pela atividade; obra é a edificação em construção; serviço é a atividade desenvolvida.

Vale a pena destacar que, de acordo com o art. 9º, inc. IV, da Lei nº 6.938/81, que dispõe sobre a Política Nacional do Meio Ambiente, o licenciamento e a revisão de atividades efetiva ou potencialmente poluidoras são instrumentos da Política Nacional do Meio Ambiente.

III Núcleos do tipo

Construir é edificar; reformar é reconstruir, reparar; ampliar é expandir, aumentar; instalar é deixar em condições para o funcionamento; fazer funcionar é colocar em atividade.

Cuida-se de norma penal em branco; com o elemento normativo "sem licença ou autorização dos órgãos ambientais competentes", o tipo penal reclama o complemento extrapenal a respeito das hipóteses de cabimento da concessão de licença ou autorização ambiental para a atividade relacionada.

IV Sujeitos ativo e passivo

Crime comum, pode ser praticado por qualquer pessoa, física ou jurídica. Sujeito passivo é a coletividade.

V Elemento subjetivo do tipo

É o dolo, não sendo exigida finalidade específica. Não se pune a forma culposa.

VI Consumação e tentativa

Crime instantâneo, consuma-se com a realização de quaisquer das condutas típicas. Plurissubsistente, admite a tentativa.

VII Jurisprudência

Não foi encontrada.

Art. 61. Disseminar doença ou praga ou espécies que possam causar dano à agricultura, à pecuária, à fauna, à flora ou aos ecossistemas: Pena – reclusão, de 1 (um) a 4 (quatro) anos, e multa.

I Objeto jurídico

É o meio ambiente, com destaque à agricultura, à fauna, à flora ou aos ecossistemas.

II Objeto material

A conduta típica recai sobre a agricultura, pecuária, fauna, flora e ecossistemas. Agricultura é o conjunto de atividades que torna o solo fértil; pecuária é a produção e tratamento de gado; fauna é o conjunto de animais de uma região; flora é o conjunto de vegetais de uma região; ecossistemas são os complexos formados a partir da interação da fauna e da flora de uma região com seus micro-organismos e minerais.

III Núcleos do tipo

Disseminar é espalhar, propagar a doença, praga ou espécies que tenham potencialidade de dano.

IV Sujeitos ativo e passivo

Crime comum, pode ser praticado por qualquer pessoa, física ou jurídica. Sujeito passivo é a coletividade.

V Elemento subjetivo do tipo

É o dolo, não sendo exigida qualquer finalidade específica. Não há previsão na modalidade culposa.

VI Consumação e tentativa

Crime formal, consuma-se independentemente da verificação do resultado naturalístico. Admite a tentativa.

VII Jurisprudência

Não foi encontrada.

Seção IV – Dos crimes contra o ordenamento urbano e o patrimônio cultural (arts. 62 ao 65)

Art. 62. Destruir, inutilizar ou deteriorar: I – bem especialmente protegido por lei, ato administrativo ou decisão judicial; II – arquivo, registro, museu, biblioteca, pinacoteca, instalação científica ou similar protegido por lei, ato administrativo ou decisão judicial: Pena – reclusão, de 1 (um) a 3 (três) anos, e multa.

Parágrafo único. Se o crime for culposo, a pena é de 6 (seis) meses a 1 (um) ano de detenção, sem prejuízo da multa.

I Objeto jurídico

É o meio ambiente. O tipo penal sob exame visa a proteger o *meio ambiente cultural*, integrado pelo patrimônio histórico, artístico, arqueológico, paisagístico, turístico, que, por ser obra da ação humana, possui especial valor adquirido ou agregado.[96]

A Constituição Federal de 1988, em seu art. 216, afirma que constituem patrimônio cultural brasileiro os bens de natureza material e imaterial, tomados individualmente ou em conjunto, portadores de referência à identidade, à ação, à memória dos diferentes grupos formadores da sociedade brasileira.

II Objeto material

É o bem especialmente protegido, o arquivo, o registro, o museu, a biblioteca, a pinacoteca, a instalação científica ou similar.

III Núcleos do tipo

Destruir é eliminar; inutilizar é tornar sem função, tornar inútil; deteriorar é estragar.

IV Sujeitos ativo e passivo

Crime comum, pode ser cometido por qualquer pessoa, física ou jurídica. O sujeito passivo é a coletividade.

V Elemento subjetivo do tipo

É o dolo, não sendo exigida qualquer finalidade específica na conduta do agente. O parágrafo único pune a modalidade culposa.

96 SILVA, José Afonso da. *Direito ambiental constitucional.* 4. ed. São Paulo: Malheiros, 2003. p. 21.

VI Consumação e tentativa

Crime material, consuma-se com a efetiva destruição, inutilização ou deterioração do bem protegido ou do lugar. Admite a tentativa.

VII Jurisprudência

HABEAS CORPUS. CRIME AMBIENTAL (ARTIGO 62, INCISO I, DA LEI Nº 9.605/1998). TRANCAMENTO DE AÇÃO PENAL. CONDUTA ATRIBUÍDA AO PACIENTE QUE NÃO SE SUBSUME AOS NÚCLEOS DO TIPO PENAL. ATIPICIDADE MANIFESTA. CONCESSÃO DA ORDEM. 1. No caso dos autos, se imputa ao paciente o crime disposto no artigo 62, inciso I, da Lei nº 9.605/1998, consistente em "destruir, inutilizar ou deteriorar bem especialmente protegido por lei, ato administrativo ou decisão judicial". 2. De acordo com a exordial acusatória, o paciente teria omitido o fato de que havia sítio arqueológico em terrenos de sua propriedade que foram vendidos para terceiros, além de ter fornecido aos adquirentes projeto de empreendimento imobiliário que, depois de implementado, resultou na destruição da área ambientalmente protegida. 3. Não havendo indicação de qual ou quais núcleos do tipo do artigo 62, inciso I, da Lei nº 9.605/1998 teriam sido praticados pelo paciente, constata-se a absoluta atipicidade da conduta que lhe foi imputada, já que não restaram narradas na inicial sequer as elementares objetivas do ilícito em questão. 4. O aludido delito é comissivo, ou seja, demanda a prática de ações para que reste consumado, sendo insuficiente para a sua caracterização a simples omissão do agente, de modo que a conduta do paciente de não informar aos adquirentes a existência de sítio arqueológico nos terrenos alienados não se subsume ao tipo em análise. 5. Mesmo que se pudesse considerar o comportamento omissivo do paciente como a caracterizar o delito ambiental em comento, há que se ter presente que a sua conduta foi irrelevante para a consecução do resultado, já que ele não tinha o dever de informar os compradores, no ato da venda dos terrenos, acerca da existência de sítio arqueológico que deveria ser preservado, motivo pelo qual eventual aplicação da alínea "c" do §2º do artigo 13 do Estatuto Repressivo se daria em exacerbada elasticidade, pois a partir do momento em que houve a alienação das propriedades, ele já não tinha mais como evitar o resultado, um dos requisitos para que se tenha presente a condição de garante. 6. O simples fornecimento aos novos proprietários de projeto de empreendimento imobiliário não pode ser tido como suficiente a caracterizar o crime em análise, uma vez que o paciente não teria como prever ou antever a efetiva utilização das plantas pelos adquirentes dos terrenos e, consequentemente, a destruição, inutilização ou deterioração do sítio arqueológico. 7. Ordem concedida para trancar a ação penal deflagrada contra o paciente. (STJ, HC Nº 134.409/SP, Rel. Min. Jorge Mussi, 5ª T., *DJ* 1º.9.2011).

Art. 63. Alterar o aspecto ou a estrutura de edificação ou local especialmente protegido por lei, ato administrativo ou decisão judicial, em razão de seu valor paisagístico, ecológico, turístico, artístico, histórico, cultural, religioso, arqueológico, etnográfico ou monumental, sem autorização da autoridade competente ou em desacordo com a concedida: Pena – reclusão, de 1 (um) a 3 (três) anos, e multa.

I Objeto jurídico

É o meio ambiente. O tipo penal visa a proteger tanto o meio ambiente artificial quanto o meio ambiente cultural. Entende-se por meio ambiente artificial o espaço urbano construído, consubstanciado no conjunto de edificações e equipamentos públicos, e, por meio ambiente cultural, o patrimônio histórico, artístico, arqueológico, paisagístico, turístico, que, distinguindo-se do primeiro, apresenta valor especial adquirido ou agregado.[97]

II Objeto material

É a edificação ou local especialmente protegido por lei, ato administrativo ou decisão judicial.

III Núcleos do tipo

Alterar o aspecto é modificar a aparência ou a estrutura da edificação ou do local.

O tipo penal coíbe a alteração do aspecto ou da estrutura original da edificação ou do local protegido sem o acompanhamento da autoridade administrativa competente ou em desacordo com a previamente concedida.

Houve a revogação tácita do art. 166 do Código Penal pelo tipo penal sob exame.

IV Sujeitos ativo e passivo

Crime comum, pode ser praticado por qualquer pessoa, física ou jurídica. O sujeito passivo é a coletividade.

V Elemento subjetivo do tipo

É o dolo, não sendo exigida qualquer finalidade específica. Não há previsão na forma culposa.

VI Consumação e tentativa

Crime material, consuma-se com a produção do resultado naturalístico. Admite a tentativa.

VII Jurisprudência

Não foi encontrada.

Art. 64. Promover construção em solo não edificável, ou no seu entorno, assim considerado em razão de seu valor paisagístico, ecológico, artístico, turístico, histórico, cultural, religioso, arqueológico, etnográfico ou monumental, sem autorização da autoridade competente ou em desacordo com a concedida: Pena – detenção, de 6 (seis) meses a 1 (um) ano, e multa.

97 SILVA, José Afonso da. *Direito ambiental constitucional*. 4. ed. São Paulo: Malheiros, 2003. p. 21.

I Objeto jurídico

O bem jurídico tutelado é o meio ambiente, com especial atenção aos locais de valor paisagístico, ecológico, artístico, turístico, cultural, religioso, arqueológico, etnográfico ou monumental.

II Objeto material

É o solo não edificável e o seu entorno.

III Núcleos do tipo

Promover construção em solo não edificável é fomentar, facilitar, realizar a construção irregular na área protegida.

O tipo penal contém o elemento normativo consistente na falta de autorização da autoridade competente ou em desacordo com a concedida. Cuida-se, pois, de norma penal em branco que reclama o devido complemento em norma extrapenal para sua tipificação.

IV Sujeitos ativo e passivo

Crime comum, pode ser praticado por qualquer pessoa, física ou jurídica. O sujeito passivo é a coletividade.

V Elemento subjetivo do tipo

É o dolo, não sendo exigida qualquer finalidade específica. Não se pune a forma culposa por falta de previsão legal.

VI Consumação e tentativa

Crime formal, consuma-se com a realização da conduta típica, independentemente da produção do resultado naturalístico, isto é, do efetivo dano ao local protegido. Admite a tentativa.

VII Jurisprudência

> PROCESSO PENAL. RECURSO ESPECIAL. CRIME AMBIENTAL. CONFLITO APARENTE DE NORMAS. ARTS. 48 E 64 DA LEI Nº 9.605/98. CONSUNÇÃO. ABSORVIDO O CRIME MEIO DE DESTRUIR FLORESTA E O PÓS-FATO IMPUNÍVEL DE IMPEDIR SUA REGENERAÇÃO. CRIME ÚNICO DE CONSTRUIR EM LOCAL NÃO EDIFICÁVEL. RECURSO ESPECIAL IMPROVIDO. 1. Ocorre o conflito aparente de normas quando há a incidência de mais de uma norma repressiva numa única conduta delituosa, sendo que tais normas possuem entre si relação de hierarquia ou dependência, de forma que somente uma é aplicável. 2. O crime de destruir floresta nativa e vegetação protetora de mangues dá-se como meio necessário da realização do único intento de construir casa ou outra edificação em solo não edificável, em razão do que incide a absorção do crime-meio de destruição de vegetação pelo crime-fim de edificação proibida. 3. Dá-se tipo penal único de incidência final (art. 64 da Lei nº 9.605/98), já em tese crime uno, diferenciando-se do concurso formal, onde o crime em tese é duplo, mas ocasionalmente praticado por ação e desígnio únicos. 4. Recurso especial improvido. (STJ, REsp nº 1639723/PR, Rel. Min. Nefi Cordeiro, *DJe* 16.02.2017).

Art. 65. Pichar ou por outro meio conspurcar edificação ou monumento urbano (Redação dada pela Lei nº 12.408, de 2011): Pena – detenção, de 3 (três) meses a 1 (um) ano, e multa. §1º. Se o ato for realizado em monumento ou coisa tombada em virtude do seu valor artístico, arqueológico ou histórico, a pena é de 6 (seis) meses a 1 (um) ano de detenção e multa. §2º. Não constitui crime a prática de grafite realizada com o objetivo de valorizar o patrimônio público ou privado mediante manifestação artística, desde que consentida pelo proprietário e, quando couber, pelo locatário – ou arrendatário do bem privado e, no caso de bem público, com a autorização do órgão competente e a observância das posturas municipais e das normas editadas pelos órgãos governamentais responsáveis pela preservação e conservação do patrimônio histórico e artístico nacional.

I Objeto jurídico

O bem jurídico tutelado é o meio ambiente, com especial atenção ao meio ambiente artificial, constituído pelo espaço urbano construído.

II Objeto material

É a edificação ou monumento urbano.

III Núcleos do tipo

Pichar é escrever ou pintar letras, sinais ininteligíveis ou figuras em muros, paredes ou fachadas prediais. Conspurcar é sujar de qualquer forma.

IV Sujeitos ativo e passivo

Crime comum, pode ser praticado por qualquer pessoa física. Sujeito passivo é a coletividade.

V Elemento subjetivo do tipo

É o dolo, não sendo exigida qualquer finalidade específica. Não há previsão na modalidade culposa.

VI Consumação e tentativa

Crime material, consuma-se com a produção do resultado naturalístico. Admite a tentativa.

VII Pichação qualificada (§1º)

Se o ato for realizado em monumento ou coisa tombada em virtude do seu valor artístico, arqueológico ou histórico, a pena é de 6 (seis) meses a 1 (um) ano de detenção, e multa. A figura qualificada eleva a pena mínima abstratamente prevista na figura fundamental de 3 (três) para 6 (seis) meses de detenção, mantida a pena máxima no patamar de 1 (um) ano, além da multa.

O tipo penal qualificado não produz consequências práticas relevantes, não impedindo a concessão de benefícios legais já previstos para o *caput*.

Monumentos ou coisas tombadas são bens especialmente protegidos por ato administrativo exarado pelo Poder Público, conferindo maior importância e dificultando modificações estruturais sem prévia autorização e acompanhamento da autoridade administrativa.

VIII Grafite (§2º)

Na sua redação original, o *caput* do art. 65 previa, como conduta típica, o ato de *grafitar* edificação ou monumento urbano. Entende-se por grafitar o ato de fazer desenhos, inscrições ou sinais com grafite.

A Lei nº 12.408, de 25 de maio de 2011, descriminalizou o ato de grafitar, alterando a redação original do art. 65 da Lei de Crimes Ambientais. Entretanto, para que a conduta seja atípica, exige o art. 65, §2º, da Lei nº 9.605/1998, que a prática do grafite seja realizada com o objetivo de valorizar o patrimônio público ou privado, mediante manifestação artística, com o consentimento do proprietário, locatário ou arrendatário do bem privado e, no caso de bem público, com a prévia autorização do órgão competente e observância de normas legais pertinentes e voltadas à preservação do patrimônio histórico e artístico nacional.

A excludente de ilicitude sob exame, mesmo considerando o grafite como expressão cultural e de arte visual, dada a complexa redação empregada e a utilização da expressão "com o objetivo de valorizar o patrimônio público ou privado mediante manifestação artística", permite alargada interpretação.

De toda a sorte, dificilmente poderá ser avaliada a excludente sem que também seja analisada a condição técnico-profissional do autor do grafite para a obtenção da prévia autorização administrativa.

Em arremate, importa destacar que a Lei nº 12.408, de 25 de maio de 2011, para além de alterar a redação original do art. 65 da Lei, também passou a dispor sobre a proibição de comercialização de tintas em embalagens do tipo aerossol a menores de 18 (dezoito) anos de idade.

IX Jurisprudência

> RECURSO ORDINÁRIO EM HABEAS CORPUS. CRIME DE PICHAÇÃO DE EDIFÍCIO TOMBADO E ASSOCIAÇÃO CRIMINOSA. PRISÃO PREVENTIVA. REQUISITOS. GRAVIDADE ABSTRATA DOS FATOS. ELEMENTOS INERENTES AO PRÓPRIO TIPO PENAL. CONSTRANGIMENTO ILEGAL CONFIGURADO. SUBSTITUIÇÃO DA CUSTÓDIA POR MEDIDAS CAUTELARES. 1. Conforme jurisprudência assentada nesta Corte Superior de Justiça, a prisão cautelar revela-se cabível tão somente quando estiver concretamente comprovada a existência do *periculum libertatis*, sendo impossível o recolhimento de alguém ao cárcere caso se mostrem inexistentes os pressupostos autorizadores da medida extrema, previstos na legislação processual penal. 2. O decreto que impôs a prisão preventiva ao recorrente não apresentou motivação concreta, apta a justificar a segregação provisória, tendo-se valido de argumentos genéricos, da repetição de elementos inerentes ao próprio tipo penal supostamente violado e da presunção, sem amparo em elementos reais de convicção, de que o recorrente, em liberdade, represente risco à ordem pública. 3. A ausência de elementos concretos e individualizados que indiquem a necessidade da rigorosa providência cautelar configura constrangimento ilegal. 4. As condições

subjetivas favoráveis do recorrente, por si sós, não impedem a prisão cautelar, caso se verifiquem presentes os requisitos legais para a decretação da segregação provisória. 5. O fato de o objeto jurídico atingido tratar-se de edifício tombado não pode conduzir, necessariamente, ao decreto de prisão preventiva, sob o pálio de se tratar de garantia da ordem pública, tendo em vista tratar-se de elemento inerente ao próprio fato típico, previsto no art. 65, §1º, da Lei nº 9.605/98. 6. Recurso ordinário a que se dá provimento, para revogar a prisão do recorrente, salvo se por outro motivo não estiver preso, substituindo-a por medidas cautelares cabíveis, a serem fixadas pelo Juízo de piso. (STJ, RHC nº 74.795/MG, Rel. Min. Nefi Cordeiro, Rel. p/ Acórdão Min. Antônio Saldanha Palheiro, 6ª T., *DJ* 10.11.2016).

[...] Ademais, os reflexos negativos desta conduta são percebidos tanto pelo ponto de vista ambiental, como pelo ponto de vista patrimonial. Contudo, o que mais choca não é somente o desrespeito pelo patrimônio alheio ou a poluição visual, mas também que tais condutas, longe de divulgarem mensagens de protesto (fator que antes era tido como inerente a essas ações), as pichações atuais mais se assemelham a atos de vandalismo gratuito contra o ordenamento urbano das cidades, ou então danos egoísticos à propriedade alheia. Em regra, não poderíamos sequer admitir que a conduta reflita o direito à liberdade de expressão de um indivíduo, já que a poluição visual decorrente das diversas inscrições, símbolos e desenhos, na grande maioria das vezes, sequer é decifrada pela população, que não vislumbra qualquer fundamento ou motivo para a maioria destas manifestações. A conduta de pichação é altamente reprovável. O legislador, por infelicidade, não deu a devida importância a esta modalidade criminosa, cominando a ela sanção ridícula que, data vênia, não atende ao caráter educativo-repressivo que a reprimenda deve ter. (TJMG, Apelação Criminal nº 1.0024.11.031213-9/001 – Comarca de Belo Horizonte – Rel. Des. Corrêa Camargo, j. 10.03.2015).

Seção V – Dos crimes contra a administração ambiental (arts. 66 ao 69-A)

Art. 66. Fazer o funcionário público afirmação falsa ou enganosa, omitir a verdade, sonegar informações ou dados técnico-científicos em procedimentos de autorização ou de licenciamento ambiental: Pena – reclusão, de 1 (um) a 3 (três) anos, e multa.

I Objeto jurídico

É o meio ambiente, com especial destaque para a administração ambiental.

II Objeto material

É o procedimento de autorização ou de licenciamento ambiental. A Lei nº 6.938/1981 prevê, em seu art. 9º, inc. IV, o licenciamento e a revisão de atividades efetiva ou potencialmente poluidoras como instrumentos da Política Nacional do Meio Ambiente.

Já o art. 10, *caput*, da Lei nº 6.938/1981 dispõe que "[a] construção, instalação, ampliação e funcionamento de estabelecimentos e atividades utilizadores de recursos ambientais, efetiva ou potencialmente poluidores ou capazes, sob qualquer forma, de causar degradação ambiental dependerão de prévio licenciamento ambiental".

III Núcleos do tipo

Fazer afirmação falsa é declarar algo que não corresponde à verdade. Fazer afirmação enganosa é declarar algo ardilosamente com potencialidade de confundir o destinatário do documento. Omitir a verdade é deixar de retratar a informação verdadeira e completa. Sonegar é deixar de fornecer a informação ou o dado técnico-científico devido.

O tipo penal sob exame guarda íntima correlação com o crime de falsidade ideológica, previsto no art. 299 do Código Penal; entretanto, por ser específico, prevalece quando a afirmação falsa ou enganosa ou a informação ou dado técnico-científico não fornecido recaírem sobre o procedimento de autorização ou de licenciamento ambiental.

IV Sujeitos ativo e passivo

Crime próprio, somente pode ser cometido pelo funcionário público competente, de acordo com o disposto no art. 327 do Código Penal. Na lição de Vladimir Passos de Freitas e Gilberto Passos de Freitas, o tipo penal também pode alcançar funcionários de empresa particular contratada pelo Poder Público para atuar na elaboração de procedimentos administrativos ambientais, pois, consoante o art. 327 do Código Penal, a atividade do técnico, nesse caso, reveste-se da roupagem de função pública, havendo equiparação para fins penais.[98]

V Elemento subjetivo do tipo

É o dolo, não sendo exigida qualquer finalidade específica. Não há previsão na forma culposa.

VI Consumação e tentativa

Cuida-se de crime formal que se consuma com a ação ou omissão indevida do funcionário público, independentemente da produção do resultado naturalístico. Admite a tentativa na forma comissiva.

VII Jurisprudência

Não foi encontrada.

Art. 67. Conceder o funcionário público licença, autorização ou permissão em desacordo com as normas ambientais, para as atividades, obras ou serviços cuja realização depende de ato autorizativo do Poder Público: Pena – detenção, de 1 (um) a 3 (três) anos, e multa.

Parágrafo único. Se o crime é culposo, a pena é de 3 (três) meses a 1 (um) ano de detenção, sem prejuízo da multa.

[98] FREITAS, Vladimir Passos de; FREITAS, Gilberto Passos de. *Crimes contra a natureza (de acordo com a Lei nº 9.605/98)*. 8. ed. São Paulo: RT, 2006. p. 253.

I Objeto jurídico

É o meio ambiente, com especial destaque para a administração ambiental.

II Objeto material

É a licença, autorização ou permissão concedida pelo funcionário público em desacordo com as normas ambientais. A Lei nº 6.938/1981 prevê, em seu art. 9º, inc. IV, o licenciamento e a revisão de atividades efetiva ou potencialmente poluidoras como instrumentos da Política Nacional do Meio Ambiente.

Já o art. 10, *caput*, da Lei nº 6.938/1981 dispõe que "[a] construção, instalação, ampliação e funcionamento de estabelecimentos e atividades utilizadores de recursos ambientais, efetiva ou potencialmente poluidores ou capazes, sob qualquer forma, de causar degradação ambiental dependerão de prévio licenciamento ambiental".

III Núcleos do tipo

Conceder é fornecer, expedir, dar a licença, autorização ou permissão ambiental.

O tipo penal contém o elemento normativo consistente no desacordo com as normas ambientais regularmente exigidas por legislação não penal para a concessão da licença, autorização ou permissão. Cuida-se, pois, de norma penal em branco que reclama o devido complemento em norma extrapenal para sua tipificação.

IV Sujeitos ativo e passivo

Crime próprio, somente pode ser cometido pelo funcionário público competente, de acordo com o disposto no art. 327 do Código Penal. Sujeito passivo é a coletividade.

V Elemento subjetivo do tipo

É o dolo, não sendo exigida qualquer finalidade específica. Há previsão na modalidade culposa no parágrafo único, caso em que deverá restar comprovada a quebra do dever objetivo de cuidado e a produção de um resultado previsível que poderia ter sido evitado pelo agente.

VI Consumação e tentativa

Crime formal, consuma-se com a expedição do ato administrativo, independentemente da produção de resultado naturalístico. Podendo a conduta ser fracionada em diversos atos, admite a tentativa.

VII Jurisprudência

Não foi encontrada.

Art. 68. Deixar, aquele que tiver o dever legal ou contratual de fazê-lo, de cumprir obrigação de relevante interesse ambiental: Pena – detenção, de 1 (um) a 3 (três) anos, e multa.

Parágrafo único. Se o crime é culposo, a pena é de 3 (três) meses a 1 (um) ano, sem prejuízo da multa.

I Objeto jurídico

É o meio ambiente de forma ampla.

II Objeto material

Cuida-se de tipo penal bastante aberto com amplas possibilidades de incidência da conduta omissiva, a partir do descumprimento da obrigação de relevante interesse ambiental.

III Núcleos do tipo

Deixar de cumprir é descumprir, não fazer aquilo que se tinha o dever jurídico de fazer. Trata-se de norma penal em branco que reclama a devida complementação em normas específicas a respeito da "obrigação de relevante interesse ambiental".

A título exemplificativo, extrai-se do art. 52 da Lei nº 12.305/2010, que institui a Política Nacional de Resíduos Sólidos, que "[a] observância do disposto no caput do art. 23 e no §2º do art. 39 desta Lei é considerada obrigação de relevante interesse ambiental para efeitos do art. 68 da Lei nº 9.605, de 1998, sem prejuízo da aplicação de outras sanções cabíveis nas esferas penal e administrativa".

IV Sujeitos ativo e passivo

Crime próprio, somente pode ser cometido pelo sujeito que tiver o dever legal ou contratual de cumprir a obrigação. Sujeito passivo é a coletividade.

V Elemento subjetivo do tipo

É o dolo, não sendo exigida qualquer finalidade específica. Punível a forma culposa com a previsão expressa no parágrafo único.

VI Consumação e tentativa

Crime formal, consuma-se independentemente da produção do resultado naturalístico. Não admite a forma tentada.

VII Jurisprudência

RECURSO ESPECIAL. DIREITO PENAL. LEGISLAÇÃO EXTRAVAGANTE. LEI Nº 9.605/1998. CRIME AMBIENTAL. CAUSAR POLUIÇÃO. DEIXAR DE CUMPRIR OBRIGAÇÃO RELEVANTE. DELITOS OMISSIVOS. GARANTE. ART. 13, §2º, DO CP. REQUISITOS OBJETIVO E

SUBJETIVO. PREENCHIMENTO. ART. 225, §1º, DA CONSTITUIÇÃO DA REPÚBLICA. 1. O patrimônio público, entendido sob a ótica de patrimônio natural, pertence a toda coletividade, sendo dever de todos, sobretudo do gestor público, o zelo por sua preservação e, portanto, a sua inobservância de forma comissiva ou omissiva, implica conduta lesiva ao meio ambiente nos termos da Lei nº 9.605/1998 (Lei de Crimes Ambientais). 2. A legislação que protege o ambiente, em todos os seus aspectos, tem que ser interpretada no sentido de poder propiciar uma tutela efetiva, célere e adequada, sob pena de ser frustrado o combate das condutas ilícitas que afetam o direito fundamental ao meio ambiente ecologicamente equilibrado (art. 225, §1º, da Constituição da República). 3. O agente público, além de omitir-se em seu dever legal de zelar pela preservação ambiental, é capaz de condutas poluidoras, degradantes ou de qualquer forma danosas ao meio ambiente, consistente em ações ou omissões capazes de ofender os princípios constitucionais e administrativos que regem a gestão pública. 4. Para que um agente seja sujeito ativo de delito omissivo, além dos elementos objetivos do próprio tipo penal, necessário se faz o preenchimento dos elementos contidos no art. 13 do Código Penal: a situação típica ou de perigo para o bem jurídico, o poder de agir e a posição de garantidor. 5. A respeito do delito ambiental descrito no art. 68 da Lei nº 9.605/1998, faz-se necessário mencionar que se trata de crime omissivo impróprio, no qual o apontado agente, contrariando o dever legal ou contratual de fazê-lo, deixa de cumprir obrigação de relevante interesse ambiental para evitar resultado danoso ao meio ambiente. 6. Não há como administrador público, *in casu*, eximir-se da posição de garante, razão pela qual deve ser mantida sua condenação pela prática do crime do art. 54 da Lei nº 9.605/1998. 7. Recurso especial improvido. (REsp nº 1618975/PR, Rel. Min. Sebastião Reis Júnior, 6ª T., *DJ* 13.3.2017).

Art. 69. Obstar ou dificultar a ação fiscalizadora do Poder Público no trato de questões ambientais: Pena – detenção, de 1 (um) a 3 (três) anos, e multa.

I Objeto jurídico

É o meio ambiente.

II Objeto material

A conduta recai sobre a ação fiscalizadora dos órgãos ambientais fiscalizadores, nas esferas federal, distrital, estadual e municipal.

III Núcleos do tipo

Obstar é embaraçar, opor obstáculo; dificultar é tornar mais difícil, tornar mais custoso, lento.

IV Sujeitos ativo e passivo

Crime comum, pode ser praticado por qualquer pessoa, física ou jurídica.

V Elemento subjetivo do tipo

É o dolo, não sendo exigida qualquer finalidade específica. Não há previsão na modalidade culposa.

VI Consumação e tentativa

Crime formal, consuma-se independentemente da produção do resultado naturalístico. Podendo a conduta ser fracionada em mais de um ato, admite a tentativa.

VII Jurisprudência

HABEAS CORPUS. ART. 69 DA LEI Nº 9.605/98. PEDIDO DE TRANCAMENTO. ALEGAÇÃO DE INÉPCIA DA DENÚNCIA E DE FALTA DE JUSTA CAUSA PARA A AÇÃO. ATIPICIDADE DA CONDUTA. IMPROCEDÊNCIA. 1. A peça vestibular preenche os requisitos do art. 41 do Código de Processo Penal, descrevendo, com todas as suas circunstâncias, a existência do crime previsto no art. 69 da Lei nº 9.605/98 (obstar ou dificultar a ação fiscalizadora do Poder Público no trato de questões ambientais), bem como a respectiva autoria, suficiente para a deflagração da persecução penal. 2. Segundo a iterativa jurisprudência desta Corte, o trancamento da ação penal, pela via do habeas corpus, é medida excepcional, só admissível quando despontada dos autos, de forma inequívoca, a ausência de indícios de autoria ou materialidade delitiva, a atipicidade da conduta ou a extinção da punibilidade. 3. A alegação de ausência de dolo constitui matéria imprópria de ser examinada na via angusta do writ, por exigir acurada, e antecipada, aferição de elementos probatórios. É na sentença o momento oportuno para o enfrentamento, após produzidas as provas em juízo, sob o crivo do contraditório, se o acusado eventualmente agiu acobertado por excludente de tipicidade, tal como o sustentado erro de tipo. 4. O tipo previsto no art. 69 da Lei nº 9.605/98 contenta-se com a obstrução ou dificultação da ação fiscalizadora do Poder Público, estando o dolo relacionado tão somente a essas condutas, não se perquirindo as razões pelas quais o autor resistiu à fiscalização ambiental. 5. Improcede a alegação de que a denúncia responsabilizara o paciente objetivamente, haja vista que, da sua narrativa, resta evidenciado que o delito previsto no art. 69 da Lei nº 9.605/98 foi-lhe atribuído porque dele adveio a ordem para impedir a fiscalização ambiental. 6. Ordem denegada. (STJ, HC nº 189.885/RJ, Rel. Min. Og Fernandes, 6ª T., *DJ* 26.2.2012).

Art. 69-A. Elaborar ou apresentar, no licenciamento, concessão florestal ou qualquer outro procedimento administrativo, estudo, laudo ou relatório ambiental total ou parcialmente falso ou enganoso, inclusive por omissão (Incluído pela Lei nº 11.284, de 2006): Pena – reclusão, de 3 (três) a 6 (seis)- anos, e multa (Incluído pela Lei nº 11.284, de 2006). §1º. Se o crime é culposo (Incluído pela Lei nº 11.284, de 2006): Pena – detenção, de 1 (um) a 3 (três) anos (Incluído pela Lei nº 11.284, de 2006). §2º. A pena é aumentada de 1/3 (um terço) a 2/3 (dois terços), se há dano significativo ao meio ambiente, em decorrência do uso da informação falsa, incompleta ou enganosa (Incluído pela Lei nº 11.284, de 2006).

I Objeto jurídico

É o meio ambiente.

II Objeto material

A conduta típica recai sobre o laudo ou o relatório ambiental falso ou enganoso.

III Núcleos do tipo

Elaborar é formatar o trabalho técnico, total ou parcialmente falso ou enganoso; apresentar é exibir, entregar ao destinatário.

O tipo penal guarda correspondência com o crime de falsa perícia, previsto no art. 342 do Código Penal, devendo ser aplicado em matéria ambiental pela especialidade.

IV Sujeitos ativo e passivo

Crime próprio, somente pode ser cometido pelo técnico ou funcionário responsável pela elaboração do documento. Sujeito passivo é a coletividade.

V Elemento subjetivo do tipo

É o dolo, não sendo exigida qualquer finalidade específica. Há previsão na modalidade culposa (§1º).

VI Consumação e tentativa

Crime formal, consuma-se independentemente da produção do resultado naturalístico. Na conduta apresentar, unissubsistente, não é admita a tentativa; admite-se a tentativa na conduta elaborar, dada a possibilidade de fracionamento em mais de um ato (plurissubsistente).

VII Causa de aumento de pena (§2º)

Cuida-se de modalidade agravada pelo resultado. Assim, caso o agente consiga produzir o resultado danoso ao meio ambiente, a partir do uso dos dados falsos contidos no trabalho técnico, a pena será aplicada com aumento de 1/3 (um terço) a 2/3 (dois terços).

VIII Jurisprudência

Não foi encontrada.

Referências

BADARÓ, Gustavo Henrique. *Processo penal.* 3. ed. São Paulo: RT, 2015.

BECHARA, Ana Elisa Liberatore Silva. *Bem jurídico-penal.* São Paulo: Quartier Latin, 2014.

BITENCOURT, Cezar Roberto. *Tratado de direito penal – parte geral 1.* São Paulo: Saraiva, 2013.

BRASIL. Força Aérea Brasileira (FAB). *Soltar balões é crime e pode ocasionar problemas para a aviação.* [s.d.]. Disponível em: https://www.fab.mil.br/noticias/imprime/35990/RISCO%20BALOEIRO%20-%20Soltar%20bal%C3%B5es%20%C3%A9%20crime%20e%20pode%20ocasionar%20problemas%20para%20a%20avia%C3%A7%C3%A3o. Acesso em 23 out. 2023.

BRUNO, Aníbal. *Direito Penal – Parte Geral.* 3. ed. Rio de Janeiro: Forense, 1967. t. 1.

BUSATO, Paulo César. *Direito Penal*: parte geral. 2. ed. São Paulo: Atlas, 2015.

CABRAL, Rodrigo Leite Ferreira. *Manual do acordo de não persecução penal*: à luz da Lei nº 13.964/2019. Salvador: JusPodivm, 2020.

CORRERA, Marcelo Carita. *Responsabilidade penal da pessoa jurídica*: a teoria do delito em face da autorresponsabilidade do ente coletivo. Belo Horizonte, São Paulo: D'Plácido, 2021.

DEMERCIAN, Pedro Henrique; MALULY, Jorge Assaf. *Curso de processo penal.* 10. ed. São Paulo: Rideel, 2023.

DOTTI, René Ariel. *Curso de direito penal – parte geral.* 4. ed. São Paulo: RT, 2012.

ESTEFAM, André. *Direito penal, 1*: parte geral. 2. ed. São Paulo: Saraiva, 2012.

FIORILLO, Celso Antônio Pacheco. *Curso de direito ambiental brasileiro.* 12. ed. São Paulo: Saraiva, 2011.

FREITAS, Vladimir Passos de; FREITAS, Gilberto Passos de. *Crimes contra a natureza (de acordo com a Lei nº 9.605/98).* 8. ed. São Paulo: RT, 2006.

GARCIA, Basileu. *Instituições de direito penal.* 2. ed. São Paulo: Max Limonad, 1952. v. I, t. II.

GOMES, Luís Roberto. *O Ministério Público e o controle da omissão administrativa*: o controle da omissão estatal no direito ambiental. Rio de Janeiro: Forense, 2003.

HORTA, Raul Machado. *Estudos de direito constitucional.* Belo Horizonte: Del Rey, 1995.

ISHIDA, Válter Kenji. *A suspensão condicional do processo.* São Paulo: Saraiva, 2003.

LIMA, Renato Brasileiro de. *Legislação criminal especial comentada*: volume único. 7. ed. Salvador: JusPodivm, 2019.

LOPES, Maurício Antônio Ribeiro. *Princípio da insignificância no direito penal*: análise à luz das Leis nº 9.099/95: Juizados Especiais Criminais. São Paulo: RT, 1997.

MARCÃO, Renato. *Crimes ambientais*: anotações e interpretação jurisprudencial da parte criminal da Lei nº 9.605, de 12.02.1998. São Paulo: Saraiva, 2011.

MARCHESAN, Ana Maria Moreira; STEIGLEDER, Anelise Monteiro; CAPPELLI, Sílvia. *Direito ambiental.* 6. ed. Porto Alegre: Verbo Jurídico, 2010.

MASSON, Cleber. *Código penal comentado.* 10. ed. Rio de Janeiro: Método, 2022.

MILARÉ, Édis; COSTA JR., Paulo José da. *Direito penal ambiental*: comentários à Lei nº 9.605/98. Campinas: Millenium, 2002.

MIR PUIG, Santiago. *Estado, pena y delito.* Reimpressión. Montevideo: B de F, 2007.

MIRABETE, Júlio Fabbrini. *Juizados especiais criminais*: comentários, jurisprudência, legislação. 5. ed. São Paulo: Atlas, 2002.

MORAES, Alexandre Rocha Almeida de. *Direito Penal*: parte geral. Belo Horizonte: Fórum, 2021.

NUCCI, Guilherme de Souza. *Individualização da pena.* 2. ed. São Paulo: RT, 2007.

NUCCI, Guilherme de Souza. *Leis penais e processuais penais comentadas.* 5. ed. São Paulo: RT, 2010.

PASCHOAL, Janaina Conceição. *Ingerência indevida*: os crimes comissivos por omissão e o controle pela punição do não fazer. Porto Alegre: Sergio Antônio Fabris, 2011.

PRADO, Luiz Regis. *Direito penal do ambiente*: meio ambiente, patrimônio cultural, ordenação do território e biossegurança (com a análise da Lei nº 11.105/2005). São Paulo: RT, 2005.

REALE JÚNIOR, Miguel. *Instituições de direito penal*: parte geral. 4. ed. Rio de Janeiro: Forense, 2013.

RODRIGUES, Marta Felino. *A teoria penal da omissão e a revisão crítica de Jakobs*. Coimbra: Almedina, 2000.

SANTOS, Juarez Cirino dos. *A moderna teoria do fato punível*. 2. ed. Rio de Janeiro: Revan, 2002.

SILVA, José Afonso da. *Direito ambiental constitucional*. 4. ed. São Paulo: Malheiros, 2003.

SILVEIRA, Renato de Mello Jorge. *Fundamentos da adequação social em direito penal*. São Paulo: Quartier Latin, 2010.

SIRVINSKAS, Luís Paulo. *Tutela penal do meio ambiente*: breves considerações atinentes à Lei nº 9.605, de 12.02.1998. São Paulo: Saraiva, 1998.

TAVARES, Juarez. *Teoria dos crimes omissivos*. São Paulo: Marcial Pons, 2012.

TOLEDO, Francisco de Assis. *Princípios básicos de direito penal*. 5. ed. São Paulo: Saraiva, 2000.

TURESSI, Flávio Eduardo. *Bens jurídicos coletivos*: proteção penal, fundamentos e limites constitucionais à luz dos mandados de criminalização. Curitiba: Juruá, 2015.

TURESSI, Flávio Eduardo. *Justiça penal negociada e criminalidade macroeconômica organizada*: o papel da política criminal na construção da ciência global do direito penal. Salvador: JusPodivm, 2019.

TURESSI, Flávio Eduardo; PONTE, Antônio Carlos da. Tutela penal de interesses difusos, justiça penal negociada e os novos desafios do Ministério Público. *Argumenta Journal Law*, Jacarezinho – PR, Brasil, n. 36, p. 343-374, 2022.

Informação bibliográfica deste texto, conforme a NBR 6023:2018 da Associação Brasileira de Normas Técnicas (ABNT):

TURESSI, Flávio Eduardo; AKAOUI, Fernando Reverendo Vidal. Crimes ambientais: comentários à Lei nº 9.605, de 12 de fevereiro de 1998. *In*: GOLDFINGER, Fábio Ianni; MORAES, Alexandre Rocha Almeida de (coord.). *Legislação penal extravagante*: Volume III. Belo Horizonte: Fórum, 2024. p. 23-142. ISBN 978-65-5518-818-9.

CRIMES CONTRA A ORDEM TRIBUTÁRIA COMENTÁRIOS À LEI Nº 8.137/90

Renato Marques Martins

1 Introdução

Decorridas mais de três décadas da publicação da Lei dos Crimes Contra a Ordem Tributária, seria de se esperar não existir mais o que se dizer sobre ela. Contudo, a Lei nº 8.137/90 talvez seja uma das que mais apresenta divergências doutrinárias em sua interpretação. Muito disso pode decorrer da má técnica legislativa, apontada por quase todos os autores em algum ponto.

Parece mesmo que o legislador teve a intenção de ser prolixo para o fim de abranger a maior quantidade de condutas possível, mas com isso causou confusões hermenêuticas ainda hoje não pacificadas.

Muito dessa confusão também pode ser fruto da confluência entre um texto normativo penal que, por natureza, deve ser abstrato, com um cipoal de leis e normativas tributárias que disciplinam um número expressivo de tributos, às vezes de forma diferente em cada Estado federativo, com regimes diferenciados de lançamento e pagamento para um ramo e outro de atividade comercial ou industrial e outras especificidades. Isso exige do intérprete sempre levar em conta qual tributo é objeto da referida norma penal e como, naquela específica situação, para aquela empresa, naquele instante e local, a operação tributária se desenvolve.

Além disso, a grande parte dos doutrinadores penais não são especialistas tributários, sendo o inverso também verdadeiro quanto aos poucos tributaristas que comentaram os crimes contra a ordem tributária. Longe de pretender solucionar tantas divergências, este trabalho procurou demonstrá-las e apontar, quando possível, a melhor interpretação, bem como identificar as convergências sobre o texto, permitindo ao leitor uma ciência ampla sobre o tema.

2 O bem jurídico tutelado

Muito se discute sobre qual seria realmente o bem jurídico protegido pelos crimes contra a ordem tributária, existindo grande divergência doutrinária sobre o ponto.[1]

Messa registra, com certa razão, que a doutrina costuma apontar duas principais correntes a respeito do tema, uma patrimonialista e outra funcionalista.[2]

A patrimonialista considera que o bem jurídico tutelado pelos crimes tributários é apenas a cobrança do tributo, para assim desestimular a sonegação. A esta corrente filia-se Andrade Filho, para quem o bem jurídico protegido pela lei é "o direito que o Estado tem de instituir e cobrar impostos".[3]

Já a corrente funcionalista entende que, de acordo com os dispositivos constitucionais, o tributo tem na sociedade a função de "atender às necessidades coletivas" de forma que o crime pretende proteger não só a arrecadação como também os gastos com as atividades estatais, concepção esta entendida por Messa como a mais correta.[4]

Na mesma linha, Campos salienta que "a arrecadação tributária não pode ser entendida como mero valor arrecadado, mas sim como o instrumento para que possam se concretizar os princípios modificadores da realidade social brasileira, ou seja, a fim de que se construa uma sociedade livre, justa e solidária".[5]

Ferreira também compreende que os crimes contra a ordem tributária afetam a arrecadação de recursos indispensáveis para o Estado atingir os seus objetivos de índole política, econômica e administrativa, o que legitima o tributo e transforma o seu pagamento em dever cívico dos cidadãos.[6]

Bitencourt e Monteiro também identificam essas duas correntes, a patrimonialista e a funcional, como as principais concepções sobre o bem jurídico protegido no âmbito dos delitos fiscais. Contudo, apontam a possibilidade de se contestar essa concepção funcionalista por sua abstração e generalidade, sendo difícil estabelecer um nexo entre as condutas individuais de sonegação e a afetação de obras e serviços públicos, por exemplo.

Assim, acabam propondo o entendimento de que o objeto de proteção imediato dos crimes contra a ordem tributária é a arrecadação dos tributos e que as funções por eles desempenhadas, apesar de importantes, são atingidas apenas de forma mediata,[7]

---

1 CAMPOS, Flávio Vilela. *Estudo comparado sobre a extinção da punibilidade e elementos fundamentais dos crimes tributários*: paralelo entre a experiência internacional e o modelo adotado no Brasil. O privilégio do sonegar. São Paulo: Quartier Latin, 2020. p. 64.

2 MESSA, Ana Flávia; ZANELLA, Everto Luiz. Aspectos controvertidos dos crimes contra a ordem tributária. *In*: CURY, Rogério (Coord.). *Direito penal econômico.* 1. ed. São Paulo: Almedina Brasil, 2020. p. 28-29.

3 ANDRADE FILHO, Edmar Oliveira. *Direito penal tributário*: crimes contra a ordem tributária e contra a previdência social. 5. ed. São Paulo: Atlas, 2007. p. 82.

4 MESSA, Ana Flávia; ZANELLA, Everto Luiz. Aspectos controvertidos dos crimes contra a ordem tributária. *In*: CURY, Rogério (Coord.). *Direito penal econômico.* 1. ed. São Paulo: Almedina Brasil, 2020. p. 28-29.

5 CAMPOS, Flávio Vilela. *Estudo comparado sobre a extinção da punibilidade e elementos fundamentais dos crimes tributários*: paralelo entre a experiência internacional e o modelo adotado no Brasil. O privilégio do sonegar. São Paulo: Quartier Latin, 2020. p. 64.

6 FERREIRA, Roberto dos Santos. *Crimes contra a ordem tributária.* 2. ed. rev. e ampl. São Paulo: Malheiros Editores, 2002. p. 21-33.

7 BITENCOURT, Cezar Roberto; MONTEIRO, Luciana de Oliveira. *Crimes contra a ordem tributária.* 2. ed. São Paulo: Saraiva, 2023. p. 12-15.

entendimento este que segundo os autores também é compartilhado por Eisele[8] e, dizemos nós, também por Rios.[9]

Machado, por sua vez, insere nessa análise o crime de excesso de exação, que pune o funcionário que exige tributo que sabe ou deveria saber indevido ou quando emprega na cobrança meio vexatório ou gravoso que a lei não autoriza, para então negar de forma peremptória que o bem jurídico protegido pelos crimes contra a *ordem tributária* seja o interesse da Administração Pública em arrecadar tributos.

No entanto, depois de dizer que ao seu ver "o bem jurídico consubstanciado 'nas funções que o tributo deva exercer de acordo com os dispositivos constitucionais' é o bem jurídico protegido pelas normas que definem os crimes contra a ordem tributária", na linha da corrente funcionalista, Machado conclui que ordem tributária "é um conjunto de normas que constituem limites ao poder de tributar e, assim, não pode ser considerado instrumento do interesse *exclusivo* da Fazenda Pública como parte".[10]

O que se pode extrair do pensamento de Machado é a inteligência em enxergar no conceito de *ordem tributária* um gênero, abrangendo crimes da espécie sonegação fiscal, como os previstos no artigo 1º da Lei nº 8.137/90, e, para usar um exemplo da própria Lei nº 8.137, o tipificado no inciso I do artigo 3º, que pune o extravio de livros pelo funcionário público que acarrete o pagamento indevido (a maior) de tributo.

Assim, é possível se concluir que *ordem tributária* é um conceito mais amplo e não restrito ao interesse arrecadatório. Já os crimes de sonegação fiscal propriamente ditos protegem imediatamente o erário, que é a forma pela qual o Estado exerce as suas funções tributárias, conforme previsto na Constituição Federal.

3 Crimes em espécie

3.1 Dos crimes praticados por particulares

Art. 1º Constitui crime contra a ordem tributária suprimir ou reduzir tributo, ou contribuição social e qualquer acessório, mediante as seguintes condutas.

Crime de dano ou resultado. Salvo raríssimas e antigas exceções,[11] a maciça doutrina classifica o bem jurídico do crime previsto no artigo 1º como especificamente a arrecadação de tributos. Trata-se de crime de dano ou resultado. Sem a efetiva supressão – eliminação

---

8 EISELE, Andreas. A reparação do dano no Direito Penal Tributário. *In*: SALOMÃO, Heloisa Estellita (Coord.). *Direito penal empresarial.* São Paulo: Dialética, 2001. v. 1, p. 11-12.

9 RIOS, Rodrigo Sánchez. *O crime fiscal*: reflexões sobre o crime fiscal no direito brasileiro (Lei nº 81.37/90) e no direito estrangeiro. Porto Alegre: Sérgio Antônio Fabris Editor, 1998. p. 50.

10 MACHADO, Hugo de Brito. *Crimes contra a ordem tributária.* 5. ed. Barueri [SP]: Atlas, 2022. p. 24-25.

11 Na série Pesquisas Tributárias nº 1, da Editora Revista dos Tribunais, Ives Gandra da Silva Martins coordenou dezenas de doutrinadores que, dentre outras, responderam à pergunta sobre os crimes previstos no art. 1º da Lei nº 8.137/90 serem de dano ou de mera conduta, sendo certo que apenas dois deles afirmaram tratar-se de crimes formais ou de mera conduta, enquanto o próprio Ives Gandra da Silva Martins afirmou tratar-se simultaneamente de crime de dano e de mera conduta. (MARTINS, Ives Gandra da Silva (Coord.). *Crimes contra a ordem tributária.* São Paulo: Editora Revista dos Tribunais, 1995).

total – ou a redução do tributo o crime previsto no artigo 1º não se consuma.[12] [13] Na 1ª edição da sua clássica obra Crimes Contra a Ordem Tributária, Ferreira afirmava que a conduta prevista no inciso I era de mera conduta e não exigiria qualquer dano ou resultado.[14] Contudo, na 2ª edição da mesma obra o autor alterou o seu entendimento, sem perder a oportunidade de criticar que a "péssima técnica legislativa na construção do tipo penal cunhou modalidade de crime omissivo próprio, que se consuma com a concretização do resultado".[15] Stoco foi outro que, em artigo publicado na RT 675, em janeiro de 1992, afirmou que os incisos I a IV caracterizariam crimes de mera conduta ou simples atividade, bastando a ação ou omissão para que o delito se aperfeiçoe.[16] Em obra mais recente, contudo, Stoco é firme em afirmar que os delitos previstos nos artigos 1º, 2º 3º e 4º da Lei nº 8.137/90 são qualificados como materiais ou de resultado.[17]

A necessidade de esgotamento da via administrativa e a Súmula Vinculante nº 24/ STF: "Não se tipifica crime material contra a ordem tributária, previsto no art. 1º, incisos I a IV da Lei nº 8.137/90, antes do lançamento definitivo do tributo". A SV nº 24 pôs fim a uma longa discussão sobre a necessidade de se esgotar a via administrativa para se processar o crime contra a ordem tributária. Com efeito, se o próprio Fisco acabar entendendo que não existia tributo devido, impossível falar em sua supressão ou redução, vale dizer, impossível praticar-se o crime previsto nos incisos I a V deste artigo 1º.

Bitencourt e Monteiro, contudo, criticam a interpretação no sentido de os crimes previstos no inciso V e parágrafo único serem formais e de mera conduta, porque em colisão com o caput que exige dano para a tipificação desse delito (vide infra), e sustentam a necessidade do esgotamento da via administrativa também para esses crimes.[18]

Tentativa. Nucci afirma não ser admissível em nenhum dos incisos do artigo 1º, uma vez que o STF condicionou a existência do crime ao lançamento definitivo do tributo.[19] Anote-se, contudo, que a Súmula Vinculante nº 24 estabeleceu que apenas os crimes previstos nos incisos I a IV do artigo 1º *não se tipificam* antes do lançamento definitivo do tributo. Sobre o inciso V e parágrafo único falaremos infra.

Tributo ou contribuição social. Praticamente todos os doutrinadores criticam a má técnica legislativa, uma vez que tributo é gênero, cujas espécies são os impostos, as taxas, as contribuições de melhoria e contribuições sociais, bastando, portanto, a referência ao primeiro.[20]

Qualquer acessório. A doutrina, como em quase tudo sobre a Lei nº 8.137/90, diverge sobre o significado de "acessório". Uma parte entende que o termo "qualquer acessório" deve

12 MACHADO, Hugo de Brito. *Crimes contra a ordem tributária*. 5. ed. Barueri [SP]: Atlas, 2022. p. 370.

13 BITENCOURT, Cezar Roberto; MONTEIRO, Luciana de Oliveira. *Crimes contra a ordem tributária*. 2. ed. São Paulo: Saraiva, 2023. p. 88.

14 FERREIRA, Roberto dos Santos. *Crimes contra a ordem tributária*. 1. ed. São Paulo: Malheiros Editores, 1996. p. 52.

15 FERREIRA, Roberto dos Santos. *Crimes contra a ordem tributária*. 2. ed. rev. e ampl. São Paulo: Malheiros Editores, 2002. p. 63-64.

16 STOCO, Rui. Sonegação fiscal e os crimes contra a ordem tributária. *Revista dos Tribunais*, São Paulo, v. 81, n. 675, p. 335-353, jan. 1992.

17 STOCO, Rui; STOCO, Tatiana de Oliveira. *Crimes contra a ordem tributária*. São Paulo: Editora Revista dos Tribunais, 2016. p. 91.

18 BITENCOURT, Cezar Roberto; MONTEIRO, Luciana de Oliveira. *Crimes contra a ordem tributária*. 2. ed. São Paulo: Saraiva, 2023. p. 130.

19 NUCCI, Guilherme de Souza. *Leis penais e processuais penais comentadas*: volume 1. 13. ed. Rio de Janeiro: Forense, 2020. p. 696.

20 BITENCOURT, Cezar Roberto; MONTEIRO, Luciana de Oliveira. *Crimes contra a ordem tributária*. 2. ed. São Paulo: Saraiva, 2023. p. 86.

ser compreendido a partir do artigo 113, §2º e 3º do CTN, que impõe deveres instrumentais ou formais aos contribuintes, como emitir documentos fiscais, escriturar livros, entregar declarações, não embaraçar a fiscalização, manter dados e documentos à disposição dos fiscais etc. Embora o termo "acessório" não se confunda com o descumprimento dessas obrigações formais em si, fato é que o descumprimento dessas obrigações acessórias implica na imposição de multas, cujo valor pecuniário é o objeto do crime de suprimir ou reduzir acessório, previsto neste artigo.[21] Alguns doutrinadores entendem também estarem incluídos no conceito de acessório os juros de mora e a correção monetária.[22] Salomão, contudo, compreende que as multas não integram o núcleo do bem jurídico tributo, razão pela qual não podem ser protegidas por este crime. Para ela, portanto, a expressão acessórios somente pode significar a recomposição do valor da moeda, isto é, apenas a correção monetária e os juros dos tributos em si.[23]

Elemento subjetivo do tipo. Os crimes contra a ordem tributária previstos neste artigo 1º são todos dolosos.[24] Não há previsão legal para a punição de qualquer conduta que, por negligência, imprudência ou imperícia, resultar na supressão de um tributo. Pense-se no exemplo do agente que, por esquecimento, não emite uma nota fiscal de uma venda efetivamente realizada ou erra quanto ao seu valor. O dolo, como de rigor, não pode ser presumido. É ônus do Estado-acusador provar a existência de elementos dos quais se possam extrair a inequívoca intenção de enganar o fisco. Paulsen destaca a necessidade de o auto de infração ter aplicado a multa qualificada ou agravada pelo dolo, sem a qual não há razão para ser feita a representação fiscal para fins penais.[25] Araújo adverte para o aumento do espectro de consideração do que é doloso. O que tempos atrás era considerado negligência ou mero erro, hoje é caracterizado como dolo, por exemplo, na modalidade "cegueira deliberada".[26]

Erro de tipo. A divergência sobre a interpretação da caótica legislação tributária, desacompanhada de *fraude*, não poder ser considerada criminosa, ficando o dolo afastado nos termos dos artigos 20 e 21 do CP.[27] [28] [29]

Pagamento do tributo e extinção da punibilidade. Interpretando uma enorme quantidade de normas que sucederam no tempo disciplinando o assunto,[30] a jurisprudência dos tribunais superiores se consolidou no sentido de o pagamento integral dos tributos, inclusive acessórios, isto é, multas e juros, a qualquer tempo, mesmo após o trânsito em julgado da sentença

---

21 BITENCOURT, Cezar Roberto; MONTEIRO, Luciana de Oliveira. *Crimes contra a ordem tributária.* 2. ed. São Paulo: Saraiva, 2023. p. 87-88.

22 DELMANTO, Roberto; DELMANTO JÚNIOR, Roberto; DELMANTO, Fábio M. de Almeida. *Leis penais especiais.* 2. ed. atual. São Paulo: Saraiva, 2014. p. 175.

23 SALOMÃO, Heloisa Estellita. *A tutela penal e as obrigações tributárias na Constituição Federal.* São Paulo: Editora Revista dos Tribunais, 2001. p. 209.

24 ARAÚJO, Marina Pinhão Coelho. Crimes tributários e previdenciários. *In*: SOUZA, Luciano Anderson; ARAÚJO, Marina Pinhão Coelho (Coord.). 2. ed. rev. e ampl. São Paulo: Thompson Reuters Brasil, 2022. p. 331.

25 PAULSEN, Leandro. *Tratado de Direito Penal Tributário.* 2. ed. São Paulo: SaraivaJur, 2023. p. 191.

26 ARAÚJO, Marina Pinhão Coelho. Crimes tributários e previdenciários. *In*: SOUZA, Luciano Anderson; ARAÚJO, Marina Pinhão Coelho (Coord.). 2. ed. rev. e ampl. São Paulo: Thompson Reuters Brasil, 2022. p. 332.

27 MARCÃO, Renato. *Crimes contra a ordem tributária, econômica e relações de consumo*: comentários e interpretação jurisprudencial da Lei nº 8.137/90, de 27.12.1990. 2. ed. São Paulo: Saraiva Educação, 2018. p. 77-78. No mesmo sentido: NUCCI, Guilherme de Souza. *Leis penais e processuais penais comentadas*: volume 1. 13. ed. Rio de Janeiro: Forense, 2020. p. 690-691.

28 PAULSEN, Leandro. *Tratado de Direito Penal Tributário.* 2. ed. São Paulo: SaraivaJur, 2023. p. 221.

29 LANA, Cícero Marcos Lima. *Os crimes de sonegação fiscal e o princípio da intervenção mínima.* Campinas: Impactus, 2006. p. 61; PAULSEN, Leandro. *Tratado de Direito Penal Tributário.* 2. ed. São Paulo: SaraivaJur, 2023. p. 221.

30 Dentre as quais, por exemplo: art. 2º da Lei nº 4.729/65; art. 34 da Lei nº 9.249/95; §4º do art. 83 da Lei nº 9.430/96; §3º do art. 15 da Lei nº 9.964/00; §2º do art. 9 da Lei nº 10.684/03 e art. 69 da Lei nº 11.941/09.

condenatória, extinguir a punibilidade dos crimes contra a ordem tributária: "o pagamento do tributo, a qualquer tempo, até mesmo após o advento do trânsito em julgado da sentença penal condenatória, é causa de extinção da punibilidade do acusado".[31] [32]

Parcelamento do tributo e extinção da punibilidade. O artigo 6º da Lei nº 12.382/11, ao acrescentar os §§1º a 5º ao art. 83 da Lei nº 9.430/96, disciplinou que o parcelamento do tributo só suspende a pretensão punitiva do Estado se formalizado antes do recebimento da denúncia. Enquanto o devedor permanecer incluído no programa de parcelamento, o curso do prazo prescricional fica suspenso. Ao término do parcelamento, efetuado o pagamento dos tributos devidos e negociados com o Fisco, extingue-se a punibilidade do agente.[33]

Garantia do crédito na execução fiscal. A jurisprudência dos tribunais superiores se firmou no sentido de somente o depósito em dinheiro do valor integral dos tributos mais multas e juros, feito para garantir o crédito tributário na execução fiscal, ter o condão de suspender a pretensão punitiva criminal,[34] não tendo o mesmo efeito o seguro garantia[35] ou a penhora de bens imóveis.[36] Essa interpretação jurisprudencial tem como fundamento a interpretação de que a previsão legal para a extinção da punibilidade do crime tributário ser taxativa, isto é, somente pelo pagamento do tributo. A nosso ver, a interpretação é excessivamente restritiva e tem como consequência a instauração e o processamento de várias ações penais inúteis. Isso porque, das duas uma: se o devedor vencer a execução fiscal e ficar definido judicialmente não existir tributo devido, não há crime a se cogitar. Se o devedor perder a execução fiscal, a garantia dada e recebida como boa e justa pela própria Fazenda servirá para o pagamento do tributo, extinguindo-se a punibilidade do agente, como já comentado supra. O Supremo Tribunal Federal levou quase 20 anos para entender a necessidade do esgotamento da via administrativa tributária como pressuposto para a tipificação dos crimes materiais contra a ordem tributária. Talvez leve mais um tanto para compreender a necessidade de se aguardar o trânsito em julgado dos embargos à execução fiscal.

Relação de dependência dos incisos com o caput. As condutas descritas nos incisos são os meios pelos quais se suprime ou reduz o tributo, havendo uma relação de dependência com o caput. Isso significa que, mesmo se praticadas as condutas-meio previstas nos

---

31 BRASIL. Superior Tribunal de Justiça. Quinta Turma. *Habeas-Corpus nº 362.478*. Relator Jorge Mussi. Brasília, DF, 29 set. 2017. Disponível em: https://processo.stj.jus.br/processo/revista/documento/mediado/?componente=ITA&sequencial=1634024&num_registro=201601823860&data=20170920&formato=PDF. Acesso em 06 mar. 2024.

32 BRASIL. Supremo Tribunal Federal. Tribunal Pleno. *ADI nº 4.273*. Relator Nunes Marques. Brasília. DF, 15 ago. 2023. Disponível em: https://jurisprudencia.stf.jus.br/pages/search?classeNumeroIncidente=%22ADI%204273%22&base=acordaos&sinonimo=true&plural=true&page=1&pageSize=10&sort=_score&sortBy=desc&isAdvanced=true. Acesso em 05 mar. 2024.

33 BRASIL. Supremo Tribunal Federal. Tribunal Pleno. *ADI nº 4.273*. Relator Nunes Marques. Brasília. DF, 15 ago. 2023. Disponível em: https://jurisprudencia.stf.jus.br/pages/search?classeNumeroIncidente=%22ADI%204273%22&base=acordaos&sinonimo=true&plural=true&page=1&pageSize=10&sort=_score&sortBy=desc&isAdvanced=true. Acesso em 05 mar. 2024.

34 BRASIL. Superior Tribunal de Justiça. Quinta Turma. *Recurso em Habeas-Corpus nº 139.563*. Relator Reynaldo Soares da Fonseca. Brasília. DF, 27 set. 2021. Disponível em: https://processo.stj.jus.br/processo/revista/documento/mediado/?componente=ITA&sequencial=2098324&num_registro=202003320094&data=20210927&formato=PDF Acesso em 06 mar. 2024.

35 BRASIL. Superior Tribunal de Justiça. Sexta Turma. *Recurso em Habeas-Corpus nº 65.221*. Relator Rogério Schietti Cruz. Brasília. DF, 27 jun. 2016. Disponível em: https://processo.stj.jus.br/processo/revista/documento/mediado/?componente=ITA&sequencial=1515025&num_registro=201502754878&data=20160627&formato=PDF. Acesso em 06 mar. 2024.

36 BRASIL. Superior Tribunal de Justiça. Sexta Turma. *Recurso em Habeas-Corpus nº 100.736*. Relatora Laurita Vaz. Brasília. DF, 01 abr. 2019. Disponível em: https://processo.stj.jus.br/processo/revista/documento/mediado/?componente=ITA&sequencial=1803273&num_registro=201801791449&data=20190401&formato=PDF. Acesso em 06 mar. 2024.

incisos I a V do artigo 1º, se a omissão ou informação falsa recair sobre fato juridicamente irrelevante para a constituição e valoração do tributo, este crime não se caracteriza, embora possa caracterizar outros crimes.

I – omitir informação, ou prestar declaração falsa às autoridades fazendárias;

Omissão. Omissão é deixar de informar, enquanto prestar declaração falsa é informar um conteúdo diverso da realidade. Conquanto possa se compreender que quem presta uma informação falsa pode estar omitindo uma informação, Machado explica a necessidade de a lei ser abrangente, para também incluir aquele que, tendo o dever de informar, não presta informação alguma.[37]

Exigência ou não de fraude. Evidentemente, quem corretamente declara ser devedor e não paga é mero inadimplente e não pode ser criminalmente punido por isso. Já aquele que presta informação falsa está fraudando o fisco, merecendo a incriminação penal. Daí por que muitos doutrinadores discorrem sobre a exigência da caracterização da fraude como elemento distintivo entre a infração tributária e o crime contra a ordem tributária. Prates e Tavares salientam que o crime tributário material não encontra fundamento apenas no descumprimento de uma obrigação tributária, mas também na prática de uma fraude, excepcionando a compreensão do STF quanto aos crimes tributários de apropriação (RHC 163.334-SC) sobre os quais falaremos adiante.[38] A questão tormentosa que se impõe analisar é se a omissão na modalidade não prestação de informações, quando a lei impõe tal dever, como ocorre na hipótese da não declaração de imposto de renda devido, desacompanhada de qualquer fraude, não é apenas uma infração tributária, mas também um crime. Paulsen é categórico em afirmar que apesar de o termo fraude não constar do inciso I, prestar informação falsa às autoridades fazendárias é fraude – com o que não se discorda –, sem, contudo, fazer a afirmação igualmente categórica sobre a não prestação da informação, embora afirme a sua natureza criminosa e cite jurisprudência nesse sentido.[39] Já Bitencourt e Monteiro, discorrendo sobre a natureza dos crimes tributários, explicam que uma corrente compreende esse delito como uma infração de dever de agir, qual seja, a obrigação de pagar o tributo para evitar o resultado danoso ao erário, o que é por eles criticado por promover uma administrativização do Direito Penal e acabar por tipificar o mero inadimplente, assumindo aquele uma função simbólica de instrumento de coerção para pagamento de tributos. A outra corrente, segundo eles, é a que exige o emprego de fraude ou engano para a caracterização dessa espécie de crime. Criticando a falta de rigor técnico-dogmático, concluem não ser claro qual corrente foi adotada na legislação pátria, pois essa acaba por tipificar condutas que expressam meras infrações de deveres tributários ou simples omissões de condutas devidas,[40] como é o caso da não prestação de informações às autoridades fazendárias. A nosso ver, por não configurar um ataque intolerável ao bem juridicamente tutelado, o princípio da intervenção mínima do

37 MACHADO, Hugo de Brito. *Crimes contra a ordem tributária.* 5. ed. Barueri [SP]: Atlas, 2022. p. 388.

38 PRATES, Felipe; TAVARES, Débora. *Crimes tributários*: aspectos práticos. Rio de Janeiro: Lumen Juris, 2022. p. 28-59.

39 PAULSEN, Leandro. *Tratado de Direito Penal Tributário.* 2. ed. São Paulo: SaraivaJur, 2023. p. 220.

40 BITENCOURT, Cezar Roberto; MONTEIRO, Luciana de Oliveira. *Crimes contra a ordem tributária.* 2. ed. São Paulo: Saraiva, 2023. p. 90.

Direito Penal[41] deve impedir a punição de uma conduta que, sem empregar qualquer tipo de fraude, deixa de cumprir um dever de informação que só se relaciona com o poder tributário estatal. Para tanto deveria bastar a punição tributária, devendo o Estado se aparelhar melhor de meios de fiscalização e cobrança para garantir a arrecadação do tributo.

Declaração falsa. A falsidade aqui é a ideológica, que repousa sobre a veracidade do conteúdo da informação que o contribuinte deve inserir no documento fiscal, como na declaração do imposto de renda. Machado é categórico em afirmar que a falsidade tem que ser sobre fato e não sobre o significado jurídico-tributário do fato. Assim, segundo ele, se o contribuinte declara ter recebido um rendimento no campo *não tributável* e a Receita entende que tal rendimento é tributável, não está caracterizada a falsidade, porque o fisco, conhecendo os fatos, poderá atribuir-lhe o significado jurídico-tributário que entender correto.[42] Em contraposição à falsidade ideológica, tem-se a falsidade material, como a contrafação de um talonário de notas fiscais, previsto no inciso III. Quando a potencialidade lesiva da falsidade da declaração se exaure na sonegação fiscal, é por este absorvida, tal como preceitua a súmula 17 do STJ sobre o estelionato.

Dever legal de informar. Norma penal em branco. Tanto a omissão quanto a prestação de declaração falsa pressupõem a existência de norma tributária impondo o dever de informar.[43] Kern, com razão, apoia-se no princípio da legalidade estrita para sustentar que o dever de informação deve necessariamente estar previsto em lei, sendo insuficiente a previsão em norma infralegal, como instruções normativas.[44] Paulsen discorda, fazendo uma interpretação hermenêutica com a previsão contida no inciso II do mesmo artigo, a qual se refere à fraude praticada por meio de condutas semelhantes à omissão e à falsidade ideológica prevista neste inciso I, em documento ou livro exigido pela “lei fiscal”. Segundo ele, como no inciso I o legislador não exigiu que o dever esteja previsto em “lei fiscal”, conforme grafado no inciso II, admitir-se-ia a previsão do dever de informar em normas infralegais, apontando, inclusive, ser esse o entendimento dominante no STJ.[45] [46] Entendemos que a interpretação hermenêutica não ajuda muito, principalmente em razão da proclamada má técnica legislativa. Se assim fosse, o fato de o inciso II conter o termo *fraude* levaria à afirmação de as condutas previstas no inciso I prescindirem de tal artifício, uma vez que nele não se lê tal elementar, com o que quase nenhum doutrinador concorda, nem mesmo Paulsen, como visto anteriormente. Compreende-se os esforços dos intérpretes para extraírem do texto legal a sua melhor significação. Contudo, tal tarefa torna-se difícil em se tratando de uma lei como a em questão, cuja má técnica legislativa é apontada por quase todos os doutrinadores que sobre ela se debruçaram, causa de inúmeras e radicais divergências interpretativas.

Tentativa. Na modalidade omissão a tentativa é impossível,[47] pois quem deixa de prestar a informação no prazo legal já esgota o tipo omissivo. Na modalidade comissiva, ou seja, prestar informação falsa, se, apesar de praticar a conduta, não ocorre supressão ou

---

41 GOMES, Luiz Flávio; GARCIA-PABLOS DE MOLINA, Antônio; BIANCHINI, Alice. *Direito penal, volume 1*: introdução e princípios fundamentais. São Paulo: Editora Revista dos Tribunais, 2007. p. 443 e ss.

42 MACHADO, Hugo de Brito. *Crimes contra a ordem tributária.* 5. ed. Barueri [SP]: Atlas, 2022. p. 389.

43 BITENCOURT, Cezar Roberto; MONTEIRO, Luciana de Oliveira. *Crimes contra a ordem tributária.* 2. ed. São Paulo: Saraiva, 2023. p. 101.

44 KERN, Alexandre. *O controle penal administrativo nos crimes contra a ordem tributária.* Porto Alegre: Livraria do Advogado, 2002. p. 53.

45 PAULSEN, Leandro. *Tratado de Direito Penal Tributário.* 2. ed. São Paulo: SaraivaJur, 2023. p. 220-221.

46 Da mesma opinião é DECOMAIN, Pedro Roberto. *Crimes contra a ordem tributária.* 4. ed. rev., atual. e ampl. Belo Horizonte: Fórum, 2008. p. 216-217.

47 MARCÃO, Renato. *Crimes contra a ordem tributária, econômica e relações de consumo*: comentários e interpretação jurisprudencial da Lei nº 8.137/90, de 27.12.1990. 2. ed. São Paulo: Saraiva Educação, 2018. p. 91.

redução de tributo (exemplo: apesar da declaração falsa o agente recolhe os tributos no valor correto), a conduta se ajustará à figura prevista no inciso I do artigo 2º, o qual prevê conduta muito semelhante – fazer declaração falsa ou omitir declaração –, mas com a exigência de o ser *para eximir-se, total ou parcialmente, de pagamento de tributo*, figura essa considerada formal ou de mera conduta,[48] [49] tratando-se, conforme a vasta interpretação da doutrina, da punição da tentativa do crime previsto neste inciso I do artigo 1º. Não concebemos outra interpretação possível para explicar o aparente conflito entre os dois tipos. O elemento típico que permite uma distinção minimamente inteligível entre eles é apenas o especial fim de agir "para eximir-se" previsto no inciso I do artigo 2º, que permite a punição pela tentativa, mesmo que a supressão ou redução do tributo não tenha se consumado. Em assim sendo, tal raciocínio também deve valer para a omissão, na hipótese na qual o agente não presta a informação, mas, não obstante, emite a guia e recolhe os tributos. Contudo, pago o tributo, não haveria que se falar em crime algum, o que só reforça a necessidade da fraude para a caracterização do delito.

II – fraudar a fiscalização tributária, inserindo elementos inexatos, ou omitindo operação de qualquer natureza, em documento ou livro exigido pela lei fiscal;

Fraude. É inegável que o elemento típico "fraude" inserido no inciso II contrasta com a conduta tipificada no inciso I, o qual não exige tal artifício, embora a doutrina seja praticamente unânime em também exigir o artifício para a caracterização daquele delito. Sobre a fraude ser elemento imprescindível para a caracterização dos crimes contra a ordem tributária, ver comentário supra.

Conflito aparente de normas. Marcão, criticando a técnica legislativa, adverte que apesar de uma aparente semelhança deste inciso II com o inciso I, a diferença entre eles está que no inciso I a conduta tem "alcance mais dilatado", isto é, é mais genérica, enquanto no inciso II a falsidade está especificada: "Em documento ou livro exigido pela lei fiscal".[50] Costa Júnior afirma que, de certa forma, a conduta prevista no inciso II já está incluída no inciso anterior.[51] Decomain, no ponto, faz uma distinção: se a falsidade for praticada em livro exigido por outra legislação que não a fiscal, como o livro Diário, exigido pelo Código Civil, não caracterizará o crime previsto no inciso II do artigo 1º, podendo caracterizar os crimes previstos nos demais incisos deste artigo ou no inciso II do artigo 2º. Paulsen consigna que a questão é apenas de enquadramento, sem outra repercussão,[52] o que, contudo, levaria à conclusão de existirem tipos sobrepostos em uma mesma lei, o que, ao menos em tese, não deveria ocorrer. Bitencourt e Monteiro também comentam a similitude do inc. II com o I, mas propõem que a diferença está no fato de o inciso II prever condutas praticadas durante

48 MARCÃO, Renato. *Crimes contra a ordem tributária, econômica e relações de consumo*: comentários e interpretação jurisprudencial da Lei nº 8.137/90, de 27.12.1990. 2. ed. São Paulo: Saraiva Educação, 2018. p. 83.

49 NUCCI, Guilherme de Souza. *Leis penais e processuais penais comentadas*: volume 1. 13. ed. Rio de Janeiro: Forense, 2020. p. 696.

50 MARCÃO, Renato. *Crimes contra a ordem tributária, econômica e relações de consumo*: comentários e interpretação jurisprudencial da Lei nº 8.137/90, de 27.12.1990. 2. ed. São Paulo: Saraiva Educação, 2018. p. 107.

51 COSTA JÚNIOR, Paulo José da; DENARI, Zelmo. *Infrações tributárias e delitos fiscais*. 4. ed. São Paulo: Saraiva, 2000. p. 121.

52 PAULSEN, Leandro. *Tratado de Direito Penal Tributário*. 2. ed. São Paulo: SaraivaJur, 2023. p. 223.

o período da fiscalização tributária, com vistas a fraudá-la, já que feita pelo exame dos livros fiscais, isto é, não no momento do lançamento do tributo, compreendido no inciso I.[53]

Norma penal em branco. Para se saber quais são os livros e os documentos que podem ser objeto deste crime é preciso verificar a legislação tributária, valendo aqui o que já dissemos supra sobre a necessidade de ser lei em sentido estrito ou se bastam normas infralegais como instruções normativas e portaria.

III – falsificar ou alterar nota fiscal, fatura, duplicata, nota de venda, ou qualquer outro documento relativo à operação tributável;

Falsificar. É a contrafação material, a produção de um outro documento, imitando o original,[54] como no caso de impressão de notas fiscais paralelas, com a mesma numeração.[55]

Alterar. A doutrina pouco diz sobre o significado de alterar. Da Costa Jr. e Denari explicam serem modificações como rasuras ou acréscimos feitos no documento autêntico após a sua elaboração.[56] [57]

Aptidão para enganar. A falsificação ou alteração grosseira facilmente perceptível não é capaz de caracterizar este crime.

Falsificação material ou ideológica? Muitos doutrinadores afirmam que a falsidade aqui pode ser tanto a material quanto a ideológica.[58] Machado aduz que a interpretação sistemática indica que este inciso trata apenas da falsificação material, ao passo que a ideológica está mais bem descrita no inciso II.[59] E parece estar com a razão. Um exemplo costumeiramente dado sobre a conduta prevista neste inciso é o da chamada nota fiscal calçada, no qual o comerciante colocava um pedaço de papel duro ou plástico entre a primeira via do documento, destinada ao consumidor, e o carbono destinado a reproduzir as mesmas inserções da primeira via na segunda via, destinada ao fisco, de forma a colocar um valor maior na primeira e um menor na segunda, reduzindo o tributo.[60] Contudo, tal conduta nada mais é do que fraude por meio da inserção de elemento falso em documento – a primeira via – relativo à operação tributável previsto no inciso I. Daí porque mais uma vez Machado faz questão de ressaltar que a distinção é irrelevante, pois se a conduta não tipificar este, tipifica um dos demais incisos.[61]

53 BITENCOURT, Cezar Roberto; MONTEIRO, Luciana de Oliveira. *Crimes contra a ordem tributária*. 2. ed. São Paulo: Saraiva, 2023. p. 105-106.

54 NUCCI, Guilherme de Souza. *Leis penais e processuais penais comentadas*: volume 1. 13. ed. Rio de Janeiro: Forense, 2020. p. 700.

55 DELMANTO, Roberto; DELMANTO JÚNIOR, Roberto; DELMANTO, Fábio M. de Almeida. *Leis penais especiais*. 2. ed. atual. São Paulo: Saraiva, 2014. p. 197.

56 COSTA JÚNIOR, Paulo José da; DENARI, Zelmo. *Infrações tributárias e delitos fiscais*. 4. ed. São Paulo: Saraiva, 2000. p. 123.

57 No mesmo sentido: LOVATTO, Alécio Adão. *Crimes tributários*: aspectos criminais e processuais. 3. ed. rev. e amp. Porto Alegre: Livraria do Advogado Editora, 2008. p. 110.

58 ARAÚJO, Marina Pinhão Coelho. Crimes tributários e previdenciários. *In*: SOUZA, Luciano Anderson; ARAÚJO, Marina Pinhão Coelho (Coord.). 2. ed. rev. e ampl. São Paulo: Thompson Reuters Brasil, 2022. p. 330.

59 MACHADO, Hugo de Brito. *Crimes contra a ordem tributária*. 5. ed. Barueri [SP]: Atlas, 2022. p. 392-393.

60 DELMANTO, Roberto; DELMANTO JÚNIOR, Roberto; DELMANTO, Fábio M. de Almeida. *Leis penais especiais*. 2. ed. atual. São Paulo: Saraiva, 2014. p. 196.

61 MACHADO, Hugo de Brito. *Crimes contra a ordem tributária*. 5. ed. Barueri [SP]: Atlas, 2022. p. 392-393.

Objetos do crime. Conquanto o tipo relacione os objetos ou documentos sobre os quais a conduta recai, a expressão "ou qualquer outro documento relativo à operação tributável" revela tratar-se de rol meramente exemplificativo.

IV – elaborar, distribuir, fornecer, emitir ou utilizar documento que saiba ou deva saber falso ou inexato;

Circulação de documentos fiscais falsos. Este inciso bem revela a falta de técnica do legislador por meio da repetição de palavras sinônimas, que embora possa ter tido a intenção de abranger a maior quantidade de condutas possíveis, causou um sem-número de interpretações e confusões. Nesse sentido, Silva critica a linguagem redundante do inciso, uma vez que "elaborar" documento falso é o mesmo que falsificar documento, conduta já prevista nos incisos anteriores. As condutas "distribuir", "fornecer" e "emitir" visam coibir a circulação e o uso de documento cuja falsidade seja conhecida pelo agente ou que ele "deva saber falso".[62] O mesmo Silva, ao comentar os significados das expressões "elaborar", "distribuir", "fornecer" e "emitir" aponta o que para ele seria um ilogismo, pois tais verbos não teriam vínculo com a supressão ou redução de tributos.[63] Contudo, como já asseverado, todas as condutas previstas nos incisos estão ligadas com o caput que exige para a consumação do delito a supressão ou redução do tributo. Ora, quem põe em circulação, seja distribuindo, seja fornecendo, documentos falsos, o faz para o fim de alguém sonegar tributos. O diferencial deste inciso é que suas condutas podem ser praticadas por pessoas diferentes do próprio contribuinte, desde que tenham participado da fraude ou dela tenham ciência.[64] O exemplo mais clássico é o da emissão e venda – fornecimento – de notas frias.

Deva saber falso ou inexato. Deva saber significa ter o agente procedido com dolo eventual.[65]

V – negar ou deixar de fornecer, quando obrigatório, nota fiscal ou documento equivalente, relativa a venda de mercadoria ou prestação de serviço, efetivamente realizada, ou fornecê-la em desacordo com a legislação.

Negar ou deixar de fornecer. Negar é recusar o fornecimento da nota fiscal ou documento equivalente, como o recibo de serviços prestados, quando solicitado. Deixar de fornecer é omissão, é não emitir a nota ou o recibo que devem ser emitidos mesmo se o consumidor ou tomador do serviço não solicitar, conduta esta inseria no inciso II.[66]

---

[62] SILVA, Juary C. *Elementos de direito penal tributário.* São Paulo: Saraiva, 1998. p. 209-210.

[63] SILVA, Juary C. *Elementos de direito penal tributário.* São Paulo: Saraiva, 1998. p. 210.

[64] ARAÚJO, Marina Pinhão Coelho. Crimes tributários e previdenciários. *In*: SOUZA, Luciano Anderson; ARAÚJO, Marina Pinhão Coelho (Coord.). 2. ed. rev. e ampl. São Paulo: Thompson Reuters Brasil, 2022. p. 331.

[65] BITENCOURT, Cezar Roberto; MONTEIRO, Luciana de Oliveira. *Crimes contra a ordem tributária.* 2. ed. São Paulo: Saraiva, 2023. p. 116.

[66] LOVATTO, Alécio Adão. *Crimes tributários*: aspectos criminais e processuais. 3. ed. rev. e amp. Porto Alegre: Livraria do Advogado Editora, 2008. 115.

Venda de mercadoria ou prestação de serviço. O inciso remete a legislações como a do ICMS, que cuida do Imposto sobre a Circulação de Mercadorias e Serviços ou do ISSQN, Imposto Sobre Serviços de Qualquer Natureza, na esfera municipal. Para Silva, este inciso não protege o imposto de renda ou o IPI, porque a arrecadação desses tributos não exige a emissão de nota fiscal a cada venda.[67] Kern discorda por entender que o IPI também depende da emissão de nota fiscal.[68] Bitencourt e Monteiro também discordam lembrando que podem existir reflexos na apuração do IPRJ e do IPI decorrentes da não emissão da nota fiscal.[69] Essas divergências decorrem não de uma concepção dogmática sobre essas modalidades de tributos ou documentação, mas sim dos inúmeros regimes fiscais diferenciados e outros mecanismos tributários que a legislação fiscal – no caso do ICMS, de cada um dos estados da federação – prevê para uma infinidade de situações diferentes, obrigando o intérprete da Lei nº 8.137/90 a sempre observar qual é a norma tributária, qual é o fato concreto que, naquele instante, naquele local, está sendo analisado. Nesse contexto, Bitencourt e Monteiro lembram de hipóteses nas quais o pagamento do ICMS é antecipado, já tendo sido pago pelo substituto tributário antes da ocorrência do fato gerador, isto é, antes da operação de venda final ao consumidor e da respectiva emissão da nota fiscal, a qual, nesse caso, não implica necessariamente em supressão ou redução de tributo. Por tal razão, rechaçam a jurisprudência dos tribunais superiores no sentido de não se exigir a demonstração da redução ou supressão do tributo para as condutas previstas no inciso V. Segundo tal jurisprudência, as condutas tipificadas no inciso V seriam formais ou de mera conduta, o que foi reforçado pelo conteúdo da própria Súmula Vinculante 24, a qual exige o lançamento tributário apenas para os incisos I a IV do artigo 1º.[70]

Embora Paulsen concorde com a redação da Súmula Vinculante nº 24, quanto à não exigência da constituição definitiva do crédito tributário para o inciso V, sob o argumento de que a não emissão da nota fiscal implica, necessariamente "ou ao menos presumidamente", com algum grau de probabilidade, na sonegação do tributo, contraditoriamente o autor lembra o esclarecimento de Costa no sentido de que se o vendedor não emite a nota fiscal, mas mesmo assim lança a venda e paga o tributo, não há crime,[71] razão pela qual reafirma a natureza material dessa conduta, não concordando com a classificação jurisprudencial sobre tratar-se de crime formal ou de mera conduta.[72] Somos da opinião que a conduta prevista neste inciso, como em todos os anteriores, só será penalmente relevante se resultar em supressão ou redução de tributos, haja vista a característica subsidiária que deve ter o Direito Penal.

Em desacordo com a legislação. Refere-se aos elementos necessários à perfeita identificação da mercadoria ou do serviço, bem como das partes envolvidas nessas operações, mas desde que esse desacordo tenha relevância para suprimir ou reduzir tributo.[73]

---

67 SILVA, Juary C. *Elementos de direito penal tributário.* São Paulo: Saraiva, 1998. p. 215-216.

68 KERN, Alexandre. *O controle penal administrativo nos crimes contra a ordem tributária.* Porto Alegre: Livraria do Advogado, 2002. p. 58.

69 BITENCOURT, Cezar Roberto; MONTEIRO, Luciana de Oliveira. *Crimes contra a ordem tributária.* 2. ed. São Paulo: Saraiva, 2023. p. 121.

70 BITENCOURT, Cezar Roberto; MONTEIRO, Luciana de Oliveira. *Crimes contra a ordem tributária.* 2. ed. São Paulo: Saraiva, 2023. p. 122.

71 COSTA, Claudio. Crimes de sonegação fiscal. Rio de Janeiro: Revan, 2003, p. 90-91 *apud.* PAULSEN, Leandro. *Tratado de Direito Penal Tributário.* 2. ed. São Paulo: SaraivaJur, 2023. p. 238.

72 PAULSEN, Leandro. *Tratado de Direito Penal Tributário.* 2. ed. São Paulo: SaraivaJur, 2023. p. 220 e 237-238.

73 MACHADO, Hugo de Brito. *Crimes contra a ordem tributária.* 5. ed. Barueri [SP]: Atlas, 2022. p. 396.

Parágrafo único. A falta de atendimento da exigência da autoridade, no prazo de 10 (dez) dias, que poderá ser convertido em horas em razão da maior ou menor complexidade da matéria ou da dificuldade quanto ao atendimento da exigência, caracteriza a infração prevista no inciso V.

Tipo objetivo. O dispositivo atina com a falta de atendimento de exigências dos auditores por ocasião da fiscalização, também gerando discrepantes interpretações doutrinárias. Silva abstém-se de comentar o dispositivo dada a sua inconstitucionalidade, uma vez que a definição dos elementos do tipo – exigências – ficaria nas mãos da autoridade fazendária.[74] Na mesma linha critica Nucci, para quem o tipo ofende o princípio da taxatividade, pois não se sabe ao certo quais seriam as exigências cuja recusa caracterizaria esse crime.[75] Para Andrade Filho, a deficiência típica dificulta estabelecer um vínculo do parágrafo, relativo a deixar de atender exigência formulada pelas autoridades fiscais, e a supressão ou redução de tributos. Para esse autor, essas exigências podem se referir às já previstas na legislação tributária, como aquelas acerca da escrituração de livros, bem como aquelas formuladas por escrito pelo fiscal durante a fiscalização, desde que, obviamente, não seja protegida por sigilo legal, sendo certo que só as primeiras seriam aceitáveis.[76] Em sentido diametralmente oposto, Costa Júnior e Denari entendem tratar-se de um crime de desobediência, mas que não guardaria qualquer relação com o inciso V. Para eles, o inciso V faz referência apenas à nota fiscal ou documento equivalente (recibo) relativos à venda de mercadoria ou prestação de serviço, enquanto o parágrafo único refere-se a quaisquer outros livros fiscais ou contábeis que o agente entender necessários durante a fiscalização de todos os tipos de tributo, tratando-se de espécie de crime omissivo de desobediência que se consuma com o mero desatendimento à exigência.[77] Faz certo sentido interpretar a exigência desse parágrafo como relativa a documentos diversos dos descritos no inciso V, posto que este já tipifica tal conduta.[78] Assim também interpreta Kern, destacando que a administração tributária tem legalmente o direito de examinar qualquer livro ou documento da empresa no interesse da fiscalização (arts. 195 e 197 do CTN) e que o bem jurídico aqui não é efetivamente o crédito tributário, mas sim a proteção da fiscalização tributária no exercício da fiscalização.[79] Schoerpf, citando Decomain,[80] afirma tratar-se de crime de desobediência que se consuma com a mera falta de atendimento da exigência tributária, sendo, portanto, um crime formal

74 SILVA, Juary C. *Elementos de direito penal tributário*. São Paulo: Saraiva, 1998. p. 217.

75 NUCCI, Guilherme de Souza. *Leis penais e processuais penais comentadas*: volume 1. 13. ed. Rio de Janeiro: Forense, 2020. p. 704.

76 ANDRADE FILHO, Edmar Oliveira. *Direito penal tributário*: crimes contra a ordem tributária e contra a previdência social. 5. ed. São Paulo: Atlas, 2007. p. 135-136.

77 COSTA JÚNIOR, Paulo José da; DENARI, Zelmo. *Infrações tributárias e delitos fiscais*. 4. ed. São Paulo: Saraiva, 2000. p. 131.

78 Nesse sentido: SALOMÃO, Heloisa Estellita. *A tutela penal e as obrigações tributárias na Constituição Federal*. São Paulo: Editora Revista dos Tribunais, 2001. p. 210.

79 KERN, Alexandre. *O controle penal administrativo nos crimes contra a ordem tributária*. Porto Alegre: Livraria do Advogado, 2002. p. 59.

80 DECOMAIN, Pedro Roberto. *Crimes contra a ordem tributária*. 3. ed. rev. atual. e ampl. Florianópolis: Obra Jurídica, 1997. p. 74 *apud*. SCHOERPF, Patrícia. *Crimes contra a ordem tributária*: aspectos constitucionais, tributários e penais. 2. ed. Curitiba: Juruá, 2010. p. 168.

que independe da ocorrência do efetivo prejuízo ao erário.[81] Bitencourt e Monteiro discordam desse posicionamento, pois transformaria um simples descumprimento de uma exigência do fisco, desvinculada de qualquer ofensividade, a um crime.[82] Delmanto, Delmanto Júnior e Delmanto são da opinião de que não seria a melhor interpretação considerar tal crime como formal, posto que inserido em um tipo cujo caput de forma inequívoca prevê uma conduta material, ainda mais quando o próprio parágrafo equipara tal conduta àquela prevista no inciso V, que na sua visão e da maioria dos doutrinadores, também é um crime material. Ainda, acrescentam que seria desproporcional punir um crime formal, ou seja, de perigo, portanto, com a mesma pena cominada para o tipo material previsto no inciso V.[83] Sob outro ângulo, Salomão, com a profundidade de sempre, entende inconstitucional tipificar-se como crime o mero descumprimento de obrigações acessórias – como a emissão da nota fiscal, a Declaração de Débitos e Créditos Tributários Federais Mensal (DCTF) etc. –, porque essas não estão inseridas no núcleo do bem jurídico, que é o tributo, não possuindo, portanto, relevância constitucional própria a autorizar a sua incriminação.[84] Paulsen, sem desvincular essa figura da exigência do caput de supressão ou redução de tributo, vê uma espécie de prova tarifada ou legal. Para ele, o parágrafo prevê que, praticado o crime previsto no inciso V, de supressão de tributo por recusa na emissão de nota fiscal, por exemplo, a sua prática só será tida como comprovada após o contribuinte negar-se a apresentar o documento no prazo estabelecido pela autoridade.[85] No mesmo sentido, não obstante por outra ótica, Bitencourt e Monteiro baseiam-se na própria normativa tributária para explicar que as ações de fiscalização têm por objetivo reduzir o prejuízo da fazenda e proporcionar o efetivo lançamento de tributos que, eventualmente, o contribuinte possa – por desconhecimento, erro, descuido e por que não por dolo – ter deixado de lançar nos livros fiscais. Assim, a exigência não pode ficar ao arbítrio da autoridade administrativa, devendo estar sempre vinculada aos ditames da legislação tributária, só caracterizando crime se do não atendimento decorrer supressão ou redução de tributos.[86] As posições de Paulsen, Bitencourt e Monteiro parecem ser as que mais se aproximam da intenção do legislador, extraindo deste tipo um significado procedente e não violador de preceitos constitucionais como o da legalidade e o da ofensividade.

Tentativa. Na corrente que entende este tributo como crime material da mesma espécie que os demais incisos deste artigo 1º (vide comentário supra) não se admite a tentativa. Contudo, é de se observar que este parágrafo não se insere como tal na Súmula Vinculante nº 24, que se limita a tratar como crime materiais apenas os incisos I a IV. Na corrente que entende tratar-se de crime formal ou de mera conduta também não se admite a tentativa.

Direito à não autoincriminação. Para Araújo, esse parágrafo único confunde infração administrativa e infração penal, sob a ótica de que o contribuinte pode ter o dever de entregar documentos ao fisco e a não entrega pode gerar penalidade tributária, mas não penal, uma vez que segundo a Constituição Federal, ninguém é obrigado a fazer prova contra si

81 SCHOERPF, Patrícia. *Crimes contra a ordem tributária*: aspectos constitucionais, tributários e penais. 2. ed. Curitiba: Juruá, 2010. p. 168.

82 BITENCOURT, Cezar Roberto; MONTEIRO, Luciana de Oliveira. *Crimes contra a ordem tributária*. 2. ed. São Paulo: Saraiva, 2023. p. 127.

83 DELMANTO, Roberto; DELMANTO JÚNIOR, Roberto; DELMANTO, Fábio M. de Almeida. *Leis penais especiais*. 2. ed. atual. São Paulo: Saraiva, 2014. p. 204.

84 SALOMÃO, Heloisa Estellita. *A tutela penal e as obrigações tributárias na Constituição Federal*. São Paulo: Editora Revista dos Tribunais, 2001. p. 209.

85 PAULSEN, Leandro. *Tratado de Direito Penal Tributário*. 2. ed. São Paulo: SaraivaJur, 2023. p. 220 e 239-240.

86 BITENCOURT, Cezar Roberto; MONTEIRO, Luciana de Oliveira. *Crimes contra a ordem tributária*. 2. ed. São Paulo: Saraiva, 2023. p. 124-128.

mesmo.[87] A oposição do direito a não incriminação (CF, artigo 5º, LXIII) só tem lugar quando a documentação, se entregue, constituir prova de crime praticado pelo contribuinte.[88] [89] Não há dúvidas, portanto, de que se o documento exigido pela autoridade tributária constituir prova de crime contra o contribuinte, este pode se recusar a entregá-lo, não caracterizando este crime.[90] [91]

Pena – reclusão de 2 (dois) a 5 (cinco) anos, e multa.

Institutos despenalizadores. A transação penal e a suspensão condicional do processo, previstos nos artigos 76 e 89 da Lei nº 9.099/95, não são cabíveis em razão da quantidade de pena. O ANPP – Acordo de Não Persecução Penal –, previsto no artigo 28-A do CPP, é cabível em função da quantidade de pena, ficando na dependência do atendimento de outros requisitos como primariedade, inexistência de conduta habitual, reiterada ou profissional, entre outros.

Art. 2º Constitui crime da mesma natureza

Crime da mesma natureza. A doutrina, de forma quase uníssona, entende que essa expressão significa que os crimes previstos nesse artigo 2º também são crimes contra a ordem tributária praticados por particulares. Atente-se, contudo, que diversamente do que previu o caput do artigo 1º, no caput do artigo 2º, o legislador não exigiu a efetiva supressão ou redução do tributo para a consumação dos crimes previstos neste artigo 2º, razão pela qual a doutrina é unânime em afirmar que os crimes previstos no artigo 2º são crimes formais (ou de mera conduta), não exigindo a ocorrência do dano para a sua consumação.[92]

Desvinculação dos incisos com o caput. Pela mesma razão, qual seja, não existir uma conduta prévia ou resultado previsto no caput, compreende-se que cada inciso deste artigo 2º possui uma norma incriminadora própria,[93] não existindo, ao contrário do que ocorre no artigo 1º, uma relação necessária entre os incisos e o caput.[94]

---

87 ARAÚJO, Marina Pinhão Coelho. Crimes tributários e previdenciários. *In*: SOUZA, Luciano Anderson; ARAÚJO, Marina Pinhão Coelho (Coord.). 2. ed. rev. e ampl. São Paulo: Thompson Reuters Brasil, 2022. p. 331.

88 DELMANTO, Roberto; DELMANTO JÚNIOR, Roberto; DELMANTO, Fábio M. de Almeida. *Leis penais especiais*. 2. ed. atual. São Paulo: Saraiva, 2014. p. 206.

89 BITENCOURT, Cezar Roberto; MONTEIRO, Luciana de Oliveira. *Crimes contra a ordem tributária*. 2. ed. São Paulo: Saraiva, 2023. p. 128.

90 ARAÚJO, Marina Pinhão Coelho. Crimes tributários e previdenciários. *In*: SOUZA, Luciano Anderson; ARAÚJO, Marina Pinhão Coelho (Coord.). 2. ed. rev. e ampl. São Paulo: Thompson Reuters Brasil, 2022. p. 331. DELMANTO, Roberto; DELMANTO JÚNIOR, Roberto; DELMANTO, Fábio M. de Almeida. *Leis penais especiais*. 2. ed. atual. São Paulo: Saraiva, 2014. p. 317.

91 LOVATTO, Alécio Adão. *Crimes tributários*: aspectos criminais e processuais. 3. ed. rev. e amp. Porto Alegre: Livraria do Advogado Editora, 2008. p. 119.

92 BITENCOURT, Cezar Roberto; MONTEIRO, Luciana de Oliveira. *Crimes contra a ordem tributária*. 2. ed. São Paulo: Saraiva, 2023. p. 143.

93 BITENCOURT, Cezar Roberto; MONTEIRO, Luciana de Oliveira. *Crimes contra a ordem tributária*. 2. ed. São Paulo: Saraiva, 2023. p. 128 e 143.

94 PAULSEN, Leandro. *Tratado de Direito Penal Tributário*. 2. ed. São Paulo: SaraivaJur, 2023. p. 220.

I – fazer declaração falsa ou omitir declaração sobre rendas, bens ou fatos, ou empregar outra fraude, para eximir-se, total ou parcialmente, de pagamento de tributo;

Confronto com o inciso I do artigo 1º. O tipo inicia especificando os objetos jurídicos sobre os quais tais ações recaem, rendas, bens ou fatos, os quais devem ser interpretados de acordo com as previsões do CTN. Contudo, na sequência, adota uma fórmula genérica e ampla para prever qualquer outra fraude para eximir-se total ou parcialmente do pagamento de tributo, o que leva a doutrina e a jurisprudência a afirmarem tratar-se, essa última parte, de um tipo subsidiário ao previsto no inciso I do artigo 1º, sendo a única distinção o fato de no inciso I do artigo 1º exigir-se a ocorrência do resultado e neste inciso I do artigo 2º não se exigir o resultado, mas apenas o fim, "para eximir-se" de pagamento de tributo. Assim, este inciso I do artigo 2º puniria a tentativa do crime previsto no artigo 1º,[95] [96] [97] sendo destaque a pena inferior àquela aplicável ao artigo 1º, mesmo com as reduções previstas no artigo 13 do CP. Ver, sobre o tema, o que já dissemos supra.

Tentativa. Na modalidade omissiva não se admite a tentativa. Na modalidade fazer declaração falsa também não se admite, pois uma vez prestada a informação falsa, a conduta já foi praticada e o crime se consumou, haja vista tratar-se de crime formal. Na modalidade empregar outra fraude, Bitencourt e Monteiro apontam existir controvérsia, citando Silva, para quem se a fraude for uma conduta que possa ser escalonada, é possível a tentativa.[98] Para os primeiros, contudo, a análise da tentativa não passaria pelo fracionamento da conduta, mas sim pela existência ou não de prazo hábil para a retificação dos atos praticados. Segundo eles, enquanto houver prazo para a retificação dos atos, não há que se falar em tentativa.[99] Machado, no entanto, destaca que apesar de se tratar de crime formal, não é qualquer declaração falsa ou omitida que caracteriza o crime. Para ele, é preciso que a falsidade ou a omissão tenham ao menos a possibilidade de suprimir ou reduzir tributo, ou seja, trata-se de crime de perigo concreto. Assim, se alguém não declara seus bens ao Fisco, mas declara seus rendimentos, não há crime, porque só os rendimentos são geradores de tributo.[100]

Eximir-se do pagamento. Stoco interpreta e diferencia este inciso I do artigo 2º, esclarecendo o significado da expressão eximir-se do pagamento como voltada à obtenção de uma indevida isenção:

> Eximir-se é insertar-se e, "in casu", eximir-se indevidamente, ou seja, o agente faz declaração falsa ou omite informação para insinuar uma isenção que, embora a lei tenha concedido, não se coaduna com a sua real situação. Além disso, enquanto as demais ações físicas constantes dos outros incisos dos artigos 1º e 2º visam suprimir

95 STOCO, Rui; STOCO, Tatiana de Oliveira. *Crimes contra a ordem tributária.* São Paulo: Editora Revista dos Tribunais, 2016. p. 96.

96 EISELE, Andreas. *Crimes contra a ordem tributária.* São Paulo: Dialética, 1998. p. 148.

97 DECOMAIN, Pedro Roberto. *Crimes contra a ordem tributária.* 4. ed. rev., atual. e ampl. Belo Horizonte: Fórum, 2008. p. 196.

98 SILVA, Juary C. *Elementos de direito penal tributário.* São Paulo: Saraiva, 1998. p. 222.

99 BITENCOURT, Cezar Roberto; MONTEIRO, Luciana de Oliveira. *Crimes contra a ordem tributária.* 2. ed. São Paulo: Saraiva, 2023. p. 156-157.

100 MACHADO, Hugo de Brito. *Crimes contra a ordem tributária.* 5. ed. Barueri [SP]: Atlas, 2022. p. 444-449.

ou reduzir tributo, contribuição social e qualquer acessório, o inc. I, do art. 2º objetiva apenas coibir que o agente se exima ou se isente do "pagamento de tributo".[101]

No mesmo sentido leciona Decomain, citando Lovatto,[102] sobre hipóteses de fraudes como a de declarações que visem ao enquadramento como microempresário para gozar de favores fiscais, o que ocorre, por exemplo, quando uma pessoa declara ser titular de uma empresa pertencente a outrem, com o fim de fraudar o limite de faturamento bruto anual estabelecido para tal benefício.[103] Também Paulsen destaca essa perspectiva interpretativa de que a declaração falsa ou omissão prevista no inciso I do artigo 2º diferencia-se do artigo 1º, pois diz respeito a momento posterior ao fato gerador, chamando a atenção inclusive para posicionamento jurisprudencial sobre o ponto.[104] Prado afirma que a diferença para com o artigo 1º é que as condutas do inciso I do artigo 2º referem-se a fatos praticados "por ocasião do lançamento e consequente constituição do crédito tributário e do pagamento do tributo ou contribuição social, e não mais ao momento do nascimento da obrigação tributária".[105]

II – deixar de recolher, no prazo legal, valor de tributo ou de contribuição social, descontado ou cobrado, na qualidade de sujeito passivo de obrigação e que deveria recolher aos cofres públicos;

Apropriação indébita tributária. Paulsen discorre que diferentemente do tipo previsto no artigo 168-A do CP, a Lei nº 8.137/90 não rotula o crime previsto no inciso II do artigo 2º de apropriação indébita, embora as condutas sejam semelhantes "deixar de recolher, no prazo legal" e "deixar de repassar... no prazo e forma legal". De toda forma, o autor faz questão de consignar que a simples inadimplência e mora não perfaz esse crime, exigindo-se que o detentor dos valores deles disponha como próprio.[106] Bitencourt e Monteiro também não dispensam a presença da intenção de se apropriar dos valores do Fisco para a caracterização deste crime.[107] Já Andrade Filho tem opinião diversa, no sentido de que se as condutas não são equiparadas, o que o tipo erigiu como reprovável é apenas que tenha havido o desconto ou a cobrança e que tais valores não tenham sido repassados aos cofres públicos no prazo legal,[108] dispensando-se, assim, a exigência de atos destinados à apropriação desses valores.

Prisão civil por dívida. A questão relativa à exigência ou não de ao menos uma intenção de se apropriar do valor dos tributos cobrados ou descontados de terceiros leva a uma outra, sobre o inciso II do artigo 2º caracterizar ou não prisão civil por mero inadimplemento de dívida

101 STOCO, Rui. Sonegação fiscal e os crimes contra a ordem tributária. *Revista dos Tribunais*, São Paulo, v. 81, n. 675, p. 335-353, jan. 1992. p. 341.

102 EISELE, Andreas. *Crimes contra a ordem tributária*. São Paulo: Dialética, 1998. p. 146-147 *apud*. DECOMAIN, Pedro Roberto. *Crimes contra a ordem tributária*. 4. ed. rev., atual. e ampl. Belo Horizonte: Fórum, 2008. p. 197.

103 DECOMAIN, Pedro Roberto. *Crimes contra a ordem tributária*. 4. ed. rev., atual. e ampl. Belo Horizonte: Fórum, 2008. p. 197.

104 PAULSEN, Leandro. *Tratado de Direito Penal Tributário*. 2. ed. São Paulo: SaraivaJur, 2023. p. 280-281.

105 PRADO, Luiz Régis. *Direito penal econômico*. 6. ed. rev. e atual. São Paulo: Editora Revista dos Tribunais, 2014. p. 286-287.

106 PAULSEN, Leandro. *Tratado de Direito Penal Tributário*. 2. ed. São Paulo: SaraivaJur, 2023. p. 249.

107 BITENCOURT, Cezar Roberto; MONTEIRO, Luciana de Oliveira. *Crimes contra a ordem tributária*. 2. ed. São Paulo: Saraiva, 2023. p. 173-175.

108 ANDRADE FILHO, Edmar Oliveira. *Direito penal tributário*: crimes contra a ordem tributária e contra a previdência social. 5. ed. São Paulo: Atlas, 2007. p. 145.

tributária, conflitando com o inciso LXVII da CF: "Não haverá prisão civil por dívida, salvo a do responsável pelo inadimplemento voluntário e inescusável de obrigação alimentícia e a do depositário infiel". O tema foi abordado de maneira ampla por Machado, cujos argumentos podem ser sintetizados assim: no HC nº 77.631, de relatoria do ministro Celso de Mello, julgado no ano de 1998, o STF assentou não haver que se confundir a prisão civil por dívida da prisão penal por dívida, de forma que, se o não pagamento dos tributos está previsto em norma penal, não há violação da Constituição. Machado, com razão, critica tal posicionamento, porquanto decorrente de uma interpretação meramente literal do texto constitucional, asseverando que o objetivo e o valor da norma constitucional devem implicar no entendimento segundo o qual, se a dívida não pode ser punida com prisão civil, muito menos pode ser punida com prisão penal, não possuindo o legislador ordinário essa liberdade, sob pena de transformar o Direito Penal numa mera ameaça para compelir o devedor a satisfazer o Fisco, mesmo na hipótese de não existir qualquer espécie de fraude. Machado então propõe que o artigo 2º, inciso II, da Lei nº 8.137/90, deve ser interpretado em conformidade à Constituição: "Seu alcance, assim, abrangerá somente aquelas situações nas quais o não pagamento do tributo envolva um artifício qualquer que impossibilite a cobrança pelos meios ordinários, da quantia devida à Fazenda a título de tributo".[109] Vide sobre a fraude o que já comentamos supra. Embora de forma um tanto fluida, foi essa a interpretação recentemente dada pelo STF, no RHC nº 163.334, julgado em 2019, no qual se fixou a seguinte tese: "O contribuinte que deixa de recolher, de forma contumaz e com dolo de apropriação, o ICMS cobrado do adquirente da mercadoria ou serviço, incide no tipo penal do art. 2º, II, da Lei nº 8.137/1990":

> [...] 5. Impõe-se, porém, uma interpretação restritiva do tipo, de modo que somente se considera criminosa a inadimplência sistemática, contumaz, verdadeiro *modus operandi* do empresário, seja para enriquecimento ilícito, para lesar a concorrência ou para financiar as próprias atividades.
>
> 6. A caracterização do crime depende da demonstração do dolo de apropriação, a ser apurado a partir de circunstâncias objetivas factuais, tais como o inadimplemento prolongado sem tentativa de regularização dos débitos, a venda de produtos abaixo do preço de custo, a criação de obstáculos à fiscalização, a utilização de "laranjas" no quadro societário, a falta de tentativa de regularização dos débitos, o encerramento irregular das suas atividades, a existência de débitos inscritos em dívida ativa em valor superior ao capital social integralizado etc. [110]

Dizemos fluida porque, com exceção da circunstância relativa à utilização de "laranjas" no quadro societário, todas as demais, a nosso ver, não revelam, por si sós, a existência de dolo, pois podem estar presentes em situações normais de mero inadimplemento.

Substituto tributário. O agente aqui é o chamado substituto tributário, isto é, aquele a quem as normas tributárias atribuíram a responsabilidade pelo pagamento do tributo, mas que não se confunde com o contribuinte.[111]

Descontado ou cobrado. O exemplo clássico do primeiro é o do imposto de renda descontado na fonte. O empregador é quem tem o dinheiro e retém o montante relativo ao imposto de renda do salário pago ao empregado, tornando-se o responsável pelo pagamento

[109] MACHADO, Hugo de Brito. *Crimes contra a ordem tributária.* 5. ed. Barueri [SP]: Atlas, 2022. p. 457-472.

[110] BRASIL. Supremo Tribunal Federal. *Recurso em Habeas Corpus nº 163.334, do Tribunal Pleno.* Brasília, DF, 13 de novembro de 2020.

[111] BITENCOURT, Cezar Roberto; MONTEIRO, Luciana de Oliveira. *Crimes contra a ordem tributária.* 2. ed. São Paulo: Saraiva, 2023. p. 159.

do tributo. Já a cobrança ocorre, por exemplo, nos chamados tributos indiretos, como no caso do ICMS. Ao destacar na nota fiscal o valor do ICMS, o vendedor repassa a carga econômica desse tributo ao consumidor, ficando o vendedor responsável pelo seu pagamento.[112]

III – exigir, pagar ou receber, para si ou para o contribuinte beneficiário, qualquer percentagem sobre a parcela dedutível ou deduzida de imposto ou de contribuição como incentivo fiscal;

Incentivo fiscal. Paulsen situa o dispositivo no universo dos incentivos fiscais, por meio dos quais o Estado abre mão da arrecadação para estimular determinado setor, atividade ou região.[113] Prado explica duas formas de implementação de benefícios ou incentivos fiscais: a) mediante a criação de isenções, alíquotas diferenciadas e outros mecanismos que acarretem a diminuição da carga tributária para determinado setor, atividade, ou região; e b) o sujeito passivo da obrigação tributária indica na declaração do imposto uma destinação específica de parte dele, por exemplo, aquisições de ações de uma empresa, de forma que o valor pago ao Fisco era transferido pelo Estado a tal empresa,[114] ou então por meio de doações diretas do contribuinte a terceiros, deduzindo-se o valor do tributo a pagar, como ocorre por exemplo com o Programa Nacional de Apoio à Cultura (Pronac).[115] Conforme se verá a seguir, é sobre essa segunda modalidade que se refere o tipo previsto no inciso III do artigo 2º.[116]

Contribuinte beneficiário. Eisele explica que este é o sujeito passivo da obrigação tributária, aquele que tem imposto a pagar e o deduz, não se confundindo com aquele que vai ser beneficiado com o incentivo fiscal.[117] [118]

Comércio e intermediação de incentivos fiscais. Esse dispositivo pretende punir o comércio e a intermediação de incentivos fiscais. Depois de contextualizar historicamente o surgimento dos incentivos fiscais na década de 1960, Eisele lembra que com o passar do tempo surgiram intermediários que, detendo o conhecimento sobre quem poderia receber os incentivos, passaram a comercializá-los, exigindo ou recebendo percentuais sobre o valor deduzido e repassado.[119] [120] Atente-se, de início, estar-se situado em seção destinada à previsão de crimes praticados por particulares, não se podendo inserir aqui o funcionário público, cuja conduta está prevista na seção II ou em outros tipos penais como o da corrupção. Pune-se tanto o particular que exige ou recebe "para o contribuinte beneficiário", percentual do valor a ser destinado ao "incentivado", quanto o "incentivado" que paga percentual do valor que recebe de incentivo para o contribuinte beneficiário. No final das contas, há um

112 PRADO, Luiz Régis. *Direito penal econômico*. 6. ed. rev. e atual. São Paulo: Editora Revista dos Tribunais, 2014. p. 290.

113 PAULSEN, Leandro. *Tratado de Direito Penal Tributário*. 2. ed. São Paulo: SaraivaJur, 2023. p. 281.

114 EISELE, Andreas. *Crimes contra a ordem tributária*. São Paulo: Dialética, 1998. p. 170.

115 PAULSEN, Leandro. *Tratado de Direito Penal Tributário*. 2. ed. São Paulo: SaraivaJur, 2023. p. 282-283.

116 DECOMAIN, Pedro Roberto. *Crimes contra a ordem tributária*. 4. ed. rev., atual. e ampl. Belo Horizonte: Fórum, 2008. p. 464.

117 EISELE, Andreas. *Crimes contra a ordem tributária*. São Paulo: Dialética, 1998. p. 173.

118 No mesmo sentido, DECOMAIN, Pedro Roberto. *Crimes contra a ordem tributária*. 4. ed. rev., atual. e ampl. Belo Horizonte: Fórum, 2008. p. 468.

119 EISELE, Andreas. *Crimes contra a ordem tributária*. São Paulo: Dialética, 1998. p. 171.

120 CORRÊA, Antônio. *Dos crimes contra a ordem tributária*: comentários à Lei nº 8.137/90. São Paulo: Saraiva, 1994. p. 188-189.

desvio de finalidade e uma apropriação indevida, pois o valor do tributo que deveria incentivar determinada atividade, setor ou região vai parar no bolso de intermediários ou do próprio contribuinte que se utilizou do benefício.

IV – deixar de aplicar, ou aplicar em desacordo com o estatuído, incentivo fiscal ou parcelas de imposto liberadas por órgão ou entidade de desenvolvimento;

Desvio de finalidade. Este inciso pune o desvio de finalidade dos incentivos fiscais, remetendo o leitor ao que dissemos supra sobre as formas de tais benefícios. Na modalidade omissiva "deixa de aplicar", o beneficiário recebe os valores e deixa de aplicá-los, bastando, para Corrêa, que tenha recebido os valores no banco e deixe de empregá-los conforme estatuído com o Fisco.[121] Já para Bitencourt e Monteiro, isso representaria uma criminalização de uma mera infração contratual, sendo necessário para a caracterização desse tipo a intenção do contribuinte de enriquecer ilicitamente.[122] Na modalidade comissiva, o desvio de finalidade é evidente e basta para caracterizar o crime.

Em desacordo com o estatuído. Os incentivos fiscais (subsídios, isenções ou outros benefícios fiscais) são instituídos por leis federais, estaduais ou municipais, estando vinculados a projetos que são apresentados ao Fisco e por este aprovados, nos quais constam planos de aplicação ou cronogramas físico-financeiros dos valores obtidos.[123]

Incentivos já corporificados. Para a configuração desse crime exige-se que os incentivos já tenham sido efetivamente concedidos, não bastando a possibilidade de dedução.[124] [125]

Parcelas de imposto liberadas por órgão ou entidade de desenvolvimento. Sobre o vocábulo "parcelas de imposto liberadas", Eisele explica tratar-se de uma das modalidades de incentivos fiscais, razão pela qual a indicação de tal elemento seria supérflua.[126] Decomain explica que esses órgãos ou entidades de desenvolvimento recebem recursos que lhes são entregues por contribuintes, a título de incentivo fiscal, ou seja, ao invés de pagar os tributos ao Fisco, o contribuinte entrega os valores correspondentes a esses órgãos, que os distribui de acordo com projetos previamente aprovados e que se relacionam com as atividades que se pretende fomentar.[127] Órgãos ou entidades de desenvolvimento são, por exemplo, a SUDENE – Superintendência do Desenvolvimento do Nordeste – e a SUDAMA, – Superintendência do Desenvolvimento da Amazônia.[128] Em caráter exemplificativo, tem-se no âmbito da SUDENE um incentivo fiscal de reinvestimento destinado a apoiar a modernização das empresas dos setores industrial, agroindustrial, infraestrutura e turismo, por meio do qual as empresas

---

121 CORRÊA, Antônio. *Dos crimes contra a ordem tributária*: comentários à Lei nº 8.137/90. São Paulo: Saraiva, 1994. p. 194.

122 BITENCOURT, Cezar Roberto; MONTEIRO, Luciana de Oliveira. *Crimes contra a ordem tributária*. 2. ed. São Paulo: Saraiva, 2023. p. 194.

123 PRADO, Luiz Régis. *Direito penal econômico*. 6. ed. rev. e atual. São Paulo: Editora Revista dos Tribunais, 2014. p. 293.

124 PRADO, Luiz Régis. *Direito penal econômico*. 6. ed. rev. e atual. São Paulo: Editora Revista dos Tribunais, 2014. p. 293.

125 No mesmo sentido: BITENCOURT, Cezar Roberto; MONTEIRO, Luciana de Oliveira. *Crimes contra a ordem tributária*. 2. ed. São Paulo: Saraiva, 2023. p. 194-195.

126 EISELE, Andreas. *Crimes contra a ordem tributária*. São Paulo: Dialética, 1998. p. 178.

127 DECOMAIN, Pedro Roberto. *Crimes contra a ordem tributária*. 4. ed. rev., atual. e ampl. Belo Horizonte: Fórum, 2008. p. 481.

128 PAULSEN, Leandro. *Tratado de Direito Penal Tributário*. 2. ed. São Paulo: SaraivaJur, 2023. p. 285-286.

depositam 30% do IRPJ em uma conta de depósito especial, e o órgão libera esse valor de acordo com os projetos apresentados pela empresa e por ele aprovados.

V – utilizar ou divulgar programa de processamento de dados que permita ao sujeito passivo da obrigação tributária possuir informação contábil diversa daquela que é, por lei, fornecida à Fazenda Pública.

Programa de computador para "caixa 2". Bitencourt e Monteiro indicam tratar-se de nítida antecipação da punição penal, como ocorre com o tipo de petrechos para falsificação de moeda previsto no artigo 291 do CP, criminalizando-se simples atos preparatórios, sendo o crime de mera conduta. Na modalidade "utilizar" é preciso efetivamente usar o programa de computador, não bastando possuí-lo. Ocorre que, ao utilizar o programa, se inseridos quaisquer dados ou informações diferentes daquelas fornecidas ao Fisco, a conduta já se subsome ao delito previsto no artigo 1º, sendo então difícil imaginar uma situação concreta de utilização de tal sistema sem que já não se tenha consumado o crime tipificado naquele artigo, razão pela qual Costa Jr. e Denari entendem tratar-se de norma penal subsidiária, vale dizer, ela incidirá se não caracterizado crime mais grave.[129] Paulsen possui outra visão: segundo ele, o potencial lesivo da utilização de tal programa de computador não se esgotaria nessa ou naquela supressão ou redução de tributo, razão pela qual sustenta a ocorrência de concurso material de crimes.[130] Por sua vez, Salomão sustenta, em relação à modalidade "utilizar", tratar-se de perigo apenas indireto para o bem jurídico tutelado, o que deveria ser punível apenas com sanção tributária, sendo desproporcional a punição corporal. Quanto à modalidade "divulgar", ela vai mais além: não há ofensa ao bem jurídico da arrecadação tributária sendo a norma inconstitucional.[131]

Pena – detenção, de 6 (seis) meses a 2 (dois) anos, e multa.

Institutos despenalizadores. A transação penal e a suspensão condicional do processo, previstos nos artigos 76 e 89 da Lei nº 9.099/95, são cabíveis em razão da quantidade de pena. O ANPP – Acordo de Não Persecução Penal –, previsto no artigo 28-A do CPP, fica afastado, pois o ordenamento proíbe a sua aplicação quando cabível a transação penal supra referida.

[129] COSTA JÚNIOR, Paulo José da; DENARI, Zelmo. *Infrações tributárias e delitos fiscais.* 4. ed. São Paulo: Saraiva, 2000. p. 141.

[130] PAULSEN, Leandro. *Tratado de Direito Penal Tributário.* 2. ed. São Paulo: SaraivaJur, 2023. p. 288.

[131] SALOMÃO, Heloisa Estellita. *A tutela penal e as obrigações tributárias na Constituição Federal.* São Paulo: Editora Revista dos Tribunais, 2001. p. 212.

4 Dos crimes praticados por funcionários públicos

Art. 3º Constitui crime funcional contra a ordem tributária, além dos previstos no Decreto-Lei nº 2.848, de 7 de dezembro de 1940 – Código Penal (Título XI, Capítulo I)

Além dos previstos no Código Penal. A expressão é criticada porque no Código Penal não prevê outros crimes contra a ordem tributária, mas sim crimes contra a administração pública, como no caso do artigo 314, que tipifica o extravio, a sonegação ou a inutilização de livro ou documento.[132]

I – extraviar livro oficial, processo fiscal ou qualquer documento, de que tenha a guarda em razão da função; sonegá-lo, ou inutilizá-lo, total ou parcialmente, acarretando pagamento indevido ou inexato de tributo ou contribuição social;

Extraviar, sonegar ou inutilizar. Extraviar é desviar, dar destinação diversa. Sonegar é não apresentar quando devido, esconder, impedir que tenham acesso. Inutilizar é estragar, tornar inútil ao fim que se destina, impedindo o seu exame.[133]

Guarda em razão da função. O funcionário público que comete este crime é aquele que, em razão do cargo, tem a incumbência sobre a guarda do livro ou documento.[134]

Pagamento indevido ou inexato. Paulsem explica que indevido significa a maior. Quanto ao inexato, mesmo sendo o pagamento a menor, de qualquer modo ficarão pendências do contribuinte para com o Fisco, justificando a criminalização da conduta.[135] Sem o pagamento indevido ou inexato o crime não se consuma, tratando-se de crime material ou de resultado, admitindo-se a tentativa.[136] [137] [138] Delmanto, Delmanto Júnior e Delmanto, contudo, entendem impossível a tentativa, consignando que se a conduta não acarretar no pagamento indevido ou inexato, ter-se-á tipificado o crime previsto no artigo 314 do CP e não a tentativa deste artigo 3º.[139] Prado admite a tentativa só nas modalidades "extraviar" e "inutilizar", mas não para "sonegar", pois ou o agente exibe e não pratica o delito ou deixa de fazê-lo, caracterizando

---

[132] BITENCOURT, Cezar Roberto; MONTEIRO, Luciana de Oliveira. *Crimes contra a ordem tributária.* 2. ed. São Paulo: Saraiva, 2023. p. 212.

[133] STOCO, Rui; STOCO, Tatiana de Oliveira. *Crimes contra a ordem tributária.* São Paulo: Editora Revista dos Tribunais, 2016. p. 123.

[134] BITENCOURT, Cezar Roberto; MONTEIRO, Luciana de Oliveira. *Crimes contra a ordem tributária.* 2. ed. São Paulo: Saraiva, 2023. p. 221.

[135] PAULSEN, Leandro. *Tratado de Direito Penal Tributário.* 2. ed. São Paulo: SaraivaJur, 2023. p. 128.

[136] COSTA JÚNIOR, Paulo José da; DENARI, Zelmo. *Infrações tributárias e delitos fiscais.* 4. ed. São Paulo: Saraiva, 2000. p. 146.

[137] BITENCOURT, Cezar Roberto; MONTEIRO, Luciana de Oliveira. *Crimes contra a ordem tributária.* 2. ed. São Paulo: Saraiva, 2023. p. 223-224.

[138] STOCO, Rui; STOCO, Tatiana de Oliveira. *Crimes contra a ordem tributária.* São Paulo: Editora Revista dos Tribunais, 2016. p. 126.

[139] DELMANTO, Roberto; DELMANTO JÚNIOR, Roberto; DELMANTO, Fábio M. de Almeida. *Leis penais especiais.* 2. ed. atual. São Paulo: Saraiva, 2014. p. 223.

a consumação.[140] Contudo, mesmo na hipótese "sonegar", seria possível a intervenção de outro funcionário apresentar o livro ou o contribuinte possuir uma cópia do documento, impedindo o pagamento indevido ou inexato.

Pena – reclusão, de 3 (três) a 8 (oito) anos, e multa.

Institutos despenalizadores. A transação penal e a suspensão condicional do processo, previstos nos artigos 76 e 89 da Lei nº 9.099/95, não são cabíveis em razão da quantidade de pena. O ANPP – Acordo de Não Persecução Penal –, previsto no artigo 28-A do CPP, é cabível em função da quantidade de pena, ficando na dependência do atendimento de outros requisitos como primariedade, inexistência de conduta habitual, reiterada ou profissional, entre outros.

II – exigir, solicitar ou receber, para si ou para outrem, direta ou indiretamente, ainda que fora da função ou antes de iniciar seu exercício, mas em razão dela, vantagem indevida; ou aceitar promessa de tal vantagem, para deixar de lançar ou cobrar tributo ou contribuição social, ou cobrá-los parcialmente.

Especial fim de agir. O que diferencia a conduta prevista no inciso II do artigo 3º dos crimes de concussão e corrupção passiva previstos nos artigos 316 e 317 do Código Penal é a intenção específica de deixar de lançar ou de cobrar tributo, mesmo que parcialmente. Tudo o quanto já dito sobre as condutas de exigir, solicitar ou aceitar promessa e outras elementares típicas relativamente a tais crimes aplica-se aqui. Aponta-se como deficiência legislativa não se ter previsto uma pena qualificada para a hipótese de o funcionário efetivamente lançar ou cobrar o tributo a menor, como ocorre com o §2º do artigo 317 do CP. Há, ainda, uma evidente desproporcionalidade nas penas, porquanto neste crime praticado contra o Fisco a pena é de 03 (três) a 08 (oito) anos, enquanto na corrupção passiva prevista no Código Penal a pena é de 02 (dois) a 12 (doze) anos.[141]

Crime formal e tentativa. Basta a realização das condutas para a consumação do crime, não se exigindo que o tributo não seja lançado ou cobrado. A doutrina parece convergir para não admitir a tentativa em nenhuma das modalidades.[142] [143] Contudo, a doutrina também pontua que na modalidade exigir, quando praticada por escrito, a tentativa é possível, posto que a mensagem pode não chegar ao conhecimento do terceiro.[144] Entendemos que o mesmo pode ocorrer nas modalidades solicitar e aceitar, quando também praticadas por escrito ou

[140] PRADO, Luiz Régis. *Direito penal econômico.* 6. ed. rev. e atual. São Paulo: Editora Revista dos Tribunais, 2014. p. 301.

[141] Penas alteradas pela Lei nº 10.763/03. As penas originalmente previstas para a corrupção passiva eram de 01 (um) a 08 (oito) anos.

[142] COSTA JÚNIOR, Paulo José da; DENARI, Zelmo. *Infrações tributárias e delitos fiscais.* 4. ed. São Paulo: Saraiva, 2000. p. 155.

[143] PRADO, Luiz Régis. *Direito penal econômico.* 6. ed. rev. e atual. São Paulo: Editora Revista dos Tribunais, 2014. p. 304.

[144] BITENCOURT, Cezar Roberto; MONTEIRO, Luciana de Oliveira. *Crimes contra a ordem tributária.* 2. ed. São Paulo: Saraiva, 2023. p. 233-234.

por intermédio de terceiros e a solicitação ou aceitação não chegam ao conhecimento do particular.

Pena – reclusão, de 3 (três) a 8 (oito) anos, e multa.

Institutos despenalizadores. A transação penal e a suspensão condicional do processo, previstos nos artigos 76 e 89 da Lei nº 9.099/95, não são cabíveis em razão da quantidade de pena. O ANPP – Acordo de Não Persecução Penal –, previsto no artigo 28-A do CPP, é cabível em função da quantidade de pena, ficando na dependência do atendimento de outros requisitos como primariedade, inexistência de conduta habitual, reiterada ou profissional, entre outros.

III – patrocinar, direta ou indiretamente, interesse privado perante a administração fazendária, valendo-se da qualidade de funcionário público.

Advocacia administrativa fazendária. Trata-se de tipificação especial do crime de advocacia administrativa previsto no artigo 321 do Código Penal. Visa coibir que o funcionário público da administração fazendária patrocine interesses privados perante o órgão. Patrocinar é advogar, proteger, facilitar, defender o interesse privado. Ocorre tanto na repartição onde lotado o funcionário quanto em outras, nas quais, contudo, ele se vale do fácil acesso que o cargo lhe proporciona para influenciar colegas.[145] Ocorre de forma direta quando o próprio funcionário patrocina os interesses e, de forma indireta, quando ele se vale de terceiro para disfarçar a sua atuação, orientando-o. Corrêa entende só poder ser o crime praticado por escrito, pois não haveria, segundo ele, ato administrativo sujeito a decisão formulado verbalmente.[146] [147] Em sentido contrário, Costa Jr. e Denari, a nosso ver com razão, discordam, entendendo que a advocacia administrativa pode ser informal, por meio do acompanhamento, de pedidos verbais feitos a colegas etc.[148] Corrêa insere como elemento subjetivo do tipo a "sonegação".[149] O tipo, a nosso ver, não distingue se o interesse é legítimo ou não. Por fim, entendemos ser muito importante a pertinente colocação de Corrêa:

> Se o funcionário, obrigado a cumprir os princípios do poder-dever de probidade, de eficiência, a agir e prestar contas, o faz normalmente, não pode ser apontado como criminoso, tratado como se o fosse ou confundido com pessoas que violam a lei penal.

145 PRADO, Luiz Régis. *Direito penal econômico.* 6. ed. rev. e atual. São Paulo: Editora Revista dos Tribunais, 2014. p. 305.

146 CORRÊA, Antônio. *Dos crimes contra a ordem tributária*: comentários à Lei nº 8.137/90. São Paulo: Saraiva, 1994. p. 240.

147 No mesmo sentido: PRADO, Luiz Régis. *Direito penal econômico.* 6. ed. rev. e atual. São Paulo: Editora Revista dos Tribunais, 2014. p. 307.

148 COSTA JÚNIOR, Paulo José da; DENARI, Zelmo. *Infrações tributárias e delitos fiscais.* 4. ed. São Paulo: Saraiva, 2000. p. 157.

149 CORRÊA, Antônio. *Dos crimes contra a ordem tributária*: comentários à Lei nº 8.137/90. São Paulo: Saraiva, 1994. p. 240.

> O dever de eficiência impõe a realização de atribuições e com presteza, perfeição e rendimento funcional. É considerada em sentido amplo, abrangendo a produtividade do exercente do cargo ou função, como a perfeição do trabalho e a sua adequação técnica aos fins visados.
>
> Ao agir de ofício, provocado verbalmente pelo prejudicado, impondo ou imprimindo solução ao caso com rapidez, pode ser apontado como enquadrado na tipicidade ora em estudo?

A resposta, dada pelo próprio Corrêa, é negativa: "O pedido de solução para caso que esteja emperrado na repartição, com processos paralisados e sem definição, não configura o tipo de delito. Não é isso que a norma busca reprimir".[150]

Pena – reclusão, de 1 (um) a 4 (quatro) anos, e multa.

Institutos despenalizadores. A transação penal, prevista no art. 76 da Lei nº 9.099/95, não é cabível em função da quantidade de pena. Já a suspensão condicional do processo, prevista no artigo 89 da mesma Lei, é cabível. O ANPP – Acordo de Não Persecução Penal –, previsto no artigo 28-A do CPP, é cabível em função da quantidade de pena, ficando na dependência do atendimento de outros requisitos como primariedade, inexistência de conduta habitual, reiterada ou profissional, entre outros.

Referências

ANDRADE FILHO, Edmar Oliveira. *Direito penal tributário*: crimes contra a ordem tributária e contra a previdência social. 5. ed. São Paulo: Atlas, 2007.

ARAÚJO, Marina Pinhão Coelho. Crimes tributários e previdenciários. *In*: SOUZA, Luciano Anderson; ARAÚJO, Marina Pinhão Coelho (Coord.). 2. ed. rev. e ampl. São Paulo: Thompson Reuters Brasil, 2022.

BITENCOURT, Cezar Roberto; MONTEIRO, Luciana de Oliveira. *Crimes contra a ordem tributária*. 2. ed. São Paulo: Saraiva, 2023.

CAMPOS, Flávio Vilela. *Estudo comparado sobre a extinção da punibilidade e elementos fundamentais dos crimes tributários*: paralelo entre a experiência internacional e o modelo adotado no Brasil. O privilégio do sonegar. São Paulo: Quartier Latin, 2020.

CORRÊA, Antônio. *Dos crimes contra a ordem tributária*: comentários à Lei nº 8.137/90. São Paulo: Saraiva, 1994.

COSTA, Claudio. *Crimes de sonegação fiscal*. Rio de Janeiro: Revan, 2003.

COSTA JÚNIOR, Paulo José da; DENARI, Zelmo. *Infrações tributárias e delitos fiscais*. 4. ed. São Paulo: Saraiva, 2000.

DECOMAIN, Pedro Roberto. *Crimes contra a ordem tributária*. 3. ed. rev. atual. e ampl. Florianópolis: Obra Jurídica, 1997.

DECOMAIN, Pedro Roberto. *Crimes contra a ordem tributária*. 4. ed. rev., atual. e ampl. Belo Horizonte: Fórum, 2008.

[150] CORRÊA, Antônio. *Dos crimes contra a ordem tributária*: comentários à Lei nº 8.137/90. São Paulo: Saraiva, 1994. p. 239.

DELMANTO, Roberto; DELMANTO JÚNIOR, Roberto; DELMANTO, Fábio M. de Almeida. *Leis penais especiais*. 2. ed. atual. São Paulo: Saraiva, 2014.

EISELE, Andreas. A reparação do dano no Direito Penal Tributário. *In*: SALOMÃO, Heloisa Estellita (Coord.). *Direito penal empresarial*. São Paulo: Dialética, 2001. v. 1.

EISELE, Andreas. *Crimes contra a ordem tributária*. São Paulo: Dialética, 1998.

FERREIRA, Roberto dos Santos. *Crimes contra a ordem tributária*. 1. ed. São Paulo: Malheiros Editores, 1996.

FERREIRA, Roberto dos Santos. *Crimes contra a ordem tributária*. 2. ed. rev. e ampl. São Paulo: Malheiros Editores, 2002.

GOMES, Luiz Flávio; GARCIA-PABLOS DE MOLINA, Antônio; BIANCHINI, Alice. *Direito penal, volume 1*: introdução e princípios fundamentais. São Paulo: Editora Revista dos Tribunais, 2007.

KERN, Alexandre. *O controle penal administrativo nos crimes contra a ordem tributária*. Porto Alegre: Livraria do Advogado, 2002.

LANA, Cícero Marcos Lima. *Os crimes de sonegação fiscal e o princípio da intervenção mínima*. Campinas: Impactus, 2006.

LOVATTO, Alécio Adão. *Crimes tributários*: aspectos criminais e processuais. 3. ed. rev. e amp. Porto Alegre: Livraria do Advogado Editora, 2008.

MACHADO, Hugo de Brito. *Crimes contra a ordem tributária*. 5. ed. Barueri [SP]: Atlas, 2022.

MARCÃO, Renato. *Crimes contra a ordem tributária, econômica e relações de consumo*: comentários e interpretação jurisprudencial da Lei nº 8.137/90, de 27.12.1990. 2. ed. São Paulo: Saraiva Educação, 2018.

MARTINS, Ives Gandra. *Da sanção tributária*. 2. ed. rev. e atual. São Paulo: Saraiva, 1998.

MARTINS, Ives Gandra da Silva (Coord.). *Crimes contra a ordem tributária*. São Paulo: Editora Revista dos Tribunais, 1995.

MESSA, Ana Flávia; ZANELLA, Everto Luiz. Aspectos controvertidos dos crimes contra a ordem tributária. *In*: CURY, Rogério (Coord.). *Direito penal econômico*. 1. ed. São Paulo: Almedina Brasil, 2020.

NUCCI, Guilherme de Souza. *Leis penais e processuais penais comentadas*: volume 1. 13. ed. Rio de Janeiro: Forense, 2020.

PAULSEN, Leandro. *Tratado de Direito Penal Tributário*. 2. ed. São Paulo: SaraivaJur, 2023.

PRADO, Luiz Régis. *Direito penal econômico*. 6. ed. rev. e atual. São Paulo: Editora Revista dos Tribunais, 2014.

PRATES, Felipe; TAVARES, Débora. *Crimes tributários*: aspectos práticos. Rio de Janeiro: Lumen Juris, 2022.

RIOS, Rodrigo Sánchez. *O crime fiscal*: reflexões sobre o crime fiscal no direito brasileiro (Lei nº 81.37/90) e no direito estrangeiro. Porto Alegre: Sérgio Antônio Fabris Editor, 1998.

SALOMÃO, Heloisa Estellita. *A tutela penal e as obrigações tributárias na Constituição Federal*. São Paulo: Editora Revista dos Tribunais, 2001.

SCHOERPF, Patrícia. *Crimes contra a ordem tributária*: aspectos constitucionais, tributários e penais. 2. ed. Curitiba: Juruá, 2010.

SILVA, Juary C. *Elementos de direito penal tributário*. São Paulo: Saraiva, 1998.

STOCO, Rui. Sonegação fiscal e os crimes contra a ordem tributária. *Revista dos Tribunais*, São Paulo, v. 81, n. 675, p. 335-353, jan. 1992.

STOCO, Rui; STOCO, Tatiana de Oliveira. *Crimes contra a ordem tributária*. São Paulo: Editora Revista dos Tribunais, 2016.

Informação bibliográfica deste texto, conforme a NBR 6023:2018 da Associação Brasileira de Normas Técnicas (ABNT):

MARTINS, Renato Marques. Crimes contra a ordem tributária: Comentários à Lei nº 8.137/90. *In*: GOLDFINGER, Fábio Ianni; MORAES, Alexandre Rocha Almeida de (coord.). *Legislação penal extravagante*: Volume III. Belo Horizonte: Fórum, 2024. p. 143-168. ISBN 978-65-5518-818-9.

CRIMES DO ESTATUTO DA CRIANÇA E DO ADOLESCENTE: COMENTÁRIOS AOS CRIMES DA LEI Nº 8.069, DE 13 DE JULHO DE 1990

Alexandre Rocha Almeida de Moraes

Giovana Greka Godoi Franco

Vanessa Therezinha Sousa de Almeida

Introdução: proteção integral, atuação multidisciplinar e integrada

O Estatuto da Criança e do Adolescente, reflexo de uma Constituição Federal que valoriza profundamente a infância e a juventude, visa proteger integralmente a criança e o adolescente. Conceitua no artigo 2º: "Considera-se criança, para os efeitos desta Lei, a pessoa até doze anos de idade incompletos, e adolescente aquela entre doze e dezoito anos de idade".

Com efeito, a Magna Carta adotou em nosso ordenamento jurídico a *Doutrina da Proteção Integral*, garantindo às crianças e aos adolescentes, em seu artigo 227, prioridade absoluta, ou seja, é da família, da sociedade e do Estado o dever de proteção. Nesse sentido, proclama o dispositivo em comento:

> É dever da família, da sociedade e do Estado assegurar à criança, ao adolescente e ao jovem, com absoluta prioridade, o direito à vida, à saúde, à alimentação, à educação, ao lazer, à profissionalização, à cultura, à dignidade, ao respeito, à liberdade e à convivência familiar e comunitária, além de colocá-los a salvo de toda forma de negligência, discriminação, exploração, violência, crueldade e opressão.

Com isso, as crianças e os adolescentes são sujeitos de direitos, em posição de igualdade com os adultos. Sobre o assunto, o Estatuto da Criança e do Adolescente dispõe expressamente em seu art. 3º:

> A criança e o adolescente gozam de todos os direitos fundamentais inerentes à pessoa humana, sem prejuízo da proteção integral de que trata esta Lei, assegurando-se-lhes, por lei ou por outros meios, todas as oportunidades e facilidades, a fim de lhes facultar o desenvolvimento físico, mental, moral, espiritual e social, em condições de liberdade e de dignidade.

Nesse contexto, esses direitos devem ser solidariamente assegurados pela família, comunidade, sociedade em geral e Poder Público, consoante prevê o ECA no artigo 4º, *in verbis:*

> É dever da família, da comunidade, da sociedade em geral e do poder público assegurar, com absoluta prioridade, a efetivação dos direitos referentes à vida, à saúde, à alimentação, à educação, ao esporte, ao lazer, à profissionalização, à cultura, à dignidade, ao respeito, à liberdade e à convivência familiar e comunitária.

Esclarece-se, desde logo, que a *Doutrina da Proteção Integral* se baseia na condição de crianças e adolescentes como sujeitos de direitos, mas também na autonomia delas, na necessidade de respeito à condição de pessoas em desenvolvimento e na necessidade de respeito aos direitos à participação e de ser ouvida sobre as questões de seu interesse, tudo com suporte no princípio do melhor interesse.[1]

Ao tratar do princípio do melhor interesse, o professor Mônaco[2] frisa que se trata de "aplicação da dignidade da pessoa humana" às crianças e aos adolescentes, que é direcionada inclusive ao Estado-legislador, "que deve se valer em sua atividade legislativa, zelando para que a lei preveja, sempre a melhor conseqüência [sic] para a criança, diante de duas ou três possibilidades"; ao Estado-juiz, deve dele fazer uso para interpretar e aplicar as normas, e ao Estado-administrador, que "em sua atividade de concepção, implementação e execução de políticas públicas deve tender à efetiva aplicação do princípio, optando, entre duas possibilidades, por aquela mais consentânea com o princípio".[3]

No mesmo sentido, inclusive, é o pensamento de Kalveboer *et al.*[4] e Cillero Bruñol,[5] o qual chega até mesmo a ressaltar que o interesse superior passa pela satisfação integral e simultânea de todos os direitos das crianças e dos adolescentes. E esse princípio e, na verdade, a doutrina da proteção integral como um todo deve permear toda a análise dos previstos no Estado.[6]

---

1 GONZÁLEZ-CÁRDENAS, Freddy Damián *et al.* Protección para niños, niñas y adolescentes: la protección integral prevista em la constitución ecuatoriana. Institia Socialis. *Revista Arbitrada de Ciencias Jurídicas*, v. 5, n. 1, p. 397-414, 2020.

2 MÔNACO, Gustavo Ferraz de Campos. *A proteção da criança no cenário internacional.* Belo Horizonte: Del Rey, 2005. p. 179-182.

3 E a vinculação da dignidade da pessoa humana ao princípio do melhor interesse também pode ser encontrada na fundamentação da Corte Interamericana de Direitos Humanos, quando do julgamento dos casos Massacre de Mapiripán *vs.* Colômbia e Fonerón e filha *vs.* Argentina. (CIDH. Corte Interamericana de Direitos Humanos. *Caso Mapiripán Massacre vs. Colômbia.* 2005. Disponível em: https://www.corteidh.or.cr/docs/casos/articulos/seriec_134_ing.pdf. Acesso em 31 mar. 2022); (CIDH. Corte Interamericana de Direitos Humanos. *Caso Fonerón e Filha vs. Argentina.* 2012. Disponível em: https://corteidh.or.cr/docs/casos/articulos/seriec_242_esp.pdf. Acesso em 31 mar. 2023).

4 KALVERBOER, Margrite; BELTMAN, Daan; OS, Carla; ZŸLSTRA, Elianne. The best interest of the child in cases of migration: assessing and determining the best interest of the child in migration procedures. *International Journal of Children's Rights*, [S. l.], n. 25, p. 114-139, 2017.

5 CILLERO BRUÑOL, Miguel. El interés superior del niño en el marco de la Convención Internacional sobre los Derechos del Niño. *Revista Justicia y Derechos del Niño (UNICEF)*, Santiago, n. 9, 2007.

6 E para aplicar adequadamente a doutrina da proteção integral há necessidade de se afastar da lógica adultocêntrica, que, por vezes, ainda contamina toda a intervenção do Sistema de Garantias em caso de violações aos direitos

1 Direitos fundamentais

Em âmbito geral, destaca-se que a Declaração Universal dos Direitos Humanos, adotada e proclamada na Assembleia Geral das Nações Unidas, por meio da resolução 217 A(III), é considerada um grande marco garantista dos Direitos Humanos, reconhecendo a dignidade da pessoa humana, o direito à vida, à liberdade, à justiça social e à paz mundial, sendo ratificada pelo Brasil,[7] sendo certo o enfoque dado pelos artigos XXV e XXVI, proclamando que a maternidade e a infância têm direito a cuidados e assistência especiais, e ainda que todas as crianças, nascidas dentro ou fora do matrimônio, gozarão da mesma proteção social.

São também as crianças sujeitos de direitos, protegidas também pelas disposições do Pacto Internacional sobre os Direitos Civis e Políticos e do Pacto Internacional sobre Direitos Econômicos, Sociais e Culturais.

No âmbito internacional, é relevante ressaltar que a Declaração Interamericana de Direitos Humanos, conhecida por "Pacto San José da Costa Rica", de 22 de novembro de 1969, de uma forma geral, resguarda e consagra uma gama de direitos humanos, focando em justiça social a todos os países signatários. Em seu preâmbulo reitera que, de acordo com a Declaração Universal dos Direitos Humanos, só pode ser realizado o ideal do ser humano livre, isento do temor e da miséria, se forem criadas condições que permitam a cada pessoa gozar dos seus direitos econômicos, sociais e culturais, bem como dos seus direitos civis e políticos. Ademais, em seu artigo 19, ressalta que "toda criança tem direito às medidas de proteção que a sua condição de menor requer por parte de sua família, da sociedade e do Estado", declaração esta que foi inclusive promulgada através do Decreto nº 678/1992.

É aplicável, outrossim, às crianças e adolescentes do gênero feminino os ditames da Convenção das Nações Unidas sobre a Eliminação de Todas as Formas de Discriminação contra a Mulher, e Convenção Interamericana para Prevenir, Punir e Erradicar a Violência, também conhecida como Convenção Belém do Pará; além dos ditames da agenda 2030, da qual consta a meta de colocar fim à violência contra crianças e reduzir o impacto dessa violência com o fornecimento de serviços públicos.

Mais especificamente, para se falar em direitos fundamentais de crianças e adolescentes e *Doutrina da Proteção Integral*, obrigatoriamente deve ser lembrada a Declaração dos Direitos da Criança, aprovada pela extinta Liga das Nações, hoje Organização das Nações Unidas, em 20 de novembro de 1959. Este documento contém um conjunto de princípios que indicam a mudança de paradigma da *Situação Irregular* para a *Proteção Integral*. Traz, em seu preâmbulo, que criança, no âmbito internacional, é a pessoa até dezoito anos de idade, "em decorrência de sua imaturidade física e mental, precisa de proteção e cuidados especiais". Desta declaração ainda consta que a criança gozará de proteção e que devem ser a ela proporcionadas oportunidades e facilidades para o seu "desenvolvimento físico, mental, moral, espiritual e social, de forma sadia e normal e em condições de liberdade e dignidade" (Princípio 2º).

Além disso, ainda no Princípio 2º, a Declaração traz o princípio do melhor interesse, condicionante da *doutrina* citada, ao destacar que devem ser levados em conta "os melhores

das crianças e adolescentes. E o alerta sobre a necessidade de se afastar desse viés foi encontrado nas lições de Ballesteros. (BALLESTEROS, Abraham Osorio. El principio del interés superior del niño en las instituciones asistenciales. Un acercamiento desde las concepciones de los profesionales. CIENCIA ergo-sum. *Revista Científica Multidisciplinaria de Prospectiva*, v. 22, n. 3, p. 215-224, 2015).

7 UNESCO. *Declaração Universal dos Direitos Humanos*. New York, 1948. Disponível em http://unesdoc.unesco.org/images/0013/001394/139423por.pdf. Acesso em 14 mar. 2024.

interesses da criança", bem como ressaltou a condição da criança como sujeito de direitos humanos e o dever da humanidade de prestar a ela "o melhor de seus esforços".

As disposições de tal Convenção são consideradas de aplicação diferidas, e não de aplicação e execução imediata, ou seja, têm a natureza programática, sem caráter vinculativo, embora discordemos desse posicionamento majoritário.

Note-se que, mesmo com a aprovação da Declaração mencionada, no Brasil ainda vigorava a *Doutrina da Situação Irregular*, que foi regulada pelo Código de Menores de 1979 e se voltava às crianças vítimas de maus-tratos, sem condições de subsistência, saúde e instrução, por conta da conduta dos genitores; às que estavam em perigo por conta do ambiente e atividades contrárias aos bons costumes; às que figuravam como autoras de atos infracionais e às que apresentassem desvio de conduta, crianças estas que eram identificadas apenas como destinatárias de proteção.[8]

Já a Convenção sobre os Direitos da Criança, ou melhor, a Declaração Mundial sobre a Sobrevivência, a Proteção e o Desenvolvimento das Crianças, fruto de evento realizado na ONU em setembro de 1990, adotada pela Assembleia Geral das Nações Unidas em 20 de novembro de 1989 e incorporada ao nosso ordenamento jurídico por meio do Decreto nº 99.710, de 21 de setembro de 1990, sendo ratificada pelo Congresso Nacional em 14 de setembro de 1990, pelo Decreto Legislativo nº 28, destaca, em seu preâmbulo, a necessidade de "proteção especial" de crianças e "interesse maior da criança.

A Convenção sobre os Direitos da Criança, segundo escólio de Pereira,[9] "representa, em definitivo, o instrumento jurídico internacional mais transcendente para a promoção e o exercício dos Direitos da Criança". No mesmo sentido, ressalta David,[10] a Convenção dos Direitos da Criança inaugura uma nova época de concessão dos direitos e a obrigação de proteção das crianças e adolescentes menores de 18 anos. Monteiro[11] é mais enfático ao destacar que configura ela o tratado internacional com o maior número de aceitação e o mais importante voltado ao reconhecimento da igualdade material de crianças e adolescentes (bíblia de todos os adultos), que contém medidas de vedação à discriminação, ações afirmativas e aborda, segundo Piovesan e Pirotta, "todas as áreas tradicionalmente definidas como direitos humanos – civis, políticos, econômicos, sociais e culturais".[12]

Em acréscimo, outro documento que merece ser lembrado é o Protocolo Facultativo à Convenção sobre os Direitos da Criança Referente à Venda de Crianças, à Prostituição Infantil e à Pornografia Infantil (Decreto nº 5.007/2004), que salienta a necessidade de "abordagem holística", ou seja, de se considerar a criança como um todo, bem como expõe a constatação de que meninas são mais expostas ao risco de violência sexual. Este mesmo protocolo, quanto trata do processo judicial criminal, impõe a adaptação do procedimento às necessidades das crianças e adolescentes vítimas e testemunhas, como forma de assegurar o direito à participação delas. Ainda no campo da proteção contra a violência sexual, menciona-se a Declaração de Estocolmo, fruto de Congresso Mundial sobre Exploração Sexual de Crianças

---

8 AMIN, Andréa Rodrigues, Doutrina da Proteção Integral e Princípios orientadores do Direito da Criança e do Adolescente. *In.: Curso de Direito da Criança e do Adolescente.* 3 ed. Rio de Janeiro: Editora Lumens Júris, 2009. p. 60-81.

9 PEREIRA, Tânia da Silva. A Convenção e o Estatuto: um ideal comum de proteção ao ser humano em vias de desenvolvimento. *In*: PEREIRA, T. S. (Coord.). *Estatuto da criança e do Adolescente. Lei nº 8.069/1990*: estudos sociojurídicos. Rio de Janeiro: Renovar, 1992. p. 68.

10 DAVID, Pedro R. *Sociologia Criminal.* 6. ed. Buenos Aires: Depalma, 2003. p. 244.

11 MONTEIRO, Agostinho dos Reis. *Direito das crianças*: era uma vez... Coimbra: Almedina, 2010. p. 107.

12 PIOVESAN, Flávia; PIROTTA, Wilson Ricardo. Os direitos humanos das crianças e dos adolescentes no direito internacional e no direito interno. *In*: PIOVESAN, Flávia. *Temas de direitos humanos.* São Paulo: Saraiva, 2015. p. 461.

e Adolescentes realizado em 1998; bem como a Declaração de Estocolmo, oriunda de Congresso Mundial sobre Exploração Sexual de Crianças e Adolescentes realizado em 1998.

Ciente dos documentos internacionais mencionados, adotou-se, no país, a *Doutrina da Proteção Integral*, a partir do artigo 227, *caput*, da Carta Constitucional que estabelece

> ser dever da família, da sociedade e do Estado assegurar à criança, ao adolescente e ao jovem, com absoluta prioridade, o direito à vida, à saúde, à alimentação, à educação, ao lazer, à profissionalização, à cultura, à dignidade, ao respeito, à liberdade e à convivência familiar e comunitária, além de colocá-los a salvo de toda forma de negligência, discriminação, exploração, violência, crueldade e opressão.

Em consonância com o espírito e a essência dos documentos citados, o Estatuto da Criança e do Adolescente também adota a *Doutrina da Proteção Integral*.[13]

Ademais, para tornar efetiva a proteção a tais direitos, o Estatuto elenca as medidas de proteção em seu artigo 101, quais sejam:

> I – encaminhamento aos pais ou responsável, mediante termo de responsabilidade; II – orientação, apoio e acompanhamento temporários; III – matrícula e frequência obrigatórias em estabelecimento oficial de ensino fundamental; IV – inclusão em serviços e programas oficiais ou comunitários de proteção, apoio e promoção da família, da criança e do adolescente; V – requisição de tratamento médico, psicológico ou psiquiátrico, em regime hospitalar ou ambulatorial; VI – inclusão em programa oficial ou comunitário de auxílio, orientação e tratamento a alcoólatras e toxicômanos; VII – acolhimento institucional; VIII – inclusão em programa de acolhimento familiar; IX – colocação em família substituta.

Tais medidas são direcionadas à criança e ao adolescente em situação irregular (artigo 98), assim como à criança que praticar ato infracional (artigo 105). Elas podem ser aplicadas cumulativamente.

Quanto às medidas aplicáveis aos pais ou responsáveis, o ECA as regula no artigo 129, e são elas:

> I – encaminhamento a serviços e programas oficiais ou comunitários de proteção, apoio e promoção da família; II – inclusão em programa oficial ou comunitário de auxílio, orientação e tratamento a alcoólatras e toxicômanos; III – encaminhamento a tratamento psicológico ou psiquiátrico; IV – encaminhamento a cursos ou programas de orientação; V – obrigação de matricular o filho ou pupilo e acompanhar sua frequência e aproveitamento escolar; VI – obrigação de encaminhar a criança ou o adolescente a

[13] Vale ilustrar: artigo 7º do ECA: "A criança e o adolescente têm direito a proteção à vida e à saúde, mediante a efetivação de políticas sociais públicas que permitam o nascimento e o desenvolvimento sadio e harmonioso, em condições dignas de existência"; Artigo 11 do ECA: "É assegurado atendimento integral à saúde da criança e do adolescente, por intermédio do Sistema Único de Saúde, garantido o acesso universal e igualitário às ações e serviços para promoção, proteção e recuperação da saúde"; Artigo 15 do ECA: "A criança e o adolescente têm direito à liberdade, ao respeito e à dignidade como pessoas humanas em processo de desenvolvimento e como sujeitos de direitos civis, humanos e sociais garantidos na Constituição e nas leis". O direito à liberdade está previsto no artigo 16; o direito ao respeito no artigo 17, e o direito à dignidade no artigo 18; Artigo 19 do ECA: "É direito da criança e do adolescente ser criado e educado no seio de sua família e, excepcionalmente, em família substituta, assegurada a convivência familiar e comunitária, em ambiente que garanta o seu desenvolvimento integral"; Artigos 53 a 59 do ECA: Direito à educação, cultura, esporte e ao lazer; e Artigos 60 a 69 do ECA: direito à profissionalização e à proteção do trabalho.

> tratamento especializado; VII – advertência; VIII – perda da guarda; IX – destituição da tutela; X – suspensão ou destituição do poder familiar.

O artigo 130 do diploma em questão dispõe que, "verificada a hipótese de maus-tratos, opressão ou abuso sexual impostos pelos pais ou responsável, a autoridade judiciária poderá determinar, como medida cautelar, o afastamento do agressor da moradia comum". Dispõe, também, o parágrafo único do referido artigo que, "da medida cautelar constará, ainda, a fixação provisória dos alimentos de que necessitem a criança ou o adolescente dependente do agressor".

Finalmente, há medidas socioeducativas aplicadas a adolescentes infratores, previstas no artigo 112 do Estatuto, quais sejam: "I – advertência; II – obrigação de reparar o dano; III – prestação de serviços à comunidade; IV – liberdade assistida; V – inserção em regime de semiliberdade; VI – internação em estabelecimento educacional; VII – qualquer uma das previstas no art. 101, I a VI".

Aqui é importante lembrar da recente Lei nº 14.344, que trouxe a possibilidade de se aplicar em favor da criança ou adolescente vítima de crime e em face do agressor as seguintes medidas protetivas de urgência:

> I – a suspensão da posse ou a restrição do porte de armas, com comunicação ao órgão competente, nos termos da Lei nº 10.826, de 22 de dezembro de 2003; II – o afastamento do lar, do domicílio ou do local de convivência com a vítima; III – a proibição de aproximação da vítima, de seus familiares, das testemunhas e de noticiantes ou denunciantes, com a fixação do limite mínimo de distância entre estes e o agressor; IV – a vedação de contato com a vítima, com seus familiares, com testemunhas e com noticiantes ou denunciantes, por qualquer meio de comunicação; V – a proibição de frequentação de determinados lugares, a fim de preservar a integridade física e psicológica da criança ou do adolescente, respeitadas as disposições da Lei nº 8.069, de 13 de julho de 1990 (Estatuto da Criança e do Adolescente); VI – a restrição ou a suspensão de visitas à criança ou ao adolescente; VII – a prestação de alimentos provisionais ou provisórios; VIII – o comparecimento a programas de recuperação e reeducação; IX – o acompanhamento psicossocial, por meio de atendimento individual e/ou em grupo de apoio. (art. 20).

Além disso, foi prevista a possibilidade de prisão do agressor, "a inclusão da vítima e de sua família natural, ampliada ou substituta nos atendimentos a que têm direito nos órgãos de assistência social"; a inclusão em "programa de proteção a vítimas ou testemunhas"; a remessa do caso, quando insuficiente o afastamento do agressor da moradia comum ou sua prisão, ao Juízo competente, aqui entendido como o da Infância Protetiva, para análise da necessidade de aplicação das medidas de "acolhimento familiar, acolhimento institucional ou colocação em família substituta"; e realização de matrícula em instituição de ensino (art. 21).

Essas medidas protetivas de urgência podem ser tanto postuladas, segundo os parâmetros já consolidados da Lei Maria da Penha, junto ao Juízo Cível (de Família e de Infância Protetiva), ao Juízo Criminal ou ao[14] Juízo Infracional. Assim, ganha relevo no caso de cada notícia de crime previsto no Estatuto, a análise da presença do *fumus comissi delict* e do *periculum in mora*, a fim de se evitar que a vítima fique exposta a novos crimes.

[14] NETO, Lélio Ferraz de Siqueira; ARAÚJO, Fernando Henrique de Moraes; NETO, Renato Arruda S. *Acolhimento de Crianças e Adolescentes, entre a violação e a garantia de direitos.* Leme/SP: Editora Imperium, 2022. p. 150-151.

Dentre as medidas indicadas nos parágrafos anteriores, demandam cautela na aplicação as que implicam no afastamento da criança ou adolescente vítima do núcleo familiar, como as de acolhimento institucional, acolhimento familiar e colocação em família substituta. E isso é assim porque aqui parece se aplicar também os princípios elencados no artigo 100, do Estatuto da Criança e do Adolescente, destinados às medidas de proteção do artigo 101, do mesmo diploma, dentre os quais se destacam: (a) o princípio da intervenção precoce, que exige que sejam adotadas de pronto as medidas necessárias para colocação a salvo da criança ou adolescente vítima; (b) o princípio da intervenção mínima, destinado a evitar atuações exageradas, para que as ações não se percam "na busca por medidas desproporcionais, desconectadas com a realidade ou que tentem pautar famílias de maneira que não consigam sustentar" e para que sejam adotadas considerando a integralidade do Sistema de Garantia de Direitos; (c) proteção integral e prioritária; (d) proporcionalidade e atualidade; (e) responsabilidade parental e (f) interesse superior da criança e do adolescente.

A viabilidade de todas essas medidas deve ser considerada tanto na fase da investigação preliminar nos crimes previstos no Estatuto da Criança e do Adolescente, quanto na fase processual.

2 Aspectos gerais da parte criminal

O ECA regulamenta os crimes no Título VII (Dos Crimes e Das Infrações Administrativas). O Capítulo I trata dos crimes, dividindo em disposições gerais (artigo 225 a 227) e crimes em espécie (artigos 228 a 244).

O artigo 225 explica que o Capítulo dispõe sobre crimes praticados contra a criança e o adolescente, por ação ou omissão, sem prejuízo do disposto na legislação penal. Enquanto o artigo 226 prescreve sobre a aplicação das normas da Parte Geral do Código Penal aos crimes do ECA, além das disposições do Código de Processo Penal.

O artigo 227 define expressamente que os crimes regulados pelo ECA são de ação pública incondicionada e, no que diz respeito à competência, o artigo 148 não faz referência à competência da Vara da Infância e da Juventude em relação aos crimes contra a crianças e adolescentes. Assim, a regra geral é que a competência é da Justiça Estadual.

Todos os bens jurídicos protegidos pela Lei nº 8.069/90, em regra, visam proteger os direitos da criança e do adolescente, assim como sua integridade física e psíquica (o Estatuto também tutela o nascituro). Contudo, constata-se bens jurídicos específicos:

I Crimes relacionados a hospitais e centros de saúde (artigos 228 e 229) – integridade física e psíquica do recém-nascido (criança) e de seus direitos.

II Crimes relacionados a atos infracionais (artigos 230 a 235) – integridade física e psíquica do adolescente e dos direitos fundamentais previstos no ECA, quando submetido a procedimento por ato infracional. O procedimento deve obedecer aos artigos 171 a 190 do diploma em tela.

III Crimes relacionados à atuação da autoridade judiciária, membro do Ministério Público e membro do Conselho Tutelar (artigo 236) – tutelar os direitos da criança e do adolescente, mediante pessoas com *munus* de proteção, como os juízes, promotores de justiça e os membros do Conselho Tutelar (órgão encarregado de cumprir os direitos da criança e do adolescente – artigo 131).

IV Crimes relacionados à colocação irregular em família substituta (artigos 238 e 239) – integridade física e psíquica do recém-nascido (criança) e de seus direitos.

V Crimes relacionados à pornografia, sexo explícito ou exploração sexual e corrupção (artigos 240, 241, 241-A, 241-8, 241-C, 241-D, 241-E, 244-A e 244-B) – dignidade sexual, intimidade e liberdade sexual.

A crescente preocupação social e do legislador com os crescentes casos de pedofilia, sobretudo praticados por meios digitais, ensejou considerável mudança legislativa do Estatuto. Assim, a Lei nº 11.829/2008 alterou a redação dos artigos 240 e 241 do Estatuto da Criança e do Adolescente e criou tipos penais nos artigos 241-A, 241-B, 241-C e 241-D, além de acabar com as interpretações que existiam até então sobre pornografia e cena de sexo explícito, vez que o artigo 241-E estabeleceu o seu conceito.

A nova redação dos artigos 240 e 241 do Estatuto da Criança e do Adolescente representou uma verdadeira *novatio legis in pejus*, na medida em que recrudesceu a reprimenda penal nos crimes que tutelam a integridade moral da criança e do adolescente, aumentado significativamente as penas cominadas nos tipos penais, dando claramente o tom do legislador sobre a intolerância destas práticas ilícitas, visando ao combate dos chamados pedófilos e dos crimes de pedofilia.

Os artigos 241-A, 241-B, 241-C e 241-D do ECA, por outro lado, são novos tipos penais que visam coibir as práticas de pedofilia na internet, sua divulgação e o chamado comércio virtual sexual que é alimentado por tal prática. O fenômeno das então chamadas *Lan Houses*, de amplo acesso da população ao computador e à internet, fez aparecer um novo tipo de criminoso que praticava crimes utilizando-se desses meios eletrônicos virtuais. Atualmente, a prática de crimes cibernéticos por pedófilos digitais foi facilitada pelo acesso à banda larga e, em especial, pelo anonimato e pelas dificuldades de investigação próprios da *dark web e deep web*.

O objetivo da Lei nova foi combater, de forma eficaz, a produção, a venda e a distribuição de pornografia infantil, bem como criminalizar a aquisição e a posse de material com conteúdo pornográfico infantil.

O combate desta nova modalidade de crime exige uma polícia mais preparada para investigar crimes desta natureza, os chamados *ciber cops*. A investigação exige monitoramento constante da rede mundial de computadores e, em especial, conta com denúncias dos internautas sobre páginas ou conteúdos proibidos que circulam na internet.

Para tanto, a Lei nº 13.341/2017 criou uma seção específica (arts. 190-A a 190-D) contemplando a infiltração de agentes de polícia para investigação e enfrentamento dos crimes contra a dignidade sexual de crianças e adolescentes:

> Art. 190-A. A infiltração de agentes de polícia na internet com o fim de investigar os crimes previstos nos arts. 240, 241, 241-A, 241-B, 241-C e 241-D desta Lei e nos arts. 154-A, 217-A, 218, 218-A e 218-B do Decreto-Lei nº 2.848, de 7 de dezembro de 1940 (Código Penal), obedecerá às seguintes regras: (Incluído pela Lei nº 13.441, de 2017).
>
> I – será precedida de autorização judicial devidamente circunstanciada e fundamentada, que estabelecerá os limites da infiltração para obtenção de prova, ouvido o Ministério Público; (Incluído pela Lei nº 13.441, de 2017).
>
> II – dar-se-á mediante requerimento do Ministério Público ou representação de delegado de polícia e conterá a demonstração de sua necessidade, o alcance das tarefas dos policiais, os nomes ou apelidos das pessoas investigadas e, quando possível, os dados de conexão ou cadastrais que permitam a identificação dessas pessoas; (Incluído pela Lei nº 13.441, de 2017).
>
> III – não poderá exceder o prazo de 90 (noventa) dias, sem prejuízo de eventuais renovações, desde que o total não exceda a 720 (setecentos e vinte) dias e seja demonstrada sua efetiva necessidade, a critério da autoridade judicial. (Incluído pela Lei nº 13.441, de 2017).

§1º – A autoridade judicial e o Ministério Público poderão requisitar relatórios parciais da operação de infiltração antes do término do prazo de que trata o inciso II do §1º deste artigo. (Incluído pela Lei nº 13.441, de 2017).

§2º – Para efeitos do disposto no inciso I do 1º deste artigo, consideram-se: (Incluído pela Lei nº 13.441, de 2017).

I – dados de conexão: informações referentes a hora, data, início, término, duração, endereço de Protocolo de Internet (IP) utilizado e terminal de origem da conexão; (Incluído pela Lei nº 13.441, de 2017).

II – dados cadastrais: informações referentes a nome e endereço de assinante ou de usuário registrado ou autenticado para a conexão a quem endereço de IP, identificação de usuário ou código de acesso tenha sido atribuído no momento da conexão.

§3º – A infiltração de agentes de polícia na internet não será admitida se a prova puder ser obtida por outros meios. (Incluído pela Lei nº 13.441, de 2017).

Art. 190-B. As informações da operação de infiltração serão encaminhadas diretamente ao juiz responsável pela autorização da medida, que zelará por seu sigilo. (Incluído pela Lei nº 13.441, de 2017).

Parágrafo único. Antes da conclusão da operação, o acesso aos autos será reservado ao juiz, ao Ministério Público e ao delegado de polícia responsável pela operação, com o objetivo de garantir o sigilo das investigações. (Incluído pela Lei nº 13.441, de 2017).

Art. 190-C. Não comete crime o policial que oculta a sua identidade para, por meio da internet, colher indícios de autoria e materialidade dos crimes previstos nos arts. 240, 241, 241-A, 241-B, 241-C e 241-D desta Lei e nos arts. 154-A, 217-A, 218, 218-A e 218-B do Decreto-Lei nº 2.848, de 7 de dezembro de 1940 (Código Penal). (Incluído pela Lei nº 13.441, de 2017).

Parágrafo único. O agente policial infiltrado que deixar de observar a estrita finalidade da investigação responderá pelos excessos praticados. (Incluído pela Lei nº 13.441, de 2017).

Art. 190-D. Os órgãos de registro e cadastro público poderão incluir nos bancos de dados próprios, mediante procedimento sigiloso e requisição da autoridade judicial, as informações necessárias à efetividade da identidade fictícia criada. (Incluído pela Lei nº 13.441, de 2017).

Parágrafo único. O procedimento sigiloso de que trata esta Seção será numerado e tombado em livro específico. (Incluído pela Lei nº 13.441, de 2017).

Art. 190-E. Concluída a investigação, todos os atos eletrônicos praticados durante a operação deverão ser registrados, gravados, armazenados e encaminhados ao juiz e ao Ministério Público, juntamente com relatório circunstanciado. (Incluído pela Lei nº 13.441, de 2017).

Parágrafo único. Os atos eletrônicos registrados citados no caput deste artigo serão reunidos em autos apartados e apensados ao processo criminal juntamente com o inquérito policial, assegurando-se a preservação da identidade do agente policial infiltrado e a intimidade das crianças e dos adolescentes envolvidos. (Incluído pela Lei nº 13.441, de 2017).

3 Dos crimes em espécie

Art. 228. Deixar o encarregado de serviço ou o dirigente de estabelecimento de atenção à saúde de gestante de manter registro das atividades desenvolvidas, na forma e prazo referidos no art. 10 desta Lei, bem como de fornecer à parturiente ou a seu responsável, por ocasião da alta médica, declaração de nascimento, onde constem as intercorrências do parto e do desenvolvimento do neonato: Pena – detenção de seis meses a dois anos.

Parágrafo único. Se o crime é culposo: Pena – detenção de dois a seis meses, ou multa.

O delito visa compelir os responsáveis por estabelecimentos de atendimento à gestante a manterem registros das atividades desenvolvidas, bem como a fornecerem, à mãe ou ao responsável, a respectiva declaração de nascimento do neonato, da qual conste informações referentes ao parto, às condições de saúde, eventuais intercorrências e desenvolvimento do bebê. O dispositivo remete à leitura do artigo 10 do Estatuto, que por sua vez estabelece diretrizes, prazos e protocolos a serem cumpridos pelos hospitais e estabelecimentos de atenção à saúde das gestantes, sejam eles públicos ou particulares.

Não sem razão, parcela da doutrina – como Nucci[15] – entende que a norma prevista no artigo 228 é redundante e de criticável redação. Isto porque o dispositivo, após assinalar a obrigação de manutenção dos registros das atividades desenvolvidas, estabelece que tal deve ser cumprido na forma e prazo referido no artigo 10 e, logo em seguida, insere nova obrigação, qual seja, o de fornecimento da declaração de nascimento, redação igualmente inserida no artigo 10. Mais lógico seria a estipulação das condutas desejadas e, em seguida, remeter o leitor aos preceitos entabulados no artigo supracitado.

De toda sorte, e apesar do rol de obrigações estipulados nos incisos I a V do artigo 10 do Estatuto,[16] a redação do artigo 228 abarca apenas as condutas de não manutenção de registro das atividades desenvolvidas – o qual deverá ser preservado pelo prazo de dezoito anos – e o não fornecimento de declaração de nascimento com as respectivas anotações. Por mais uma questionável opção legislativa – uma vez que poderiam ser abarcados num mesmo dispositivo –, as demais imposições previstas no artigo 10 foram trazidas apenas no artigo 229, mais adiante explanado.

---

[15] NUCCI, Guilherme de Souza. *Leis penais e processuais penais comentadas*: volume 2. 15. ed. Rio de Janeiro: Forense, 2023. p. 98.

[16] Art. 10. Os hospitais e demais estabelecimentos de atenção à saúde de gestantes, públicos e particulares, são obrigados a:

I – manter registro das atividades desenvolvidas, através de prontuários individuais, pelo prazo de dezoito anos;

II – identificar o recém-nascido mediante o registro de sua impressão plantar e digital e da impressão digital da mãe, sem prejuízo de outras formas normatizadas pela autoridade administrativa competente;

III – proceder a exames visando ao diagnóstico e terapêutica de anormalidades no metabolismo do recém-nascido, bem como prestar orientação aos pais;

IV – fornecer declaração de nascimento onde constem necessariamente as intercorrências do parto e do desenvolvimento do neonato;

V – manter alojamento conjunto, possibilitando ao neonato a permanência junto à mãe.

VI – acompanhar a prática do processo de amamentação, prestando orientações quanto à técnica adequada, enquanto a mãe permanecer na unidade hospitalar, utilizando o corpo técnico já existente.

Observação interessante traz Nucci,[17] no que se refere ao verbo *manter*, comumente utilizado para determinar a habitualidade típica. No caso do artigo 228, a obrigação de *manter* é precedida pelo verbo *deixar,* o que, semanticamente, acarreta não apenas a necessidade de conservação do registro, mas a efetiva necessidade de realizá-lo a contento, com as informações e anotações legalmente exigidas.

Cuida-se de crime próprio, uma vez que somente pode ser cometido pelas pessoas elencadas no caput, cujas inações trazidas na descrição típica podem se dar tanto na modalidade culposa quanto na modalidade dolosa.

Art. 229. Deixar o médico, enfermeiro ou dirigente de estabelecimento de atenção à saúde de gestante de identificar corretamente o neonato e a parturiente, por ocasião do parto, bem como deixar de proceder aos exames referidos no art. 10 desta Lei: Pena – detenção de seis meses a dois anos.

Parágrafo único. Se o crime é culposo: Pena – detenção de dois a seis meses, ou multa.

Também neste dispositivo, o tipo é determinado por uma inação daqueles que, possuindo o dever de fazê-lo, deixam de proceder a correta identificação da mãe e do bebê por ocasião do nascimento, assim como de realizar os exames previstos no artigo 10. Visa, pois, a proteção do estado de filiação, bem como evitar possível troca de bebês na maternidade.

Tal como no anterior, o artigo 229 conta com má técnica legislativa em sua redação ao mencionar o artigo 10 apenas ao final do texto, correlacionando-o apenas à realização dos exames previstos no artigo remetido. Ora, se as duas condutas típicas derivam e vêm detalhadas no artigo 10, melhor teria sido mencioná-lo em ambas, ou logo no início do dispositivo.

A propósito, a má ordenação do artigo deixa margem para uma vaga interpretação apontada por parte da doutrina[18]: afinal, no que consistiria a *correta identificação* do neonato e da parturiente?

De fato, da forma e sequência com que redigido, o artigo pode levar o leitor a uma infinidade de interpretações acerca da correta identificação da criança e da mãe, dando margem à insegurança jurídica e, quiçá, a impunidades.

Melhor seria, pois, houvesse feito menção direta ao inciso II do artigo 10, o qual permeado de técnica, determina que a identificação deve ser feita "mediante o registro de sua impressão plantar e digital" (do recém-nascido) e "da impressão digital da mãe", sem descartar outras modalidades administrativamente previstas.

Cuida-se de crime bipróprio, uma vez que exige condição especial tanto do sujeito ativo quanto do passivo em ambas as figuras.

17 NUCCI, Guilherme de Souza. *Leis penais e processuais penais comentadas*: volume 2. 15. ed. Rio de Janeiro: Forense, 2023. p. 98.

18 NUCCI, Guilherme de Souza. *Leis penais e processuais penais comentadas*: volume 2. 15. ed. Rio de Janeiro: Forense, 2023. p. 100.

Art. 230. Privar a criança ou o adolescente de sua liberdade, procedendo à sua apreensão sem estar em flagrante de ato infracional ou inexistindo ordem escrita da autoridade judiciária competente: Pena – detenção de seis meses a dois anos.

Parágrafo único. Incide na mesma pena aquele que procede à apreensão sem observância das formalidades legais.

O verbo nuclear do *caput* atenta para o ato de privação da liberdade de criança ou adolescente sem que verificado estado de flagrância ou, ainda, de uma ordem escrita da autoridade judiciária competente. O parágrafo único, por sua vez, comina idêntica pena àquele que, sem obediência às formalidades legais, efetua a apreensão do menor.

Ao tratar da apreensão, o tipo se refere à conduta de prender, privar da liberdade, sem que isto implique, necessariamente, na colocação da criança ou do adolescente em cárcere.

Importante paralelo no que concerne ao teor do artigo 9º da Lei nº 13.869/2019 (Lei de Abuso de Autoridade), cujo texto prescreve:

> Art. 9º: Decretar medida de privação da liberdade em manifesta desconformidade com as hipóteses legais:
>
> Pena – detenção, de 1 (um) a 4 (quatro) anos, e multa.
>
> Parágrafo único. Incorre na mesma pena a autoridade judiciária que, dentro de prazo razoável, deixar de:
>
> I – relaxar a prisão manifestamente ilegal;
>
> II – substituir a prisão preventiva por medida cautelar diversa ou de conceder liberdade provisória, quando manifestamente cabível;
>
> III – deferir liminar ou ordem de habeas corpus, quando manifestamente cabível.

Nota-se que a conduta prevista no Estatuto se dirige àquele que *efetiva* a medida de constrição à liberdade da criança ou adolescente, logo, o tipo pode atingir tanto a particulares como a agentes públicos que, de maneira irregular, procedam com a apreensão indevida. De seu turno, o artigo 9º da Lei de Abuso de Autoridade trata da conduta de *decretar* medida de privação de liberdade, o que nos leva a interpretar que se trata de crime próprio, ou seja, somente passível de ser praticado por juízes da Infância e Juventude.

Não se olvide que a apreensão tanto de crianças quanto de adolescentes pode ser levada a efeito quando da constatação de ato infracional, tudo com vistas à preservação da ordem pública ou à sua própria preservação. Entretanto, no que se refere à criança, ainda que obedecidas as formalidades legais, não poderá, em hipótese alguma, permanecer privadas de liberdade, ao passo que o adolescente será de pronto encaminhado ao Conselho Tutelar.

Em razão da pena cominada ser extremamente baixa, discute-se sobre a aplicação do ECA e do crime de sequestro previsto no art. 148, §1º, IV, do CP. As divergências apresentam duas diferentes posições: a) primeira posição: incide o art. 230 do ECA quando o sujeito passivo for criança ou adolescente; b) segunda posição: o que vai determinar se se trata de crime do ECA ou de crime do CP é o tempo de duração da privação da liberdade, isto é, para curtas ou curtíssimas privações de liberdade no tempo (horas), aplica-se o art. 230, ECA; ao passo que se aplica o art. 148, §1º, IV, CP, quando o sujeito ativo for particular e a privação da liberdade for duradoura.[19]

Por fim, anote-se que o próprio ECA, bojo dos artigos 106 e 107, dispõe de algumas das formalidades legais imprescindíveis à apreensão do menor, sem prejuízo da preservação de outras garantias previstas no Código Penal, no Processo Penal e na Constituição Federal.

No que diz respeito à classificação, trata-se de crime comum, material, forma livre, em regra comissivo (pode ser comissivo por omissão), de dano, permanente, unissubjetivo, plurissubsistente, admite tentativa, sujeita-se aos benefícios da Lei nº 9.099/95.

Art. 231. Deixar a autoridade policial responsável pela apreensão de criança ou adolescente de fazer imediata comunicação à autoridade judiciária competente e à família do apreendido ou à pessoa por ele indicada: Pena – detenção de seis meses a dois anos.

Observa-se que, diferentemente do artigo anterior, o dispositivo supra se volta à concreta situação de flagrância de ato infracional. A previsão legal, contudo, visa coibir a supressão de direitos e garantias no que se refere ao tempo transcorrido entre a apreensão do menor e a comunicação às autoridades competentes, assim como espelha a garantia constitucional trazida aos adultos no artigo 5º, LXII, no sentido de que "a prisão de qualquer pessoa e o local onde se encontre serão comunicados imediatamente ao juiz competente e à família do preso ou à pessoa por ele indicada".

Em que pese previsão similar no artigo 12 da Lei de Abuso de Autoridade,[20] entendemos pela impossibilidade de cúmulo material entre os delitos. Isto porque o texto da Lei nº 13.869/2019 faz expressa menção à palavra "prisão", o que, por óbvio, denota a inequívoca intenção legislativa de dirigir-se à proteção de adultos.

Cuida-se de crime omissivo próprio, somente podendo ser praticado pelo delegado de polícia cuja conduta consiste em deixar de comunicar primeiro ao juiz e segundo a familiar ou pessoa indicada a apreensão de adolescente.

Rememore-se que quando da regular apreensão do adolescente, este deverá ser primeiramente apresentado ao promotor da infância e da juventude para realização de sua oitiva informal; de seu turno, quando a apreensão decorre de ordem judicial, deverá, de plano, ser apresentado ao juiz competente.

---

19 Art. 148 – Privar alguém de sua liberdade, mediante sequestro ou cárcere privado: Pena – reclusão, de um a três anos. § 1º – A pena é de reclusão, de dois a cinco anos:
IV – se o crime é praticado contra menor de 18 (dezoito) anos; (Incluído pela Lei nº 11.106, de 2005).

20 Art. 12 Deixar injustificadamente de comunicar prisão em flagrante à autoridade judiciária no prazo legal:
Pena – detenção, de 6 (seis) meses a 2 (dois) anos, e multa.
Parágrafo único. Incorre na mesma pena quem:
I – deixa de comunicar, imediatamente, a execução de prisão temporária ou preventiva à autoridade judiciária que a decretou;
II – deixa de comunicar, imediatamente, a prisão de qualquer pessoa e o local onde se encontra a sua família ou a pessoa por ela indicada;
III – deixa de entregar ao preso, no prazo de 24 (vinte e quatro) horas, a nota de culpa, assinada pela autoridade, com o motivo da prisão e os nomes do condutor e das testemunhas;
IV – prolonga a execução de pena privativa de liberdade, de prisão temporária, de prisão preventiva, de medida de segurança ou de internação, deixando, sem motivo justo e excepcionalíssimo, de executar o alvará de soltura imediatamente após recebido ou de promover a soltura do preso quando esgotado o prazo judicial ou legal.

O elemento subjetivo é o dolo, e não se pune a forma culposa. Verificada a omissão culposa, deverá o agente responder somente na esfera administrativa.

Classificação: é crime próprio, formal; de forma livre; omissivo, instantâneo; de perigo abstrato; unissubjetivo; unissubsistente; não admite tentativa e caracteriza infração de menor potencial ofensivo.

Art. 232. Submeter criança ou adolescente sob sua autoridade, guarda ou vigilância a vexame ou a constrangimento: Pena – detenção de seis meses a dois anos.

Conforme se extrai da leitura do artigo, exige-se uma condição especial do sujeito ativo para a tipificação do delito, uma vez que a criança ou o adolescente deve, necessariamente, estar submetido(a) aos cuidados do agente que o(a) submete a vexame ou constrangimento.

A descrição típica é aberta e passível de valoração extremamente subjetiva pelo julgador, entretanto, difere-se o vexame do constrangimento no sentido de que, aquele caracteriza a humilhação passiva (ex.: ofensa verbal, xingamento), ao passo que este se caracteriza quando a vítima é obrigada a praticar determinada conduta que a rebaixe ou fira de algum modo a sua dignidade. (ex.: obrigar os filhos a pedir dinheiro no semáforo).

Nucci[21] sabiamente aponta para um recorrente equívoco jurisprudencial referente a este delito, que vem sendo utilizado como manobra de adequação típica para desclassificar o crime de estupro de vulnerável (art. 217-A, CP) naquelas situações em que o conjunto probatório indica uma postura menos invasiva do sujeito ativo na prática de atos libidinosos. A desclassificação é temerária, uma vez que a gravidade da pena no crime de estupro de vulnerável visa justamente evitar quaisquer condutas que atinjam – ainda que minimamente – a formação moral e a dignidade da criança e do adolescente.

De se convir, ainda, que o tipo em apreço denota qualquer interpretação de cunho sexual, de modo que eventual enquadramento típico diverso do estupro de vulnerável poderá ser eventualmente verificado na infração subsidiária prevista no art. 215-A do Código Penal (importunação sexual).

Classificação: é crime próprio; material; de forma livre; comissivo, instantâneo, podendo tornar-se permanente a depender da manutenção do constrangimento ou situação vexatória; de dano; unissubjetivo; unissubsistente ou plurissubsistente e, nesta modalidade, admite tentativa.

Art. 233. Submeter criança ou adolescente sob sua autoridade, guarda ou vigilância a tortura:

Tipo penal revogado pela Lei de Tortura (Lei nº 9.455/97).

21 NUCCI, Guilherme de Souza. *Leis penais e processuais penais comentadas*: volume 2. 15. ed. Rio de Janeiro: Forense, 2023. p. 104.

Art. 234. Deixar a autoridade competente, sem justa causa, de ordenar a imediata liberação de criança ou adolescente, tão logo tenha conhecimento da ilegalidade da apreensão: Pena – detenção de seis meses a dois anos.

O tipo se volta essencialmente ao magistrado e/ou delgado de polícia, cuja verificação da legalidade é tarefa indelegável e intrínseca a seu dever de ofício, notadamente quando da apreensão de adolescentes.

O artigo visa à proteção da liberdade de locomoção do sujeito passivo, sendo imprescindível a presença do dolo na conduta omissiva, não se admitindo a modalidade culposa.

Destaque-se, tal como mencionado no artigo 231, supra, que apesar do aparente conflito com a redação do artigo 12 da Lei de Abuso de Autoridade, prevalece a redação do Estatuto em homenagem ao princípio da especialidade.

Classificação: é crime próprio, porquanto só pode ser cometido por agente apto a emanar a ordem de liberação do menor; material; de forma livre; omissivo; permanente; de dano; unissubjetivo; unissubsistente e admite os benefícios da Lei nº 9.099/95.

Art. 235. Descumprir, injustificadamente, prazo fixado nesta Lei em benefício de adolescente privado de liberdade: Pena – detenção de seis meses a dois anos.

A redação do dispositivo caracteriza norma penal em branco, cuja complementação demanda uma análise sistemática daqueles artigos do Estatuto que preveem prazos específicos.

A expressão *injustificadamente* indica que o descumprimento do prazo não pode decorrer da morosidade judiciária ou qualquer outra causa que se relacione com fatores extrínsecos à vontade do agente, razão pela qual o dolo caracteriza elemento subjetivo do tipo, não se exigindo elemento específico tampouco punindo-se a forma culposa.

Seguem alguns exemplos de prazos e respectivos agentes responsáveis por seu cumprimento:

- √ Delegado de Polícia: que ao não liberar adolescente flagrado na prática de ato infracional, deixa de fazer o imediato encaminhamento dele ao MP (se não for possível), tudo deverá ocorrer no prazo máximo de 24 horas. – Art. 175, §1º, parte final do ECA.
- √ Promotor de Justiça da Infância e Juventude: ao receber adolescente apreendido não procede a sua ouvida no mesmo dia, a fim de que adote as providências do art. 180 do ECA (requerer arquivamento, oferecer representação ou oferecer medida de remissão cumulada ou não com medida socioeducativa). Art. 179 ECA.
- √ Juiz da Infância e Juventude: que desconsidera o prazo de 45 dias de internação provisória previsto tanto no art. 108 quanto no art. 183 do ECA.
- √ Art. 122, §1º do ECA – criado especificamente para os 45 dias, mas aproveita-se para mais prazos.
- √ Art. 121, §1º DO ECA – prazo de três meses quando a medida de internação é aplicada pelo descumprimento de três medidas anteriores (segundo o STJ). O adolescente tem que ser ouvido – Súmula nº 265 do STJ (regressão).
- √ Art. 121, §3º do ECA – prazo máximo de três anos de internação.

Classificação: é crime próprio, só pode ser praticado pela autoridade ou pelo responsável ao cumprimento do prazo; material; de forma livre; omissivo; permanente; de dano; unissubjetivo; unissubsistente. Adequa-se aos benefícios da Lei nº 9.099/95.

Art. 236. Impedir ou embaraçar a ação de autoridade judiciária, membro do Conselho Tutelar ou representante do Ministério Público no exercício de função prevista nesta Lei: Pena – detenção de seis meses a dois anos.

O delito prevê a situação em que aqueles profissionais atuantes em prol do interesse de crianças e adolescentes são obstados ou dificultados de realizar o seu trabalho, cujos verbos nucleares *impedir* ou *embaraçar* caracterizam um tipo misto alternativo. Logo, realizadas quaisquer das condutas descritas, restará configurado crime único.

A redação do dispositivo visa resguardar a plena e eficaz atuação da autoridade judiciária, membro do Conselho Tutelar ou representante do Ministério Público no que concerne à defesa, garantia e proteção dos direitos das crianças e dos adolescentes.

Classificação: é crime comum; formal; de forma livre; comissivo; instantâneo; de perigo abstrato; unissubjetivo; pode ser uni ou plurissubsistente, admitindo tentativa nesta última hipótese. Tratando-se de menor potencial ofensivo, faz jus aos benefícios da Lei nº 9.099/95.

Art. 237. Subtrair criança ou adolescente ao poder de quem o tem sob sua guarda em virtude de lei ou ordem judicial, com o fim de colocação em lar substituto: Pena – reclusão de dois a seis anos, e multa.

No intuito de assegurar a manutenção da criança ou do adolescente junto à família legal ou judicialmente indicada, o tipo pune aquele que, dolosamente, retira o menor de quem detém sua guarda, com o fim de colocá-lo em lar substituto.

O artigo refere-se aos pais ou àqueles que, decorrente de determinação judicial, detém a guarda ou a tutela da criança ou adolescente.

Anote-se que o artigo 249 do Código Penal dispõe sobre a subtração de "menor de dezoito anos ou interdito ao poder de quem o detém sob sua guarda em virtude de ordem judicial". De se convir, pois, que a redação prevista no Estatuto deve ser prestigiada em detrimento do Código Penal, seja pela especialidade, seja, ainda, por tratar-se de norma mais recente e atual.

Ressalte-se que o tipo em questão exige a constatação de dolo específico, qual seja, a subtração com intenção de colocação em família substituta, sendo certo que, por tal razão, a modalidade culposa não é passível de punição.

Classificação: crime comum, formal, de forma livre, comissivo, geralmente instantâneo. Havendo, por exemplo, manutenção da criança em lar substituto, pode ser classificado como instantâneo de efeitos permanentes. É também unissubjetivo e plurissubsistente, admitindo, pois, tentativa.

Art. 238. Prometer ou efetivar a entrega de filho ou pupilo a terceiro, mediante paga ou recompensa: Pena – reclusão de um a quatro anos, e multa.

Parágrafo único. Incide nas mesmas penas quem oferece ou efetiva a paga ou recompensa.

Trata-se de crime bilateral ou de concurso necessário. Além disso, o crime é formal, porque a simples promessa de entrega do filho ou pupilo, bem como o só oferecimento de vantagem em troca deles já consumam o crime.

É um crime que se exige uma relação especial entre sujeito ativo e passivo, porque a Lei faz referência a filho ou pupilo. O sujeito ativo pode ser o pai, a mãe, o tutor, o guardião ou quem detém a guarda ou parcela, ainda que informal, de poder familiar.

Há singela diferença entre paga e promessa de recompensa. No primeiro caso, temos o crime mercenário. Na recompensa, trata-se de qualquer outra vantagem, de qualquer outra natureza, ainda que não tenha conteúdo econômico.

Se não houver finalidade econômica na promessa de entrega, o crime praticado será o do art. 245 do CP, desde que a pessoa a quem se entregue o menor seja inidônea material ou moralmente. No crime do art. 245 admite dolo direito (deve) e eventual (deva saber).

Se a vítima é retirada de quem a cria não haverá crime – deve haver a guarda. Se a vítima foge por espontânea vontade, também não haverá crime. Agora, se a vítima foge induzida por terceiros haverá o crime do art. 248 do CP.

Se o fim único for privação da liberdade haverá o crime do art. 148, §1º, VI 28, CP, e se o objetivo for resgate haverá o crime de extorsão mediante sequestro (art. 159, CP).

O nascituro pode ser sujeito passivo do crime do art. 238 do ECA, mas deve haver um ato concreto. Vale ressaltar, ademais, que o art. 245, §1º do CP prevê a conduta de entrega do filho com recebimento de vantagem, que, para a doutrina majoritária, foi derrogado com a entrada em vigor deste dispositivo do ECA.

Art. 239. Promover ou auxiliar a efetivação de ato destinado ao envio de criança ou adolescente para o exterior com inobservância das formalidades legais ou com o fito de obter lucro: Pena – reclusão de quatro a seis anos, e multa.

Parágrafo único. Se há emprego de violência, grave ameaça ou fraude: (Incluído pela Lei nº 10.764, de 12.11.2003). Pena – reclusão, de 6 (seis) a 8 (oito) anos, além da pena correspondente à violência.

É um crime formal, não precisará jamais ter havido a efetiva retirada da vítima do território nacional para que esteja consumado o crime.

Nos termos do art. 109, da CF, a competência para o processo e julgamento dos crimes do art. 239 do ECA é sempre da justiça federal.

A figura qualificada traz uma hipótese de concurso ou cúmulo material obrigatório, no caso de violência, afastando a possibilidade de concurso aparente de normas.

O antigo crime capitulado no art. 231, §2º, I, CP passou, por continuidade típico-normativo, a integrar espécie de tráfico de pessoas majorado.

O art. 149-A, do CP, contempla as hipóteses de:

> Agenciar, aliciar, recrutar, transportar, transferir, comprar, alojar ou acolher pessoa, mediante grave ameaça, violência, coação, fraude ou abuso, com a finalidade de I – remover-lhe órgãos, tecidos ou partes do corpo; II – submetê-la a trabalho em condições análogas à de escravo; III – submetê-la a qualquer tipo de servidão; IV – adoção ilegal; ou V – exploração sexual. A pena de reclusão, de 4 (quatro) a 8 (oito) anos, e multa será aumentada, nos termos do §1º, de um terço até a metade se o crime for cometido contra criança, adolescente ou pessoa idosa ou com deficiência (inciso II).

Assim, enquadrada a atividade de lucro em uma das hipóteses do crime de tráfico de pessoas, não subsiste o crime do ECA.

Art. 240. Produzir, reproduzir, dirigir, fotografar, filmar ou registrar, por qualquer meio, cena de sexo explícito ou pornográfica, envolvendo criança ou adolescente: (Redação dada pela Lei nº 11.829, de 2008).

Pena – reclusão, de 4 (quatro) a 8 (oito) anos, e multa. (Redação dada pela Lei nº 11.829, de 2008).

§1º Incorre nas mesmas penas quem agencia, facilita, recruta, coage, ou de qualquer modo intermedeia a participação de criança ou adolescente nas cenas referidas no caput deste artigo, ou ainda quem com esses contracena (Redação dada pela Lei nº 11.829, de 2008).

§2º Aumenta-se a pena de 1/3 (um terço) se o agente comete o crime: (Redação dada pela Lei nº 11.829, de 2008).

I – no exercício de cargo ou função pública ou a pretexto de exercê-la; (Redação dada pela Lei nº 11.829, de 2008).

II – prevalecendo-se de relações domésticas, de coabitação ou de hospitalidade; ou (Redação dada pela Lei nº 11.829, de 2008).

III – prevalecendo-se de relações de parentesco consanguíneo ou afim até o terceiro grau, ou por adoção, de tutor, curador, preceptor, empregador da vítima ou de quem, a qualquer outro título, tenha autoridade sobre ela, ou com seu consentimento. (Incluído pela Lei nº 11.829, de 2008).

Pune-se a conduta daquele que produz material pornográfico ou de sexo explícito envolvendo criança ou adolescente. As condutas principais são: reproduzir, produzir, fotografar, filmar, registrar imagens envolvendo criança ou adolescente. Ou seja, pune-se a origem da pedofilia que, ao depois, será difundida por meio do comércio ou da troca.

A objetividade jurídica deste tipo penal é a tutela da integridade moral da criança e do adolescente.

O sujeito ativo é o produtor, diretor, fotografo, cameraman ou qualquer outra pessoa que realiza o registro, sendo admitida a participação. O sujeito passivo é sempre a criança ou o adolescente envolvido.

A conduta descrita no tipo penal é de ação múltipla, isto é, prevê vários verbos ou núcleos do tipo, configurando o crime desde que o agente realize prática de uma ou mais ação, porém punindo-se apenas uma delas, conforme disposição do princípio da alternatividade.

Os elementos normativos do tipo são: cena de sexo explícito ou pornográfica. Pornografia nada mais é do que a representação, por quaisquer meios, de cenas ou objetos destinados a serem apresentados a um público, com exposição de práticas sexuais diversas, com o objetivo de instigar a libido. Sexo explícito é aquele em que a conjunção carnal ou a pratica de ato libidinoso é exposta ao público.

O tipo subjetivo é o dolo, ou seja, a vontade livre e consciente de praticar uma das condutas previstas no tipo penal incriminador.

Consumação: o crime se consuma com a prática de apenas uma das condutas previstas no tipo penal, sendo admitida a tentativa apenas na hipótese de, por exemplo, flagrante policial quando do início das filmagens.

Tipos equiparados: as condutas previstas no §1º são equiparadas às do caput do artigo, isto é, os verbos/núcleos do tipo: agenciar, recrutar, coagir, de qualquer modo intermediar e contracenar em cenas de sexo explícito ou pornográfica, envolvendo criança e adolescente, são tipos penais assim como os do caput.

Verifica-se que o legislador em algumas das condutas do §1º do referido artigo (agenciar, recrutar e coagir) decidiu por punir o chamado ato preparatório antecedente ao ato de produção, tornando-as condutas típicas. Exceção feita na conduta de contracenar.

O §2º do artigo citado estabelece as causas de aumento de pena, são elas: exercício de cargo ou função pública. Também são causas de aumento de pena as relações domésticas, de coabitação ou de hospitalidade. Mais uma vez o legislador entendeu que deveria punir mais severamente tais relações pessoais e de intimidade. O ambiente doméstico que é estabelecido por integrantes da mesma família: ascendente, descendente, irmão, cônjuge ou companheiro também abrange a hospitalidade (visitante) e a coabitação (habitação coletiva: hotel, pensão, cortiço etc.).

Também se pune com maior rigor a conduta do infrator que se prevalece da proximidade com a criança ou que exerça autoridade sobre ela e o adolescente, tais como: os tios e sobrinhos (os graus de parentesco até o terceiro grau), o exercício da função de tutor ou curador, de professor, de empregador etc.

Art. 241. Vender ou expor à venda fotografia, vídeo ou outro registro que contenha cena de sexo explícito ou pornográfica envolvendo criança ou adolescente: (Redação dada pela Lei nº 11.829, de 2008). Pena – reclusão, de 4 (quatro) a 8 (oito) anos, e multa. (Redação dada pela Lei nº 11.829, de 2008).

A conduta típica do crime é vender ou expor à venda, vídeo ou outro registro que contenha cena de sexo explícito ou pornografia envolvendo criança ou adolescente. Vender é o ato de transferir a propriedade mediante a cobrança de um preço. Expor à venda significa exibir, mostrar. O escambo é considerado como venda e envolve esta modalidade.

O objeto jurídico é a tutela penal da integridade moral da criança e do adolescente.

O sujeito ativo pode ser qualquer pessoa (crime comum). O sujeito passivo é a criança ou o adolescente.

O tipo subjetivo é o dolo, ou seja, a vontade livre e consciente de vender ou de expor à venda.

A consumação se dá com a efetiva venda ou com a exposição à venda, sendo admitida a tentativa.

Pode-se afirmar que a Lei nº 11.829/08 foi a responsável pela introdução na legislação brasileira do *conceito do crime de pedofilia*. O artigo 2º da Lei nº 11.829/08 alterou a Lei nº 8.069, de 13 de julho de 1990, passando a mesma a vigorar acrescida dos seguintes artigos: 241-A, 241-B, 241-C, 241-D e 241-E.

A *Lei nº 13.772, de 19 de dezembro de 2018*, trouxe um novo crime ao Código Penal. Referida lei incluiu, ainda, na Lei nº 11.340/2006 (Lei Maria da Penha), a violação de sua intimidade como um dos meios de violência psicológica. Cumpre recordar que a violência psicológica é uma das formas de violência doméstica e familiar contra a mulher. O tipo penal visa penalizar essas gravações não autorizadas.

Obs.: É importante registrar que, se o agente divulga referido *conteúdo (cena de nudez ou ato sexual ou libidinoso), ele incorre no crime previsto no artigo* 218-C do Código Penal. Percebam que, curiosamente, a produção do conteúdo recebe menor punição que a sua divulgação. O legislador considerou mais grave a divulgação da cena, com a exposição dos envolvidos, do que a gravação, que pode ter fins privados.

Artigo 216-B do CP	Artigo 240 do ECA
Produzir, fotografar, filmar ou registrar, por qualquer meio, conteúdo com cena de nudez ou ato sexual ou libidinoso de caráter íntimo e privado sem autorização dos participantes	Produzir, reproduzir, dirigir, fotografar, filmar ou registrar, por qualquer meio, *cena de sexo explícito ou pornográfica, envolvendo criança ou adolescente*:
Detenção, de 6 (seis) meses a 1 (um) ano, e multa.	Reclusão, de 4 (quatro) a 8 (oito) anos, e multa.

FORMA EQUIPARADA: o parágrafo único do artigo 216-B prevê forma equiparada ao *caput*, incriminando quem realiza montagem em fotografia, vídeo, áudio ou qualquer outro registro com o fim de incluir pessoa em cena de nudez ou ato sexual ou libidinoso de caráter íntimo, similar ao 241-C, do ECA.

Artigo 218-C do CP	Artigo 241 do ECA	Art. 241-A do ECA
Oferecer, trocar, disponibilizar, transmitir, vender ou expor à venda, distribuir, publicar ou divulgar, por qualquer meio – inclusive por meio de comunicação de massa ou sistema de informática ou telemática –, fotografia, vídeo ou outro registro audiovisual que contenha cena de estupro ou *de estupro de vulnerável* ou que faça apologia ou induza a sua prática, ou, sem o consentimento da vítima, cena de sexo, nudez ou pornografia.	Art. 241. Vender ou expor à venda fotografia, vídeo ou outro registro que contenha *cena de sexo explícito ou pornográfica envolvendo criança ou adolescente.*	Oferecer, trocar, disponibilizar, transmitir, distribuir, publicar ou divulgar por qualquer meio, inclusive por meio de sistema de informática ou telemático, *fotografia, vídeo ou outro registro que contenha cena de sexo explícito ou pornográfica envolvendo criança ou adolescente:* §1º Nas mesmas penas incorre quem: *I – assegura os meios ou serviços para o armazenamento das fotografias, cenas ou imagens de que trata o caput deste artigo; II – assegura, por qualquer meio, o acesso por rede de computadores às fotografias, cenas ou imagens de que trata o caput deste artigo.*
Reclusão, de 1 (um) a 5 (cinco) anos, se o fato não constitui crime mais grave.	Reclusão, de 4 (quatro) a 8 (oito) anos, e multa.	Pena – reclusão, de 3 (três) a 6 (seis) anos, e multa.

Art. 241-A. Oferecer, trocar, disponibilizar, transmitir, distribuir, publicar ou divulgar por qualquer meio, inclusive por meio de sistema de informática ou telemático, fotografia, vídeo ou outro registro que contenha cena de sexo explícito ou pornográfica envolvendo criança ou adolescente: (Incluído pela Lei nº 11.829, de 2008).

Pena – reclusão, de 3 (três) a 6 (seis) anos, e multa. (Incluído pela Lei nº 11.829, de 2008).

§1º Nas mesmas penas incorre quem: (Incluído pela Lei nº 11.829, de 2008).

I – assegura os meios ou serviços para o armazenamento das fotografias, cenas ou imagens de que trata o caput deste artigo; (Incluído pela Lei nº 11.829, de 2008).

II – assegura, por qualquer meio, o acesso por rede de computadores às fotografias, cenas ou imagens de que trata o caput deste artigo. (Incluído pela Lei nº 11.829, de 2008).

§2º As condutas tipificadas nos incisos I e II do §1º deste artigo são puníveis quando o responsável legal pela prestação do serviço, oficialmente notificado, deixa de desabilitar o acesso ao conteúdo ilícito de que trata o caput deste artigo. (Incluído pela Lei nº 11.829, de 2008).

O legislador se preocupou com a rede mundial de computadores e com a facilidade de cometimento do crime utilizando-se dos meios eletrônicos.

A conduta delituosa consiste em oferecer, trocar, disponibilizar, transmitir, distribuir, publicar ou divulgar fotografia, vídeo ou outro registro que contenha cena de sexo explícito ou pornografia envolvendo criança ou adolescente.

Transmitir significa enviar ou encaminhar (muito utilizado com as mensagens de e-mail), por isso mesmo o legislador entendeu que o meio para a prática do crime é livre, posto que abrange o sistema de telemática (que é o conjunto de tecnologias da informação e da comunicação resultante da junção entre recursos de telecomunicações – telefonia, satélite, cabo, fibras ópticas e etc.) e informática (que é o conjunto de conhecimentos e técnicas ligadas ao tratamento racional e automático de informação, que é associado à utilização de computadores e respectivos programas – sites de internet).

O aparelho celular e a câmera digital, desde que utilizados para extrair imagens pornográficas ou de sexo explícito com crianças e adolescentes, também são meios hábeis para a prática deste crime.

O dolo do crime, ou seja, seu tipo subjetivo, é a vontade livre e consciente de oferecer, trocar, disponibilizar, transmitir, distribuir, publicar ou divulgar. Na modalidade transmitir a conduta é permanente, permanecendo a consumação enquanto houver a conduta. Nas demais condutas o crime é instantâneo. Nestes casos, quando o crime é instantâneo, admite-se a tentativa.

O §1º inova ao trazer as condutas equiparadas, punindo a conduta da pessoa física que assegura os meios para o armazenamento das cenas ou imagens, como, por exemplo, abrigando as fotografias em um site (site de relacionamento tais como Facebook, Instagram, Snapchat e outros, onde é possível inserir fotos). A outra figura típica equiparada permite a punição de pessoa física representante do site que dá acesso por rede de computadores às fotos, cenas ou imagens.

As figuras equiparadas são crimes de perigo, consumando-se com a simples garantia do meio, isto é, assegurando o armazenamento ou facilitando o acesso para inserção da imagem. Basta disponibilizar ambos, independentemente de terceiros terem efetivamente acessado as imagens, para que esteja consumado o crime. Por este motivo a tentativa é admitida.

Nas figuras equiparadas entendemos presente uma nova causa de extinção da punibilidade. Isto porque, descoberta a permissão pelo site de relacionamento, por exemplo, a autoridade encarregada da investigação oficiará ao representante legal do site de relacionamento para que, no prazo de cinco dias, retire do ar tal conteúdo. Muito embora o crime já esteja consumado, quis o legislador oferecer uma oportunidade de retratação por parte do representante legal do site.

Criou-se, assim, uma condição objetiva de punibilidade, ao exigir como condição de punição a omissão do responsável legal pela prestação do serviço, oficialmente notificado, que deixa de desabilitar o acesso ao conteúdo ilícito (a prescrição somente começa a correr a partir do momento em que se implementa a condição objetiva de punibilidade).

Competência: para fins do art. 109, V, da CF, dois aspectos determinantes devem ser reconhecidos: 1) a existência de convenção ou tratado internacional assinado e aprovado pelo Brasil; 2) que se trate de crime à distância, com execução ou resultado em mais de um país. *O fato de o crime ser cometido pela Internet não seria suficiente para firmar a competência da justiça federal*, sendo necessária a prova de que houve execução ou consumação do delito no exterior (no entanto, está prevalecendo ser de competência federal).

Art. 241-B. Adquirir, possuir ou armazenar, por qualquer meio, fotografia, vídeo ou outra forma de registro que contenha cena de sexo explícito ou pornográfica envolvendo criança ou adolescente: (Incluído pela Lei nº 11.829, de 2008).

Pena – reclusão, de 1 (um) a 4 (quatro) anos, e multa. (Incluído pela Lei nº 11.829, de 2008).

§1º A pena é diminuída de 1 (um) a 2/3 (dois terços) se de pequena quantidade o material a que se refere o caput deste artigo. (Incluído pela Lei nº 11.829, de 2008).

§2º Não há crime se a posse ou o armazenamento tem a finalidade de comunicar às autoridades competentes a ocorrência das condutas descritas nos arts. 240, 241, 241-A e 241-C desta Lei, quando a comunicação for feita por: (Incluído pela Lei nº 11.829, de 2008).

I – agente público no exercício de suas funções; (Incluído pela Lei nº 11.829, de 2008).

II – membro de entidade, legalmente constituída, que inclua, entre suas finalidades institucionais, o recebimento, o processamento e o encaminhamento de notícia dos crimes referidos neste parágrafo; (Incluído pela Lei nº 11.829, de 2008).

III – representante legal e funcionários responsáveis de provedor de acesso ou serviço prestado por meio de rede de computadores, até o recebimento do material relativo à notícia feita à autoridade policial, ao Ministério Público ou ao Poder Judiciário. (Incluído pela Lei nº 11.829, de 2008).

§3º As pessoas referidas no §2º deste artigo deverão manter sob sigilo o material ilícito referido. (Incluído pela Lei nº 11.829, de 2008).

A objetividade jurídica, os sujeitos ativo e passivo, são os mesmos da conduta anterior.

Já o tipo objetivo consiste em adquirir, possuir ou armazenar, por qualquer meio, fotografia, vídeo ou outra forma de registro que contenha cena de sexo explícito ou pornográfica envolvendo criança ou adolescente (espécie de receptação do material objeto dos crimes anteriores, com quebra evidente da teoria monista).

O §1º é apenas causa de diminuição de pena de 1/3 a 2/3, o que contraria o objetivo da Lei e, por isso, em nossa opinião, deveria ter sido vetado, eis que claramente tipifica hipótese de violação do princípio da proporcionalidade, na vertente da proteção jurídica deficiente.

A vontade livre e consciente de adquirir, possuir ou armazenar, por qualquer meio, fotografia, vídeo ou outra forma de registro que contenha cena de sexo explícito ou pornográfica envolvendo criança ou adolescente caracteriza a necessidade da existência do dolo para configurar o tipo penal, dolo este que pode até ser na sua forma eventual. Não sendo prevista a forma culposa.

A consumação se dá com a aquisição, a posse ou o armazenamento, sendo admitida a tentativa.

O §2º prevê hipóteses de excludentes de tipicidade, posto que menciona que não há crime se o agente (público, no exercício de suas funções – delegado, investigador, membros do Ministério Público etc. e privado – ONGS legalmente constituídas que tem como finalidade o encaminhamento de *notitias criminis* referidas neste parágrafo e representantes legais de provedores de acesso à internet) possui ou armazena o registro com a finalidade de comunicar a ocorrência dos crimes previstos nos artigos 240, 241, 241-A e 241-C às autoridades competentes. Tais pessoas mencionadas têm o dever de manter sigilo sobre os fatos. Essa causa que exclui o crime se concilia com a nova política de infiltração de agentes que precisarão desse material inclusive para esse tipo de investigação.

Art. 241-C. Simular a participação de criança ou adolescente em cena de sexo explícito ou pornográfica por meio de adulteração, montagem ou modificação de fotografia, vídeo ou qualquer outra forma de representação visual: (Incluído pela Lei nº 11.829, de 2008).

Pena – reclusão, de 1 (um) a 3 (três) anos, e multa. (Incluído pela Lei nº 11.829, de 2008).

Parágrafo único. Incorre nas mesmas penas quem vende, expõe à venda, disponibiliza, distribui, publica ou divulga por qualquer meio, adquire, possui ou armazena o material produzido na forma do caput deste artigo. (Incluído pela Lei nº 11.829, de 2008).

Muito embora possa ocorrer o chamado erro de tipo, quando o criminoso acredita que a fotografia pertence a pessoa maior de 18 (dezoito) anos, a prática de manipulação ou simulação da participação de criança ou adolescente em cena de sexo explícito também é considerada crime.

Os recursos visuais tais como os de *photoshop*, que é de acesso público através de programas de computador que são baixados pela internet, permite a alteração de imagens, inserindo nelas elementos não existentes, fazendo montagens, dando a entender que determinadas pessoas estariam praticando cenas de sexo explícito ou pornográfica com crianças ou adolescentes. Isso poderia ocorrer e a legislação não previu isso.

Para sanar a lacuna da lei, criou-se esta *novatio legis incriminadora*, em que se pune a montagem de imagem envolvendo criança ou adolescente em cena de sexo explícito ou pornográfica.

A objetividade jurídica e os sujeitos do crime são os mesmos dos tipos penais anteriores.

O tipo objetivo incrimina o produtor da representação visual que falsificou a fotografia (adulteração), construiu a fotografia (montagem) ou alterou a fotografia (montagem).

Se a falsificação for grosseira, sendo percebida facilmente, tem-se entendido que mesmo assim se configura o crime, pelo atingimento da integridade moral e psíquica da criança ou adolescente. Parte da doutrina, no entanto, defende ser crime impossível.

O crime só pode ser consumado em sua forma dolosa, sendo admitida a tentativa, quando há, por exemplo, o flagrante policial no ato do agente que inicia a adulteração e é surpreendido pela autoridade policial.

O parágrafo único traz a figura equiparada do chamado pedófilo da internet, que vasculha os mais variados sites com conteúdo de pedofilia infantil, fotos, vídeos ou registros que contenham montagens de imagens de criança e adolescente. Frise-se que se a imagem não for verdadeira, o crime tipificado será o do artigo 241-B.

Incompreensível, contudo, que as penas máximas desses dois crimes sejam distintas.

Caso se trate de divulgação de cena de estupro de vulnerável, o agente incorrerá especificamente no crime do art. 218-C do Código Penal.

Vale ressaltar, ademais, que se a vítima for maior, o agente praticará o crime de "registro não autorizado da intimidade sexual", capitulado no art. 216-B do Código Penal.

Art. 241-D. Aliciar, assediar, instigar ou constranger, por qualquer meio de comunicação, criança, com o fim de com ela praticar ato libidinoso: (Incluído pela Lei nº 11.829, de 2008).

Pena – reclusão, de 1 (um) a 3 (três) anos, e multa. (Incluído pela Lei nº 11.829, de 2008).

Parágrafo único. Nas mesmas penas incorre quem: (Incluído pela Lei nº 11.829, de 2008).

I – facilita ou induz o acesso à criança de material contendo cena de sexo explícito ou pornográfica com o fim de com ela praticar ato libidinoso; (Incluído pela Lei nº 11.829, de 2008).

II – pratica as condutas descritas no caput deste artigo com o fim de induzir criança a se exibir de forma pornográfica ou sexualmente explícita. (Incluído pela Lei nº 11.829, de 2008).

O tipo objetivo contempla o núcleo "aliciar", que significa atrair a criança com promessas enganosas; "assediar", que é importunar a criança; e "instigar", que significa fazer nascer na criança a ideia de prática do ato libidinoso. Já "constranger" implica utilizar de violência ou grave ameaça na conduta.

As formas de assédio são livres, podendo ser verbal ou virtual, como através de sites de bate papo na internet.

Importante destacar que o tipo penal excluiu a figura do adolescente deste tipo penal, só deixando a figura da criança, por entender que o primeiro (o adolescente) consegue ter maior discernimento para não se submeter ao assédio do pedófilo. Não se pode concordar com tal posicionamento, eis que para o CP, em termos sistemáticos, todo menor de 14 anos é presumivelmente vulnerável.

Por se tratar de crime de perigo, consuma-se o fato independentemente da ocorrência da prática do ato libidinoso. Admite-se a tentativa.

O elemento subjetivo do tipo é o dolo e o elemento normativo do tipo é o ato libidinoso, abrangendo a conjunção carnal ou qualquer ato que visa ao atendimento da libido (ver dolo específico).

O parágrafo único do artigo estabelece também figuras equiparadas. No inciso I tem-se a conduta do agente que, por exemplo, envia e-mail com site pornográfico ou que mostre cenas explícitas de sexo. Na verdade, estamos diante de verdadeiro ato preparatório para a conduta libidinosa: as fotos são enviadas com uma prévia do desejo do agente de futuramente praticar atos libidinosos com a criança.

O inciso II, por sua vez, prevê que o agente assedie a criança de forma que ela se exiba de forma pornográfica ou sexualmente explícita.

Consigne-se que, com as alterações impostas pela Lei nº 12.015/2009, o sujeito passivo do delito previsto no art. 218 deve ser menor de 14 (catorze) anos de idade; limitando-se o alcance da infração penal ao núcleo "induzir" a satisfazer a lascívia de outrem. Desse modo, praticar ato de libidinagem em circunstâncias normais com pessoa maior de 14 (catorze) e menor de 18 (dezoito) anos de idade não configura mais ilícito penal.

Evidentemente que se o ato de libidinagem é praticado com menor (maior de 14 e menor de 18 anos) que esteja sendo explorado sexualmente, poder-se-á incorrer no crime previsto no art. 218-B, §2º, I, do CP. E, por óbvio, se o ato sexual for com menor de catorze anos, restar-se-á configurado o crime de estupro de vulnerável (art. 217-A).

Art. 241-E. Para efeito dos crimes previstos nesta Lei, a expressão "cena de sexo explícito ou pornográfica" compreende qualquer situação que envolva criança ou adolescente em atividades sexuais explícitas, reais ou simuladas, ou exibição dos órgãos genitais de uma criança ou adolescente para fins primordialmente sexuais. (Incluído pela Lei nº 11.829, de 2008).

A fim de evitar divergências e controvérsias referentes ao conceito de cena de sexo explícito ou pornográfica, a lei define a expressão no artigo 241-E.

Realizou-se aquilo que se chama na hermenêutica jurídica de interpretação autêntica da lei, pois os artigos 240 e 241 previam a definição, porém, sem explicá-lo (norma penal explicativa).

Sendo assim, conceitua-se cena de sexo explícito como toda e qualquer cena de atividade sexual explicita real e simulada. A simulada também é chamada de cena erótica.

Já a cena pornográfica é aquela em que há exibição dos órgãos genitais de criança e adolescente para fins libidinosos ou sexuais.

Entende-se, pois, que a cena pornográfica abrange o conceito de sexo explícito.

Art. 242. Vender, fornecer ainda que gratuitamente ou entregar, de qualquer forma, a criança ou adolescente arma, munição ou explosivo:

Pena – reclusão, de 3 (três) a 6 (seis) anos. (Redação dada pela Lei nº 10.764, de 12.11.2003).

O art. 81, inciso I, do ECA, proíbe a venda à criança ou ao adolescente de armas, munições e explosivos.

Há evidente conflito com o Estatuto do Desarmamento (art. 13 e art. 16, §1º, V, da Lei nº 10.826/03). Assim, se a conduta for comissiva, será o crime do art. 242 do ECA; se for puramente omissiva e culposa, será o art. 13 do Estatuto do Desarmamento.

Há quem defenda a possibilidade do art. 242 em concurso material com o art. 16 mencionado, embora se revele o *bis in idem*. O mais correto será interpretar que houve uma revogação tácita do dispositivo pelo Estatuto do Desarmamento (que incluiu, inclusive, acessório), não obstante as penas sejam iguais.

Art. 243. Vender, fornecer, servir, ministrar ou entregar, ainda que gratuitamente, de qualquer forma, a criança ou a adolescente, bebida alcoólica ou, sem justa causa, outros produtos cujos componentes possam causar dependência física ou psíquica: (Redação dada pela Lei nº 13.106, de 2015).

Pena – detenção de 2 (dois) a 4 (quatro) anos, e multa, se o fato não constitui crime mais grave. (Redação dada pela Lei nº 13.106, de 2015).

O art. 81 do ECA em incisos diferentes (II e III) trata da proibição de venda de bebida alcoólica e produtos cujos componentes possam causar dependência física ou psíquica, ainda que por utilização indevida. O tipo do art. 243 configura evidente norma penal em branco, havendo na jurisprudência (STJ) questionamento sobre o potencial da bebida alcoólica gerar dependência. Parte da doutrina questiona que o potencial de dependência poderia alterar a tipificação legal, aduzindo que a mera venda de bebida alcoólica sem a prova da dependência tipificaria a conduta do art. 63, I, da LCP. No entanto, trata-se de tipo de perigo abstrato, em que é prescindível a comprovação de uma situação de perigo concreto ou potencial dano.

No tocante aos produtos cujos componentes possam causar dependência física ou psíquica, há de se excluir, logicamente, a possiblidade de se tratar de drogas, eis que a Lei nº 11.343/06, mais grave, terá aplicação, sendo certo, inclusive, que incidirá a causa de aumento do art. 40, VI, da mencionada lei, se *sua prática envolver ou visar atingir criança ou adolescente ou a quem tenha, por qualquer motivo, diminuída ou suprimida a capacidade de entendimento e determinação.*

Art. 244. Vender, fornecer ainda que gratuitamente ou entregar, de qualquer forma, a criança ou a adolescente fogos de estampido ou de artifício, exceto aqueles que, pelo seu reduzido potencial, sejam incapazes de provocar qualquer dano físico em caso de utilização indevida: Pena – detenção de seis meses a dois anos, e multa.

Do mesmo modo, o art. 244 trata do tipo penal de fornecimento de fogos de artifício a criança ou adolescente, valendo destacar que o próprio ECA, em seu art. 81, inciso IV, expressamente proíbe a venda, exceto daqueles que, pelo seu reduzido potencial, sejam incapazes de provocar qualquer dano físico em caso de utilização indevida.

Art. 244-A. Submeter criança ou adolescente, como tais definidos no *caput* do art. 2º desta Lei, à prostituição ou à exploração sexual: (Incluído pela Lei nº 9.975, de 23.6.2000).

Pena – reclusão de quatro a dez anos e multa, além da perda de bens e valores utilizados na prática criminosa em favor do Fundo dos Direitos da Criança e do Adolescente da unidade da Federação (Estado ou Distrito Federal) em que foi cometido o crime, ressalvado o direito de terceiro de boa-fé. (Redação dada pela Lei nº 13.440, de 2017).

§1º Incorrem nas mesmas penas o proprietário, o gerente ou o responsável pelo local em que se verifique a submissão de criança ou adolescente às práticas referidas no *caput* deste artigo. (Incluído pela Lei nº 9.975, de 23.6.2000).

§2º Constitui efeito obrigatório da condenação a cassação da licença de localização e de funcionamento do estabelecimento. (Incluído pela Lei nº 9.975, de 23.6.2000).

O art. 218-B do CP revogou tacitamente o art. 244-A do ECA, apesar da Lei Complementar nº 95/1998, em seu art. 9º, vedar a utilização desse tipo de técnica legislativa (revogação tácita), sendo hipótese de continuidade normativo típica.

Pontua-se que o art. 218-B do CP trouxe a figura do "favorecimento da prostituição ou de outra forma de exploração sexual de criança ou adolescente ou de vulnerável", prevendo em seu *caput* a conduta de "submeter, induzir ou atrair à prostituição ou outra forma de exploração sexual alguém menor de 18 (dezoito) anos ou que, por enfermidade ou deficiência mental, não tem o necessário discernimento para a prática do ato, facilitá-la, impedir ou dificultar que a abandone". Com a edição do citado art. 218-B houve a manutenção da pena de reclusão de quatro a dez anos e previsão de aplicação de multa cumulativa quando o crime for praticado com vistas à obtenção de vantagem econômica. Além disso, trouxe, em seu §2º, as figuras equiparadas de "quem pratica conjunção carnal ou outro ato libidinoso com alguém menor de 18 (dezoito) anos na situação descrita no *caput* deste artigo", assim como a conduta do proprietário, gerente ou responsável "pelo local em que se verifiquem as práticas referidas no *caput* deste artigo". Manteve ainda a alteração legislativa a previsão de cassação da licença de localização e funcionamento do estabelecimento.

Art. 244-B. Corromper ou facilitar a corrupção de menor de 18 (dezoito) anos, com ele praticando infração penal ou induzindo-o a praticá-la: (Incluído pela Lei nº 12.015, de 2009).

Pena – reclusão, de 1 (um) a 4 (quatro) anos. (Incluído pela Lei nº 12.015, de 2009).

§1º Incorre nas penas previstas no caput deste artigo quem pratica as condutas ali tipificadas utilizando-se de quaisquer meios eletrônicos, inclusive salas de bate-papo da internet. (Incluído pela Lei nº 12.015, de 2009).

§2º As penas previstas no caput deste artigo são aumentadas de um terço no caso de a infração cometida ou induzida estar incluída no rol do art. 1 º da Lei n º 8.072, de 25 de julho de 1990. (Incluído pela Lei nº 12.015, de 2009).

A principal discussão relativa a este crime diz respeito ao momento consumativo da infração penal. A posição pacifica no STJ diz que o crime é formal, pois o que se tutela é a totalidade de "menores", que acabam sendo violados com a pratica de infrações penais, por isso haverá crime, independentemente de estarem corrompidos.[22]

Já o STF considera desnecessária a prova da "idoneidade moral anterior" da criança ou adolescente para fins de caracterização do antigo (e similar) crime do art. 1º, da Lei nº 2.252/54.[23] Apenas por cautela, salienta-se que a Lei nº 12.015 modificou de forma pontual a Lei dos Crimes Hediondos e o ECA e revogou a antiga Lei nº 2.252/54.

Esse entendimento restou de tal forma pacificado que foi editada a Súmula nº 500 pelo E. Superior Tribunal de Justiça: *o crime de corrupção de menores é formal, de perigo presumido, prescindindo, para sua caracterização, de prova da efetiva corrupção do menor.*

Referências

AMIN, Andréa Rodrigues. Doutrina da Proteção Integral e Princípios orientadores do Direito da Criança e do Adolescente. *In.: Curso de Direito da Criança e do Adolescente.* 3. ed. Rio de Janeiro, Editora Lumens Júris, 2009.

BALLESTEROS, Abraham Osorio. El principio del interés superior del niño en las instituciones asistenciales. Un acercamiento desde las concepciones de los profesionales. CIENCIA ergo-sum. *Revista Científica Multidisciplinaria de Prospectiva,* v. 22, n. 3, p. 215-224, 2015.

CILLERO BRUÑOL, Miguel. El interés superior del niño en el marco de la Convención Internacional sobre los Derechos del Niño. *Revista Justicia y Derechos del Niño (UNICEF),* Santiago, n. 9, 2007.

CIDH. Corte Interamericana de Direitos Humanos. *Caso Mapiripán Massacre vs. Colômbia.* 2005. Disponível em: https://www.corteidh.or.cr/docs/casos/articulos/seriec_134_ing.pdf. Acesso em 31 mar. 2022.

CIDH. Corte Interamericana de Direitos Humanos. *Caso Fonerón e Filha vs. Argentina.* 2012. Disponível em: https://corteidh.or.cr/docs/casos/articulos/seriec_242_esp.pdf. Acesso em 31 mar. 2023.

DAVID, Pedro R. *Sociologia Criminal.* 6. ed. Buenos Aires: Depalma, 2003.

GONZÁLEZ-CÁRDENAS, Freddy Damián *et al.* Protección para niños, niñas y adolescentes: la protección integral prevista em la constitución ecuatoriana. Institia Socialis. *Revista Arbitrada de Ciencias Jurídicas,* v. 5, n. 1, p. 397-414, 2020.

22 STJ. 5ª T. HC nº 144181/DF. Rel. Min. Napoleão Nunes Maia Filho. J. em 29.10.2009.

23 STF. 2ª T. HC nº 97197/PR. Rel. Min. Joaquim Barbosa. J. em 27.10.2009.

KALVERBOER, Margrite; BELTMAN, Daan; OS, Carla; ZŸLSTRA, Elianne. The best interest of the child in cases of migration: assessing and determining the best interest of the child in migration procedures. *International Journal of Children's Rights*, [S. l.], n. 25, p. 114-139, 2017.

MÔNACO, Gustavo Ferraz de Campos. *A proteção da criança no cenário internacional.* Belo Horizonte: Del Rey, 2005.

MONTEIRO, Agostinho dos Reis. *Direito das crianças*: era uma vez... Coimbra: Almedina, 2010.

NETO, Lélio Ferraz de Siqueira; ARAÚJO, Fernando Henrique de Moraes; NETO, Renato Arruda S. *Acolhimento de Crianças e Adolescentes, entre a violação e a garantia de direitos.* Leme/SP: Editora Imperium, 2022.

NUCCI, Guilherme de Souza. *Leis penais e processuais penais comentadas*: volume 2. 15. ed. Rio de Janeiro: Forense, 2023.

PEREIRA, Tânia da Silva. A Convenção e o Estatuto: um ideal comum de proteção ao ser humano em vias de desenvolvimento. *In*: PEREIRA, T. S. (Coord.). *Estatuto da criança e do Adolescente. Lei nº 8.069/1990*: estudos sociojurídicos. Rio de Janeiro: Renovar, 1992.

PIOVESAN, Flávia; PIROTTA, Wilson Ricardo. Os direitos humanos das crianças e dos adolescentes no direito internacional e no direito interno. *In*: PIOVESAN, Flávia. *Temas de direitos humanos.* São Paulo: Saraiva, 2015.

UNESCO. *Declaração Universal dos Direitos Humanos.* New York, 1948. Disponível em http://unesdoc.unesco.org/images/0013/001394/139423por.pdf. Acesso em 14 mar. 2024.

Informação bibliográfica deste texto, conforme a NBR 6023:2018 da Associação Brasileira de Normas Técnicas (ABNT):

MORAES, Alexandre Rocha Almeida de; FRANCO, Giovana Greka Godoi; ALMEIDA, Vanessa Therezinha Sousa de. Crimes do estatuto da criança e do adolescente: Comentários aos crimes da Lei nº 8.069, de 13 de julho de 1990. *In*: GOLDFINGER, Fábio Ianni; MORAES, Alexandre Rocha Almeida de (coord.). *Legislação penal extravagante*: Volume III. Belo Horizonte: Fórum, 2024. p. 169-197. ISBN 978-65-5518-818-9.

OS CRIMES NO ESTATUTO DA PESSOA IDOSA: LEI Nº 10.741, DE 01 DE OUTUBRO DE 2003

Fábio Ianni Goldfinger

Roberto Carlos Alves de Oliveira Júnior

1 Introdução: a proteção jurídica suficiente

O artigo 230 da CF prevê que a família, a sociedade e o Estado têm o dever de amparar as pessoas idosas, assegurando sua participação na comunidade, defendendo sua dignidade e o bem-estar, garantindo-lhes o direito à vida.

A família é o mecanismo informal de disciplina, de socialização primária do ser humano, como explica Alexandre Rocha, por essa razão, houve a necessidade de se criminalizar "condutas que atentam contra interesses da criança (Lei nº 8.069/90), contra o idoso (Lei nº 10.741/03), contra a mulher, criando, inclusive um microssistema específico de proteção (Lei nº 11.340/06)".[1]

Obedecendo a esse mandamento constitucional e ainda por meio do princípio da proteção integral à pessoa idosa, o legislador editou o denominado Estatuto da Pessoa Idosa (EPI), por meio da Lei nº 10.741/2003, elegendo-se, para tanto, o critério etário de 60 (sessenta) anos para definição de seu âmbito de incidência.[2] Nessa linha protetiva ao idoso, optou-se por implementar tipos penais autônomos, destinados à tutela da vida, da integridade corporal, da saúde, da liberdade, da honra, da imagem e do patrimônio do idoso.

Em essência, a leitura e aplicação do Estatuto da Pessoa Idosa tem como norte de preocupação de resgate a dignidade do idoso, de modo a reclamar uma visão de sistemática

---

1 MORAES, Alexandre Rocha Almeida de. *Direito Penal*: parte geral. Belo Horizonte: Fórum, 2021. p. 32.

2 Oportuno recordar que, no âmbito normativo, pode-se indicar a existência de quatro estágios de idade para fins de tutela do direito à pessoa idosa: i) 60 anos, para ser considerado uma pessoa idosa, conforme o art. 1º da Lei nº 10.741/03; b) 65 anos, para que tenha o benefício do transporte coletivo público gratuito, nos termos do art. 230, §2º, da Constituição da República, da concessão de eventual benefício assistencial previsto no art. 34 da Lei nº 10.741/03 ; c) 70 anos, para o cálculo da prescrição (CP, art. 115), concessão de atenuante (CP, art. 65, inc. XXXX) e a possibilidade de concessão do chamado *sursis etário* (CP, art. ; d) 80 anos, para observância de critérios de prioridade em relação às demais pessoas idosas (EPI, art. 3º, §2º; art. 15, §7º; art. 71, §5º).

com toda a Lei nº 10.741 e a finalidade maior de fixar o direito do idoso em um patamar jurídico de hierarquia superior.

Com efeito, o Estatuto da Pessoa Idosa previu no Título VI as disposições penais, estabelecendo normas tanto de direito processual penal, quanto de direito material penal. Muito embora seja uma Lei especial que visa proteger grupos de pessoas consideradas vulneráveis, o Estatuto da Pessoa Idosa se vale da regra da subsidiariedade de outras leis especiais.

Nesse sentido, o art. 93 do EPI, ao prever a aplicação subsidiária, no que couber, da Lei de Ação Civil Pública (Lei nº 7.347/85).

Ainda o art. 94 do Estatuto da Pessoa Idosa estabelece que: "Aos crimes previstos nesta Lei, cuja pena máxima privativa de liberdade não ultrapasse 4 (quatro) anos, aplica-se o procedimento previsto na Lei nº 9.099, de 26 de setembro de 1995, e, subsidiariamente, no que couber, as disposições do Código Penal e do Código de Processo Penal". O dispositivo foi alvo de intensa discussão jurídica na doutrina e nos Tribunais, em especial sobre a aplicação de medidas despenalizadoras aos agentes que praticam crimes contra as pessoas idosas.

O STF, na ADI nº 3096, firmou entendimento de que o dispositivo legal anteriormente mencionado deve ser interpretado em favor da pessoa idosa, não devendo ser beneficiado quem lhe viole os direitos. Por isso, os agentes que praticam crimes contra a pessoa idosa não poderão ter acesso a benefícios despenalizadores de direito material, como conciliação, transação penal, composição civil de danos ou conversão da pena. Somente se aplicam as normas estritamente processuais para que o processo termine mais rapidamente, em benefício do idoso: "(...) 2. Art. 94 da Lei nº 10.741/2003: interpretação conforme à Constituição do Brasil, com redução de texto, para suprimir a expressão "do Código Penal e". Aplicação apenas do procedimento sumaríssimo previsto na Lei nº 9.099/95: benefício do idoso com a celeridade processual. Impossibilidade de aplicação de quaisquer medidas despenalizadoras e de interpretação benéfica ao autor do crime. 3. Ação direta de inconstitucionalidade julgada parcialmente procedente para dar interpretação conforme à Constituição do Brasil, com redução de texto, ao art. 94 da Lei nº 10.741/2003". (ADI nº 3096, Relator(a): Min. Cármen Lúcia, Tribunal Pleno, julgado em 16.06.2010).

Concluiu o STF, julgando a ADI nº 3096, que aqueles que cometem crimes contra as pessoas idosas, cujas penas máximas forem superiores a dois anos, não poderão se beneficiar das medidas despenalizadoras previstas na Lei nº 9.099/95.

Portanto, o art. 94 do Estatuto da Pessoa Idosa apenas determina que seja adotado, como forma procedimental, a Lei nº 9.099/95 aos crimes cuja pena máxima privativa de liberdade não ultrapasse 4 (quatro) anos. Assim, esses crimes não estão sujeitos à competência dos Juizados Especiais Criminais, nem tampouco foi ampliado o crime de menor potencial ofensivo. Daí ser possível arrematar que: i) em relação aos crimes definidos no EPI, aplica-se toda a Lei nº 9.099/95 àqueles com pena máxima cominada de até dois anos de privação de liberdade; ii) somente a parte processual da Lei nº 9.099/95 para as hipóteses apenadas com mais de dois até quatro anos; e, iii) não se aplica a Lei nº 9.099/95 para as hipóteses mais graves.

Reforça-se, especialmente, que não estão inclusos no procedimento processual as fases que antecedem a denúncia (peça inicial da ação penal). Assim, investigação criminal, competência, questões e processos incidentes, prisão e liberdade, entre outros temas, na hipótese de tipificação no Estatuto da Pessoa Idosa, serão tratados pelo Código de Processo Penal, que possui aplicação subsidiária.

Não haverá, portanto, fase preliminar prevista no art. 69 a 76 da Lei nº 9.099/95, pois tal fase apenas antecede o procedimento processual. Também não será possível, em razão da impossibilidade da transação penal, a aplicação dos arts. 76, 77 e 78 da Lei nº 9.099/95, não sendo ainda admissível a denúncia oral, bem como se faz necessária a juntada do exame de corpo de delito.

Após, então, o oferecimento da denúncia (escrita), serão obedecidas as normas procedimentais da Lei nº 9.099/95. Observando o procedimento anteriormente mencionado:

1ª) O procedimento não prevê o número de testemunhas, aplicando-se, assim, a analogia ao CPP, no máximo 5 (crimes punidos com detenção) e 8 (crimes punidos com reclusão);

2ª) Caso a defesa deseje que as testemunhas de defesa compareçam através de intimação, deverá apresentar requerimento para tanto, no mínimo, 5 dias antes de sua realização;

3ª) Não há previsão legal do tempo para os debates orais, aplicando-se então o art. 534 do CPP, que estabelece o prazo de 20 minutos para cada parte, sendo possível a prorrogação por mais 10, a critério do juiz;

4ª) Aplica-se o art. 81 da Lei nº 9.099/95, ou seja, poderá o juiz limitar provas protelatórias ou excessivas, e será lavrado termo de todo o ocorrido na audiência, e a dispensa do relatório na sentença.

Porém, em relação aos crimes previstos no art. 99, §2º, e art. 107 do EPI, o rito que deverá ser seguido será o comum ordinário, previsto no art. 394 e seguintes do CPP. Mas, caso o crime for de coação tentada (art. 107 do EPI c/c art. 14, inc. II, do CP), aplica-se o procedimento sumaríssimo da Lei nº 9.099/95, em razão da incidência obrigatória da causa de diminuição de pena.

Anote-se que por previsão expressa deve ser assegurada a prioridade na tramitação dos processos e procedimentos e na execução dos atos e diligências judiciais em que figure como parte ou interveniente pessoa com idade igual ou superior a 60 (sessenta) anos, em qualquer instância, dando-se prioridade especial aos maiores de 80 (oitenta) anos (art. 71 do EPI).

As condutas tipificadas no EPI estão sob a dimensão político-criminal denominada de Direito Penal Promocional,[3] ou seja, há uma função promocional da intervenção punitiva. Como fundamento promocional, as condutas previstas visam transformar as condições de vida e a consciência do povo no sentido de dar uma direção a determinada finalidade. As condutas criminais propostas pelo EPI têm o objetivo de incutir uma cultura de proteção à pessoa idosa.

Ainda os tipos penais descritos no EPI se enquadram no movimento político-criminal conhecido como Direito Penal Simbólico, na medida em que a utilização do Direito Penal está servindo para reproduzir de forma intencional efeitos meramente simbólicos, na opinião pública, de modo a causar um impacto psicossocial e tranquilizar o cidadão. A simbologia da intervenção penal é observada quando uma grande massa de sentimentos de medo e insegurança permeia a sociedade.

Os crimes previstos no Estatuto da Pessoa Idosa são de ação penal pública incondicionada, nos termos do art. 95. Não se aplica ao Estatuto da Pessoa Idosa os arts. 181 e 182 do CP (escusa absolutória e escusa relativa), ou seja, qualquer delito praticado contra idoso, seja patrimonial ou não, com ou sem violência ou grave ameaça, a ação será sempre pública incondicionada (art. 95 do EPI). Embora haja tal previsão legal, o art. 183, inc. III, do Código

[3] O direito penal promocional também é "conhecido também como político ou demagogo, surge quando o Estado visa concretizar objetivos políticos, utilizando-se de leis penais como instrumento de promoção de seus interesses, afastando-se do mandamento da intervenção mínima". (GOLDFINGER, Fábio Ianni. *Manual de Direito Penal – parte geral.* 2. ed. Leme, SP: Mizuno, 2022).

Penal já previu a inaplicabilidade dos arts 181 e 182 do CP se o crime for praticado contra pessoa de idade igual ou superior a 60 anos, tornado, desse modo, inócua a previsão do EPI.

Embora o EPI estabeleça que os crimes previstos sejam de ação penal pública incondicionada, é possível ainda que seja ajuizada ação penal privada subsidiária da pública, na hipótese de inércia do Ministério Público,[4] pois trata-se de garantia constitucional, prevista no art. 5º, inc. LIX, da CF, e ainda com previsão no art. 100, §3º, do CP e art. 29 do CPP.

O EPI prevê que todos os casos em que se constatar suspeita ou confirmação de violência praticada contra pessoas idosas estes serão objeto de notificação compulsória pelos serviços de saúde públicos e privados à autoridade sanitária, bem como serão obrigatoriamente comunicados à autoridade policial, ao Ministério Público e aos Conselhos Municipal, Estadual e Nacional da Pessoa Idosa.

2 Análise dos tipos penais

O art. 96, *caput,* e seus §§ do EPI prevê o tipo penal de discriminação de pessoa idosa por motivo de idade. O tipo penal tutela as regras fixadas em direitos que proíbem a discriminação, consoante disposto nos arts. 2º, 3º, *caput,* 10, §§1º a 3º, 26, 27, 49, V e VI, 50, todos do EPI. O objeto jurídico deste tipo penal é a dignidade do idoso e o exercício dos seus direitos de cidadão, o tratamento desigual das pessoas idosas, em função da idade da vítima, ofendendo dessa forma a igualdade (princípio da isonomia).

O sujeito ativo é qualquer pessoa, inclusive em concurso (crime comum), sendo o sujeito passivo a pessoa idosa (crime próprio). O tipo objetivo é tratar mal a pessoa idosa impedindo-a de exercer os seus direitos de cidadão. O legislador não previu todas as formas possíveis da conduta discriminadora, deixando em aberto uma cláusula genérica, admitindo a interpretação analógica. Trata-se de crime comissivo e de perigo concreto. É crime de perigo concreto, pois o risco de lesão ao bem jurídico deve ser visualizado de forma concreta, sem presunções. O tipo subjetivo é o dolo, trata-se de crime material e admite-se a tentativa.

Merece destaque a crítica realizada por parcela da doutrina[5] quanto à amplitude conferida pelo tipo penal em violação ao princípio da taxatividade, reconhecido consectário da legalidade penal. Segundo essa corrente, ao utilizar uma técnica de interpretação analógica, mediante a expressão genérica "qualquer outro meio ou instrumento necessário para o exercício da cidadania", o tipo penal poderia conferir alcance irrestrito ao intérprete, para além daquelas condutas exemplificadas no preceito primário (operação bancária, meio de transporte e direito de contratar).

Com a devida vênia, ousamos discordar. Não se pode perder de vista que o tipo penal está inserido em um microssistema protetivo da pessoa idosa, de modo que seu viés interpretativo deve partir de vetores axiológicos que orientam o próprio Estatuto da Pessoa Idosa. Como tal, espera-se do intérprete uma visão *sistemática* e *finalística* dos institutos, inclusive para promover o melhor enquadramento de conceitos tipicamente abertos conferidos pela norma, como aqueles consistentes em "meios ou instrumentos necessários para o

4 Sobre a questão, já decidiu o STF que o ajuizamento de ação penal privada subsidiária da pública pressupõe a completa inércia do Ministério Público, que se abstém, no prazo legal, de oferecer denúncia, ou de requerer o arquivamento do inquérito policial ou das peças de informação, ou, ainda, de requisitar novas (e indispensáveis) diligências investigatórias à autoridade policial. (...) O STF tem enfatizado que, arquivado o inquérito policial, por decisão judicial, a pedido do Ministério Público, não cabe a ação penal subsidiária. (...) (HC nº 74.276, rel. min. Celso de Mello, j. 3.9.1996, 1ª T, *DJE* de 24.2.2011 e RE nº 274.115 AgR, Rel. min. Ellen Gracie, j. 12.8.2003, 2ª T, *DJ* de 19.9.2003).

5 NUCCI, Guilherme de Souza. *Leis penais e processuais penais comentadas.* 12. ed. Rio de Janeiro: Forense, 2019. v. 1, p. 629.

exercício da cidadania". Afinal, mesmo sendo a cidadania um direito a ser assegurado a todo ser humano, o legislador conferiu redobrada proteção aos direitos fundamentais da pessoa idosa, os reafirmando de forma legal e delimitada mediante um estatuto próprio direcionado a esse público (EPI, art. 8º e seguintes). Não se trata, por certo, de mero preciosismo legislativo, mas sim, de uma proteção eficiente à pessoa idosa e que deve ser observada em todas as suas facetas. Daí concluir, portanto, que não há que se falar em violação ao princípio da legalidade, porquanto a interpretação sistemática e teleológica a ser conferida a partir das normas de proteção já sedimentadas no estatuto apenas reafirma a tessitura legal, atuando como guia do juízo valorativo do julgador.

Por fim, o tipo penal em análise encerra um exemplo de infração penal de menor potencial ofensivo, sendo aplicáveis os benefícios da Lei nº 9.099/95, uma vez preenchidos os requisitos legais. Essa condição, se presente, afasta a possibilidade de oferecimento do benefício do acordo de não persecução penal, nos termos que estabelece o art. 28-A, §2º, inc. I, do Código de Processo Penal.

Por sua vez, o §1º, do art. 96 do EPI prevê o crime de humilhação de pessoa idosa.

O objeto jurídico é a dignidade da pessoa idosa. O sujeito ativo é qualquer pessoa, inclusive em concurso (crime comum), sendo o sujeito passivo a pessoa idosa. O tipo objetivo consiste em tratar mal a pessoa idosa, impedindo-a de exercer os seus direitos de cidadão. Não há, pelo tipo penal, necessidade de verificar quais foram os motivos que levaram o sujeito a praticar a conduta criminosa. Trata-se de crime de mera conduta e comissivo. O tipo subjetivo é o dolo. Não é possível a punição culposa. O crime consuma-se com a realização das condutas descritas no tipo penal. Não é possível a tentativa, pois não é possível haver a interrupção da conduta criminosa. Outros sustentam a possibilidade da tentativa.[6]

O §2º, do art. 96 do EPI estabelece que a pena será aumentada de 1/3 (um terço) se a vítima se encontrar sob os cuidados ou responsabilidade do agente. Trata-se, portanto, de causa de aumento a ser avaliada na terceira fase da dosimetria da pena. O próprio legislador atribuiu maior reprovabilidade àqueles que, pela condição, deveria conferir ampla proteção à pessoa idosa. Infelizmente, grande parte das violações na velhice é de origem doméstica, advindo dos membros de sua própria família.

O §3º, do art. 96 do EPI, inserido pela Lei nº 14.181/21, possui a natureza de causa legal de exclusão da tipicidade, uma vez que prevê que não constituirá crime a negativa de crédito por superindividamento da pessoa idosa. Se a negativa de crédito ocorrer de forma motivada, em razão da pessoa idosa encontrar-se superindividada, o agente não incidirá no crime. Na verdade, a norma apenas reafirma o viés protetivo do estatuto, que, tal como no Código de Defesa do Consumidor, coloca a limitação ao endividamento como mecanismo de efetivação da dignidade humana e a preservação de um patrimônio mínimo, aqui especialmente da pessoa idosa. Aliás, infelizmente, esse público é alvo rotineiro de violação patrimonial, sendo a inovação igualmente bem-vinda como instrumento protetivo a essas espécies de despojamentos.

O art. 97, *caput* e parágrafo único do EPI prevê o crime de omissão de socorro. O crime pune a conduta daquele que deixa de prestar assistência à pessoa idosa, quando possível fazê-lo sem risco pessoal, em situação de iminente perigo, ou recusar, retardar ou dificultar sua assistência à saúde, sem justa causa, ou não pedir, nesses casos, socorro à autoridade.

[6] CASAROTI. Luciano. Estatuto da Pessoa Idosa – Lei nº 10.741/2003. *In*: CUNHA, Rogério Sanches; PINTO, Ronaldo Batista; SOUZA, Renee do Ó (Coord.). *Leis penais especiais*: comentadas artigo por artigo. 6. ed. Salvador: JusPodivm, 2023. p. 1559.

É preciso recordar que o implemento da idade de 60 (sessenta) anos, por si só, não afasta o direito de escolha da pessoa idosa, como desdobramento natural de sua autonomia, uma das formas de manifestação do postulado da dignidade da pessoa humana (EPI, art. 10, §2º). No âmbito do direito à saúde, o exercício da autonomia é novamente reafirmado pelo art. 17 do EPI, que assegura à pessoa idosa, que esteja no domínio de suas faculdades mentais, o direito de optar pelo tratamento que for reputado mais favorável. O próprio dispositivo traz as seguintes ressalvas para o caso de a pessoa idosa não estar em condições de proceder essa opção, a qual passará a ser exercida: a) pelo curador, quando a pessoa idosa for interditada; b) pelos familiares, quando a pessoa idosa não tiver curador ou este não puder ser contactado em tempo hábil; c) pelo médico, quando ocorrer iminente risco de vida e não houver tempo hábil para consulta a curador ou familiar; d) pelo próprio médico, quando não houver curador ou familiar conhecido, caso em que deverá comunicar o fato ao Ministério Público.

Com efeito, o direito de escolha, assegurado a qualquer pessoa em condições mentais de assim executá-lo, não sofre qualquer restrição à pessoa idosa, que pode optar por não ser socorrida. Essa recusa da vítima, de sorte, afasta a conduta ilícita, desde que, repisa-se, seja claro que a pessoa idosa reúna, de fato, condições mentais para tanto. Logo, apenas em situação de estado de necessidade, por exemplo, se justificaria uma intervenção contrária à vontade da pessoa idosa, para promover-lhe um auxílio a qualquer custo, tal como para preservação da vida.

O objeto jurídico deste crime é a vida e a saúde do idoso, muito assemelhado ao art. 135 do CP. Trata-se de crime comum, portanto, o sujeito passivo é qualquer pessoa, e o sujeito ativo a pessoa idosa. O crime em questão é omissivo, as condutas do tipo penal indicam abstenções (crime omissivo puro ou próprio). Por sua vez, o tipo subjetivo é o dolo de perigo concreto, devendo haver a comprovação da efetiva existência de perigo em face do idoso. Não se pune a culpa, a consumação ocorre no momento em que a omissão é praticada e não se admite a tentativa (crime unissubsistente).

O art. 97, parágrafo único do EPI, prevê uma causa de aumento de pena relacionada às figuras preterdolosas, cuja ação dolosa do agente resulte no resultado culposo de lesão grave ou de morte da pessoa idosa. Dito de outra forma, apenas pode haver dolo na conduta do agente (deixar, de algum modo, de prestar socorro, que ocasionem risco ao idoso), mas o resultado será necessariamente fruto de culpa (lesão grave ou morte).

Embora assemelhado com o art. 135 do CP, o dispositivo previsto no EPI possui requisitos especiais:

Omissão de Socorro – CP	**Estatuto da Pessoa Idosa – art. 97**
Deixar de prestar assistência, quando possível fazê-lo sem risco pessoal, à criança abandonada ou extraviada, ou à pessoa inválida ou ferida, ao desamparo ou em grave e iminente perigo; ou não pedir, nesses casos, o socorro da autoridade pública:	Deixar de prestar assistência ao idoso, quando possível fazê-lo sem risco pessoal, em situação de iminente perigo, ou recusar, retardar ou dificultar sua assistência à saúde, sem justa causa, ou não pedir, nesses casos, o socorro de autoridade pública.
Pena – detenção, de um a seis meses, ou multa.	Pena – detenção de 6 (seis) meses a 1 (um) ano e multa.

Algumas diferenças são possíveis de ser extraídas: a) no Código Penal, o sujeito passivo é a criança abandonada ou extraviada, pessoa inválida ou ferida, ao desamparo ou em grave e iminente perigo; enquanto no EPI são os idosos em situação de iminente perigo; e, b) no Código Penal, a sanção de multa é alternativa, enquanto no EPI é cumulativa.

O eventual conflito aparente entre as normas penais anteriormente indicadas deve ser resolvido pelo princípio da especialidade, em se tratando de vítima idosa, atraindo a incidência do art. 97 do EPI, que apresenta elementos especiais em relação ao tipo penal previsto no Código Penal.

Por fim, a figura típica do caput é infração penal de menor potencial ofensivo, sendo aplicáveis, portanto, os benefícios da Lei nº 9.099/95, uma vez preenchidos os requisitos legais. Essa condição, se presente, afasta a possibilidade de oferecimento do benefício do acordo de não persecução penal, nos termos que estabelece o art. 28-A, §2º, inc. I, do Código de Processo Penal.

Em relação às figuras preterdolosas previstas no parágrafo único do art. 97 do EPI, a incidência de eventuais benefícios despenalizantes variará de acordo com o resultado involuntário alcançado. Isso porque se da omissão dolosa resultar lesão corporal grave, a pena poderá ser aumentada em metade, de modo que mesmo majorado o patamar máximo previsto, ainda se estará diante de um exemplo de infração penal de menor potencial ofensivo.

Tratamento distinto, no entanto, se terá caso esse resultado preterdoloso for a morte da pessoa idosa, pois nessa hipótese a pena será triplicada e, assim, será tratada como espécie de infração de médio potencial ofensivo, a permitir, por exemplo, a incidência apenas do benefício da suspensão condicional do processo (art. 89, da Lei nº 9.099/95) ou, até mesmo, o acordo de não persecução penal (art. 28-A do Código de Processo Penal). Compreendemos que nesta última situação, se preenchidos os demais requisitos legais, o ANPP será perfeitamente possível, pois a violência (morte) ocorre de forma preterdolosa, mediante um resultado involuntário, sem figurar na conduta antecedente dolosa.[7]

O art. 98, *caput*, do EPI prevê o crime de abandono de pessoa idosa. O delito pune a conduta de abandonar idoso em hospitais, casas de saúde, entidades de longa permanência ou congêneres, ou não prover suas necessidades básicas, quando obrigado por lei ou mandado.

O objeto jurídico é a dignidade e a saúde do idoso, esse crime se assemelha aos arts. 133 e 244, ambos do CP. O sujeito ativo é qualquer pessoa (crime comum), porém, na segunda parte do dispositivo penal (não prover suas necessidades básicas, quando obrigado por lei ou mandado) trata-se de crime próprio. O sujeito passivo é a pessoa idosa. O tipo objetivo consiste em deixar a pessoa idosa sujeita à própria sorte. O tipo subjetivo é o dolo. Não se pune a culpa. O dolo é de perigo, pois caso a intenção seja da prática de um crime mais grave, por ele responderá. A consumação ocorre com o efetivo abandono ou não provimento das necessidades da pessoa idosa. Trata-se de um crime caracterizado como tipo misto alternativo, pois a prática de uma ou das duas condutas já configura o crime. A tentativa na primeira parte é possível, pois a conduta do agente pode ser comissiva. Já na segunda parte, não admite, pois trata-se de crime omissivo próprio ou puro.

A infração penal ora estudada retrata um exemplo de crime próprio e de norma penal em branco, já que é necessário conhecer quem está obrigado legalmente a zelar pela pessoa idosa. Essa obrigação legal pode ser extraída do art. 1694 e seguintes do Código Civil, que elenca aqueles que têm o dever de prestar alimentos.

---

7 Sobre o tema, cita-se: ENUNCIADO 23 (ART. 28-A, §2º) do Conselho Nacional de Procuradores-Gerais – É cabível o acordo de não persecução penal nos crimes culposos com resultado violento, uma vez que nos delitos desta natureza a conduta consiste na violação de um dever de cuidado objetivo por negligência, imperícia ou imprudência, cujo resultado é involuntário, não desejado e nem aceito pelo agente, apesar de previsível.

Anota-se, por derradeiro, que a pena máxima cominada neste tipo penal o classifica como infração penal de médio potencial ofensivo, autorizando a oferta dos benefícios da suspensão condicional do processo (art. 89 da Lei nº 9.099/95) e do acordo de não persecução penal (art. 28-A do Código de Processo Penal), desde que preenchidos os requisitos legais.

O art. 99, *caput* e §§1º e 2º do EPI preveem o crime de maus tratos à pessoa idosa e nos parágrafos as suas qualificadoras. Pune-se a conduta daquele que expõe a perigo a integridade e a saúde, física ou psíquica, do idoso, submetendo-o a condições desumanas ou degradantes ou privando-o de alimentos e cuidados indispensáveis, quando obrigado a fazê-lo, ou sujeitando-o a trabalho excessivo ou inadequado.

O objeto jurídico é a saúde física ou psíquica e a dignidade da pessoa idosa, assemelhando-se ao art. 136 do CP. O sujeito ativo será qualquer pessoa (crime comum), contudo, para a conduta "privar de alimentos", somente aquele que estiver obrigado a prestar o alimento (crime próprio). O sujeito passivo é a pessoa idosa. O tipo objetivo consiste em praticar as condutas descritas no tipo penal, que podem ser comissivas ou omissivas, e o tipo subjetivo é dolo de perigo. O crime consuma-se surgindo o perigo, ou seja, submetendo a pessoa idosa a condutas caracterizadas no tipo penal e a tentativa é admitida se a conduta for comissiva, se omissiva não se admite.

Muito embora o EPI preveja que a obrigação alimentar da pessoa idosa é solidária (art. 12 do EPI), a responsabilização criminal dependerá de uma atuação específica de cada um dos agentes, de modo a ficar demonstrado o dolo do crime na conduta.

Os parágrafos preveem as qualificadoras, caso do fato resulte lesão corporal de natureza grave, a pena será de reclusão de 1 (um) a 4 (quatro) anos; se resultar a morte, reclusão de 4 (quatro) a 12 (doze) anos.

Se o agente pratica uma conduta de maus-tratos que resulte em uma lesão leve (art. 129, *caput,* do CP), o agente responde tão somente pelo crime do art. 99 do EPI, estando absorvida a outra conduta penal.

O art. 99 do EPI possui muita semelhança com o art. 136 do CP, inclusive no que se refere às penas:

Maus-tratos – Código Penal	**Estatuto da Pessoa Idosa – art. 99**
Expor a perigo a vida ou a saúde de pessoa sob sua autoridade, guarda ou vigilância, para fim de educação, ensino, tratamento ou custódia, quer privando-a de alimentação ou cuidados indispensáveis, quer sujeitando-a a trabalho excessivo ou inadequado, quer abusando de meios de correção ou disciplina.	Expor a perigo a integridade e a saúde, física ou psíquica, do idoso, submetendo-o a condições desumanas ou degradantes ou privando-o de alimentos e cuidados indispensáveis, quando obrigado a fazê-lo, ou sujeitando-o a trabalho excessivo ou inadequado.
Pena – detenção, de 2 (dois) meses a 1 (um) ano, ou multa.	Pena – detenção de 2 (dois) meses a 1 (um) ano e multa.
§1º – Se do fato resulta lesão corporal de natureza grave: Pena – reclusão, de um a quatro anos. §2º – Se resulta a morte: Pena – reclusão, de quatro a doze anos.	Igual ao CP

Anote-se que o art. 158 do CPP, acrescido do parágrafo único, através da Lei nº 13.721/18, previu a necessidade de dar maior celeridade à elucidação de alguns crimes, conferindo, assim, prioridade à realização de exame de corpo de delito, nas hipóteses que envolvam violência doméstica e familiar contra mulher, violência contra criança, adolescente, pessoa idosa ou com deficiência.

Por fim, a figura típica do caput é infração penal de menor potencial ofensivo, sendo aplicáveis, portanto, os benefícios da Lei nº 9.099/95, uma vez preenchidos os requisitos legais. Essa condição, se presente, afasta a possibilidade de oferecimento do benefício do acordo de não persecução penal, nos termos que estabelece o art. 28-A, §2º, inc. I, do Código de Processo Penal.

Em relação às figuras preterdolosas previstas nos parágrafos do art. 99 do EPI, a incidência de eventuais benefícios despenalizantes variará de acordo com o resultado involuntário alcançado. Isso porque, se da omissão dolosa resultar lesão corporal grave, a pena mínima cominada no §1º permitirá o oferecimento do benefício da suspensão condicional da pena, uma vez preenchidos os demais requisitos legais (art. 89, da Lei nº 9.099/95) ou do acordo de não persecução penal (CPP, art. 28-A). Tratamento distinto, no entanto, se terá caso esse resultado preterdoloso for a morte da pessoa idosa, cuja pena mínima em abstrato prevista no §2º apenas autoriza o oferecimento do acordo de não persecução penal. Compreendemos que em ambas as hipóteses, se preenchidos os demais requisitos legais, o ANPP será perfeitamente possível, pois a violência (lesão corporal grave ou morte) ocorre de forma preterdolosa, mediante um resultado involuntário, sem figurar na conduta antecedente dolosa do agente.[8]

O art. 100, *caput*, do EPI prevê diversas condutas criminosas:

> I – obstar o acesso de alguém a qualquer cargo público por motivo de idade;
>
> II – negar a alguém, por motivo de idade, emprego ou trabalho;
>
> III – recusar, retardar ou dificultar atendimento ou deixar de prestar assistência à saúde, sem justa causa, a pessoa idosa;
>
> IV – deixar de cumprir, retardar ou frustrar, sem justo motivo, a execução de ordem judicial expedida na ação civil a que alude esta Lei;
>
> V – recusar, retardar ou omitir dados técnicos indispensáveis à propositura da ação civil objeto desta Lei, quando requisitados pelo Ministério Público.

O objeto jurídico na hipótese do inc. I é a dignidade e o acesso do idoso aos cargos públicos; do inc. II é a dignidade e o acesso do idoso ao trabalho; já do inc. III é a saúde do idoso; enquanto o do inc. IV é a administração da Justiça e os direitos dos idosos; o do inc. V, por sua vez, é o poder do Ministério Público de requisitar informações. O sujeito ativo do inc. I é qualquer pessoa que tenha o poder de impor impedimento ao idoso; no inc. II é qualquer pessoa, em especial o empregador; no inc. III é qualquer pessoa que preste serviços relacionados à saúde; e, por fim, nos incisos IV e V, é qualquer pessoa. O sujeito passivo, nas

8 Sobre o tema, cita-se: ENUNCIADO 23 (ART. 28-A, §2º) do Conselho Nacional de Procuradores-Gerais – É cabível o acordo de não persecução penal nos crimes culposos com resultado violento, uma vez que nos delitos desta natureza a conduta consiste na violação de um dever de cuidado objetivo por negligência, imperícia ou imprudência, cujo resultado é involuntário, não desejado e nem aceito pelo agente, apesar de previsível.

hipóteses dos incisos I, II e III, são as pessoas com idade igual ou superior a 60 anos; no inc. IV é o Estado e a pessoa idosa; e, no inc. V, é o Ministério Público e as pessoas idosas.

Caso a pessoa idosa seja impedida de assumir cargo, emprego ou trabalho na iniciativa privada, não em razão de sua idade, mas em razão de sua raça , cor, etnia, religião ou procedência nacional, o crime será o previsto no art. 4º da Lei nº 7.716/89, que define os crimes decorrentes de racismo, preconceito e discriminação racial.

O tipo objetivo, na conduta prevista no inc. I, consiste em obstar o acesso ao idosos em qualquer cargo público, em razão da idade; na conduta prevista no inc. II, é negar a alguém, pelo fato de ser pessoa idosa, emprego ou trabalho, desde que o trabalho seja compatível com a condição de pessoa idosa; na hipótese do inc. III, a conduta é recusar, retardar ou dificultar atendimento ou deixar de prestar assistência à saúde do idoso; por sua vez, o inc. IV pune a conduta daquele que deixar de cumprir, retardar ou frustrar a execução de ordem judicial expedida nas ações civis a que alude o EPI. Por fim, o inc. V pune a conduta daquele que recusa, retarda ou omite dados técnicos indispensáveis[9] à propositura de ação civil, requisitados pelo Ministério Público.[10] O tipo subjetivo é o dolo genérico. O crime consuma-se, na hipótese do inc. I, com o impedimento; no inc. II, com a negativa do trabalho ou emprego; no inc. III, com a efetiva prática dos atos incriminados; já nos incisos IV e V, com o efetivo descumprimento, retardo, frustração, sem justo motivo, de ordem judicial ou omissão de dados técnicos. A tentativa é possível na hipótese do inc. I, porém, nos incisos II e III não é possível, em razão de se tratar de atos unissubsistentes. Já a forma de frustrar é possível. No inc. V não é possível, porém, na modalidade retardar será possível a tentativa, muito embora de difícil configuração.

O art. 101, *caput*, do EPI prevê o crime de desobediência de ordem legal proferida em ação envolvendo pessoa idosa. O objeto jurídico é a administração da justiça e os direitos das pessoas idosas. O sujeito ativo é o destinatário do cumprimento da ordem judicial, tratando-se de crime próprio; o sujeito passivo imediato, por sua vez, é o Estado, e o mediato a pessoa idosa que foi prejudicada pela conduta comissiva ou omissiva do agente. O tipo objetivo é deixar de cumprir, retardar ou frustrar, sem justo motivo, a ordem judicial expedida nas ações em que o idoso for parte ou interveniente. A execução de ordem judicial não se refere a processo de execução, mas a qualquer tipo de processo em que a pessoa idosa seja parte ou interveniente, em qualquer que seja o momento processual e independentemente do conteúdo da ordem.

Caso a ordem judicial desobedecida tenha sido emanada em ação civil com fundamento nos arts. 78 a 92 do EPI, o crime será aquele previsto no art. 101, IV, do EPI.

Há ainda entendimento de que se a ordem judicial for oriunda de uma ação civil cujo objeto é direito individual indisponível de pessoa idosa, proposta por um dos legitimados ativos do art. 81 do EPI, o crime praticado é o do art. 100, IV, do EPI, com a pena do art. 101, que é mais branda, mais favorável ao agente. Sustenta-se que não há razão jurídica para que a pena seja mais grave na hipótese de a ação ser proposta pelos legitimados do art. 81 do EPI.

9 Ressalte-se que recusa, retardamento ou omissão devem recair sobre *dados técnicos*. Conforme já reiteradas vezes decidido pelo STJ, a "expressão "dados técnicos" "se refere a qualquer informação dependente de um conhecimento ou trabalho específico, que seja peculiar de determinado ofício ou profissão". Cf.: RHC nº 12359/MG, Rel. Min. Gilson Dipp, *DJU* de 01.07.2002". (REsp nº 785.129/RS, Rel. Ministro FELIX FISCHER, QUINTA TURMA, julgado em 29.06.2006, *DJ* 14.08.2006, p. 327), excluindo-se, assim, documentos de índole burocrática.

10 As requisições do Ministério Público estão previstas nos mais diversos instrumentos jurídicos, como, por exemplo, no art. 26, I, b, e II da Lei Orgânica Nacional do Ministério Público; no art. 8º, II e IV, da Lei Orgânica do Ministério Público da União; no art. 8º, parágrafo primeiro da Lei da Ação Civil Pública; e no art. 74, V, b e c, do EPI.

Necessária ainda a observação de que se for ordens expedidas em uma ação civil pública, cujo objeto seja a defesa de direitos de pessoas portadora de deficiência, ainda que idosa, em ações da Lei nº 7.853/89 (direitos metaindividuais das pessoas portadoras de necessidades especiais), o crime será o previsto no art. 8º, inc. V, da mencionada Lei.

Controvertida a hipótese da existência ou não do crime quando se verifica se há necessidade ou não de que a ordem seja proferida por um juiz competente. Entende Luciano Casaroti que basta que a ordem seja dada por um juiz em sua atuação judicante, pois tendo em conta todos os princípios que regem o Estatuto da Pessoa Idosa, não é razoável que a tutela da pessoa idosa deixe de ser prestada enquanto se discutem questões processuais relativas à competência judicial.[11]

O tipo subjetivo é o dolo. Não se pune a culpa. O crime consuma-se com o efetivo descumprimento, retardo ou frustração da execução da ordem judicial. Não se admite a tentativa, salvo nas condutas de retardar e frustrar, que em tese é possível.

O crime previsto no art. 101 difere-se do crime previsto no art. 100, IV, ambos do EPI, muito embora sejam semelhantes. O art. 101 cuida de ação da pessoa idosa ou contra ele, ou ainda que ele seja interveniente, já o art. 100, IV, trata da propositura de ação civil pública. As penas desses crimes também são distintas, muito embora ambas sejam de 6 (seis) meses a 1 (um) ano; na hipótese do art. 101 é de reclusão, enquanto no outro dispositivo é de detenção.

O art. 102, *caput*, do EPI prevê o crime de apropriação indébita contra pessoa idosa. O objeto jurídico é o patrimônio da pessoa idosa. O sujeito ativo é qualquer pessoa (crime comum) e o sujeito ativo a pessoa idosa. O tipo objetivo é apropriar-se de patrimônio do idoso, com a finalidade de aplicá-lo de forma diversa, e o tipo subjetivo é o dolo. O crime consuma-se na apropriação, com a inversão do patrimônio, no desvio, no momento da aplicação diversa.[12] A tentativa é possível.

O art. 102 do EPI assemelha-se com o art. 168 do CP, contudo, há diferenças no objetivo jurídico específico previsto no EPI, bem como em relação ao sujeito ativo:

Apropriação indébita – CP	**Estatuto da Pessoa Idosa – art. 102**
Apropriar-se de coisa alheia móvel, de que tem a posse ou a detenção.	Apropriar-se de ou desviar bens, proventos, pensão ou qualquer outro rendimento do idoso, dando-lhes aplicação diversa da de sua finalidade.
Pena – reclusão, de um a quatro anos, e multa.	Idêntica.

[11] CASAROTI. Luciano. Estatuto da Pessoa Idosa – Lei nº 10.741/2003. *In*: CUNHA, Rogério Sanches; PINTO, Ronaldo Batista; SOUZA, Renee do Ó (Coord.). *Leis penais especiais*: comentadas artigo por artigo. 6. ed. Salvador: JusPodivm, 2023. p. 1574.

[12] Para a conduta de desviar bens do idoso, prevista no art. 102 da Lei nº 10.741/2003, não há necessidade de prévia posse por parte do agente, restrita à hipótese de apropriação. 2. Sobre a necessidade do agente ter a posse ou detenção do bem a que se refere essa conduta, já decidiu o STJ: "(...) É evidente que a transferência dos valores da conta bancária da vítima para a conta pessoal do recorrido, mediante ardil, desviou os bens de sua finalidade. Não importa aqui perquirir qual era a real destinação desses valores, pois, independente de qual fosse, foram eles dela desviados, ao serem, por meio de fraude, transferidos para a conta do recorrido. (...) (REsp nº 1.358.865/RS, Relator Ministro Sebastião Reis Júnior, Sexta Turma, julgado em 4.9.2014, *DJe* de 23.9.2014.).

O art. 103, *caput,* do EPI prevê o crime de recusa de acolhimento ou permanência de pessoa idosa. O objeto jurídico é a saúde e o patrimônio da pessoa idosa. O sujeito ativo são os responsáveis pelas entidades de atendimento ou outra pessoa que tenha poderes para recusar o abrigamento da pessoa idosa em entidade de atendimento, tratando-se de crime próprio. O sujeito passivo, por sua vez, é a pessoa idosa. O tipo objetivo é a prática da conduta de negar, de acordo com o descrito no tipo penal. O tipo subjetivo é o dolo. Não há punição culposa. O crime consuma-se com a negativa ou a expulsão do idoso. Na conduta 'negar acolhimento' não é possível a tentativa (delito unissubsistente), enquanto na conduta negar permanência, em tese, será possível.

O art. 104, *caput,* do EPI prevê o crime de retenção indevida de cartão magnético ou outro documento. O objeto jurídico é o patrimônio da pessoa idosa. O sujeito ativo é qualquer pessoa (crime comum) e o sujeito passivo a pessoa idosa. O tipo objetivo é reter o cartão, nos termos do tipo penal (crime formal e permanente). O tipo penal não exige a apropriação de valores, pois, caso ocorra essa apropriação, a conduta pode deixar de configurar o delito em análise, passando a representar o delito previsto no art. 102. O tipo subjetivo é o dolo. Consuma-se o crime com a efetiva retenção do cartão e é possível a tentativa, muito embora de difícil configuração.

O art. 105, *caput,* do EPI prevê o crime de exibição ou veiculação de dados depreciativos ou injuriosos da pessoa idosa.

O objeto jurídico é a dignidade da pessoa idosa, além da imagem e a honra subjetiva. O sujeito ativo é qualquer pessoa (crime comum) e o sujeito passivo é a pessoa idosa. O tipo objetivo é a conduta de exibir ou veicular informações ou imagens depreciativas ou injuriosas da pessoa idosa. A comunicação poderá se dar por meio televisivo, radiofônico, por fotografia, via ambiente digital, meio jornalístico entre outros. A conduta depreciar significa rebaixar o valor, desprezar, menoscabar, enquanto a conduta de injuriar é a ofensa ao decoro ou à dignidade de alguém, de forma a atingir a sua honra subjetiva. O tipo subjetivo é o dolo. Não se pune a culpa. O crime consuma-se com a exibição ou veiculação da imagem pelos meios de comunicação. Admite-se a tentativa.

O art. 106, *caput,* do EPI prevê o crime de induzimento de pessoa idosa a outorgar procuração.

O objeto jurídico é o patrimônio da pessoa idosa. O sujeito ativo é qualquer pessoa (crime comum). Caso estejam serventuários da justiça envolvidos no crime, o tipo penal será o previsto no art. 108 do EPI. Já o sujeito passivo é a pessoa idosa que não possua lucidez para discernir os seus atos, não havendo necessidade de que o idoso tenha sido interditado judicialmente. O tipo objetivo consiste em induzir pessoa idosa sem discernimento de seus atos a outorgar procuração para fins de administração de bens ou deles dispor de forma livre. O tipo subjetivo é o dolo. O crime consuma-se com a outorga da procuração e a tentativa é possível.

O art. 107, *caput,* do EPI prevê o crime de coação à pessoa idosa.

O objeto jurídico é a liberdade individual e o patrimônio da pessoa idosa. O sujeito ativo será qualquer pessoa e o sujeito passivo a pessoa idosa. O tipo objetivo é coagir, constranger, de qualquer forma (coação física ou moral), a pessoa idosa a doar, contratar, testar ou outorgar procuração. O tipo subjetivo é o dolo e o crime consuma-se com a prática da coação. A tentativa é possível.

Prevê o art. 108, *caput,* do EPI, o crime de lavratura de ato notarial sem representação legal de pessoa idosa.

O objeto jurídico é a fé pública e a tutela ao patrimônio da pessoa idosa. O sujeito ativo é o tabelião ou escrivão público, e ainda o escrevente autorizado do cartório de registros públicos, tratando-se de crime próprio. O sujeito passivo mediato é o Estado e o imediato a pessoa idosa sem discernimento. O tipo objetivo consiste na conduta de lavrar ato notarial que envolva pessoa idosa sem discernimento de seus atos, sem a devida representação legal. O tipo subjetivo é o dolo e o crime consuma-se com a lavratura do ato notarial, lançado em livro próprio no cartório. Admite-se a tentativa.

Caso o agente pratique a conduta a título de culpa é possível a responsabilização via administrativa por infração, em razão da previsão contida no art. 30, II, da Lei nº 8.935/94.

O art. 109, *caput,* do EPI prevê o crime de impedimento ou embaraço a ato de órgãos fiscalizadores.

O objeto jurídico é a fiscalização das entidades do idoso e a atribuição de fiscalização do Ministério Público para inspecionar as entidades. O sujeito ativo é qualquer pessoa. O sujeito passivo é o órgão do Ministério Público e os agentes públicos que realizam a fiscalização nas entidades de idosos.[13] Segundo NUCCI,[14] o sujeito passivo é o idoso e, de forma secundária, o Estado, pois o MP e os outros fiscais não defendem interesse próprio.

O tipo objetivo é a conduta de impedir ou embaraçar ato do representante do Ministério Público ou de qualquer outro agente fiscalizador. O tipo subjetivo é o dolo. A consumação ocorre com o impedimento ou o embaraço do ato de fiscalização. A conduta de impedir é crime material, pois exige-se que o ato de fiscalização seja efetivamente obstado; já a conduta de embaraçar é crime formal, pois dispensa-se a ocorrência de resultado naturalístico, pois o crime estará consumado com a prática de qualquer ato capaz de atrapalhar as ações de fiscalização. A tentativa para alguns não é possível, para outros é possível em teoria, pois o ato de impedir a fiscalização, em tese, já pode configurar um ato de embraço.[15]

As disposições penais que protegem o idoso não estão restritas ao Estatuto da Pessoa Idosa, o Código Penal possui dispositivos que também podem ser aplicados nas hipóteses em que a vítima seja pessoa idosa.

No crime de perseguição, previsto no art. 147-A, §1º, I, a pena será aumentada se o crime for pratico contra pessoa idosa. O crime de furto mediante fraude, cometido por meio de dispositivo eletrônico ou informático, conectado ou não à rede de computadores, com ou sem a violação de mecanismo de segurança ou a utilização de programa malicioso, ou por qualquer outro meio fraudulento análogo, terá sua pena aumentada de 1/3 (um terço) ao dobro, se o crime praticado contra pessoa idosa (art. 155, §4º-C, II). O crime de estelionato praticado contra pessoa idosa terá sua pena aumentada de 1/3 (um terço) ao dobro (art. 171, §4º).

---

13 Constitui dever legal do Ministério Público de inspecionar as entidades públicas e particulares de atendimento e os programas de que trata esta Lei, adotando de pronto as medidas administrativas ou judiciais necessárias à remoção de irregularidades porventura verificadas (art. 74, VIII, do EPI). A Resolução nº 154/2016 do CNMP prevê, em seu art. 1º, que: "O membro do Ministério Público em defesa dos direitos da pessoa idosa deve inspecionar pessoalmente, com periodicidade mínima anual, ressalvada a necessidade de comparecimento em período inferior, as instituições que prestem serviços de longa permanência a idosos".

14 NUCCI, Guilherme de Souza. *Leis especiais e processuais penais comentadas.* São Paulo: Ed. RT, 2006. p.114.

15 CASAROTI. Luciano. Estatuto da Pessoa Idosa – Lei nº 10.741/2003. *In*: CUNHA, Rogério Sanches; PINTO, Ronaldo Batista; SOUZA, Renee do Ó (Coord.). *Leis penais especiais*: comentadas artigo por artigo. 6. ed. Salvador: JusPodivm, 2023. p. 1590.

Referências

BOAS, Antônio Vilas. *Estatuto do idoso comentado.* 4. ed. Rio de Janeiro: Forense, 2014.

CONSELHO NACIONAL DO MINISTÉRIO PÚBLICO. *Manual de atuação funcional*: o Ministério Público na Fiscalização das Instituições de Longa Permanência para Idosos. Brasília, 2016. Disponível em: http://www.cnmp.mp.br/portal/images/Publicacoes/documentos/2016/manual-de-atuacao-funcional.pdf. Acesso em 14 mar. 2024.

CUNHA, Rogério Sanches; PINTO, Ronaldo Batista; SOUZA, Renee do Ó (Coord.). *Leis penais especiais*: comentadas artigo por artigo. 6. ed. Salvador: JusPodivm, 2023.

FELIX, Renan Paes. *Estatuto do idoso.* 7. ed. Salvador/BA: Editora JusPodivm, 2015.

GARCIA, Maria; LEITE, Flávia Piva Almeida; SERAPHIM, Carla Matuck Borba. *Comentários ao Estatuto do Idoso.* São Paulo: Saraiva, 2016.

GOLDFINGER, Fábio Ianni. Estatuto do Idoso. *Sinopses para concursos*, v. 45, 2. ed. Salvador: Editora JusPodium, 2018.

GOLDFINGER, Fábio Ianni. *Manual de Direito Penal – parte geral.* 2. ed. Leme, SP: Mizuno, 2022.

LEITE, George Salomão *et al.* (Coord.). *Manual dos direitos da pessoa idosa.* São Paulo: Saraiva, 2017.

NUCCI, Guilherme de Souza. *Leis especiais e processuais penais comentadas.* São Paulo: Ed. RT, 2006.

NUCCI, Guilherme de Souza. *Leis penais e processuais penais comentadas.* 12. ed. Rio de Janeiro: Forense, 2019. v. 1.

PINHEIRO, Naide Maria; RIBEIRO, Gabrielle Carvalho (Coord.). *Estatuto do Idoso comentado.* 4. ed. Campinas/SP: Editora Servanda, 2016.

MORAES, Alexandre Rocha Almeida de. *Direito Penal*: parte geral. Belo Horizonte: Fórum, 2021.

Informação bibliográfica deste texto, conforme a NBR 6023:2018 da Associação Brasileira de Normas Técnicas (ABNT):

Informação bibliográfica deste texto, conforme a NBR 6023:2018 da Associação Brasileira de Normas Técnicas (ABNT):

GOLDFINGER, Fábio Ianni; OLIVEIRA JÚNIOR, Roberto Carlos Alves de. Os crimes no estatuto da pessoa idosa: Lei nº 10.741, de 01 de outubro de 2003. *In*: GOLDFINGER, Fábio Ianni; MORAES, Alexandre Rocha Almeida de (coord.). *Legislação penal extravagante*: Volume III. Belo Horizonte: Fórum, 2024. p. 199-212. ISBN 978-65-5518-818-9.

JUIZADOS ESPECIAIS CRIMINAIS – COMENTÁRIOS À LEI Nº 9.099/95

BREVES APONTAMENTOS SOBRE OS JUIZADOS ESPECIAIS CRIMINAIS E A EFICIÊNCIA NA JUSTIÇA CRIMINAL

Jorge Assaf Maluly

Juliana Moyzés Nepomuceno Araujo

Pedro Henrique Demercian

1 Introdução: a justiça consensual no Direito brasileiro

Vivemos há vários anos uma verdadeira crise na Justiça Criminal, que só tende a se agravar, pois as soluções que têm sido buscadas não se mostram amplas, eficientes ou adequadas.

A ciência jurídica processual está em constante evolução e, cada vez mais, se preocupa com a sedimentação de seus princípios e regras fundamentais, buscando novos rumos e a efetividade do processo. No entanto, há um notório descompasso entre o excesso de teorização do direito processual e sua eficiência prática, como se o processo pudesse ser tomado puramente num tom fenomênico, dissociado da realidade vivida.

A necessidade de tornar os sistemas penal e processual mais efetivos, ágeis e aptos a atingir suas finalidades, vale dizer, a aplicação da sanctio juris ao autor do fato infringente da norma penal, sempre com vista em seu aspecto reabilitador e na mínima paz social, propiciou a edição da Lei nº 9.099/95, que criou os Juizados Especiais Criminais, em consonância com o art. 98, inc. I, da CF, para o julgamento das infrações penais de menor potencial ofensivo e com a adoção de um procedimento sumaríssimo.

Se, de um lado, os Juizados Especiais Criminais permitem uma solução rápida desses delitos considerados de mínima repercussão social, a economia e a racionalização dos recursos dos órgãos policiais e judiciários – decorrentes da adoção desse procedimento abreviado – também proporcionam ao Estado um combate mais eficaz aos crimes de maior potencial ofensivo, notadamente a propalada criminalidade organizada, que, mais do que nunca, hodiernamente, tem intranquilizado a sociedade.

É inegável a influência do binômio tempo-eficiência. A investigação e o processo devem terminar no menor tempo possível e com a máxima eficiência. Essa questão, ou seja, a rápida solução para controvérsias, de maneira mais eficiente, avulta na sociedade contemporânea, especialmente nas duas últimas décadas, que são marcadas pelo extraordinário desenvolvimento e sofisticação dos meios de comunicação, notadamente aqueles ligados à tecnologia da informação.

No entanto, nenhuma reforma puramente penal ou processual pode surtir efeitos imediatos e desejados. Para que isso ocorra, há a necessidade de uma verdadeira mudança de mentalidade de nossos operadores do direito e esta, talvez, seja a grande dificuldade.

Nessa ordem de ideias, é lícito afirmar que a nenhum jurista atualizado terá passado despercebida a progressiva invasão na dogmática tradicional dos novos conceitos da análise econômica do Direito, teoria que teve sua gênese nos Estados Unidos da América, no início da década de 60, inicialmente nos domínios do direito privado com três vertentes: a Escola de Chicago, a Escola de Yale e a terceira via defendida por Mercado Pacheco.

A teoria do *law and economics* já encontrou campo fértil no âmbito do direito processual penal – evidenciado pelo processo penal de resultados – bem como no direito penal, pautando-se pela análise da escolha racional; o equilíbrio e os critérios de eficiência. Ela tem, por isso mesmo, um cunho eminentemente consequencialista, aproximando-se do utilitarismo, que é presidido pela máxima felicidade para a maioria. Contrapondo-se à ética clássica alemã, de Kant, que repudia considerações utilitárias como base para se avaliar o valor moral das ações.

As tentativas de reformas legislativa não têm surtido os efeitos desejados, seja porque extremamente fragmentadas, tímidas e revestidas – como se disse – de mero caráter simbólico, seja porque violadas por antigas práticas burocratizantes, que lhes desvirtuam a própria essência. Dois exemplos clássicos dessa afirmação podem ser encontrados justamente na Justiça Consensual (a timidez com que as regras do processo negociado foram concebidas, restringindo-se, em boa medida, aos juizados especiais criminais, em que o conceito de menor potencial ofensivo foi decidido por uma ficção pautada na pena e não pelos bens protegidos, além dos acordos de não persecução penal, a suspensão condicional do processo e a colaboração premiada) e a adoção dos princípios de um processo oral (adotados e aplicados de forma incompleta, com os vícios burocratizantes hauridos dos processos escritos).

É certo, de todo modo, como observa Barbosa Moreira,[1] que nenhuma "revolução" puramente processual é suscetível, por si só, de produzir, na estrutura jurídico-social, modificações definitivas. Em outras palavras, há necessidade de empenho e vontade política para se romper com sistemas e métodos que, embora arraigados ao *usus fori*, já se mostraram ineficientes.

As técnicas e instrumentos que decorrem de justiça negociada, orientada por critérios de transparência e eficiência na tomada de decisões (para legislar, prevenir, investigar e processar) podem ser ampliados, sem perplexidades e sem o risco de ofensa às garantias individuais, e os métodos de análise das ciências econômicas – a análise econômica do

1 Cf.: MOREIRA, José Carlos Barbosa. A função social do processo civil moderno e o papel do juiz e das partes na direção e na instrução do processo. *Revista de Processo*, São Paulo: Revista dos Tribunais, n. 37, p. 140-150, jan./mar. 1985.

direito (AED) – não violam, se tomadas antes de tudo como um método de agir, as regras garantistas que devem permear a nossa política criminal.

Há uma tendência mundial para o chamado processo penal de resultados, que tem por escopo, em apertada síntese: (a) solução rápida e eficiente dos litígios; (b) desburocratização da Justiça e sua maior aproximação ao ser consumidor; (c) permitir que o Magistrado e o Ministério Público, mais do que solucionadores de mazelas e doenças, atentem para uma postura preventiva e, quando não possível, de mediadores de conflitos. É nesse contexto que se insere a Justiça Consensual, em cuja espécie é possível identificar os modelos de justiça negociada (transação penal, suspensão condicional do processo, colaboração premiada, acordos de não persecução penal etc.). Evidencia-se, portanto, uma clara antinomia e contraposição entre o consenso e a justiça imposta ou conflitual.

2 A Constituição Federal e os juizados especiais criminais

A Constituição Federal estabelece, em seu art. 98, que serão criados os Juizados Especiais Criminais, com competência para o processo, julgamento e execução das infrações de menor potencial ofensivo, observado o processo oral e o rito sumaríssimo.

Em nenhum outro dispositivo nosso constituinte foi tão específico e detalhista. Criou os juizados, fixou sua competência material (portanto, absoluta) e estabeleceu a observância do chamando processo oral e, consequentemente, de todas as regras que lhe dão conformidade.

Além disso, admitiu expressamente o consenso como forma de solução dos conflitos, prevendo a transação penal, que representou um verdadeiro divisor de águas na estrutura do processo penal brasileiro, com uma drástica mudança de paradigma, abrindo espaço para a chamada mini-reforma processual penal em junho de 2008.

Convém observar, desde logo, que, embora, em regra, os termos "justiça penal consensual" e "justiça negociada" sejam utilizados como sinônimos, entende-se que ambos se diferenciam quanto ao alcance da autonomia de vontade concedido às partes. O consenso refere-se apenas à possibilidade de o acusado aceitar ou recusar as medidas impostas; já a negociação, por sua vez, consiste na faculdade de tratar, examinar e sugerir o conteúdo das propostas, participando ativamente das tratativas.[2]

3 Regras norteadoras dos juizados especiais criminais: a oralidade e o processo penal brasileiro

3.1 Aspectos introdutórios

Com estrita observância da norma constitucional, a Lei nº 9099/95 estabelece, em seu art. 62, as regras norteadoras nas quais teve inspiração, a saber: *oralidade, imediação, concentração, simplicidade, informalidade, economia processual, celeridade e limitação recursal,* dando especial ênfase à reparação do dano causado e alternativas eficazes para a substituição das penas privativas de liberdade, tão largamente aplicadas, com tendência para as modernas teorias de descriminalização e restrita tutela Estatal nas relações humanas, em nítida reação a um direito penal excessivamente intervencionista (que pune, às vezes com extremo rigor, infrações que deveriam ser apreciadas no âmbito meramente administrativo), emocional, já que editado ao sabor de acontecimentos emergentes,

[2] ARAUJO, Juliana Moyzés Nepomuceno. *Acordo de não persecução*: instrumento de concretização do processo penal resolutivo e eficiente. Rio de Janeiro: Lumen Juris, 2022. p. 45-46.

porém isolados, e simbólico, já que não corresponde à efetiva concretização de um mínimo anseio de paz social.

Verifica-se, ainda, a partir da promulgação Lei nº 9.099/95, a efetivação da persecução penal pela via consensual e a aplicação de medidas alternativas de punição, caracterizadas pelo diálogo entre as partes, além do resgaste da importância dos interesses e direitos das vítimas no processo penal.[3]

Como observaram os ilustres redatores do Projeto de Lei nº 1.480/89, encaminhado à Câmara dos Deputados pelo Prof. Michel Temer:

> A norma constitucional que determina a criação de Juizados Especiais para as denominadas *infrações penais de menor potencial ofensivo*, com as características fundamentais que indica, obedece à imperiosa necessidade de o sistema processual penal brasileiro abrir-se às posições e tendências contemporâneas, que exigem sejam os procedimentos adequados à concreta efetivação da norma penal. E se insere no rico filão que advoga a manutenção, como regra geral, dos princípios da obrigatoriedade e da indisponibilidade da ação penal pública, abrindo, porém, espaço à denominada discricionariedade regulada, contida pela lei e submetida a controle jurisdicional.[4]

Além dessas regras norteadoras, a Lei que regulamentou os Juizados Especiais Criminais, em seu art. 62, também estabelece que o processo deverá orientar-se pela informalidade e pela economia processual.

A mais clara manifestação da informalidade situa-se na audiência preliminar (art. 72), na qual o autor do fato, vítima e representante do Ministério Público estarão reunidos e, sem quaisquer regras pre-estabelecidas, serão esclarecidos pelo Magistrado, num primeiro momento, acerca da possibilidade de composição dos danos que, inclusive, repercutirá, em determinados casos, na extinção da punibilidade – e, num segundo momento, será aberto espaço à formulação da *proposta* do Ministério Público, em torno da qual será possível uma informal discussão, objetivando a transação.

Indisfarçável, nesse momento preliminar, a manifestação de repulsa a qualquer espécie de formalidade, até para que se permita um efetivo consenso, colimando a transação legalmente controlada.

Nessa oportunidade, o Ministério Público poderá condescender em seu poder-dever de instaurar a instância penal e o autor do fato poderá aceitar a aplicação imediata de uma sanção especial (mesmo sem a comprovação da culpabilidade), com regras de conduta de caráter inflitivo, mas despidas de censura ético-jurídica.

A despeito do que já foi dito, é preciso cuidado na avaliação do alcance do princípio da informalidade, para que, em nome desta, não venham a ser sacrificadas as garantias maiores do acusado no processo penal, como, *v.g.*, a equivocada interpretação que poderá ser feita no sentido de que a dispensabilidade do inquérito policial, prevista no art. 69, represente uma autorização para a propositura da ação penal, sem o imprescindível *fumus boni juris* ou, por outro lado, que a previsão de uma denúncia oral, consubstanciada no termo circunstanciado, prescinda de uma imputação certa e precisa, dificultando-se o pleno exercício da ampla defesa e do contraditório.

---

3 ARAUJO, Juliana Moyzés Nepomuceno. *Acordo de não persecução*: instrumento de concretização do processo penal resolutivo e eficiente. Rio de Janeiro: Lumen Juris, 2022. p. 111.

4 Grinover, Gomes Filho, Scarance Fernandes, Vianna Santos, Vieira de Moraes, Costa Manso, Andreucci e Rubens Gonçalves, 1990, p. 403.

Reafirmamos, não é em nome da *informalidade* que o Promotor estará autorizado a oferecer denúncia sem a existência de um mínimo de viabilidade fática, com ofensa ao *status dignitatis* do cidadão, que não foi relegado a segundo plano.

Observe-se, portanto, que não estará o juiz isento de observar um mínimo de formalidades essenciais para a prática de determinados atos processuais, de modo que resguarde os princípios constitucionais da ampla defesa, do contraditório e, em síntese, do devido processo legal. No mesmo diapasão, isto é, buscando dar celeridade ao procedimento das infrações menores, a Lei nº 9.099/95 adotou expressamente o princípio da *economia processual*, que se baseia no aproveitamento dos atos praticados, desde que alcançados os seus objetivos e resguardadas as garantias fundamentais do cidadão. Por fim, a Lei nº 13.603/2018 inseriu o princípio da simplicidade como uma das regras norteadoras dos Juizados Especiais Criminais previstas no art. 62 da Lei nº 9.099/95.

Trata-se de um critério que já estava inserido no art. 2º da mesma legislação na qualidade de disposição geral e que já deveria ser considerado como um princípio informador dos procedimentos dos Juizados Especiais Criminais a partir de uma interpretação sistemática do texto da lei.

Nesse sentido, o legislador adequou a redação do art. 62 aos critérios previstos no artigo 2º e estabeleceu expressamente o princípio da simplicidade, em conformidade com os demais, como uma regra norteadora que busca um procedimento mais célere e menos burocrático no que concerne às infrações de menor potencial ofensivo.

3.2 Conceito de oralidade

O conceito de oralidade não autoriza alguns exageros que negam, por completo, qualquer expressão escrita do pensamento. O método da oralidade não se incompatibiliza com algumas formas de manifestação escrita, segundo o *princípio da documentação dos atos*.[5] A palavra falada – é inegável – pode estar documentada nos autos, seja pela transcrição nos seus precisos termos – necessária para alguns atos, como, por exemplo, a coleta da prova testemunhal – seja pela transmissão da ideia naquilo que se mostrar essencial, como é a hipótese dos debates orais, cujas teses devem constar em ata.

É possível definir esse sistema da oralidade como sendo o predomínio da palavra falada sobre a escrita. A transmissão do pensamento se dá oralmente, não se objetando, como visto, a documentação dos atos essenciais praticados por meio de uma forma escrita ou equivalente.

3.3 Publicidade

No estado de direito democrático, a Justiça Penal – eminentemente pública – deve ser fiscalizada por qualquer pessoa do povo. Não só através de instrumentos meramente formais, por meio da chamada publicidade mediata (v.g. a publicação de alguns atos pela imprensa oficial, certidões etc.), mas por mecanismos que traduzam aquele anseio de um Poder Judiciário participativo, preocupado com as transformações sociais e próximo do seu consumidor. Essa vocação pública – avessa ao corporativismo – está, portanto, intimamente ligada ao próprio acesso à Justiça.[6]

5 CINTA, Antônio Carlos de Araújo *et al. Teoria Gerral do Processo.* 3. ed. atual. e ampl. São Paulo: Revista dos Tribunais, 1981. p. 289-290.

6 NUNES, Luiz Antônio Rizzatto. *O Poder Judiciário e o papel do empresariado nacional em 'uma nova ética para o juiz'.* (Coord. José Renato Nalini). São Paulo: Revista dos Tribunais, 1994. cap. 08, p. 107-129; GRINOVER, Ada Pellegrini. *A Crise do Poder Judiciário.* 1. ed. Rio de Janeiro: Forense Universitária, 1996. Cap. 01, p. 25-26.

A Constituição Federal determinou, como regra, a publicidade dos atos processuais, excetuando sua realização de forma limitada, quando a defesa da intimidade ou o interesse social assim o exigirem (art. 5º, inciso LX, CF).

Essa regra da publicidade, que tem uma justificação eminentemente política, manifestando-se como uma autêntica conquista do pensamento liberal, deve ser compreendida, no entanto, no aspecto substancial e não meramente formal.

Na interessante conceituação de Rogério Lauria Tucci, essa regra, além de imprescindível ao devido processo legal, é também "determinante, em regra, da regularidade dos atos processuais", pois garante ao interessado um "iter procedimental escorreito de qualquer vício", atendendo à indeclinável aspiração de uma Justiça transparente.[7]

A publicidade da atividade jurisdicional, no entanto, não pode significar que um julgamento realizado nesses termos estará sujeito ao clamor público, ao alarido da imprensa ou a pressões de grupos. Ao juiz impõe-se – sempre – a ponderação, a meditação e a coragem para decidir a controvérsia de acordo com a sua consciência, as regras de direito e as provas produzidas no processo. Se esses forem os critérios orientadores da atuação do magistrado, não há o que temer.

3.4 **Concentração**

No processo oral é imprescindível a concentração dos atos de tal forma que as impressões colhidas pelo magistrado – ou juízes leigos – não se esvaiam com o tempo.

Nosso Código de Processo Penal prevê na segunda fase do procedimento dos crimes dolosos contra a vida – *judicium causae* – mais especificamente durante a sessão de julgamento, a consagração máxima da concentração. Com efeito, todos os atos são reunidos numa única audiência (interrogatório, oitiva de testemunhas, debates e julgamento) e a interrupção implicará em novo julgamento, inclusive com a formação de outro Conselho de Sentença (CPP, arts. 442 e ss.).

A Lei nº 9.099/95, que regulamentou os Juizados Especiais Criminais, também impõe a observância do procedimento oral e sumaríssimo, resumindo numa única audiência, a defesa preliminar, recebimento ou não da inicial acusatória, oitiva de testemunhas, debates orais e julgamento (arts. 79 a 81).

É bem verdade que nem sempre se pode concentrar numa única audiência todos os atos de instrução. O direito à prova deve ser resguardado, incumbindo ao Magistrado, sempre atento às regras garantidoras do contraditório e da ampla defesa, além do indeclinável bom senso, indeferir as provas que demonstrem inequívoco caráter procrastinatório ou que não guardem qualquer relação com o objeto do processo.

Ademais, é importante que se assegure a vinculação do juiz à causa, impondo-se, ainda, a designação de audiências de continuação para datas próximas, sob pena de interrupção e refazimento dos trabalhos, nos moldes do Código de Processo Penal Modelo para a América Latina (art. 298) e das legislações portuguesa (C.P.P.Port., art. 328, §6º) e alemã (StPO, §229, nº 3).

7 TUCCI, Rogério Lauria. *Direitos e garantias individuais no processo penal brasileiro*. São Paulo: Ed. Saraiva, 1993. p. 239-240.

3.5 Imediação

O procedimento oral, adotado em sua essência, impõe, como consequência cogente, a imediação dos atos procedimentais, vale dizer, colocar o juiz em contato direto com as partes (acusação e defesa), com as testemunhas e peritos, além da concentração dos atos, senão numa única audiência, pelo menos em audiências realizadas num curto período, ou seja, em datas próximas. Exige, outrossim, que somente os elementos de convicção assim recolhidos – com as exceções que serão estudadas mais a frente – possam embasar a sentença penal.

A imediação é a característica que representa com maior fidelidade o processo oral. E não seria exagerado afirmar que essa regra é o próprio núcleo desse sistema.

Nesse contexto, Rene Ariel Dotti enfatiza que:

> A imediação significa essencialmente que a decisão jurisdicional só pode ser proferida por quem tenha assistido à produção das provas e à discussão da causa pela acusação e pela defesa, mas significa também que na apreciação das provas se deve dar preferência aos meios de prova que se encontrem em relação mais direta com os factos probandos (v.g. preferências das testemunhas presenciais às de "ouvir dizer", dos documentos originais às das suas cópias, etc.) e seja feita mais brevemente possível, logo que finda a audiência de julgamento.[8]

A imediação pode ser vista sob o aspecto formal, que consiste exatamente nesse contato direto do juiz com as partes, testemunhas, peritos etc., como também sob a ótica substancial, que impõe ao julgador a utilização dos meios de prova mais diretamente ligados ao fato probando.

Parece não haver dúvida na doutrina que as provas diretas, qualquer que seja o sistema que venha a ser adotado (oral ou escrito), têm maior relevância do que as indiretas.

Se a imediação com a produção das chamadas provas diretas é o melhor método para se atingir uma decisão justa, seria possível dizer que é o único? Não se pode esquecer, e.g., que eventual coleta de prova em local diverso daquele em que se desenvolve o processo somente poderá ser realizada em momento diverso da audiência concentrada. As cartas precatórias ou rogatórias devem ser escrituradas.

Os exames periciais, por sua vez, em sua grande maioria, devem ser efetivados ainda na fase investigatória e, portanto, sem a presença das partes e do juiz.

Finalmente, nos dias atuais, em que se intensifica uma preocupação de combate à chamada criminalidade organizada, surge também a questão do informante policial ou do agente infiltrado, que não poderia depor, de viva voz, numa audiência concentrada, marcada por essa relação de contato direto e imediato.

O que se indaga, nesse tema, é a maneira pela qual esses elementos de convicção podem ser introduzidos na audiência de julgamento, com a garantia de que possam ser realmente impugnados pelas partes. Repito: somente pelo contato direto com a prova, especialmente a testemunhal, é que se poderá extrair a verdadeira significação desta ou daquela asserção da testemunha, ao mesmo tempo em que se permite a indagação sobre determinadas peculiaridades do fato que se pretende provar e que só aparecem no curso de uma audiência concentrada de julgamento e marcada pela imediação.

[8] DOTTI, Rene Ariel. Princípios do processo penal. *Revista de Processo*, Ed. Revista dos Tribunais, n. 67, p. 73-92, jul./set. 1992.

É preciso, antes de mais nada, que o Magistrado tenha pleno domínio das técnicas processuais e conduza aquele ato com muita atenção. Dessa forma, ele poderá atribuir à prova, que não foi introduzida diretamente na audiência, o seu devido valor, perquirindo, em cada caso, se ela é impertinente ou abundante. Mais do que isso, é preciso indagar se a impugnação da prova pela parte é apropriada, possível e factível.[9]

É certo, ainda, que essa prova colhida numa fase intermediária, de preparação, deve ser objeto de dispositivo legal específico, que delimite, não só o seu campo de abrangência, mas, principalmente, em *numerus clausus*, as hipóteses em que ela pode ser introduzida.

De qualquer forma, a análise indireta da prova retira do juiz o mais útil instrumento de que ele dispõe para a formação da sua convicção: a *observação*[10] viva e dinâmica dos fatos, que só o processo oral pode descortinar. Até porque, neste, o julgador está mais próximo do seu objeto de investigação (reconstrução histórica do *thema probandum*), o que assegura uma decisão mais justa.

3.6 Identidade física do juiz

No sistema de oralidade é indeclinável, ainda que implicitamente, a existência de preceitos que conduzam à vinculação do juiz à causa criminal ou o reconhecimento da identidade física do juiz, que representa um verdadeiro instrumento na busca da verdade real.[11]

Se o método da oralidade, com a imediatidade e concentração, é aquele que permite a condução de um justo processo, essa estreita e próxima ligação das partes, peritos, testemunhas e réu com o magistrado de nada valerá se o julgamento não for levado a efeito pelo juiz que presidiu a instrução.

A vinculação do juiz ao processo constitui uma autêntica garantia do acusado. Para todo e qualquer juízo de mérito e, principalmente, para a plena satisfação do princípio constitucional da individualização da pena (CF, art. 5º, inciso XLVI), é indispensável a prolação da sentença pelo juiz que manteve contato direto com os protagonistas do processo.

Vincenzo Manzini,[12] ao cuidar da prolação da sentença em momento imediatamente posterior à produção das provas e debates orais, salienta que as impressões recebidas conservam sua mais genuína e mais fresca vivacidade, permitindo, portanto, um julgamento mais justo. Além disso, impede que a percepção e atenção do juiz sejam desviadas para outros atos estranhos e que não interessem diretamente ao deslinde da causa.

4 Competência dos juizados especiais criminais

Relativamente aos Juizados Especiais, o critério primeiro de fixação da competência se dá – a toda evidência – em razão da natureza do delito, ou seja, as infrações penais de menor potencial ofensivo. O art. 61 da Lei nº 9.099/95, com redação definida pela Lei nº 11.313/06, assim define as infrações penais de menor potencial ofensivo: "Consideram-se infrações penais de menor potencial ofensivo, para os efeitos desta Lei, as contravenções

9 COLOMER, Juan-Luis Gomez. *El proceso penal Aleman*: introduccion y normas basicas. 1. ed. Barcelona: BOSCH Casa Editorial, 1985. p. 174.

10 CHIOVENDA, Giuseppe. A oralidade e a prova. *In*: *Processo oral*: coletânea de estudos de juristas nacionais e estrangeiros. Rio de Janeiro: Forense, 1940. p. 138; Giovanni Leone observa, por sua vez, que a imediatidade garante o constante contato direto do juiz com todos os elementos úteis para uma boa decisão (LEONE, Giovanni. *Trattato de Diritto Processuale Penale*. Nápoles: Jovene, 1987. v. II, p. 338).

11 SILVA, Marco Antônio Marques da. *A vinculação do juiz no processo penal*. São Paulo: Saraiva, 1993. p. 59.

12 MANZINI, Vincenzo. *Tratado de Derecho Procesal* (Trad. Santiago Sentís Melendo y Marino Ayerra Redín). Buenos Saires: EJEA, 1953. v. IV, p. 479.

penais e os crimes a que a lei comine pena máxima não superior a 2 (dois) anos, cumulada ou não com multa".

A Lei Federal, de maneira salutar – e respeitando a competência da União para legislar sobre Direito Penal e Processual Penal –, definiu quais são as infrações penais consideradas de menor potencial, ou seja: (I) as contravenções penais, (II) e os crimes a que a lei comine pena máxima não superior a 2 (dois) anos, cumulada ou não com multa. Contudo, fica a advertência que não nos parece possível que Lei Estadual – editada nos termos do art. 24, X, da Constituição Federal – amplie o rol dos delitos considerados de menor potencial ofensivo, pois a competência suplementar dos Estados está adstrita à regulamentação de matéria procedimental (art. 24, XI, CF), na qual não se insere a ampliação das hipóteses dos delitos de menor potencial ofensivo, como se constata da leitura do art. 22, inciso I, da Carta Magna.

A primeira inferência que se pode extrair do artigo da Lei, tal como redigido, é que todas as contravenções penais, independentemente da quantidade de pena cominada em abstrato, estão sujeitas ao Juizado.

Quanto aos crimes, estão abrangidos todos aqueles cuja pena máxima não ultrapassar 02 (dois) anos, apenados com detenção ou com reclusão, já que a Lei não diferenciou a qualidade da pena. A cumulação da pena prisional com multa, por seu turno, não tem mais relevância para os fins do conceito de infração penal de menor potencial ofensivo, conforme a atual redação do art. 61 da Lei dos Juizados Especiais Criminais.

Na fixação de competência pela quantidade da pena cominada em abstrato ao delito, devem ser consideradas as causas genéricas e especiais de aumento ou de diminuição da pena previstas nas Partes Geral e Especial do Código Penal. Essas causas (circunstâncias) integram o fato criminoso, agravando ou diminuindo sua gravidade, mas sem lhes modificar a essência. A norma penal não cita expressamente o máximo e o mínimo da pena, utilizando-se de expressões como um terço, um sexto, o dobro, a metade etc.

No que tange à tentativa, para efeito de inserção ou não na competência dos Juizados Especiais, sustentamos que a redução a ser considerada deve ser a mínima, porque o máximo da pena em abstrato cominada para um crime tentado, como é lógico, reside na redução mínima pelo *conatus*. O mesmo raciocínio deve ser aplicado às demais causas.

As agravantes devem ser desconsideradas, pois elas não têm o condão de elevar a pena acima do máximo. Já as atenuantes devem ser perquiridas no momento da proposta de transação, pois determinam a redução do limite máximo da pena cominada em abstrato.

Quanto ao crime continuado, embora com respeitáveis posições em sentido contrário, sustentamos que o acréscimo pela continuidade não pode ser desprezado. Para se desconsiderar o acréscimo decorrente da continuidade delitiva, tem se buscado a analogia com o instituto da prescrição. Não vemos nenhuma semelhança ontológica entre as infrações de menor potencial ofensivo e a prescrição.

Na prescrição, verifica-se objetivamente a perda da pretensão punitiva, pelo decurso do tempo, que aumenta o risco de uma pena injusta, num momento em que o agente pode, por exemplo, já estar plenamente reabilitado. Por outro lado, a verificação da maior ou menor potencialidade ofensiva do crime – ao reverso da prescrição – não tem por escopo a injustiça que o decurso do tempo pode provocar, mas sim a maior intensidade e reprovabilidade da conduta daí emergente.

Além disso, na continuidade delitiva, como sabemos, há ficção jurídica de crime único, para o qual a lei prevê um cogente acréscimo da pena de um sexto a dois terços. Em outras palavras, a pena máxima cominada é aquela prevista para o tipo fundamental, acrescida de, no mínimo, um sexto.

Reforçando esse entendimento, confira-se a Súmula nº 243 do STJ: "O benefício da suspensão do processo não é aplicável em relação às infrações penais cometidas em concurso material, concurso formal ou continuidade delitiva, quando a pena mínima cominada, seja pelo somatório, seja pela incidência do majorante, ultrapassar o limite de um (01) ano".

Quanto ao lugar da infração, o art. 63 da Lei nº 9.099/95 adotou como regra – para a delimitação da competência dos Juizados Especiais Criminais – o lugar em que foi praticada a infração penal, considerado pelo art. 6º do CP como o local em que ocorreu a ação ou omissão, no todo ou em parte, bem como onde se produziu ou deveria produzir-se o resultado. Como se vê, o legislador acolheu a teoria da ubiquidade para a fixação da competência *rationi loci*, distanciando-se da regra geral do CPP que segue a teoria do resultado.

No que tange à conexão e continência entre infração de menor potencial ofensivo e outra de natureza diversa, haverá, a nosso ver, a separação obrigatória dos processos. Isso porque, não se pode esquecer que a competência dos Juizados Especiais emana da própria Constituição Federal que, para a hipótese, ou seja, conexão e continência, silencia acerca da reunião dos feitos e ainda especifica a forma e o rito, isto é: procedimento oral e sumaríssimo (CF, art. 98, I).

Além disso, algumas normas existentes na apuração de infrações de menor potencial ofensivo são eminentemente de direito material, exigem alguns atos procedimentais específicos para se atingir a extinção da punibilidade (como, por exemplo, a composição dos danos que leva à renúncia) e não podem ser afastadas com a aplicação de um rito mais amplo, diverso daquele previsto na Lei nº 9.099/95.

Destarte, não nos parece recomendável o *simultaneus processos,* se houver liame entre infração de menor potencial ofensivo e outra que não se insira nessa competência. Os juizados especiais são órgãos de extração constitucional, cuja matriz silencia sobre a possibilidade de ampliação de sua competência ou de atribuição desta a outros órgãos jurisdicionais nas hipóteses de conexão ou continência.

Observa-se, contudo, que o Supremo Tribunal Federal[13] reconhece a competência relativa dos Juizados Especiais Criminais, de modo a permitir o julgamento das infrações de menor potencial ofensivo por outro juízo com *vis attractiva* para o crime mais grave a partir de critérios de conexão e continência, observados os institutos despenalizadores, se cabíveis.

Nesse contexto, não obstante o referido entendimento da Suprema Corte e a redação do artigo 60 da Lei nº 9.099/95, que admite, aparentemente, a mudança da competência para o julgamento de uma infração de menor potencial ofensivo, por força da conexão ou continência, a competência dos Juizados Especiais Criminais é de natureza constitucional, sendo vedado à Lei ordinária modificar competência material e absoluta, que tem sua matriz na própria Constituição Federal.

5 A justiça consensual nos juizados especiais criminais

É cediço que a Lei nº 9.099/95 foi precursora da justiça consensual no direito brasileiro, estabelecendo institutos inerentes a um processo célere, desburocratizado e eficiente.[14] Nesse contexto, o procedimento dos Juizados Especiais Criminais é marcado por duas etapas. A fase preliminar na qual a autoridade policial lavrará o termo circunstanciado, instrumento substitutivo do inquérito policial, caracterizando-se pela coleta de indícios de

[13] STF. Plenário. ADI nº 5264/DF, Rel. Min. Cármen Lúcia, julgado em 4.12.2020.

[14] ARAUJO, Juliana Moyzés Nepomuceno. *Acordo de não persecução*: instrumento de concretização do processo penal resolutivo e eficiente. Rio de Janeiro: Lumen Juris, 2022. p. 110-112.

autoria; apresentação das partes ao Juizado, para efeito de conciliação e reparação do dano. A segunda está consubstanciada no processo e julgamento pelo rito sumaríssimo.

5.1 Conciliação, renúncia e reparação dos danos no juizado especial criminal

Lavrado o relatório circunstanciado e detalhado pela autoridade policial, esta providenciará o encaminhamento do autor do fato e da vítima ao Juizado, ou tomará por termo o compromisso desses para apresentação espontânea (art. 69). Nessa hipótese, não se imporá a prisão em flagrante.

Apresentados à audiência preliminar (e informal) o autor do fato e a vítima, se possível o responsável civil, acompanhados dos respectivos advogados, na presença do órgão do Ministério Público, serão esclarecidos pelo Juiz acerca da possibilidade da composição dos danos e da aceitação da proposta, formulada pelo Promotor de Justiça, de aplicação imediata de sanção não privativa de liberdade (art. 72).

A relevância dessa composição na órbita penal, além do aspecto pedagógico e de prevenção geral, também repercute na punibilidade, em face da previsão expressa de "renúncia". Ademais, a composição dos danos civis, caso seja acordada, será reduzida a termo e homologada por sentença pelo Julgador, servindo como título executivo judicial (art. 74).

Inviabilizada a conciliação, será dada oportunidade para o ofendido – na hipótese de ação penal pública condicionada – oferecer oralmente a representação. O não oferecimento desta na audiência preliminar não implicará a decadência do direito, que poderá ser exercido dentro do prazo de seis meses, contados a partir da data em que o ofendido, se capaz, ou seu representante legal, vierem a saber quem foi o autor do delito (art. 38 do CPP e art. 103 do CP).

Verifica-se, portanto, que a Lei dos Juizados Especiais prevê como causa extintiva da punibilidade o acordo homologado para composição dos danos civis, quando se tratar de ação penal de iniciativa privada ou de ação penal pública condicionada à representação (art. 74, parágrafo único), independentemente do adimplemento ou não da obrigação assumida.

Pela referida sistemática, portanto, a homologação do acordo cível na audiência preliminar de conciliação acarretará a renúncia ao direito de queixa ou representação. Não é possível, nessa ordem de ideias, condicionar-se a extinção da punibilidade ao cumprimento do acordo quanto à reparação dos danos, porque subverteria o comando legal, que é bastante claro.

Forçoso reconhecer, dessa forma, que a Lei dos Juizados Criminais interpretou a composição dos danos também como prática de ato incompatível com a vontade de exercer o direito de queixa ou de representação. Assim, com esse dispositivo, a persecução penal fica sujeita à vontade do ofendido ou de seu representante legal, que, encetando acordo com o autor do dano, impedirá automaticamente o seu início. A disposição em questão, aliás, discrepa do art. 104 do CP, uma vez que o estatuto penal prevê que o fato de receber o ofendido a indenização do dano causado pelo crime não implica renúncia tática ao direito de queixa.

Reconhece-se, portanto, a relevância do papel do ofendido e da reparação do dano, permitindo "uma visão mais ampla e protetiva quanto aos interesses da vítima, proporcionando-lhe maior espaço de participação para assegurar os seus direitos, evitando, inclusive, a incidência do fenômeno da vitimização secundária".[15]

[15] ARAUJO, Juliana Moyzés Nepomuceno. *Acordo de não persecução*: instrumento de concretização do processo penal resolutivo e eficiente. Rio de Janeiro: Lumen Juris, 2022. p. 114.

5.2 Transação penal e atuação do Ministério Público

Entre as funções institucionais do Ministério Público está a de exercer, privativamente, a ação penal pública incondicionada (CF, art. 129, I). Trata-se, na verdade, de um poder-dever do órgão Ministerial pautado na obrigatoriedade ou na legalidade, em contraposição ao princípio da oportunidade ou conveniência que norteia a ação penal de natureza privada.

É certo, por outro lado, que a própria CF, ao dispor sobre os Juizados Especiais no âmbito criminal para as infrações penais de menor potencial ofensivo, abriu a possibilidade de, em determinadas hipóteses legalmente limitadas (art. 76) –, o titular do *jus puniendi* atenuar a obrigatoriedade quanto ao início ou prosseguimento da persecução penal, por intermédio do instituto da transação penal.

Trata-se de "um mecanismo de acordo com concessões recíprocas entre o investigado e a acusação, homologado pelo juiz, pelo qual o autor do delito sujeita-se ao cumprimento de medidas não privativas de liberdade, em troca do compromisso do Ministério Público de não oferecer a denúncia".[16]

Nesse diapasão, a obrigatoriedade da propositura da ação vê-se mitigada, abrindo-se espaço à conveniência, de acordo com a política adotada pelo Promotor, considerando as peculiaridades de "cada caso concreto". Destarte, na audiência preliminar, tentada a composição dos danos, passa-se à proposta do Ministério Público, a fim de se aplicar imediatamente uma sanção não privativa da liberdade, ou seja, restrição de direitos e multa, a exemplo dos arts. 43 e 49 do CP. A mitigação da obrigatoriedade ou a discricionariedade controlada está adstrita, num primeiro momento, aos requisitos que a própria Lei Especial estabelece.

Além desses, e do bom-senso que deve estar sempre presente na atuação de cada um dos integrantes do Ministério Público, poderão ser adotadas, como critério amplo e geral, eventuais diretrizes traçadas pela instituição em sua política de persecução penal, e, de maneira mais específica e particularizada, poderá valer-se o promotor de Justiça dos requisitos mencionados no art. 59 do CP. A proposta do Ministério Público, ainda que informalmente, deve ser submetida à discussão com a parte interessada (suposto autor do fato ou suspeito) para que se chegue a um consenso, à convergência de vontades, a um termo que satisfaça a ambos, isto é, a uma transação.

Ato contínuo, será submetida a controle jurisdicional, para ser ou não homologada pelo juiz de direito. Ressalte-se, de outra parte, que a não homologação do acordo pelo magistrado deverá cingir-se à estrita legalidade, ou seja, só deverá ocorrer se presentes os requisitos impedientes previstos no art. 76, §2º, da Lei nº 9.099/95, isto é: (a) ter sido o autor da infração condenado, pela prática de crime, à pena privativa de liberdade, por sentença definitiva; (b) ter sido o agente beneficiado anteriormente, no prazo de cinco anos, pela aplicação de pena restritiva ou multa, nos termos deste artigo; (c) não indicarem os antecedentes, a conduta social e a personalidade do agente, bem como os motivos e as circunstâncias, se necessária e suficiente a adoção da medida.

[16] ARAUJO, Juliana Moyzés Nepomuceno. *Acordo de não persecução*: instrumento de concretização do processo penal resolutivo e eficiente. Rio de Janeiro: Lumen Juris, 2022. p. 116.

a) Condenação por sentença definitiva à pena privativa de liberdade pela prática de crime

Para a compreensão desse requisito impeditivo da proposta de transação, é necessário estabelecer que a expressão "sentença definitiva" não deve ser entendida como decisão em relação à qual já se operou o trânsito em julgado. É essa a inferência que se pode extrair, por exemplo, do disposto no art. 593, inciso I, do CPP, quando trata de decisão pendente de recurso.[17]

Ora, pelo conceito de sentença definitiva já pacificado na doutrina processual penal, é irrelevante a ocorrência ou não do trânsito em julgado da sentença para que se reconheça a impossibilidade de transação penal.

Por outro lado, a leitura do art. 76, §2º, não dá ensejo a qualquer margem de dúvida: a sentença condenatória que reconheceu a prática de contravenção penal ou, embora reconhecendo a existência de crime, impõe pena de multa ou restritiva de direitos, sob o aspecto objetivo, não impede a proposta de transação.

b) Não ter sido beneficiado pela medida no prazo de cinco anos

A transação deverá representar importante e eficaz instrumento de prevenção geral e ressocialização, evitando a inflição de penas privativas da liberdade. O Estado, no entanto, não pode demonstrar complacência com indivíduo que, de maneira inconsequente e reiterada, volta a delinquir. Por essa razão, o mesmo agente não poderá ser beneficiado dentro de um período de cinco anos, mais de uma vez, com as medidas despenalizadoras.

Por outro lado, segundo nos parece, o termo inicial para a contagem desse prazo de cinco anos para a obtenção de novo benefício deve ter por termo inicial a data do efetivo cumprimento da primeira transação, declarada por sentença extintiva da punibilidade, por interpretação analógica do art. 64, I, do Código Penal.

c) Aspectos subjetivos

A proposta de transação penal, com a cumulação de restrição de direitos, é medida que, para ser adotada, deve preencher em sua inteireza os critérios de necessidade e suficiência. Por um lado, impõe sanção especial sem os deletérios efeitos decorrentes de uma sentença penal condenatória; por outro, submete o autor do fato a restrições de direitos que, uma vez desrespeitadas, acarretarão, como é cediço, a instauração do processo e prolação da sentença penal, com todas as consequências daí emergentes.

Em outras palavras, conquanto incidam restrições de direitos, parte-se do pressuposto de que o investigado continua acobertado pela presunção de inocência, até porque, expirado o período determinado, extingue-se a punibilidade, sem que remanesçam efeitos secundários. No entanto, a aplicação da medida não pode ser expressão da impunidade. Tanto a transação quanto a suspensão do processo são institutos com os quais o legislador procurou atenuar as consequências jurídicas dos ilícitos penais e fundam-se num juízo de suficiência, que não prescinde da verificação da biografia do possível beneficiário.

Em boa hermenêutica, não se aplica a lei com abstração dos fins para os quais foi promulgada. Engana-se quem interpreta a Lei dos Juizados Especiais Criminais como fonte adicional de indiferença da sociedade aos que vulneram seus valores mais relevantes. Quem vive às turras com a lei penal não merece, por sua formação moral, por sua personalidade, por

[17] TJSP, RT nº 604/351; TJGO, RT nº 644/317; STJ, RT nº 660/351.

sua culpabilidade e por seus antecedentes, o benefício da conciliação penal ou a abstenção de prosseguimento do processo.

Outras legislaçoes especiais preveem outras circunstâncias impeditivas da transação penal. A Lei Maria da Penha (Lei nº 11.340/2006), em seu art. 41, veda expressamente a aplicação das medidas despenalizadoras (transação penal e suspensão condicional do processo) aos crimes cometidos com violência doméstica ou familiar contra a mulher. Também impede a transação penal no crime de lesão corporal culposa, nos termos do art. 291, §1º, do CTB, se o agente estiver (I) sob a influência de álcool ou qualquer outra substância psicoativa que determine dependência; (II) participando, em via pública, de corrida, disputa ou competição automobilística, de exibição ou demonstração de perícia em manobra de veículo automotor, não autorizada pela autoridade competente; (III) transitando em velocidade superior à máxima permitida para a via em 50 km/h (cinquenta quilômetros por hora).

A decisão que negar a homologação ao acordo será passível de inconformismo com a utilização do recurso de apelação, previsto excepcionalmente para essa decisão interlocutória, nos termos do art. 76, §5º, da Lei Especial.

O consenso implica, necessariamente, a convergência de vontades: de um lado, o Ministério Público deixa de exercer o poder-dever de instaurar a ação penal (com a exclusão do processo); e, de outro, o autor do fato aceita submeter-se a uma multa ou a algumas regras de conduta que, uma vez adimplidas, motivarão a extinção da punibilidade.

Eventual descumprimento deverá resultar pura e simplesmente no oferecimento da denúncia ou na adoção de procedimento preparatório para tal desiderato. A transação não tem por objeto imediato deixar de punir o autor de uma infração penal, mas a não propositura da ação penal, evitando-se, de maneira secundária, os efeitos deletérios daí resultantes. Nesses termos, a rescisão do acordo não pode resultar na imediata aplicação da pena, mas naquilo que foi objeto da transação, ou seja, o processo penal.

O Egrégio Supremo Tribunal Federal, no julgamento do HC nº 79.572/GO, Rel. Ministro Marco Aurélio,[18] admitiu a hipótese de oferecimento de denúncia, quando descumprida a transação penal, com os seguintes argumentos: "Ofende o princípio do devido processo legal a conversão de pena restritiva de direitos em privativa de liberdade, em virtude de descumprimento de termo de transação penal (Lei nº 9.099/95, art. 76": 'Havendo representação ou tratando-se de crime de ação penal pública incondicionada, não sendo caso de arquivamento, o Ministério Público poderá propor a aplicação imediata de pena restritiva de direitos ou multa, a ser especificada na proposta').

Com base nesse entendimento, a Turma, salientando a natureza não condenatória da sentença que homologa a transação penal, deferiu *habeas corpus* impetrado pelo Ministério Público para reformar o acórdão do STJ que permitira a conversão da pena". No mesmo sentido: STF, 1ª Turma, REx nº 268.319/PR, Rel. Min. Ilmar Galvão, Informativo do STF nº 193, j. 13.06.2000; STF, 1ª Turma, HC nº 80.164/MS, Rel. Min. Ilmar Galvão, não publicado; STJ, 6ª Turma, HC nº 10.219/SP, Rel. Min. Hamilton Carvalhido, *DJ* 23.10.2000, p. 189. Esse entendimento consolidou-se na Súmula Vinculante nº 35, que assim dispõe: "A homologação da transação penal prevista no art. 76 da Lei nº 9.099/1995 não faz coisa julgada material e, descumpridas suas cláusulas, retoma-se o *status quo ante*, possibilitando-se ao Ministério Público a continuidade da persecução penal mediante oferecimento de denúncia ou requisição de inquérito policial". Por essa razão é que se diz, aliás, que a transação é medida atrelada ao princípio da obrigatoriedade mitigada (ou oportunidade regrada).

18 STF, Segunda Turma, j. 29.02.2000, *DJ* 22.02.2002, Informativo do STF nº 180.

Entende-se, portanto, que a sentença homologatória da transação penal não tem natureza condenatória e só impede, temporariamente, o exercício da pretensão punitiva, cuja extinção dependerá da satisfação integral das condições estipuladas. Com o descumprimento do acordo, ele deve ser revogado e ressurge, então, a oportunidade para o oferecimento da denúncia. Ora, há um princípio em nosso Direito – com embasamento lógico e inspiração ética –, em virtude do qual, independentemente de previsão legal específica, fica suspenso o curso da prescrição sempre que houver impedimento temporário à instauração ou ao desenvolvimento do processo, sobretudo se ele é irremovível ou tem sua remoção sujeita à decisão alheia (e, particularmente, quando ela depender daquele a quem a extinção da punibilidade aproveitará). Essa matéria foi amplamente desenvolvida em erudito e convincente voto do Ministro Sepúlveda Pertence (cf.: STF, Pleno, Inq. nº 457/DF, julgado em 10.02.93, Rel. p/ acórdão Min. Sepúlveda Pertence, *DJ*, 06.08.93, p. 14.901), cujas premissas são extensíveis ao obstáculo legal que a transação penal importa para o oferecimento da denúncia, o qual cobre todo o período de tempo que se inicia quando ela é homologada e que somente cessa com a abertura de vista para o oferecimento de denúncia ou, ao menos, com a superveniência de causa para a revogação do acordo.

Uma das questões mais debatidas hodiernamente, desde a edição da Lei nº 9.099/95, relaciona-se com a transação penal (CF, art. 98, I) e a proposta do órgão do Ministério Público. Trata-se de um novo poder discricionário atribuído ao *dominus litis* (fato que já é uma realidade no direito estrangeiro) ou, ao reverso, um direito público subjetivo do acusado? Como é cediço, entre as funções institucionais do Ministério Público está a de exercer, privativamente, a ação penal pública. Trata-se, na verdade, de um poder-dever do órgão ministerial, pautado na obrigatoriedade ou, mais propriamente, na legalidade, em contraposição da oportunidade.

É certo, no entanto, que a CF, ao dispor sobre os juizados especiais, abriu a possibilidade de, em determinadas hipóteses – legalmente limitadas –, o titular da ação penal atenuar a obrigatoriedade quanto ao início (transação penal) ou prosseguimento da ação (suspensão condicional do processo), obrigando-o a traçar políticas criminais claras e transparentes de atuação, de modo que se dê ênfase às grandes causas criminais ou àquelas infrações de maior potencial ofensivo.

Dessa forma, e resumidamente, na audiência preliminar, tentada a composição dos danos, passa- se à proposta do Ministério Público e tem que se aplicar, imediatamente, uma sanção especial não privativa da liberdade, ou seja, multa ou restrição de direitos. Tal proposta deve ser discutida informalmente com o suposto autor do fato, para que se atinja a convergência de vontades, o consenso, a própria transação, que, posteriormente, será submetida a controle judicial quanto à sua legalidade.

Em face da necessidade de acordo entre as partes e considerando que a ação penal é privativa do Ministério Público, não vemos como possa o Magistrado substituir-se ao *dominus litis*, transacionando com o suposto autor do fato. A medida ora analisada pressupõe acordo: cada uma das partes abre mão de algo, colimando o consenso quanto à aplicação de uma sanção especial. O Promotor de Justiça, como titular da ação penal, quando busca uma transação, abre mão de um poder que detém privativamente, isto é, o de oferecer a denúncia.

É lícito indagar, nessa ordem de ideias, qual ato o juiz de direito se abstrairia de praticar em prol do acordo, se não é ele o titular do direito de ação? No mínimo estranho admitir essa espécie de consenso, quando um dos participantes nas discussões não é parte legítima e, portanto, nada teria a oferecer.

Já o Ministério Público abre mão de seu dever de oferecer a denúncia (que só ele tem – CF, art. 129, inciso I) e o réu aceita o recolhimento de uma multa ou submete-se a restrições de direitos ou determinadas regras de conduta, deixando de ser processado criminalmente e evitando todas as consequências deletérias que daí possam emergir.

É inegável a existência de uma veemente reação de parte da doutrina e da jurisprudência na aceitação desse poder discricionário atribuído ao Ministério Público. Sustenta-se, inicialmente, que o juízo de pertinência atribuído ao promotor deve estar restrito, exclusivamente, aos termos da lei. Em outras palavras, se o suposto autor do fato preencher os requisitos legalmente estabelecidos, ineroxavelmente fará jus à proposta; nega-se ao Ministério Público legitimidade para traçar política de persecução criminal que extrapole o estreito âmbito de sua própria instituição, pois sua função seria a de mero executor de política Estatal. A segunda justificativa é a de que não se pode deixar nas mãos do promotor o poder ilimitado de escolher, a seu talante, quem deve ou não ser processado, sob pena de ferir-se a isonomia, provocando risco de tratamentos díspares a réus que aparentemente se encontram na mesma situação.

Pacificando em definitivo as divergências sobre o tema, o Colendo Supremo Tribunal Federal editou a súmula nº 696: "STF – Súmula nº 696 – Reunidos os pressupostos legais permissivos da suspensão condicional do processo, mas se recusando o Promotor de Justiça a propô-la, o Juiz, dissentindo, remeterá a questão ao Procurador-Geral, aplicando-se por analogia o art. 28 do Código de Processo Penal".

Nesse contexto, portanto, "considerar que o instituto é um direito subjetivo do acusado significaria violar a própria independência funcional do órgão acusador, o qual é responsável por decidir como irá exercer o seu direito privativo de ação, sempre pautado nos limites legais e na sua convicção".[19] A discricionariedade regrada permite ao Ministério Público a possibilidade de agir em conformidade com a política criminal e a necessidade de combate a infrações de menor potencial ofensivo. "Isto posto, não parece razoável que seja imposta, ao titular da ação penal, uma forma determinada de como será a sua atuação, suprimindo princípios, regras e valores considerados na formação de sua convicção e no cumprimento de sua nobre missão".[20]

5.3 Suspensão condicional do processo

Tal como a transação, talvez uma das mais importantes inovações da Lei nº 9.099/95 (na parte dos Juizados Especiais Criminais) esteja na adoção da "suspensão condicional do processo".

Pelo sistema ora adotado, no limiar da ação penal, o órgão titular da ação penal, valendo-se de critérios de discricionariedade controlada, ao oferecer a denúncia – presentes determinados requisitos – poderá propor a suspensão condicional do processo (art. 89).

Resta clara, notadamente pela cogente necessidade de aceitação da proposta pelo acusado e seu defensor, a natureza consensual da medida. Somente será aplicável a suspensão se houver acordo entre as partes (acusação e defesa) que, em seguida, o submeterão à apreciação do julgador que, recebendo a denúncia, poderá suspender o processo por um período de prova, à semelhança do que ocorre com o *sursis* (art. 89, §1º).

Destaque-se que a homologação do acordo não impede que o acusado discuta a presença de justa causa para a ação penal, por meio de *habeas corpus,* segundo entendimento que tem prevalecido na jurisprudência do STJ, no sentido de que

---

19 ARAUJO, Juliana Moyzés Nepomuceno. *Acordo de não persecução*: instrumento de concretização do processo penal resolutivo e eficiente. Rio de Janeiro: Lumen Juris, 2022. p. 119.

20 ARAUJO, Juliana Moyzés Nepomuceno. *Acordo de não persecução*: instrumento de concretização do processo penal resolutivo e eficiente. Rio de Janeiro: Lumen Juris, 2022. p. 119.

> a aceitação pelo paciente do benefício da suspensão condicional do processo, nos termos do art. 89 da Lei nº 9.099/95, não inviabiliza a impetração de habeas corpus nem prejudica o seu exame, tendo em vista a possibilidade de se retomar o curso da ação penal caso as condições impostas sejam descumpridas.[21]

O instituto é reflexo da mitigação do princípio da indisponibilidade da ação penal pública, visto que a sua incidência acarreta o sobrestamento do processo pelo período de prova de dois a quatro anos, devendo o acusado cumprir as medidas alternativas que foram acordadas. O Ministério Público suspende o andamento da persecução penal e oferece proposta de acordo ao acusado que, se consentir com as condições, deverá cumpri-las ocasionando a extinção da punibilidade.[22]

A aplicação dessa medida representa importante instrumento de prevenção geral, com uma resposta rápida do Estado à sociedade, e prestígio da Justiça que apresentará soluções ágeis para delitos de menor importância, relevando-se as "grandes causas criminais", que hão de merecer maior cuidado e atenção.

Dispõe o art. 89 da Lei nº 9.099/95 que o Ministério Público – e somente ele – ao oferecer a denúncia, nos crimes em que a pena mínima cominada for igual ou inferior a um ano, abrangidos ou não por essa lei, poderá propor a suspensão condicional do processo por um período de 2 (dois) a 4 (quatro) anos, desde que o acusado não esteja sendo processado ou não tenha sido condenado por outro crime doloso e presentes os demais requisitos que autorizariam a suspensão condicional da pena (*sursis*), nos termos do art. 77 do CP.

I) Crimes com a pena mínima igual ou inferior a um ano

A Lei nº 9.099, de 26.09.1995, admitiu a suspensão condicional do processo em relação aos crimes cuja pena mínima cominada seja igual ou inferior a um ano (art. 89). Trata-se de requisito simples e objetivo, mas que, na prática, tem causado alguma polêmica, notadamente quando se verifica o concurso de crimes, causas especiais de aumento ou diminuição de pena, circunstâncias agravantes e atenuantes etc.

Se no mesmo feito é atribuído ao acusado mais de um delito, v.g., na forma continuada ou em concurso formal ou material, o acréscimo decorrente da aplicação da pena, em razão de um desses motivos, impede a proposta da suspensão.

O Egrégio Superior Tribunal de Justiça editou a Súmula nº 243, entendendo que não se pode desprezar o acréscimo decorrente do concurso material para efeito de proposta de suspensão condicional do processo.

Do mesmo modo, para efeito ou não de proposta de suspensão do processo, devem ser consideradas as circunstâncias agravantes (neste sentido: STJ, RHC nº 120.445/RJ, 5ª Turma, Rel. Ministro José Arnaldo da Fonseca, julgado em 06.12.01, *DJ*, 04.03.01, p. 274; contra: TJSP, HC nº 1067.971.3/3, 5ª C.Cr., Rel. Des. Tristão Ribeiro, julgado em 21.06.07) e causas especiais de aumento. Essas majorantes implicam a fixação da pena acima do mínimo legal e, portanto, não podem ser desprezadas na concessão da benesse. Sobre a questão, o STF já se pronunciou no julgamento do HC nº 74.234-3, em acórdão relatado pelo Ministro Carlos Velloso (*DJU*, 12.12.96, p. 49.945), não admitindo a suspensão do processo

21 HC nº 402.718/SP, Relator Ministro Reynaldo Soares da Fonseca, Quinta Turma, julgado em 17.8.2017, *DJe* de 25.8.2017; HC nº 380.622/SP, Relatora Ministra Maria Thereza de Assis Moura, Sexta Turma, julgado em 7.3.2017, *DJe* de 17.3.2017.

22 ARAUJO, Juliana Moyzés Nepomuceno. *Acordo de não persecução*: instrumento de concretização do processo penal resolutivo e eficiente. Rio de Janeiro: Lumen Juris, 2022. p. 120-121.

por crime e apropriação indébita qualificada (art. 168, §1º, inciso III, do CP), considerando a causa especial de aumento de um terço da pena.

Por outro lado, na hipótese de tentativa, sustentamos que a redução a ser aplicada deva ser a máxima cominada em abstrato. O art. 14, parágrafo único, do CP dispõe que a tentativa, salvo disposição em contrário, é punida com a pena correspondente ao crime consumado, diminuída de um a dois terços. A Lei dos Juizados Especiais Criminais, por sua vez, no art. 89 da Lei nº 9.099/95, autoriza a suspensão do processo nas infrações penais para as quais a pena mínima cominada em abstrato não exceda um ano. Em outras palavras, a pena mínima cominada em abstrato para um delito tentado é a menor prevista para o tipo com a redução de dois terços. Não há dúvida, portanto, que, para efeito de suspensão condicional do processo, a redução pelo *conatus* deva ser a máxima cominada em abstrato para o delito.

II) Processo por crime doloso

Os primeiros requisitos para o sucesso da proposta de suspensão do órgão da acusação diferem, portanto, do *sursis*. Não se admitirá a suspensão condicional do processo se o denunciado estiver sendo processado, isto é, tiver contra ele oferecida outra denúncia por crime doloso. Não se incluem, portanto, os processos por crimes culposos ou por contravenções penais.

Tem-se argumentado que esse requisito é inconstitucional por ferir o princípio do estado de inocência. Não nos parece correta tal asserção. Note-se que a medida que ora se perscruta tem por objetivo, não a antecipação da pena, mas evitar um processo penal nem sempre necessário. A consequência daí resultante não será a aplicação da pena, mas a possibilidade do prosseguimento do feito, com a garantia do devido processo legal e todas as regras que lhe são inerentes, sendo assegurado o contraditório, com a ampla defesa, direito à prova, paridade de armas etc. Além disso, não se evidencia no dispositivo a inversão do ônus da prova e muito menos é o acusado considerado "culpado" antes do trânsito em julgado da sentença penal condenatória. O estado de inocência não tem o alcance e o significado que se lhe pretende emprestar.

III) Condenação por crime doloso

Nos termos do art. 89 da Lei dos Juizados Especiais, não será possível a aplicação da suspensão do processo se o denunciado ostentar condenação por crime doloso, não se exigindo que seja o réu reincidente (art. 63 do CP). Basta, portanto, que ele tenha sido definitivamente condenado antes ou depois do fato que motivar eventual proposta do benefício (STJ, 5ª Turma, HC nº 8.671/RJ, Rel. Ministro José Arnaldo, *DJ* nº 111, de 14.06.99).

Essa causa impeditiva da suspensão prevalece mesmo se entre a data do cumprimento da pena e o novo crime decorrer período superior a cinco anos, que, sabidamente, afasta os efeitos da reincidência (em sentido contrário: STF, HC nº 86.646/SP, Min. Cezar Peluso, 1ª Turma, julgado em 11.04.06, *DJ*, 09.06.06, p. 217; TACRIM/SP, Revista dos Juizados Especiais (2):324), ou mesmo se ocorrer a prescrição da pretensão executória (art. 112, CP), porque, nas duas hipóteses, nem a condenação pretérita desaparece e nem mesmo seus efeitos, v.g., os maus antecedentes. Frise-se que é esse o posicionamento uniforme que vem sendo adotado pelo Supremo Tribunal Federal (HC nº 73.793-5/PR, 2ª Turma, *DJU*, 11.06.96, Rel. Ministro Maurício Correa) e pelo Superior Tribunal de Justiça (RHC nº 5.577-RS, Rel. Ministro Edson Vidigal, *DJU*, 25.11.96, p. 46212; Resp nº 227.659/SP, 5ª Turma, *DJU*, 04.09.00).

IV) Demais hipóteses do artigo 77 do Código Penal

A presente Lei reporta-se ao art. 77 do CP, que, por sua vez, no inciso I, objeta a concessão do *sursis* ao reincidente em crime doloso, ressalvando-se o disposto no art. 64, inciso I, do CP.

O mesmo art. 77, §1º, do CP estabelece que a condenação anterior à pena de multa não impede a concessão do benefício. Vale dizer, não obstará a proposta de suspensão o fato de o denunciado estar sendo processado por crime doloso, a que a única pena cominada em abstrato seja a de multa e, na segunda situação, igualmente não impedirá a suspensão do processo a condenação por crime doloso a pena exclusivamente pecuniária.

Finalmente, há que se perquirir, no momento da apreciação da proposta de suspensão, se as circunstâncias judiciais se apresentam favoráveis, isto é: a culpabilidade, os antecedentes, a conduta social e a personalidade do agente, bem como os motivos e circunstâncias do crime (art. 77, III, do CP).

A suspensão condicional do processo, com a cumulação de sanções especiais, é medida que, para ser adotada, deve preencher em sua inteireza os critérios de necessidade e suficiência. Sob a óptica de prevenção geral, a medida deve mostrar-se igualmente eficaz, pois, de um lado, impõe sanção especial, sem os deletérios efeitos decorrentes de uma sentença penal condenatória; e, de outro lado, submete o denunciado a determinadas condições, que, uma vez desrespeitadas, acarretarão, como é cediço, a continuidade do processo e prolação da sentença penal, com todas as consequências daí emergentes. Em outras palavras, conquanto incidam restrições de direitos, parte-se do pressuposto de que o autor do fato continua acobertado pela presunção de inocência, até porque, expirado o período determinado, extingue-se a punibilidade, sem que remanesçam, como já disse, efeitos secundários.

A medida não pode, contudo, expressar a impunidade. Se o imputado é cliente contumaz da Justiça Criminal e ostenta em seu currículo renitentes atritos com a ordem jurídica, não pode ser tratado com complacência. Não é para indivíduos tecnicamente primários, mas portadores de maus antecedentes que o legislador concebeu a medida despenalizadora inscrita no art. 89 da Lei nº 9.099/95.

Em síntese, as medidas despenalizadoras criadas pela Lei dos Juizados Especiais Criminais deverão representar importante instrumento de prevenção geral, com uma resposta rápida do Estado à sociedade, e prestígio para a Justiça, que apresentará soluções ágeis para delitos de menor importância, priorizando o combate às infrações de maior potencial ofensivo, que hão de merecer maior cuidado e atenção; no entanto, cada caso concreto deve ser meticulosamente aferido para avaliar-se a suficiência e a eficácia das medidas.

V) Condições obrigatórias durante o período de suspensão

O dispositivo de lei não dá margem a dúvidas. Havendo consenso entre as partes (acusação e defesa) e presentes os requisitos, o juiz, recebendo a denúncia, poderá suspender o processo pelo período acordado, que poderá variar de 2 (dois) a 4 (quatro) anos, impondo as seguintes condições obrigatórias: a) reparação do dano, salvo absoluta impossibilidade; b) proibição de frequentar determinados lugares; (c) proibição de ausentar-se da comarca onde reside sem autorização do juiz; (d) comparecimento pessoal e obrigatório ao juízo, mensalmente, para informar e justificar suas atividades.

O legislador inseriu como condição obrigatória para a suspensão condicional do processo a reparação do dano causado pela infração (art. 89, §1º, inciso I) e, mais à frente, prevê como causa de revogação obrigatória o inadimplemento dessa condição (art. 89, §3º).

Como se vê do art. 89, §1º, inciso I, da Lei nº 9.099/95, a reparação é condição obrigatória (e não requisito) a ser cumulada com a suspensão, cujo inadimplemento impedirá, ao término do período de prova, a extinção da punibilidade (art. 89, §3º, da Lei). Em outras palavras, fica por conta e risco do beneficiário o efetivo cumprimento da obrigação a ser imposta na sentença homologatória. Não se pode exigir, nessa ordem de ideias, que o Ministério Público condicione a proposta de suspensão à prévia reparação do dano, pois estaria subvertendo o comando legal (STJ, HC nº 7.637/GO, 5ª Turma, Rel. M nistro Félix Fischer, *DJU* nº 204, de 26.10.98, p. 129; TACRIM/SP, 4ª Câmara, Apel. nº 1.069.739/1, Rel. Juiz Canellas de Godoy, julgado em 30.09.97).

O Magistrado, por fim, só poderá deixar de homologar o acordo de suspensão se verificar, de forma objetiva, a ausência dos requisitos já analisados. Fora daí, segundo nos parece, a decisão denegatória poderá configurar constrangimento ilegal, consistente na submissão do acusado a processo desnecessário que, por si só, já representa sério gravame ao direito de locomoção, nos termos do art. 648, I, do CPP.

VI) Condições judiciais ou facultativas durante o período de suspensão

Inspirado nas condições judiciais ou facultativas do *sursis*, estabeleceu, ainda, o legislador, que o magistrado poderá especificar outras condições a que ficará subordinada a suspensão, desde que adequadas ao fato e à situação pessoal do acusado.

Não vemos como possam ser aplicadas as condições judiciais. A suspensão condicional do processo – ao reverso do *sursis* – é marcada pela transação, pelo consenso, pelo acordo entre as partes, sujeita a pré-requisitos.

Nessa ordem de ideias, não deixa de causar estranheza o fato de que, tendo a defesa concordado com a proposta formulada pela acusação, possa esta, a proposta, ser agravada *a posteriori* e unilateralmente pelo magistrado, ainda que se admita adequada ao fato e à condição pessoal do agente.

Em suma, parece-nos que as condições facultativas só poderão ser fixadas se delas o acusado tiver prévio conhecimento e com elas anuir, até porque a Lei não prevê possibilidade de arrependimento, quanto ao acordo de suspensão, depois de submetido ao magistrado.

VII) Revogação obrigatória

Dispõe o art. 89, §3º, da Lei que a suspensão será revogada se, em seu curso, o acusado vier a ser processado por outro crime ou não efetuar, sem motivo justificado, a reparação do dano. Não se exige, na primeira hipótese, o trânsito em julgado da sentença, e esse dispositivo não se ressente de qualquer inconstitucionalidade (STJ, 5ª Turma, RHC nº 8.311/SP, Rel. Ministro Félix Fischer, *DJU* nº 73, de 19.04.99, p. 151; TJSP: Apel. nº 236.510/5, 6ª Câmara Criminal, Rel. Des. Djalma Lofrano, julgado em 20.11.97; Correição Parcial nº 238.797/8, 6ª Câmara Criminal, Rel. Des. Nelson Fonseca, julgado em 16.10.97; TACRIM/SP, Apel. nº 1.001.403).

Note-se, de outra parte, que o legislador não diferenciou a espécie de crime (doloso ou culposo); dessa forma, ainda que o agente, por culpa, venha a ser processado por outro crime, outro caminho não restará ao julgador senão tornar sem efeito a suspensão. Não se condiciona a revogação, outrossim, ao trânsito em julgado desse novo fato tido como criminoso.

Na segunda hipótese de revogação obrigatória, o acusado deve justificar a não efetivação da reparação do dano e, se for o caso, demonstrar sua alegação (TACRIM/SP, 14ª C., Apel. nº 1.046.799/3, Rel. Juiz San Juan França, julgado em 10.06.97, RF nº 1.130/345), não bastando mera alegação do autor do fato. Assim, se o juiz não se convencer das razões invocadas pelo réu, determinará o prosseguimento do processo.

VIII) Revogação facultativa

Será facultativa a revogação se, no curso do prazo, o imputado vier a ser processado por contravenção penal ou descumprir qualquer uma das demais condições que lhe foram impostas (art. 89, §4º), tais como a proibição de frequentar determinados lugares, proibição de ausentar-se da comarca onde reside sem autorização judicial e o comparecimento pessoal e obrigatório a juízo, mensalmente, para informar e justificar as suas atividades.

6 **Processo sumaríssimo**

O procedimento adotado na Lei dos Juizados Especiais Criminais é caracterizado pela celeridade, desburocratização, oralidade e eficiência.

Nesse contexto, uma peculiaridade marcante do procedimento especial ora adotado é que a denúncia deverá, sempre, ser oferecida oralmente, já na audiência preliminar ou, na impossibilidade, em audiência de continuação especialmente designada para tal desiderato e, obviamente, em data anterior à audiência concentrada de instrução, debates e julgamento. Por outro lado, no capítulo reservado aos Juizados Especiais Criminais, não há determinação do número máximo de testemunhas. A analogia, pelo critério de interpretação sistemática, isto é, buscando-se dentro da própria lei a melhor exegese, sugere que o número máximo permitido fique restrito a 3 (três) testemunhas por fato, nos termos do art. 34 da Lei nº 9.099/95, que igualmente trata de procedimento sumaríssimo, mas nos Juizados Especiais Cíveis. Ainda que não seja esse o entendimento, buscando-se a analogia com o rito mais restrito do CPP, ou seja, o procedimento sumário para os delitos cuja pena privativa de liberdade é inferior a quatro anos (art. 532 do CPP), é possível também sustentar que o número máximo de testemunhas é de cinco para cada parte.

Em apertada síntese acerca dos aspectos gerais da audiência de instrução e julgamento, o princípio basilar da audiência no procedimento é o da concentração dos atos (defesa prévia, instrução, debates e julgamento), o que, sem dúvida, trará a imprescindível celeridade no julgamento da causa, ao reverso do que se verifica hodiernamente nos procedimentos comuns, que, não raro, costumam protrair-se por meses.

Em razão disso, deve-se repudiar qualquer manobra que tenha por escopo cindir a continuidade da audiência, com seu consequente adiamento. Não é outra a razão pela qual se dispõe, expressamente, no art. 80, que: "Nenhum ato será adiado, determinando o Juiz, quando imprescindível a condução coercitiva de quem deva comparecer".

Nesse mesmo diapasão, estabelece-se que todas as provas deverão ser produzidas na audiência (art. 81, §1º) e, mais do que isso, para buscar a celeridade dos atos, o juiz poderá limitar ou excluir aquelas que entender excessivas, impertinentes ou protelatórias.

É certo, de outra parte, que o presente diploma legal estabeleceu dois momentos bastante distintos: um deles, denominado preliminar e, o outro, o procedimento sumaríssimo propriamente dito. Neste, a denúncia é oferecida oralmente, inclusive com a dispensa de inquérito, e os demais atos serão concentrados, se possível, numa única audiência ou audiências designadas em datas próximas.

Antes de instalada essa audiência concentrada, será possível uma nova tentativa de conciliação para efeito de composição dos danos e oferecimento de proposta do Ministério Público tendente à exclusão do processo.

Pois bem, inviabilizadas a conciliação e a transação, será aberta a audiência, dando-se a palavra ao defensor para o exercício oral da defesa preliminar, que não será reduzida a escrito palavra por palavra, devendo constar do termo resumido apenas aquilo que de essencial ela trouxer.

Nessa atividade defensória prévia, e considerando que a inicial acusatória ainda não foi recebida, poderão ser suscitadas todas as matérias que impeçam o prosseguimento do feito, inclusive as exceções previstas no art. 95 do CPP.

a) Recebimento da denúncia

Superada a fase da defesa prévia, o magistrado, independentemente de oitiva do acusador (Ministério Público ou querelante), analisará o aspecto formal da denúncia, a presença de todas as condições da ação e outros motivos que tornem inviáveis a persecução penal, ou seja, a presença de causa extintiva da punibilidade, litispendência, coisa julgada e assim por diante.

Não basta ao recebimento da denúncia o atendimento às formalidades do art. 41 do CPP, nem a descrição de comportamento hábil, em tese, à caracterização da figura típica. Reclama-se, mais do que isso, princípio de correspondência entre o fato imputado e o comportamento do agente retratado no inquérito. Exige-se, é curial, a fumaça do bom direito, que justifique alguma possibilidade, ainda que remota, da prática, pelo acusado, do fato descrito. Deve, em suma, a opinião *delicti* calcar-se em suspeita fundada e razoável, pelo que, se esta não se faz presente com tais atributos, falta verdadeira condição da ação a justificar a perseguição em sua fase processual".

b) Oitiva de testemunhas

Segue-se ao recebimento da denúncia ou queixa a oitiva da vítima e das testemunhas arroladas, em número máximo de três para cada parte (acusação e defesa), como visto anteriormente.

Não obstante a orientação da Lei em atenuar as formalidades do procedimento, as declarações do ofendido e os depoimentos das testemunhas devem ser colhidos em sua inteireza por gravação em fita magnética, sistema de estenotipia (computadorizada ou não) e, na impossibilidade, reduzidos a termo pelo método tradicional, ou seja, por ditado do magistrado.

Na realidade, o registro da prova oral, escrito ou não, afigura-se essencial na apreciação do mérito da causa. Além disso, as provas colhidas hão de ser analisadas não só pela Turma de Julgamento na hipótese de apelação (arts. 63, §3º, e 82, §3º, da Lei), como também pelo Tribunal na eventualidade de pedido revisional.

O interrogatório é, sem dúvida, um meio de prova, uma vez que permite ao julgador cotejá-lo com as demais informações colhidas durante a instrução, daí extraindo o seu livre convencimento. Nos termos do art. 81 da Lei nº 9.099/95, sua efetivação ocorrerá após a oitiva da vítima e das testemunhas.

De qualquer forma, no início ou não da instrução, é imprescindível a realização do interrogatório do acusado, quando comparecer, espontaneamente ou em virtude de intimação, perante a autoridade judiciária, no curso do processo (art. 185, CPP). Ele será levado a efeito pelo juiz a qualquer tempo, até a prolação da sentença, e pela Turma Julgadora, na hipótese de eventual conversão do julgamento em diligência.

c) Debates orais

Instalada a audiência, oferecida a defesa preliminar, colhida a prova e realizado o interrogatório, seguem-se os debates orais entre acusação e defesa (art. 81). Do ocorrido em audiência será lavrado termo que conterá breve resumo dos fatos relevantes verificados e a sentença (art. 81, §2º), e somente serão objeto de registo escrito os atos tidos como essenciais.

Certamente, a efetiva realização dos debates, ou seja, a explanação oral das razões de convencimento de acusação e defesa, não se confunde com a redução a termo, palavra por palavra do que foi dito por cada uma das partes. Vale dizer, a essencialidade de que trata o art. 65, §3º, reside unicamente na efetiva realização de debates (cuja existência deverá constar do termo resumido), o que não se confunde com transcrição literal das palavras expressadas pelo Promotor de Justiça e pelo advogado.

d) Sentença

A Lei de Juizados Especiais Criminais inovou, determinando expressamente a presidência do relatório (art. 81, §3º). Na verdade, a Lei nº 9.099/95 não dispensa propriamente o histórico do processo, mas coloca-o, de certa maneira, num momento anterior ao da sentença propriamente dita.

Por ocasião da audiência, encerrados os atos de instrução (oitiva da vítima, testemunhas e interrogatório do acusado) e os debates, será lavrado um termo, no qual o juiz fará constar um breve resumo dos fatos relevantes, proferindo, em seguida, a decisão.

A obrigatoriedade desse "breve resumo dos fatos relevantes", a toda evidência, substitui, com muito mais eficiência, o relatório e imprime maior celeridade ao procedimento.

Por outro lado, a teor do art. 81, §2º, a sentença deverá ser prolatada no termo de audiência de instrução e julgamento. Como consequência, caberá o julgamento ao magistrado que colheu a prova, interrogou o imputado e para quem as alegações orais foram dirigidas diretamente.

A decisão judicial deverá ser proferida, portanto, como regra, em audiência. Assim, considerar-se-ão intimado o Ministério Público, o acusado e o seu defensor, além da vítima e seu procurador, se presentes no ato (art. 67, parágrafo único, e art. 798, §5º, alínea b, do CPP).

Se o acusado não estiver presente, ou se, por qualquer outro motivo relevante, não for a decisão prolatada em audiência, serão aplicáveis, subsidiariamente, as normas do CPP, previstas no art. 392, inclusive no tocante à intimação por edital.

e) Recursos: apelação e embargos de declaração

O recurso de apelação será oponível tanto da decisão que rejeitar a denúncia ou a queixa (no Código de Processo Penal a hipótese é de recurso em sentido estrito, art. 581, I), bem como da decisão não homologatória de transação na fase preliminar (art. 76, §5º) c da sentença prolatada na audiência de instrução, debates e julgamento (art. 82, *caput*).

O prazo recursal será de 10 (dez) dias, em vez dos cincos dias do CPP (art. 593), e a petição de interposição deverá estar acompanhada das respectivas razões de inconformismo (§1º do art. 82). O recorrido disporá, igualmente, de 10 dias para apresentação da "resposta escrita".

O termo a quo é exatamente aquele estabelecido no artigo 798, §5º, alíneas a, b e c, do Código de Processo Penal, isto é: a) a intimação; b) da audiência ou sessão em que for proferida a decisão, se a ela estiver presente a parte; c) do dia em que a parte manifestar nos autos – e por qualquer meio hábil de cognição – ciência inequívoca da sentença.

A apelação será apresentada por petição escrita e, com o fito de melhor instruí-la, as partes ainda poderão requerer a transcrição da gravação prevista no art. 65, §3º, da Lei nº 9.099/95, já que os atos processuais poderão ser gravados em fita magnética ou equivalente.

O julgamento do recurso competirá a um órgão colegiado, formado por três juízes togados em exercício no primeiro grau de jurisdição.

No prazo de cinco dias, contados da ciência da decisão, as partes poderão pedir ao juiz que declare a sentença obscura, duvidosa (ambígua), contraditória (suicida) ou omissa (art. 83, *caput*). A Lei prevê a suspensão do prazo do recurso enquanto não forem julgados os embargos de declaração (art. 83, §2º).

Consigne-se, por fim, que em sede de embargos de declaração não pode o julgador modificar substancialmente o julgado; não pode alterar a sentença na sua essência.

Das decisões do Colégio Recursal, como última instância do Juizado, será oponível o Recurso Extraordinário, a teor do art. 102, inc. III, da CF. O recurso especial, previsto no art. 105, inc. III, da CF não é cabível, porque este somente é oponível às decisões de única ou última instância dos Tribunais e, como já salientado, a turma de julgamento não é um tribunal, mas um órgão colegiado de primeira instância. Nesse sentido, o STJ editou a Súmula nº 203: "Não cabe recurso especial contra decisão proferida por órgão de segundo grau dos juizados especiais".

O *habeas corpus* e o mandado de segurança interpostos em face de acórdão do Colégio Recursal são da competência dos Tribunais de Justiça dos Estados. O STF alterou o seu anterior entendimento adotado em sua Súmula nº 690, que atribuía ao STF esse julgamento (HC nº 218.933-/SP, Rel. Min. Luiz Fux, j. 18.08.2022, *DJ* 19.08.2022; HC nº 89378 AgR/RJ, 1ª Turma, Rel. Min. Ricardo Lewandowsvki, j. 28.06.2006, *DJ* 15.12.2006).

f) Execução

A competência dos Juizados Especiais Criminais, a nosso ver, restringe-se à execução da pena de multa, quando aplicada exclusivamente. Nesse caso, a multa deverá ser recolhida na própria Secretaria do Juizado, após o que o juiz declarará extinta a punibilidade do acusado e determinará que a condenação não conste de registros criminais, exceto para fins de requisição judicial (art. 84).

É importante relembrar que o descumprimento da transação penal pelo suposto autor do fato, segundo nosso entendimento, resultará na rescisão do acordo e na consequente instauração ou retomada da ação penal pelo Ministério Público.

A Lei dos Juizados Especiais admite, ainda, expressamente, a conversão da multa em pena restritiva de direitos (art. 85). O que se pretendeu com essa medida foi evitar a aplicação de uma pena privativa da liberdade, em perfeita consonância com o do art. 62.

O processo jurisdicionalizado de execução das penas privativas de liberdade e restritivas de direitos (art. 86 da Lei nº 9.099/95) será da competência do Juízo das Execuções Criminais, muito embora a Constituição Federal preconize uma autêntica execução penal própria para os juzados especiais (CF, art.98).

Referências

ARAUJO, Juliana Moyzés Nepomuceno. *Acordo de não persecução*: instrumento de concretização do processo penal resolutivo e eficiente. Rio de Janeiro: Lumen Juris, 2022.

CHIOVENDA, Giuseppe. A oralidade e a prova. *In*: *Processo oral*: coletânea de estudos de juristas nacionais e estrangeiros. Rio de Janeiro: Forense, 1940.

CINTA, Antonio Carlos de Araújo *et al. Teoria Gerral do Processo.* 3. ed. atual. e ampl. São Paulo: Revista dos Tribunais, 1981.

COLOMER, Juan-Luis Gomez. *El proceso penal Aleman*: introduccion y normas basicas. 1. ed. Barcelona: BOSCH Casa Editorial, 1985.

DEMERCIAN, Pedro Henrique. *A oralidade no processo penal brasileiro.* São Paulo: Atlas, 1997.

DEMERCIAN, Pedro Henrique; MALULY, Jorge Assaf. *Teoria e prática dos Juizados Especiais Criminais.* 4. ed. Rio de Janeiro: Forense, 2008.

DINAMARCO, Candido Rangel *et al. Teoria geral do processo.* 3. ed. atual. e ampl. São Paulo: Revista dos Tribunais, 1981.

DOTTI, Rene Ariel. Princípios do processo penal. *Revista de Processo,* Ed. Revista dos Tribunais, n. 67, p. 73-92, jul./set. 1992.

GRINOVER, Ada Pellegrini. *A Crise do Poder Judiciário.* 1. ed. Rio de Janeiro: Forense Universitária, 1996. Cap. 01.

GRINOVER, Ada Pellegrini *et al. Teoria geral do processo.* 3. ed. atual. e ampl. São Paulo: Revista dos Tribunais, 1981.

LEONE, Giovanni. *Trattato de Diritto Processuale Penale.* Nápoles: Jovene, 1987. v. II.

MANZINI, Vincenzo. *Tratado de Derecho Procesal* (Trad. Santiago Sentís Melendo y Marino Ayerra Redín). Buenos Saires: EJEA, 1953. v. IV.

MOREIRA, José Carlos Barbosa. A função social do processo civil moderno e o papel do juiz e das partes na direção e na instrução do processo. *Revista de Processo,* São Paulo: Revista dos Tribunais, n. 37, p. 140-150, jan./mar. 1985.

NUNES, Luiz Antonio Rizzatto. *O Poder Judiciário e o papel do empresariado nacional em 'uma nova ética para o juiz'.* (Coord. José Renato Nalini). São Paulo: Revista dos Tribunais, 1994.

SILVA, Marco Antonio Marques da. *A vinculação do juiz no processo penal.* São Paulo: Saraiva, 1993.

TUCCI, Rogério Lauria. *Direitos e garantias individuais no processo penal brasileiro.* São Paulo: Ed. Saraiva, 1993.

Informação bibliográfica deste texto, conforme a NBR 6023:2018 da Associação Brasileira de Normas Técnicas (ABNT):

MALULY, Jorge Assaf; ARAUJO, Juliana Moyzés Nepomuceno; DEMERCIAN, Pedro Henrique. Juizados especiais criminais – Comentários à Lei nº 9.099/95. Breves apontamentos sobre os juizados especiais criminais e a eficiência na Justiça criminal. *In*: GOLDFINGER, Fábio Ianni; MORAES, Alexandre Rocha Almeida de (coord.). *Legislação penal extravagante*: Volume III. Belo Horizonte: Fórum, 2024. p. 213-237. ISBN 978-65-5518-818-9.

PROTEÇÃO ÀS VÍTIMAS, TESTEMUNHAS E RÉUS COLABORADORES: COMENTÁRIOS À LEI Nº 9.807, DE 13 DE JULHO DE 1999

Alexandre Rocha Almeida de Moraes

Antônio Sérgio Cordeiro Piedade

Marina Bugni Sagges

1 Introdução: Estado social e nova geração de direitos

Desde a Revolução francesa consolidou-se uma dialética processual entre Estado (opressor) e acusado (oprimido), dando azo à necessária construção principiológica e marcos garantistas próprios de um Estado de Direito. No entanto, a vítima que era protagonista no contexto de vingança privada, foi completamente excluída por décadas como sujeito de direitos no processo.

Com o Estado de Direito, o homem perdeu, aderindo ao contrato social, parcela de sua liberdade,[1] mas foi somente com o desenvolvimento do período humanitário que a disciplina da liberdade foi modulada com o respeito à dignidade da pessoa humana. Enquanto a sanção penal, ainda que trouxesse a ideia da retribuição pelo delito cometido, limitava materialmente o direito de punir por força da influência de pensadores como Cesare Bonesana, Bentham, Montesquieu, Voltaire, Feuerbach, Pagano etc.[2]

A transição da fase primitiva de Direito Penal (períodos de vingança privada, vingança divina e vingança pública com penas desproporcionais e cruéis), deu lugar, portanto, a um processo penal mais preocupado com a dignidade da pessoa humana. Certo é, nesse sentido,

---

1 ROUSSEAU, Jean Jacques. *Do contrato social – Discurso sobre a economia política, série ciências sociais & filosofia.* São Paulo: Hemus, 2000, p. 31.

2 MORAES, Alexandre Rocha Almeida de. A política criminal pós-88: o Ministério Público e a dualidade entre garantismos positivo e negativo. *In*: SABELLA, Walter Paulo; DAL POZZO, Antônio Araldo Ferraz; BURLE FILHO, José Emmanuel (Coords.). Ministério Público – Vinte e cinco anos do novo perfil constitucional. São Paulo: Ed. Malheiros, 2013. p. 750-779.

que diferentes modelos de Estado refletem, ao longo da história, diferentes modelos de dogmática penal e processual penal que são, a rigor, produto de decisões políticas.

Isso porque, como o cidadão é a forma social do homem, o Estado é a forma social do povo,[3] sendo certo que, ao longo dos séculos, as concepções determinantes de Estado refletem aspectos diversos da sociedade e de todas as instituições sociais no respectivo contexto de poder.[4]

Assim, necessário reforçar que a revolução mercantil e o colonialismo (séculos XV e XVI), a revolução industrial e o neocolonialismo (séculos XVIII e XIX) e, atualmente, a revolução tecnológica e a globalização (séculos XX e XXI) formam três momentos diferentes do poder planetário. De modo que os períodos de inquisição medieval (séculos XIII a XV), os períodos derivados do iluminismo penal (séculos XVIII e XIX) e os períodos do positivismo *peligrosista* dão lugar, agora, a um período de absoluta transição da política criminal e da dogmática penal, qual seja: a certeza de que a pós-modernidade é construída no contexto do Estado Social e Democrático do Direito para boa parte do Ocidente.

Pode-se, aliás, reconhecer que dentre as formas e modelos estatais estabelecidos e estruturados entre os séculos XVIII e XX é relevante a transição do modelo liberal ao social. Cavalcanti, com arrimo em Bonavides, ilustra esse quadro:

> Primeiro, o Estado liberal; a seguir, o Estado socialista; depois o Estado social das Constituições programáticas, assim batizadas ou caracterizadas pelo teor abstrato e bem-intencionado de suas declarações de Direitos; e, por último, o Estado social dos Direitos fundamentais, este, sim, por inteiro capacitado da juridicidade e da concreção dos preceitos e regras que garantem estes direitos.[5]

As revoluções francesa e industrial deram azo a uma Política Criminal mais humanitária (iluminismo penal), assim como a prevenção passou a pautar a política criminal. Constrói-se a partir desses novos paradigmas, simultaneamente, um Direito Penal de garantias, mas funcionalmente voltado para as consequências.

No final do século XIX e início do século XX inicia-se a busca por uma nova configuração de Estado, embora não seja possível asseverar que a passagem do Estado Liberal para Social e democrático de Direito tenha ocorrido em data determinada e nem tampouco que seja um projeto acabado, "já que os chamados direitos sociais, apesar de normalmente albergados pelos textos constitucionais, em grande parte, ainda não foram concretizados, mormente nos países não desenvolvidos".[6]

De qualquer sorte, Souza ilustra esse processo evolutivo pelo qual passou o modelo de Estado, até alcançar a configuração "Social" em três fases distintas:

> intervenção estatal nas relações laborais, dando origem às primeiras leis do trabalho; intervenção estatal na economia, no tocante à regulação das atividades econômica

[3] BONFIM, Edilson Mougenot. *Direito penal da sociedade*. São Paulo: Oliveira Mendes, Livraria Del Rey, 1997. p 35.

[4] MORAES, Alexandre Rocha Almeida de. *Direito Penal racional*: propostas para a construção de uma teoria da legislação e para uma atuação criminal preventiva. 1. ed. Curitiba: Juruá, 2016. p. 36.

[5] CAVALCANTI, Eduardo Medeiros. *Crime e sociedade complexa*. Campinas: LZN, 2005. p. 114.

[6] PASCHOAL, Janaina Conceição. *Constituição, criminalização e Direito penal mínimo*. São Paulo: Revista dos Tribunais, 2003. p. 117.

e financeira; e o apogeu do Estado Social, ocorrido após a Segunda Guerra Mundial, quando houve a efetiva implementação do "Estado prestador".[7]

Com efeito, as missões do Estado se alargaram, na medida em que ele tomou a seu cargo, para além da simples sobrevivência, a garantia de certa qualidade de vida, a qual se intitula como o "Estado-providência".

Ademais, consolidou-se, após a II Guerra Mundial, esse modelo social de Estado marcado pela intervenção estatal nas esferas econômica e social. O núcleo ideológico deslocou-se do individualismo liberal para a preocupação com o bem-estar de todos. Essa mudança de paradigmas foi contundente, gerando evidente reflexo no sistema jurídico, como bem acentua a Ministra Cármen Lúcia:

> Comparando-se os direitos individuais, liberais, com os Direitos sociais, reconhecidos em razão do surgimento do Estado Social, verifica-se que enquanto os primeiros exigem atuação negativa do Estado, os segundos exigem uma atuação positiva. Essa é a razão, pois, da mudança de *status* dos Direitos a serem protegidos pelo Estado, qual seja, de negativo para positivo.[8]

A primeira consequência desse modelo, assinala Dallari, é o desaparecimento dos limites entre o público e o privado, e o Estado, antigo mal necessário, passa à "condição de financiador, sócio e consumidor altamente apreciado, tendo cada vez mais estimulada sua atitude intervencionista, justamente pelos grupos que mais se opunham a ela".[9] Esse processo destradicionaliza as formas de vida instaladas na sociedade industrial:

> O lugar da pré-modernidade foi ocupado pela própria "tradição" da sociedade industrial. Assim como, com a entrada no século XIX, as formas de vida e de trabalho da sociedade agrária feudal foram dissolvidas, o mesmo acontece hoje com a sociedade industrial desenvolvida: classes e camadas sociais, família nuclear e "biografias normais" masculinas e femininas com ela associadas, regulações do trabalho assalariado etc.[10]

Em síntese, revelam-se novas diretrizes: a classe social, os sindicatos e um Estado intervencionista representando, respectivamente, a ênfase das teorias social, política e econômica. Dessa forma, o Direito se legitimou para novos conflitos, com evidente flexibilização dos conceitos jurídicos e, em consequência, desencadeou-se inevitável instabilidade interna e insegurança aos destinatários das normas.

É possível adiantar a assertiva de que essa concepção de Estado desencadeou o rompimento com o modelo puro de Direito Penal de inspiração clássico-iluminista.

Silva Sánchez, nesse sentido, destaca que no âmbito do Direito Penal, essa nova postura deu inicialmente lugar à concepção do delinquente como sujeito patológico (*homo sociologicus*), base da Política Criminal do final do século XIX e princípio do século XX: "Essa concepção, correlata às ideias do Estado social, por exemplo, gerou a introdução das

---

7 SANTAMARIA PASTOR, Juan Alfonso. *Fundamentos de derecho administrativo.* Madrid: Centro de Estudios Ramón Areces, 1991. p. 72-73.

8 ROCHA, Cármen Lúcia Antunes. *Princípios constitucionais dos servidores públicos.* São Paulo: Saraiva, 1999. p. 38.

9 DALLARI, Dalmo de Abreu. *Elementos de Teoria geral do Estado.* 16. ed. São Paulo: Saraiva, 1991. p. 238.

10 DALLARI, Dalmo de Abreu. *Elementos de Teoria geral do Estado.* 16. ed. São Paulo: Saraiva, 1991. p. 231.

medidas de segurança – inclusive no intuito de substituir a pena – e a difusão da ideologia terapêutica".[11]

Para ele, a questão central seria determinar se o modelo de homem do Estado moderno é o mesmo do Estado Liberal ou do Estado Social.[12] A resposta a esse dilema diz respeito a vítimas, interesses e criminosos diversos e, ademais, a uma moral média da sociedade que sofre transformações ao longo do tempo.

Se a concepção corrente do Estado de Bem-Estar diz respeito à sua função compensatória e distributiva, para acentuar que um mínimo de realidade dos direitos fundamentais clássicos depende da institucionalização dos "direitos fundamentais sociais",[13] era preciso, de certa forma, institucionalizar esse modelo, como foi iniciado no Brasil em outubro de 1988.[14]

Shecaira e Corrêa Jr., por exemplo, acreditam que o constituinte sintetizou nesse conceito os princípios do Estado Social e do Estado Liberal.[15] Mir Puig, analisando dispositivo semelhante da Constituição espanhola, afirma que através da fórmula "Estado Democrático de Direito", a Constituição empregou uma terminologia consagrada que aponta a uma concepção sintética de Estado, ou seja, o produto da união dos princípios do Estado Liberal e do Estado Social.[16]

Da mesma forma, Luisi esclarece que

> Ao incorporar os princípios do Estado Liberal e do Estado Social, e ao conciliá-los, as Constituições modernas renovam, de um lado, as garantias individuais, mas introduzem uma série de normas destinadas a tornar concretas, ou seja, 'reais', a liberdade e a igualdade dos cidadãos, tutelando valores de interesse geral como os pertinentes ao trabalho, à saúde, à assistência social, à atividade econômica, ao meio ambiente, à educação, à cultura etc.[17]

Portanto, ao lado da transição do Estado Liberal ao Estado Social, também se coloca a evolução do Estado de Direito ao Estado Democrático de Direito. Segundo Canotilho:

> O Estado de Direito, em sua configuração inicial, buscou limitar o poder, submetendo o seu exercício ao ordenamento jurídico. A inserção do elemento democrático viabilizou que à limitação do poder fosse acrescentada a necessidade de sua legitimação, que se dá por meio do reconhecimento da soberania popular.[18]

---

11 SILVA SÁNCHEZ, Jesús-Maria. *Eficiência e Direito Penal.* São Paulo: Manole, 2004. v. 11, p. 15-16.

12 Há quem sustente diferenças na história particular e na história total coletiva: "A História coletiva não é nem a soma nem a média das histórias particulares. Uma e outra não são dois momentos de uma mesma evolução. Elas são, pelo contrário, soidárias, e tomamos consciência ao mesmo tempo de ambas. Elas são duas maneiras de estar na História". (Cf.: ARIÈS, Philippe. *O tempo da história.* (Trad. Roberto Leal Ferreira). São Paulo: Unesp, 2013. p. 325).

13 NEVES, Marcelo. *A Constitucionalização simbólica.* São Paulo: Acadêmica, 1994. p. 71.

14 MORAES, Alexandre Rocha Almeida de. *Direito Penal racional*: propostas para a construção de uma teoria da legislação e para uma atuação criminal preventiva. 1. ed. Curitiba: Juruá, 2016. p. 43.

15 SHECAIRA, Sérgio Salomão; CORRÊA JÚNIOR, Alceu. *Teoria da pena*: finalidades, direito positivo, jurisprudência e outros estudos de ciência criminal. São Paulo: Revista dos Tribunais, 2002. p. 49.

16 MIR PUIG, Santiago. *El derecho penal en el estado social y democrático de derecho.* Barcelona: Ariel, 1994. p. 31.

17 LUISI, Luiz. *Os princípios constitucionais penais.* 2. ed. Porto Alegre: Sergio Antonio Fabris, 2003. p. 9.

18 CANOTILHO, José Joaquim Gomes. *Direito Constitucional e Teoria da Constituição.* 7. ed. Lisboa: Almedina, 2003. p. 94-96.

No Estado democrático de Direito não basta a concepção negativa de liberdade. A efetivação do princípio democrático implica a liberdade positiva, fundada na participação política.[19]

Ocorre que, paradoxalmente, o constitucionalismo contemporâneo está centrado naquilo que se chamou de "totalitarismo constitucional", ou seja, na ideia de constituição programática e que tem como bom exemplo a Constituição brasileira de 1988. Fala-se em "totalitarismo constitucional" ou "cartas dirigentes" na medida em que os textos sedimentam um importante conteúdo social, estabelecendo normas programáticas (metas e programas a serem atingidos pelo Estado), destacando a ideia de Constituição dirigente.[20]

Com as denominadas cartas dirigentes buscava-se conformar a realidade fática – quase um "refazer o mundo" – por meio das normas constitucionais, as quais, além de terem eficácia imediata, vinculavam o Poder Executivo, Legislativo e Judiciário de maneira antes nunca experimentada na ciência e na prática jurídica.[21]

Com precisão, assinala Cavalcanti:

> Além das transformações verificadas no âmbito dos Direitos fundamentais, importa frisar que a passagem do Estado liberal para o Estado social impulsionou mudanças nas atividades estatais, aumentando o oferecimento de prestações públicas pelo ente estatal. À medida que o Estado percebeu ser insustentável manter a separação abissal existente entre ele e a sociedade, apregoada pelo Estado abstencionista, foi sendo impelido a assumir tarefas até antão exercidas por entes sociais, como a Igreja, fundações e outras instituições.[22]

Ao assumir a responsabilidade de proporcionar o desenvolvimento de uma justiça social, intervindo na economia e visando à igualdade entre os indivíduos, o Estado passou a atuar positivamente, incrementando o rol de prestações sociais.

Isso desencadeou um considerável processo de penalização, seja pela existência de novos mandados de criminalização,[23] seja pela inefetividade ou insuficiência das tradicionais formas de controle social de cumprirem o papel que permitia ao Direito Penal clássico o rótulo de "fragmentário".

A Constituição limitadora deu espaço ao texto fundamentador da neocriminalização: as Constituições modernas renovaram as garantias individuais, no entanto, introduziram uma série de normas destinadas a tornar concretas a liberdade e a igualdade dos cidadãos. Desse modo, passaram a proteger valores de interesse geral, como os pertinentes ao trabalho, à saúde, à assistência social, à atividade econômica, ao meio ambiente, à probidade administrativa, à ordem urbanística, à educação, à cultura etc.

Enfim, o Estado chamado pós-social do século XXI apresenta novas características. As organizações condensam novas agregações de interesses em âmbito social, os movimentos

---

19 CANOTILHO, José Joaquim Gomes. *Direito Constitucional e Teoria da Constituição.* 7. ed. Lisboa: Almedina, 2003. p. 95.

20 CANOTILHO, José Joaquim Gomes. *Direito Constitucional e Teoria da Constituição.* 7. ed. Lisboa: Almedina, 2003. p. 94-96.

21 MARQUES NETO, Agostinho Ramalho. *Canotilho e a Constituição dirigente.* 2. ed. Rio de Janeiro: Renovar, 2005. p. 72.

22 CAVALCANTI, Eduardo Medeiros. *Crime e sociedade complexa.* Campinas: LZN, 2005. p. 116.

23 "Os mandados de criminalização indicam matérias sobre as quais o legislador ordinário não tem a faculdade de legislar, mas a obrigatoriedade de tratar, protegendo determinados bens ou interesses de forma adequada e, dentro do possível, integral". (Cf.: DA PONTE, Antônio Carlos. *Crimes eleitorais.* São Paulo: Saraiva, 2008. p. 152).

sociais representam um novo tempo da teoria política e o terceiro setor (entre o público e o privado) compõe a dinâmica econômica. Nesse contexto, solidariedade e segurança são ideais primordialmente buscados, o que, como já assinalado brevemente, contribui para formatar uma nova dogmática penal.

Assim, é justamente a insegurança em relação à percepção dos benefícios (meio ambiente, terrorismo, consumo, educação, saúde, saneamento básico etc.) provenientes, direta ou indiretamente, do Estado que conduz a que se promova a instrumentalização do Direito Penal para assegurá-la.

Nesse aspecto, é preciso consignar, ainda, que somente no período pós-guerra, as sociedades trazem para o centro da discussão o conceito de direitos humanos e da valorização da dignidade da pessoa humana, com a criação de institutos de caráter mundial que tenham como princípio regulador a defesa dos direitos humanos, dentre eles, tem-se a Organização das Nações Unidas. Além disso, como seguimento dessas reflexões, há também o crescimento do movimento vitimológico, em que a vítima se torna o núcleo do debate acadêmico e, consequentemente, político.

Importante frisar que tamanha foi a força desses movimentos que grande parte das normas positivadas no pós-guerra apresentou entre os princípios orientadores a valoração da dignidade da pessoa humana, como é possível observar na própria Constituição Federal de 1988 e nos diversos tratados internacionais nos quais o Brasil é signatário.

Esse novo modelo de Estado e de Carta dirigente, ademais, passou a pautar e exigir, pela isonomia e dignidade humana, um regate de tutela e proteção suficientes das vítimas de crimes, em especial as mais vulneráveis (mulheres vítimas de violência, crianças, idosos, pessoas com deficiência), naturalmente, criando o ambiente propício para a construção de diversas regulações jurídicas infraconstitucionais sob a forma de microssistemas jurídicos protetivos.[24]

Não bastasse isso, uma nova geração de interesses e direitos auxiliou nesse resgate do papel da vítima e, pode-se afirmar, contribuiu para construir um novo modelo de vítima e vitimização: a difusa.[25]

2 A nova geração de interesses: novos gestores da moral e a vitimização difusa

A Constituição de 1988, símbolo das novas cartas dirigentes, com índole comunitarista e analítica, buscou conferir um matiz constitucional ao direito penal. Mais que isso, procurou demonstrar a necessidade de tutela e proteção de outros interesses que já vinham demonstrando serem demandas da sociedade contemporânea.[26]

Segundo Von Liszt, "é a vida, e não o Direito, que produz o interesse; mas só a proteção jurídica converte o interesse em bem jurídico".[27]

---

[24] *Ex vi*: Leis nº 8.069/90, nº 10.741/2003, nº 11.340/2006, nº 13.146/15 etc.

[25] v. SCHÜNEMANN, Bernd. *Consideraciones críticas sobre la situación espiritual de la ciencia jurídico-penal alemana.* (Trad. Manuel Cancio Meliá). Bogotá: Universidad Externato de Colombia, 1996. Colección de estúdios, n. 7.

[26] MORAES, Alexandre Rocha Almeida de; SMANIO, Gianpaolo Poggio Smanio. *Tutela penal da moralidade e probidade administrativas.* Tese apresentada e aprovada por unanimidade no I Congresso do Patrimônio Público e Social do Ministério Público do Estado de São Paulo, 2010. Disponível em: http://www.mp.sp.gov.br/portal/page/portal/Congresso%20PatPublico/Teses/Alexandre%20e%20Smanio%20-20TUTELA_PENAL_DA_PROBIDADEADMINISTRATIVAtese.doc. Acesso em 22 fev. 2024.

[27] VON LISZT, Franz. *Tratado de Direito Penal Allemão.* (Trad. e prefácio: José Hygino Duarte Pereira). Rio de Janeiro: F. Briguet & C., 1899. t. I, p. 94.

Nesse contexto, o direito penal pátrio passa pela transição do modelo de delito de lesão de bens individuais para o delito de perigo de bens supraindividuais: meio ambiente, patrimônio histórico e cultural, sistema urbanístico, sistema econômico e financeiro, ordem tributária, sistema previdenciário, saúde pública, incolumidade pública, bioética e biossegurança, educação, relações de consumo, probidade administrativa e segurança do trânsito são exemplos dessas novas demandas e interesses.[28]

Ocorre que, diante desse fenômeno de constitucionalização do ordenamento jurídico, houve evidente transformação da sistemática da teoria do bem jurídico penal. Isso porque, a Constituição, legitimamente, é o indicador primário do bem que enseja tutela, sendo presumidamente, em termos de política criminal, a fonte onde o intérprete se socorrerá para aferir quais bens ou interesses representam maior "danosidade social".[29]

Bricola, nesse diapasão, sustenta a "legitimidade da sanção penal somente diante da presença de uma violação a um bem que, ainda que não tenha o grau de relevância da liberdade pessoal que é sacrificada, está ao menos dotada de significação constitucional".[30]

A questão é que a constituição de 1988, claramente dirigente e analista, trouxe inúmeros novos gestores da moral, legitimando, pois, uma neocriminalização.

Com efeito, associações ecológicas, feministas, de consumidores, de vizinhos, pacifistas, antidiscriminatórias ou, em geral, as organizações não governamentais, passaram a protestar, ainda que esporadicamente, contra a violação de direitos humanos em todas as partes do mundo, e isso, em um Estado de Bem-Estar Social, tem alto preço: "Pensionistas, desempregados, destinatários de serviços públicos, consumidores, dentre outros, se convertem em 'cidadãos' e passam a exigir do Poder Político a tutela dos seus novos interesses, até então, estranhos ao sistema jurídico".[31]

Em outras palavras, na precisa expressão de Lipovetsky, a sociedade pós-industrial é uma "sociedade comunitária, onde se vive uma revolução de reivindicações" que, inegavelmente, gera um desenvolvimento considerável das despesas sociais do Estado como saúde, educação, assistência social, meio ambiente etc.[32]

Todos os novos detentores de bandeiras e valores rompem com o núcleo duro do Direito Penal de inspiração iluminista que pregava a subsidiariedade da dogmática, eis que passam a conclamar progressiva ampliação do Direito Penal no sentido de uma crescente proteção de seus respectivos interesses.[33]

---

28 MORAES, Alexandre Rocha Almeida de; SMANIO, Gianpaolo Poggio Smanio. *Tutela penal da moralidade e probidade administrativas*. Tese apresentada e aprovada por unanimidade no I Congresso do Patrimônio Público e Social do Ministério Público do Estado de São Paulo, 2010. Disponível em: http://www.mp.sp.gov.br/portal/page/portal/Congresso%20PatPublico/Teses/Alexandre%20e%20Smanio%20-20TUTELA_PENAL_DA_PROBIDADEADMINISTRATIVAtese.doc. Acesso em 22 fev. 2024.

29 MORAES, Alexandre Rocha Almeida de; SMANIO, Gianpaolo Poggio Smanio. *Tutela penal da moralidade e probidade administrativas*. Tese apresentada e aprovada por unanimidade no I Congresso do Patrimônio Público e Social do Ministério Público do Estado de São Paulo, 2010. Disponível em: http://www.mp.sp.gov.br/portal/page/portal/Congresso%20PatPublico/Teses/Alexandre%20e%20Smanio%20-20TUTELA_PENAL_DA_PROBIDADEADMINISTRATIVAtese.doc. Acesso em 22 fev. 2024.

30 BRICCOLA, Franco. Teoria Generale del Reato. *In*: *Nuovissimo Digesto Italiano*. Torino: Utet, 1973. t. 9, p. 14, tradução livre.

31 SILVA SÁNCHEZ, Jesús-Maria. *A expansão do Direito Penal*: aspectos da política criminal nas sociedades pós-industriais. (Trad. Luiz Otavio de Oliveira Rocha). São Paulo: Revista dos Tribunais, Série as Ciências Criminais no Século XXI, 2002. v. 11, p. 63-64.

32 LIPOVETSKY, Gilles. *A era do vazio*: ensaios sobre o individualismo contemporâneo. São Paulo: Manole, 2005. p. 105-106.

33 MORAES, Alexandre Rocha Almeida de. *Direito Penal racional*: propostas para a construção de uma teoria da legislação e para uma atuação criminal preventiva. 1. ed. Curitiba: Juruá, 2016. p. 89.

É preciso compreender, pois, que a sociedade pós-moderna, fruto tanto da junção do liberalismo, bem como da cultura do Estado-providência, quanto da revolução tecnológica, tem especial importância para a análise da Política Criminal brasileira.

Aqui, todos esses novos gestores, amparados em um Estado Social de Direito e fundado em uma Carta Política preponderantemente programática, encabeçam a tendência de uma progressiva hipertrofia legislativa pautada na busca constante de proteção dessa nova geração de interesses.[34]

Os bens jurídicos supraindividuais ou metaindividuais, como o próprio nome indica, transcendem ao individual. As expressões "bens espiritualizados", "interesses metaindividuais" ou "supraindividuais" incluem categorias de interesses públicos e interesses coletivos em sentido amplo, enquanto estes se subdividem em individuais homogêneos, interesses coletivos estrito senso e interesses difusos.

Os direitos individuais homogêneos são aqueles de natureza divisível e de titularidade plúrima, decorrentes de origem comum. Já os direitos coletivos são aqueles comuns a uma coletividade de pessoas e apenas a elas e que repousam sobre "vínculo jurídico definido que as congrega" (como a sociedade comercial, o condomínio, a associação de pais etc.).[35]

Os bens difusos, por sua vez, são aqueles titularizados por uma cadeia abstrata de pessoas, configurando "interesses indivisíveis de grupos menos determinados de pessoas, entre os quais inexiste vínculo jurídico ou fático muito preciso'.[36] O vínculo fático une os titulares do direito difuso, apesar de não existir uma vinculação jurídica que unifique os inumeráveis titulares, conglomerando-os em uma massa identificável de indivíduos; entre eles existe uma vinculação fática, consistente no simples fato de que todos o são do mesmo bem jurídico. Para Smanio:

> Os bens jurídicos penais difusos são aqueles concernentes à sociedade como um todo, dos quais os seus membros, individualmente considerados, não possuem disponibilidade, e que são indivisíveis e traduzem uma conflituosidade social (exemplos: a proteção do meio ambiente, a proteção das relações de consumo, a proteção da saúde pública, a proteção da economia popular, da infância e juventude, dos idosos etc.). O que nos indica se os bens são tidos por bens jurídicos penais difusos ou não é o caso concreto, ou seja, através da análise da conduta praticada.[37]

Por decorrência lógica, o conceito de bem jurídico na esfera penal vem ganhando importância, uma vez que sua principal função é a de legitimar e dar validade às normas penais; daí decorre o princípio da exclusiva proteção do bem jurídico, onde não pode haver norma sem proteção ao bem jurídico.

A Constituição não estabelece explicitamente todos os bens jurídicos penalmente tutelados, concedendo ao legislador ordinário certa liberdade na escolha, desde que não vá de encontro com os princípios garantidores dos direitos fundamentais, principalmente limitando o poder de punir do Estado.

Contudo, a Constituição de 1988 está repleta de exemplos de interesses difusos que representam inúmeros mandados de criminalização que, por sua vez, geraram leis penais

[34] MORAES, Alexandre Rocha Almeida de. *Direito Penal do inimigo*: a terceira velocidade do Direito Penal. 1. ed. Curitiba: Juruá, 2008. p. 42.

[35] GRINOVER, Ada Pellegrini *et al. Juizados Especiais Criminais – Comentários à Lei nº 9.099, de 26.09.95.* São Paulo: Revista dos Tribunais, 1995. p. 30.

[36] MAZZILLI, Hugo Nigro. *A defesa dos interesses difusos em juízo.* 15. ed. São Paulo: Saraiva, 2002. p. 7.

[37] SMANIO, Gianpaolo Poggio. *Tutela Penal dos interesses difusos.* São Paulo: Atlas, 2000. p.108-109.

extravagantes (segurança viária, incolumidade pública, meio ambiente, ordem tributária, ordem urbanística, liberdade de concorrência etc.) que, de outra parte, vem demandando, sem a necessária implementação de uma política concreta de atuação, novas formas de abordagem, seja extrajudicial, seja no âmbito da tradicional teoria geral do processo.

É certo que bens jurídicos não expressamente consagrados na Constituição Federal passaram a ser tutelados pelo Direito Penal, cabendo, inclusive, legitimação científica no sentido de que devem obedecer aos direitos e garantias individuais da pessoa humana, sendo expressamente vedada qualquer violação por parte do Estado na aplicação da sanção. Ademais, será a relevância atribuída pela sociedade a um bem jurídico que o torna suscetível de tutela penal: somente os bens jurídicos entendidos como bens jurídicos penais possibilitam a sua tutela através do Direito Penal.[38]

Ocorre que o surgimento de bens supraindividuais ou metaindividuais transformou toda a dogmática penal. As peculiaridades desses interesses exigem todo um tratamento também diferenciado da criminalidade, o que implica mudanças profundas no ordenamento jurídico.[39]

Os interesses de natureza difusa apresentam uma conflituosidade que contrapõe grupos, como se verifica na proteção do meio ambiente, das relações de consumo, na proteção da saúde pública, da economia popular, da infância e juventude, do idoso etc.[40]

Ademais, entende boa parte da doutrina que para o atendimento do princípio da lesividade seria indispensável a verificação de uma tipicidade material. Todavia, a proteção penal dos bens jurídicos de maior relevância social (difusos) vem se dando, na grande maioria das vezes, por meio da criação de crimes de perigo, principalmente com lesividade presumida *ex lege* (abstrato).

Isso porque a lesividade a que se refere o princípio não pode ser entendida naturalisticamente como "dano", mas, antes, como "ofensa" aos bens jurídicos penais difusos, seja esta na forma de dano efetivo ou de colocação em perigo. Além disso, esperar a produção de resultados naturalísticos que violam interesses coletivos ou difusos geram tantos prejuízos ao tecido social que somente aumentam a sensação de insegurança e fomentam o círculo vicioso de demanda por segurança e produção de novas leis penais mais rigorosas.[41]

A emergência de novos bens jurídicos de titularidade coletiva, a aparição de meios de ataque diversos dos tradicionais e a desejável força adquirida por determinados movimentos sociais de emancipação, no acertado dizer de Azevedo, provocaram "uma espécie de entusiasmo punitivo em importantes setores da opinião pública, e em conspícuos operadores jurídicos, que parecem propugnar, ao invés do benemérito princípio de intervenção mínima, de outro de intervenção máxima".[42]

38 BELLO, Enzo. *Perspectivas para o Direito Penal e para um Ministério Público Republicano.* Rio de Janeiro: Lúmen Júris, 2007. p. 264.

39 MORAES, Alexandre Rocha Almeida de; SMANIO, Gianpaolo Poggio Smanio. *Tutela penal da moralidade e probidade administrativas.* Tese apresentada e aprovada por unanimidade no I Congresso do Patrimônio Público e Social do Ministério Público do Estado de São Paulo, 2010. Disponível em: http://www.mp.sp.gov.br/portal/page/portal/Congresso%20PatPublico/Teses/Alexandre%20e%20Smanlo%20-20TUTELA_PENAL_DA_PROBIDADEADMINISTRATIVAtese.doc. Acesso em 22 fev. 2024.

40 MORAES, Alexandre Rocha Almeida de; SMANIO, Gianpaolo Poggio Smanio. *Tutela penal da moralidade e probidade administrativas.* Tese apresentada e aprovada por unanimidade no I Congresso do Patrimônio Público e Social do Ministério Público do Estado de São Paulo, 2010. Disponível em: http://www.mp.sp.gov.br/portal/page/portal/Congresso%20PatPublico/Teses/Alexandre%20e%20Smanio%20-20TUTELA_PENAL_DA_PROBIDADEADMINISTRATIVAtese.doc. Acesso em 22 fev. 2024.

41 MORAES, Alexandre Rocha Almeida de. *Direito Penal racional*: propostas para a construção de uma teoria da legislação e para uma atuação criminal preventiva. 1. ed. Curitiba: Juruá, 2016. p. 135.

42 AZEVEDO, Rodrigo Ghiringhelli de. *Tendências do controle penal na época contemporânea*: reformas penais no Brasil e na Argentina. São Paulo, mar. 2024. Disponível em: http://www.scielo.br/scielo.php?script=sci_arttext&pid=S0102-88392004000100006. Acesso em 22 fev. 2024.

No que pesem tais argumentos, é notório, como acentua Silva Sánchez, que os Estados vêm gradativamente acolhendo a lógica da perene emergência[43] e, considerando que a Constituição, legitimamente, é o indicador primário do bem que exige tutela, diversamente do majoritário discurso doutrinário da busca de um Direito Penal subsidiário, cada vez mais a antiga dialética entre Estado opressor e indivíduo oprimido apresenta um novo personagem: a sociedade que, como tal, vem propugnando por uma nova modalidade de garantismo – o garantismo positivo – que, ao contrário de ser subsidiário, legitima a *neocriminalização*.

Outrossim, diante do crescente aumento da criminalidade dentro da sociedade brasileira, torna as pessoas frequentemente passíveis de vitimizações geradas pelas mais variadas motivações e, consequentemente, a pressão realizada em face do poder público para que solucione ou repare os danos gerados a tais vítimas é cada vez mais frequente.

Isso posto, a ineficiência do Estado em garantir a tutela dos interesses e garantias constitucionais, somados à mesma ineficiência em executar políticas públicas básicas, tais como as de educação, de saúde e de segurança pública, acentua os índices de criminalidade e, com eles, o aumento da sensação subjetiva de insegurança da população. Sensação essa, causada em grande parte pelo avanço tecnológico, que trouxe consigo a globalização do crime – tendo em vista encontrarmo-nos no momento da informação instantânea das mazelas sociais através dos meios de comunicação.

Assim, na ânsia de mostrar resultados à população, o Poder Político acaba escolhendo uma medida mais rápida, fácil e barata, optando pela criação de leis penais que criminalizem condutas ou que tornem mais gravoso um tratamento já existente, ao invés de se decidir pela criação de políticas sociais que atuem na ideal formação do agente.

De outra parte, ao lado da necessidade de tutela e proteção das vítimas, agora tomadas em caráter difuso e coletivo, essa sensação coletiva de insegurança desencadeia um discurso, políticas e narrativas que autorizam reconhecer uma vitimização indiretamente difusa de toda a forma de criminalidade sentida mediatamente.

Hoje, na sociedade pós-moderna, também denominada por Beck como "Sociedade de Risco", diante do estado civilizatório, da modernidade e, consequentemente, do crescente aumento da violência urbana, qualquer pessoa pode se tornar vítima. Nesse aspecto verifica-se o fenômeno chamado por Silva Sánchez de "identificação da maioria social com a vítima do delito", que contribuiu extremamente para a mudança da forma como a vítima é analisada: "[...] as pessoas passaram a se preocupar com as vítimas porque se identificam com estas [...]", de modo que "[...] seus integrantes receiam e temem, subitamente, abandonarem o papel de vítimas virtuais e verterem-se em vítimas reais".[44]

Tal identificação gerou um aumento no interesse pelas vítimas de crimes e pela proteção de seus direitos, o que proporcionou alterações legislativas na esfera penal e processual penal, visando abranger e firmar essa proteção, como, por exemplo, a Lei nº 9.807/99, que instituiu o Programa Federal de Assistência às Vítimas e a Testemunhas Ameaçadas e dispõe sobre a proteção de acusados ou condenados que tenham voluntariamente prestado efetiva colaboração à investigação policial e ao processo criminal.

---

[43] SILVA SÁNCHEZ, Jesús-Maria. *A expansão do Direito Penal*: aspectos da política criminal nas sociedades pós-industriais. (Trad. Luiz Otavio de Oliveira Rocha). São Paulo: Revista dos Tribunais, Série as Ciências Criminais no Século XXI, 2002. v. 11, p. 151.

[44] O citado autor afirma que "[...] en concreto, se tiende a perder la visión de este como instrumento de defensa de los ciudadanos frente la intervención coactiva del Estado. Y, así, a concepción de la ley penal como *Magna Charta* de la víctima aparece junto a la clásica de la *Magna Charta* del delincuente; ello, si es que ésta no cede la prioridad a aquélla". (SANCHEZ, Jesús-María Silva. *La expansión del derecho penal*. 3. ed. Madrid: Edisofer S.L., 2011. p. 46-48. tradução livre). Em igual sentido, CÂMARA, Guilherme Costa. *Programa de política criminal*: orientado para a vítima de crime. São Paulo: Revista dos Tribunais; Coimbra Editora, 2008. p. 136.

Se é possível enxergar certos exageros na neocriminalização, forçoso reconhecer que a construção de uma nova dogmática penal e processual penal de atenção às vítimas de crimes era crucial e indispensável. Aliás, algo que vem sendo construído com a institucionalização de um novo modelo de vitimologia.

3 A nova vitimologia

Desde a origem da humanidade, a partir do momento em que houve o cometimento de uma conduta tida como criminosa, já surgiu a noção de vítima.[45] Segundo Mazzuti:

> Pode-se ponderar sob esse prisma que a questão atinente às vítimas ostenta caráter tão antigo quanto a própria existência do homem, como apontam, exemplificativamente, o Código de Ur Nammu; o Código de Hammurabi, ao tratar do castigo levando em consideração o tipo de vítima e de delinquente; a Lei das XII Tábuas, ao dispor quando se admitia a vingança privada; a Lei Mosaica e as Leis de Manu, ao tratarem dos sacrifícios.[46]

Durante esse período em que predominava a vingança privada, a vítima teve substancial importância reconhecida, visto que diante de um mal que lhe fosse provocado, cabia a ela, com o uso de suas próprias forças, apresentar uma resposta.[47]

No entanto, como a vingança era estabelecida pela própria vítima, inexistia um órgão imparcial capaz de medir e mediar a proporcionalidade da resposta privada. Com isso, ciclos de violência eram perpetuados por conta dos excessos que extrapolavam os limites do próprio agressor atingindo terceiros e gerando a necessidade de novas retaliações.[48]

Esse ciclo vicioso feria a própria vida em sociedade, pois as respostas desproporcionais aos danos causados influenciavam na dizimação da própria tribo ali constituída. Por isso, houve uma transação para uma vingança pautada em critérios previamente estabelecidos de proporcionalidade, bem como se estabeleceram novas sanções, diferentes da vingança de sangue, conforme Boschi afirma:

> Com o seu desdobramento natural, a vingança de sangue acabou sendo substituída por duas outras penas de menor espectro: a de expulsão e a de banimento do ofensor do seu próprio território. Essas duas espécies de penas eram visivelmente superiores à anterior, porque preveniam a eclosão de movimentos grupais de vinganças, ainda, porque, ao direcionarem seus efeitos só sobre a pessoa do autor, funcionavam, direta ou indiretamente, como instrumento de proteção dos inocentes.[49]

[45] FERNÁNDEZ, David Lorenzo Morillas; HERNÁNDEZ, Rosa María Patró; CÁRCELES, Marta Maria Aguilar. *Victimología*: um estudio sobre la víctima y los procesos de victimización. 2. ed. Madrid: Dykinson, 2014. p. 3. (tradução livre).

[46] MAZZUTTI, Vanessa De Biassio. *Vitimologia e direitos humanos*: o processo penal sob a perspectiva da vítima. Curitiba: Juruá, 2012. p. 41.

[47] IULIANELLO, Annunziata Alves. *Vitimização secundária*: o depoimento especial como instrumento de concretização da proteção integral de crianças e adolescentes submetidos a abuso sexual. São Paulo: Pontifícia Universidade Católica de São Paulo, 2018. p. 308.

[48] Neste sentido, CÂMARA, Guilherme Costa. *Programa de política criminal*: orientado para a vítima de crime. São Paulo: Revista dos Tribunais; Coimbra Editora, 2008. p. 24.

[49] BOSCHI, José Antônio Paganella. *Das penas e seus critérios de aplicação*. 7. ed. Porto Alegre: Livraria do Advogado, 2014. p. 76-77.

Nesse cenário, a Lei Mosaica, também conhecida como Lei do Talião, assim como o Código de Hammurabi, por exemplo, fornecem uma ideia bastante segura acerca das normas penais aplicadas durante este período, visto que seus textos sobrevivem até os dias atuais. Dele se pode extrair que o direito penal antigo se caracteriza pela vingança privada e, especificamente, por uma forte influência religiosa, de modo a propor uma punição proporcional ao fato causado, conforme apontam Shecaira e Corrêa Junior, assim como Boschi, respectivamente:

> Nesta época, não obstante a forma cruel dos castigos que atingiam o corpo do condenado, e até, por vezes, os corpos de seus familiares, existia, na Lei Mosaica (Talião), um indício do princípio da proporcionalidade entre a pena e o delito ao prescrever a máximo 'olho por olho, dente por dente'. Destarte, a pena restringia-se à retribuição proporcional do mal causado.[50]
>
> Consagrada no Livro dos Livros (Êxodo) e também no Código de Hamurabi, essa espécie de pena (ensejando a reação em intensidade e gravidade *tal e qual* a intensidade e a gravidade da ação e da lesão causada) pode ser apontada como a primeira manifestação explícita de punição proporcional ao fato.[51]

Conforme ensina Garcia-Pablos de Molina, a vítima, ao longo da história, viveu três fases absolutamente distintas no tocante à sua importância dentro do estudo da criminalidade, e, por conseguinte, dentro do âmbito da Criminologia, ou daquilo que veio no futuro a se tornar a ciência da Criminologia: a) o Protagonismo; b) a Neutralização e c) o Redescobrimento.[52]

O protagonismo, também chamado de período da Idade de Ouro da vítima,[53] estendeu-se desde os primórdios até a Idade Média. A vítima era grande referência nesta época em que vigorava a Justiça Privada, e onde o Estado pouco atuava para a regulamentação da pena para a prática delitiva. Era da vítima o papel preponderante de definição da forma como seria apenado o delinquente. Era, pois, a vítima, neste período, que assumia o protagonismo no estudo do crime. Seu papel era superdimensionado e demonstrava um âmbito muito maior que o do próprio delinquente.[54]

Após, com a assunção do Estado na regulamentação do crime, ultrapassando-se a fase da Justiça Privada, a vítima viveu verdadeiro momento de neutralidade e indiferença daqueles que estudavam os âmbitos da atual Criminologia. Praticamente viveu uma era de esquecimento.

Mesmo quando se passa a estudar a Criminologia pelas escolas modernas, observa-se que a vítima não foi um objeto desta ciência. A grande centralização do estudo criminológico deu-se, durante anos, no delito e no delinquente.

As próprias definições conceituais de Criminologia para as escolas modernas iniciais indicavam a exclusão da vítima do âmbito do estudo criminológico. Para Garófalo, Criminologia era a "ciência que tinha por objeto o estudo causal-explicativo do delito".[55] Já Kaiser definia

50 SHECAIRA, Sérgio Salomão; CORRÊA JÚNIOR, Alceu. *Teoria da pena*: finalidades, direito positivo, jurisprudência e outros estudos de ciência criminal. São Paulo: Revista dos Tribunais, 2002. p. 26.

51 BOSCHI, José Antônio Paganella. *Das penas e seus critérios de aplicação*. 7. ed. Porto Alegre: Livraria do Advogado, 2014. p. 77.

52 MOLINA, Antônio García-Pablos de. *Criminologia*. 5. ed. São Paulo: Ed. Revista dos Tribunais, 2006. p. 67.

53 SHECAIRA, Sérgio Salomão; CORRÊA JÚNIOR, Alceu. *Teoria da pena*: finalidades, direito positivo, jurisprudência e outros estudos de ciência criminal. São Paulo: Revista dos Tribunais, 2002. p. 50.

54 FERRACINI NETO, Ricardo; MORAES, Alexandre Rocha Almeida de; *Criminologia*. Salvador: JusPodvim, 2019.

55 NASCIMENTO, José Flávio Braga. *Criminologia*. 1. ed. São Paulo: Juarez de Oliveira, 2003. p. 6.

Criminologia como o "conjunto ordenado da ciência experimental acerca do crime, do infrator das normas jurídicas, do comportamento socialmente negativo e do controle de deito comportamento".[56]

Essa participação, mesmo que não seja a ideal, foi, sem dúvida, o melhor papel da vítima dentro do sistema processual penal, visto que a partir do século XII seu afastamento inicia-se e perdura até os dias atuais.[57]

Isso, porque, com o nascimento do Estado, ele assume o controle absoluto do *jus puniendi*, tornando-se o detentor do monopólio da reação penal, substituindo as vítimas que passaram a ter uma posição meramente periférica, num papel, dentro do processo penal, meramente informativo,[58] logo, tornando-se simples sujeito passivo sobre o qual recai a conduta criminosa. Winfried Hassemer pontua nesse sentido:

> O Direito Penal afasta a vítima da sua posição frente ao autor e ocupa por si mesmo esta posição. Ele remete a vítima à assistência, ao direito social, ao direito civil e ao processo civil, onde ela, atuando de modo ativo e dirigindo o processo, deverá procurar seu direito à restituição, à reparação material e à indenização pelo prejuízo. No Direito Penal, a vítima é neutralizada. Mas como testemunha, ela precisa cooperar no esclarecimento do ato e tem direitos rudimentares na conformação do processo, nada mais.[59]

Ainda, como defendem Zaffaroni e Batista, o conflito deixou de ser uma "lesão contra a vítima e passou a significar delito contra o soberano", o que ensejou a desvinculação da lesão e "foi se subjetivando uma inimizade para com o soberano".[60] Além disso, em relação ao processo, surgiu a figura do "procurador", pessoa a quem competia representar a pessoa do Estado, personificada pelo soberano, assumindo dessa maneira papel que outrora cabia à vítima.

Essa transição do *jus puniendi* das mãos da vítima, dentro de uma justiça privada para as mãos do Estado, agora sob à ótica de uma justiça pública, motivou o esquecimento da vítima dentro do processo, visto que passou do papel de protagonista para uma figura esquecida, ou mera informante dos atos delitivos praticados:

> Com o fortalecimento das Monarquias e do Estado Moderno, a vítima é relegada definitivamente a segundo plano, O direito penal é considerado de ordem pública, sendo o crime visto como ofensa à boa ordem social, cabendo ao soberano ou ao Estado reprimi-la. O processo penal acusatório, inquisitório ou misto neutraliza a vítima: a relação jurídica que se forma é entre juiz, réu e acusador, este, de regra, um órgão do Estado. Por isso mesmo, desponta e se consolida o Ministério Público como o órgão encarregado de promover a ação penal em quase todos os crimes. Na administração da justiça penal, importa o interesse público, não o privado, devendo a resposta ao crime ser proveniente de órgão marcado pela imparcialidade e isento de paixões. É encetada uma verdadeira luta para acabar com a justiça privada. Por tudo

56 NASCIMENTO, José Flávio Braga. *Criminologia*. 1. ed. São Paulo: Juarez de Oliveira, 2003. p. 8.

57 NASCIMENTO, José Flávio Braga. *Criminologia*. 1. ed. São Paulo: Juarez de Oliveira, 2003. p. 57.

58 OLIVEIRA, Ana Sofia de Schimidt de. *A vítima e o direito penal*: uma abordagem do movimento vitimológico de seu impacto no direito penal. São Paulo: RT, 1999. p. 32.

59 HASSEMER, Winfried. *Introdução aos Fundamentos do Direito Penal*. (Trad. Pablo Rodrigo Alflen da Silva). 2. ed. Porto Alegre: Sergio Antônio Fabris Editor, 2005. p. 112-113.

60 ZAFFARONI, Eugenio Raul; BATISTA, Nilo; ALAGIA, Alejandro. *Direito Penal Brasileiro*. 4. ed. Rio de Janeiro: Revan, 2011. v. 1, p. 392-393.

> isso, restringe-se bastante o papel da vítima: só pode acusar em número pequeno de casos, enquanto, nos demais, a grande maioria, cabe-lhe somente o dever de noticiar o fato e testemunhá-lo perante o tribunal.[61]

Evidente que tratar a vítima como mero elemento irrelevante da questão criminológica era algo inconcebível. A vítima faz parte de todo o processo do crime e, muitas vezes, faz papel de tamanha relevância que pode se sobrepor ao próprio delinquente. Fundamental torna-se o estudo da vítima e de seu comportamento para que se entenda a estrutura do crime praticado como um todo. Embora certamente não seja ela a protagonista que já o foi no contexto criminológico, está longe de ser mera peça irrelevante.[62]

A alteração desta concepção veio através da criação de um estudo que se identificou como *vitimologia*. Embora não se priorize aqui o seu estudo mais aprofundado, há que se considerar que a partir da década de 40 do século XX, mais especificamente em 1947, em um pronunciamento de Benjamin Mendelson, em Bucareste, surgiu o termo vitimologia e uma alteração no estudo e na visão dos objetos da Criminologia.[63]

Tratar a vítima como mera informante ou como sujeito do delito praticado representa uma marginalização de um dos protagonistas do conflito na esfera penal e, consequentemente, impede uma efetiva resolução do conflito ali gerado e uma efetiva pacificação social.[64]

Também representou uma despersonalização do conflito de natureza penal, pois o dano causado pela prática do delito passou a ser visto como uma afronta ao Estado, fazendo com que as sanções possuíssem um caráter pautado na necessidade de prevenção social, perdendo, portanto, o cunho reparatório e a preocupação com a satisfação dos interesses da vítima, figura esta mais lesada com a prática do delito.[65]

Assim, como afirma Iulianello, no Processo Penal, à vítima ficou designado o papel de mera informante, sendo esquecido que ela também é um sujeito de direitos que necessita de proteção e de respeito. A preocupação se voltava apenas à tutela dos direitos e garantias do acusado em detrimento dos direitos e garantias das vítimas.[66] Mesmo a questão do ressarcimento à vítima, instituída pela Lei nº 9.099/95, que de alguma forma representa uma certa preocupação com as vítimas, é vista muito mais como uma espécie de sanção pecuniária imposta ao autor, do que como um reflexo da necessidade de garantir e proteger os interesses do ofendido.[67]

Para Hassemer, a concepção de reparação do dano à vítima fundamenta-se não na noção de retribuição, mas na noção de segurança e assistência em vista do dano a ela gerado.[68] Inclusive, em uma concepção mais moderna, defende que não se deve ignorar que

---

61 FERNANDES, Antônio Scarance. *O papel da vítima no processo penal.* Rio de Janeiro: Lumen Juris, 2001. p. 15.

62 FERRACINI NETO, Ricardo; MORAES, Alexandre Rocha Almeida de; *Criminologia.* Salvador: JusPodvim, 2019.

63 PIEDADE JÚNIOR, Heitor. *Vitimologia – Evolução no tempo e no espaço.* 1. ed. Rio de Janeiro: Ed. Biblioteca Jurídica Freitas Bastos, 1993. p. 82.

64 ZAFFARONI, Eugenio Raúl. *Em busca das penas perdidas*: a perda de legitimidade do sistema penal. 5. ed. Rio de Janeiro: Revan, 1991.

65 Neste sentido, CÂMARA, Guilherme Costa. *Programa de política criminal*: orientado para a vítima de crime. São Paulo: Revista dos Tribunais; Coimbra Editora, 2008. p. 57-61); e SANCHEZ, Jesús-María Silva. *La expanción del derecho penal.* 3. ed. Madrid: Edisofer S.L., 2011. p. 164.

66 IULIANELLO, Annunziata Alves. *Vitimização secundária*: o depoimento especial como instrumento de concretização da proteção integral de crianças e adolescentes submetidos a abuso sexual. São Paulo: Pontifícia Universidade Católica de São Paulo, 2018. p. 26.

67 FERNÁNDEZ, David Lorenzo Morillas; HERNÁNDEZ, Rosa María Patró; CÁRCELES, Marta Maria Aguilar. *Victimología*: un estudio sobre la víctima y los procesos de victimización. 2. ed. Madrid: Dykinson, 2014. p. 3.

68 HASSEMER, Winfried. *Introdução aos Fundamentos do Direito Penal.* (Trad. Pablo Rodrigo Alflen da Silva). 2. ed. Porto Alegre: Sergio Antônio Fabris Editor, 2005. p. 116-117.

a vítima é uma parte importante na esfera jurídico-penal, logo, não pode ser ignorada para fins de uma política criminal pautada meramente na prevenção do delito e, portanto, focando apenas no autor do crime, conforme afirma Iulianello:

> Assim, uma maior preocupação com ela na dogmática penal e na esfera processual não representa obviamente um retorno à noção pura de retribuição – como alguns preconizam –, mas sim, um aspecto importante em termos de proteção e necessidade de assegurar também os direitos daqueles que suportaram as consequências da prática de uma infração penal. Neste contexto, o que se busca de uma forma geral é encontrar um ponto de equilíbrio entre os interesses do Estado e os das vítimas, sem que isso represente a supressão de direitos e garantias fundamentais do acusado, não colocando em xeque o caráter iminentemente público e garantista do sistema penal. Perante as instâncias formais de controle social e, especialmente no bojo do processo penal, esta noção é crucial e deve servir como um norte para os profissionais do direito e demais atores que atuam nestas esferas, a fim de se evitar a revitimização ou a chamada vitimização secundária.[69]

Foi somente com os avanços dos estudos da criminologia e da vitimologia que aos poucos a vítima foi recebendo novamente um papel relevante no processo e na dogmática penal. Isso porque, durante o período que preponderou o estudo da criminologia tradicional, a vítima não foi levada como objeto de estudo e análise do fenômeno criminoso. O foco figurava apenas na figura daquele que infringia a norma penal. Acerca do tema, importante são as considerações realizadas por Oliveira:

> Quando o Estado passa a assumir o controle do *jus puniendi*, a persecução penal e a imposição das sanções já não dependem da iniciativa da vítima, e nem têm por escopo atender seus interesses. Sua atuação como "informante" pavimenta o caminho do seu auxílio ao protagonismo do conflito penal. E este é um caminho que não conheceu volta nem mesmo quando, em meados do século XVII, deu-se a publicação da obra paradigmática de Beccaria, *Dos Delitos e das Penas*, inspirada por fatores como os excessos de castigos físicos, o arbítrio dos soberanos, o ideário iluminista. No surgimento do que se convencionou chamar Escola Clássica, a vítima não era objeto de análise ou preocupação. O protagonismo era do criminoso. O grande tema era a busca da reação social adequada e justa.[70]

Esse cenário começou a mudar, de início, com a "Escola Positivista", que enxergou a necessidade, ainda que limitada ao aspecto ressarcitório, de se valorizar o papel da vítima no processo penal.[71] No entanto, foi após a Segunda Grande Guerra que os movimentos vitimológicos conquistaram o seu espaço, tendo em vista o nascimento do movimento internacional de direitos humanos, que foi despertado devido à publicidade dos horrores

[69] IULIANELLO, Annunziata Alves. *Vitimização secundária*: o depoimento especial como instrumento de concretização da proteção integral de crianças e adolescentes submetidos a abuso sexual. São Paulo: Pontifícia Universidade Católica de São Paulo, 2018. p. 31.

[70] OLIVEIRA, Ana Sofia de Schimidt de. *A vítima e o direito penal*: uma abordagem do movimento vitimológico de seu impacto no direito penal. São Paulo: RT, 1999. p. 59.

[71] SHECAIRA, Sérgio Salomão. *Criminologia*. 6. ed. São Paulo: Editora Revista dos Tribunais, 2014. p. 52.

cometidos no período de guerra.[72] Dali nasceu a consciência da necessidade de uma preocupação com as vítimas.

Os estudos de Von Heting nasceram seguindo orientação da "Escola Positiva", buscando "as causas biológicas, antropológicas e sociais que configuram o papel do homem como vítima".[73] Em 1948, em sua obra "The criminal and his victim", o tema central estava pautado na ideia de que por muitos anos, a Criminologia analisou o fenômeno criminoso apenas com o foco na pessoa que infringiu a norma penal, esquecendo-se de analisar outra parte importante desse fenômeno, a vítima, pois, sem vítima não há crime. Dessa forma, ele propõe, com base nos ensinamentos da psicologia, um estudo em conjunto, do ofensor e da vítima, questionando se a vítima contribui para o evento criminoso e de que forma.

Mendelsohn, por outro lado, não limitava o conceito de vítima àquela pessoa que tivesse sofrido a ocorrência do fenômeno criminoso, mas sim, lhe atribuía um conceito mais amplo, abarcando outros fatores, como a ocorrência de um desastre natural ou a existência de vítimas dos poderes políticos.

Embora haja divergências, para a corrente doutrinária que apresenta preocupação com os direitos humanos das vítimas, o conceito de vítima é amplo, não estando adstrito apenas ao de titular do bem jurídico, abarcando também as vítimas diretas e as vítimas reflexas, ou seja, todas aquelas que são afetadas pela prática do crime, não se restringindo apenas ao sujeito passivo do crime.[74]

Para Guilherme Costa Câmara, o conceito de vítima seria "todo indivíduo atingido, direta ou reflexamente, pela delinquência, na sua pessoa ou patrimônio, tendo suportado lesões físicas ou mentais, como consequência, inclusive, de ações ou omissões que violem seus direitos fundamentais".[75]

Para compreender o que significa a fase de redescoberta da vítima, é necessário pontuar, conforme o fez Iulianello, que

> [...] essa "redescoberta da vítima" ou "nova idade de ouro" em nada tem a ver com a "antiga idade de ouro". Nesta, a base do protagonismo da vítima era a ideia de vingança. Já na nova fase, a pedra de toque é a noção de que a vítima também é sujeita de direitos, e, como tal, necessita de proteção, tendo-se especialmente uma preocupação com o papel que as instâncias formais de controle social devem desempenhar em relação às vítimas.[76]

---

72 Neste sentido, CÂMARA, Guilherme Costa. *Programa de política criminal*: orientado para a vítima de crime. São Paulo: Revista dos Tribunais; Coimbra Editora, 2008. p. 65); OLIVEIRA. Ana Sofia Schimidt de. Vitimologia e mulher. *In*: REALE JÚNIOR, Miguel (Coord.); PACHOAL, Janaína Conceição (Org.). *Mulher e Direito Penal.* Rio de Janeiro: Forense, 2007. p. 59-60); e MOREIRA FILHO, Guaracy. *Vitimologia*: o papel da vítima na gênese do delito. São Paulo: Editora Jurídica Brasileira, 1999. p. 21).

73 CÂMARA, Guilherme Costa. *Programa de política criminal*: orientado para a vítima de crime. São Paulo: Revista dos Tribunais; Coimbra Editora, 2008. p. 65, p. 68.

74 O conceito de vítima trazido pelo Anexo da Declaração sobre os Princípios Fundamentais de Justiça para Vítimas de Delitos e Abuso de Poder – Resolução nº 40/34 da Assembleia Geral das Nações Unidas, de 29 de novembro de 1985, ao trazer o conceito de vítima, abarca a vítima reflexa também. No mesmo sentido, o teor do artigo 245 da CF. Ademais, além da legislação existente, o conceito de vítima pode ser extraído das Resoluções nº 243/2021- CNMP e nº 253/2018- CNJ.

75 CÂMARA, Guilherme Costa. *Programa de política criminal*: orientado para a vítima de crime. São Paulo: Revista dos Tribunais; Coimbra Editora, 2008. p. 77.

76 IULIANELLO, Annunziata Alves. *Depoimento especial*: um instrumento de concretização da proteção integral de crianças e adolescentes submetidos a abuso sexual. Belo Horizonte: Editora D'Plácido, 2019. p. 38.

Mendelsohn pregava que, para a análise do fenômeno criminoso, deveria ser levado em conta tanto a vítima quanto os fatores que a provocassem, não apenas no âmbito da prática do delito, mas também em outras esferas. Foi ele que trouxe o termo "vitimologia", em uma conferência proferida em Bucareste, no ano de 1947, com o título "Um horizonte novo na ciência biopsicossocial: a vitimologia", na qual ele reproduziu um trabalho de 1946, de mesmo título.[77] Nesse aspecto, partia da premissa que havia determinados grupos de pessoas que possuíam mais chances de serem vitimizadas, e por esta razão, propunha ações de cunho político e social em favor dos direitos das vítimas e de um sistema penal que também abrangesse a assistência às vítimas.[78]

A partir dessas obras, o tema passou a ser discutido com mais atenção pela comunidade científico/acadêmica, de forma que, no VI Congresso Internacional de Criminologia, ocorrido em 1970, na cidade de Madrid, pela primeira vez foi proposta a celebração de um evento com enfoque voltado exclusivamente à vitimologia. Em 1973, em Jerusalém, realizou-se o primeiro Simpósio Internacional de vitimologia, concretizando tal propósito, o qual foi sucedido por diversos outros simpósios, sendo o VII Simpósio Internacional de Vitimologia realizado no Brasil em 1991, na cidade do Rio de Janeiro.[79]

Assim, nesse nascimento da vitimologia, o protagonismo da vítima não se daria na ideia de vingança, como consistia a "Idade do Ouro", mas sim na noção de que o ofendido também é sujeito de direitos, necessitando, pois, de proteção.

Nesse sentido, a vitimologia moderna possibilita analisar a complexidade que permeia a vítima no que tange à relação que ela possui com o acusado, possibilitando aferir o papel por ela desempenhado na ocorrência do delito, especialmente para fins de prevenção. Garcia-Pablos de Molina esclarece:

> A Vitimologia trata de chamar a atenção sobre a variada e complexa gama de danos que sofre a vítima, sobre a distinta origem e etiologia dos mesmos (vitimização primária ou secundária), sobre a eventual necessidade de reinserção ou ressocialização da vítima estigmatizada e marginalizada pela própria experiência criminal, sobre os programas de tratamento etc.[80]

Corroborando esta temática, Rimo afirma ser necessário sempre buscar formas de se justificar, de acordo com princípios e fundamentos já consolidados no Direito Penal, medidas de apoio para as vítimas de delito, as quais devem ser entendidas em um sentido mais amplo, abrangendo as vertentes assistencial, penal e processual, isto é, uma diretriz que almeja melhorar a situação da vítima no sistema punitivo.[81]

Conforme colocado, o termo *vitimologia* surgiu em uma conferência perpetrada no Hospital do Estado em Bucareste denominada por Benhamin Mendelson como *New bio-psycho-social horizons: Victimology*, realizada em 1947.

---

77 IULIANELLO, Annunziata Alves. *Vitimização secundária*: o depoimento especial como instrumento de concretização da proteção integral de crianças e adolescentes submetidos a abuso sexual. São Paulo: Pontifícia Universidade Católica de São Paulo, 2018. p. 45.

78 FERNANDES, Antônio Scarance. *O papel da vítima no processo penal*. Rio de Janeiro: Lumen Juris, 2001. p. 35.

79 SHECAIRA, Sérgio Salomão. *Criminologia*. 6. ed. São Paulo: Editora Revista dos Tribunais, 2014. p. 53.

80 IULIANELLO, Annunziata Alves. *Vitimização secundária*: o depoimento especial como instrumento de concretização da proteção integral de crianças e adolescentes submetidos a abuso sexual. São Paulo: Pontifícia Universidade Católica de São Paulo, 2018. p. 46.

81 RIMO, Alberto Alonso. La víctima en el sistema de justicia penal I. *In*: BALDOMERO, Enrique Baca; ODRIOZOLA, Enrique Echeburúa; SUMALLA, Josep Maria Tamarit (Coord.). *Manual de victimología*. Valencia: Tirant lo Blanch, 2006. p. 308-309 (tradução livre).

A vitimologia é tratada por alguns como ciência autônoma da Criminologia. É o que pregava Mendelson, mas este sofreu grave carga contrária advinda de juristas renomados, como Fritz Paasch, Paul Cornil e Vexliard.[82]

Medelson propunha a vitimologia como ciência que estudasse a vítima vinculada à prática de um delito. Assim, afastava do objeto da vitimologia a vítima de casos outros (por exemplo, acidentes domésticos, danos cíveis etc.) que não aqueles que possam ser considerados, em tese, criminosos. Daí sua conceituação de vitimologia como sendo a "ciência que procura estudar a personalidade da vítima, sob os pontos de vista psicológico e sociológico, na busca do diagnóstico e da terapêutica do crime e da proteção individual e geral da vítima".[83]

Dentro desta limitação de estudo da vítima, sempre como sendo aquela derivada de ato que em tese caracteriza-se como crime, pode-se colocar como objetos da vitimologia os seguintes: a) analisar a magnitude do problema da vítima; b) explicar a causa da vitimização; c) desenvolver um sistema de medidas para reduzir a vitimização; e d) dar assistência às vítimas.[84]

Para Medelson, vítima é "a personalidade do indivíduo ou da coletividade, na medida em que está afetada pelas consequências sociais de seu sofrimento, determinado por fatores de origem muito diversificada, físico, psíquico, econômico, político ou social, assim como do ambiente natural ou técnico".[85] Já Separovic conceitua vítima como sendo "qualquer pessoa física ou moral, que sofre com o resultado de um desapiedado desígnio, incidental ou acidentalmente".[86]

Fato é que, para a definição da vítima, haverá necessariamente que observar-se parâmetros para tanto, podendo ser restringido ou alargado o conceito a partir destas diretrizes a serem tomadas. Teríamos que buscar um conceito que indicasse como vítima uma pessoa ou um grupo de pessoas, físicas ou jurídicas, ou ainda entes abstratos, que sofrem intervenções em seus direitos, sejam eles quais forem, por ação, omissão de terceiros ou dela própria, ou ainda que tais intervenções sejam oriundas de casos fortuitos e de força maior.[87]

Ainda assim, corre-se o risco de não se abarcar alguma situação de vitimização.

> Vitimização, vitimação ou processo vitimatório é a ação ou efeito de alguém (indivíduo ou grupo) se autovitimar ou vitimizar outrem (indivíduo ou grupo). É o processo mediante o qual alguém (indivíduo ou grupo) vem a ser vítima de sua própria conduta ou da conduta de terceiro (indivíduo ou grupo), ou de fato da Natureza.[88]

A diferenciação de vitimização em graus também se mostra relevante para o estudo da vítima. Foi criada por Marwin Wolfgang, então presidente da Academia Americana de Ciências

---

82 FERNANDES, Antônio Scarance. *O papel da vítima no processo penal.* Rio de Janeiro: Lumen Juris, 2001. p. 544.

83 FERNANDES, Antônio Scarance. *O papel da vítima no processo penal.* Rio de Janeiro: Lumen Juris, 2001. p. 545.

84 SEPAROVIC, Zvonimi Paul. Victimology, a new approach in social sciences. *I Simposium*, Alemanha, p. 171, 1976. *apud* Heitor Piedade JÚNIOR, p. 85.

85 PIEDADE JÚNIOR, Heitor. *Vitimologia – Evolução no tempo e no espaço.* 1. ed. Rio de Janeiro: Ed. Biblioteca Jurídica Freitas Bastos, 1993. p. 88.

86 PIEDADE JÚNIOR, Heitor. *Vitimologia – Evolução no tempo e no espaço.* 1. ed. Rio de Janeiro: Ed. Biblioteca Jurídica Freitas Bastos, 1993. p. 89.

87 FERRACINI NETO, Ricardo; MORAES, Alexandre Rocha Almeida de; *Criminologia.* Salvador: JusPodvim, 2019.

88 PIEDADE JÚNIOR, Heitor. *Vitimologia – Evolução no tempo e no espaço.* 1. ed. Rio de Janeiro: Ed. Biblioteca Jurídica Freitas Bastos, 1993. p. 107.

e Políticas Sociais dos Estados Unidos, considerado o maior criminólogo norte americano. Para Wolfgang, as classificações dão-se como:[89]

> a) Vitimização primária: "é a utilizada para referir a vítima personalizada ou individual, que pode ser diretamente atacada e ferida em transgressão frontal, que é ameaçada ou tem uma propriedade furtada ou danificada";
>
> b) Vitimização secundária: "refere-se geralmente a estabelecimentos comerciais. A vítima é impessoal, comercial e coletiva, mas não é tão difusa a ponto de incluir a comunidade como um todo";
>
> c) Vitimização terciária: "exclui tanto o tipo primário como o secundário, e diz respeito a uma vitimização muito difusa que se estende à comunidade em geral e inclui crimes contra a ordem pública, a harmonia social ou a administração do governo";
>
> d) Vitimização mútua: "exclui todas as anteriores e refere-se aos casos em que os participantes estão engajados em atos mutuamente consensuais, como por exemplo, o adultério ou o chamado rapto consensual".[90]

Sendo assim, urge que seja deflagrado um debate com consistência e cientificidade sobre a proteção integral das vítimas, sob pena do Estado pecar uma proteção deficiente na tutela de bens jurídicos relevantes e dignos de uma resposta penal justa e proporcional.

4 A doutrina de proteção integral

Há algum tempo se fala na imperiosa necessidade de se reconhecer uma doutrina de proteção integral de vítimas de crimes e atos infracionais, sob pena de clara violação a direitos humanos.

Nesse cenário de proteção às vítimas, importante salientar que o Brasil já foi condenado pela Corte Interamericana em vários casos em que presentes inconvencionalidades gravíssimas na persecução penal, que deixaram vítimas de crimes desamparadas e sem a devida resposta estatal, em violação às garantias previstas nos tratados de direitos humanos ratificados e em vigor no Brasil. Da análise dos casos *Ximenes Lopes* (2006), *Sétimo Garibaldi* (2009), *Escher e Outros* (2009), *Gomes Lund e Outros* (2010), *Trabalhadores da Fazenda Brasil Verde* (2016), *Favela Nova Brasília* (2017), *Povo Indígena Xucuru e seus Membros* (2018), *Herzog* (2018), *Fábrica de Fogos de Santo Antônio de Jesus* (2020), *Márcia Barbosa de Souza e Outros* (2021) e *Sales Pimenta* (2022), é possível verificar que não houve, por parte do Estado brasileiro, a devida e tempestiva resposta aos crimes perpetrados e aos direitos das vítimas.[91] Será imprescindível realizar um comentário sobre cada qual desses emblemáticos casos, bastando – para atingir o resultado proposto nesta investigação – conhecer esse número expressivo de condenações internacionais contra o Brasil, que é emblemático da necessidade de que juízes e membros do Ministério Público conheçam a jurisprudência da Corte Interamericana de Direitos Humanos e realizem o devido exame (aferição ou controle) de convencionalidade das leis.

[89] PIEDADE JÚNIOR, Heitor. *Vitimologia – Evolução no tempo e no espaço*. 1. ed. Rio de Janeiro: Ed. Biblioteca Jurídica Freitas Bastos, 1993. p. 101-102.

[90] FERRACINI NETO, Ricardo; MORAES, Alexandre Rocha Almeida de; *Criminologia*. Salvador: JusPodvim, 2019. p. 77.

[91] Sobre o panorama das condenações dos Estados-partes perante a Corte Interamericana, *v.* MAZZUOLI, Valério de Oliveira. *Direitos humanos na jurisprudência internacional*: sentenças, opiniões consultivas, decisões e relatórios internacionais. São Paulo: Método, 2019.

Não há dúvidas de que os excessos do Estado contra os indivíduos devem ser contidos e repreendidos, pois num Estado Democrático de Direito não há qualquer margem a discricionariedades e arbitrariedades de quaisquer órgãos de persecução penal. Portanto, todos aqueles que estão no polo passivo de uma ação penal têm a seu favor o princípio da proporcionalidade, na vertente da proibição de excesso. Referido princípio vincula tanto o legislador na criação de tipos penais, que está atrelado ao princípio da legalidade, de modo a evitar a criação de tipos penais demasiadamente abertos, vagos, imprecisos, lacunosos e porosos, bem como o julgador, quando aplica a reprimenda penal em casos concretos. Para lograr esse desiderato, o direito penal não pode, por meio de seus órgãos de persecução penal, agir de forma desproporcional e desarrazoada para com o agente que violou a norma penal e, via de consequência, ferir os direitos fundamentais de terceiros.

A vedação de excesso tanto foi uma constante ao longo da história que o Estado Liberal de Direito surge como forma de acautelar os cidadãos dos arbítrios do *Leviatã*. Dentro de sua fundamentação individualista, com foco na proteção da burguesia contra o absolutismo monárquico, foram desenvolvidas as garantias de primeira dimensão, que não externavam a preocupação de proteger o corpo social. O que faz o postulado da proibição de excesso é colocar em relevo a tradição histórica dos direitos fundamentais como alicerce dos direitos de defesa frente às intromissões estatais.[92]

O sistema garantista ou teoria do garantismo penal tem como precursor Luigi Ferrajoli, cujo referencial teórico tem como marco principal a obra *Direito e Razão*, que encontra na proibição de excesso a viga mestra para a sua construção teórica. Tal sistema visa conter o excesso de tutela penal e o abuso estatal, que não deve se imiscuir de forma arbitrária na seara das liberdades individuais, acabando por contemplar a proteção dos direitos fundamentais de viés exclusivamente individual. Segundo essa visão, a incidência do garantismo é abordada sob três enfoques, que se conectam entre si, a saber: *a*) o que designa um *modelo normativo de direito*, referindo-se ao modelo de "estrita legalidade", inerente ao próprio Estado de Direito, que se caracteriza, no plano político, como uma técnica de tutela idônea a minimizar a violência e a maximizar a liberdade e, sob o aspecto jurídico, como um sistema de vínculos impostos à função punitiva do Estado em garantia aos direitos dos cidadãos; *b*) como teoria do direito e crítica do direito, que preconiza uma *teoria jurídica* da *validade* e da *efetividade* como categorias distintas não só entre si, propondo uma aproximação teórica que mantém separado o *ser* e o *dever ser*; e *c*) como filosofia do direito e crítica da política, que designa uma filosofia política que requer do direito e do Estado o ônus da justificação externa com base nos bens e interesses nos quais a tutela ou a garantia constitui a finalidade, propondo a separação entre o direito e a moral.[93]

Referida construção teórica consagra o garantismo chamado "negativo", não havendo confronto ou contraposição com a proibição de excesso ou com a proibição de proteção deficiente. À evidência que o direito penal não pode restabelecer o arbítrio ou o retorno ao período de exceção, bem assim que nesta quadra histórica os avanços das garantias de direitos não podem retroceder de modo algum. Nesse sentido, o que se pretende atualmente

---

92 Cf.: HASSEMER, Winfried. ¿Puede haber delitos que no afecten a un bien jurídico penal? *In*: HEFENDEHL, Holand (Ed.). *La teoría del bien jurídico*: ¿fundamento de legitimación del Derecho penal o juego de abalorios dogmáticos? Madrid: Marcial Pons, 2007. p. 98.

93 FERRAJOLI, Luigi. *Direito e razão*: teoria do garantismo penal. (Trad. Ana Paula Zomer Sica *et al.*). 3. ed. rev. São Paulo: Revista dos Tribunais, 2010. p. 785-787. Sobre o tema no Brasil, cf.: FISCHER, Douglas. O que é garantismo penal (integral). *In*: CALABRICH, Bruno; FISCHER, Douglas; PELELLA, Eduardo (Org.). *Garantismo penal integral*: questões penais e processuais, criminalidade moderna e a aplicação ao modelo garantista no Brasil. Salvador: JusPodivm, 2010. p. 25-50.

é que o processo penal seja justo e equilibrado, que contenha eventuais excessos, porém sem que haja proteção deficiente no que concerne à repressão, à violência e à desestabilização social proporcionada pela ação das organizações criminosas.

A proibição da proteção deficiente, por sua vez, como desdobramento do princípio da proporcionalidade, tem como desiderato tutelar, em sua plenitude, os direitos fundamentais. Exatamente por esse motivo que o Estado tem diante de si uma obrigação bifronte, consistente em atribuir aos cidadãos garantias suficientes à proteção de seus direitos e, ao mesmo tempo, zelar para que as violações aos bens jurídicos desses mesmos cidadãos sejam repreendidas de modo eficiente. Nesse sentido, ganham destaque os direitos das vítimas no processo penal, sobretudo o direito à participação, o direito de ser ouvida, o direito à consulta ou à assistência jurídica, à proteção e ao sigilo, bem assim o de ser devidamente protegida pelo Estado, à luz do Programa de Proteção às Vítimas e Testemunhas (PROVITA), advindo da Lei nº 9.807/1999.

Certo é que investigar o alcance e a aplicação da proibição da proteção deficiente, no âmbito da concepção de um garantismo pleno, não significa propor um recrudescimento simplista da intervenção punitiva, muito menos uma apologia ao totalitarismo penal, mas traçar um horizonte que permita uma resposta penal adequada para a crescente criminalidade, sobretudo diante das obrigações positivas do Estado em matéria penal, que tem como foco um olhar atento de proteção às vítimas. O que pretendem as obrigações positivas do Estado em matéria penal é senão reconhecer o dever convencional de os órgãos de controle estatal implementarem uma investigação adequada e efetiva, voltada ao esclarecimento dos fatos e seus autores.[94]

O princípio da proporcionalidade deve ser aplicado, conforme recomendado pela hermenêutica constitucional, tanto em sua face de proibição de excesso, quanto no reverso, na proibição de insuficiência. Nesse sentido, a proporcionalidade na conduta do Estado há de ser utilizada não apenas para impedir medidas gravosas e evitáveis, senão também para proibir uma proteção deficiente dos direitos humanos das vítimas. Em outras palavras, a proporcionalidade deve atuar tanto para evitar medidas gravosas e evitáveis por parte do Estado (proibição de excesso, *Übermaßverbot*), quanto para proibir a proteção subdimensionada (ou insuficiente, *Untermaßverbot*) dos órgãos do Estado que atuam na persecução penal.[95]

Conter os excessos e arbítrios do Estado em face do indivíduo nem de longe se contrapõe à ideia de intervenção penal necessária, que contempla capacidade efetiva de acautelar a sociedade. Quando se enfrenta de forma eficiente a debilidade de tutela penal, principalmente no que se refere aos bens jurídicos difusos, é necessária uma resposta penal diferenciada, que atenda aos anseios da sociedade no combate à criminalidade. Nesse sentido, a não compatibilização da proteção individual com a proteção coletiva traz consequências à própria finalidade do Estado, que é assegurar o convívio de forma tolerável e evitar, no caso das organizações criminosas, uma afronta à própria democracia. Daí se afirmar que um

---

94 V. FISCHER, Douglas; PEREIRA, Frederico Valdez. *As obrigações processuais penais positivas segundo as Cortes Europeia e Interamericana de Direitos Humanos.* 3. ed. Porto Alegre: Livraria do Advogado, 2022. p. 38-40.

95 Nesse sentido, cf.: SARLET, Ingo Wolfgang. Constituição, proporcionalidade e direitos fundamentais: o direito penal entre proibição de excesso e de insuficiência. *Boletim da Faculdade de Direito da Universidade de Coimbra*, v. 81, p. 325-386, 2005; GONÇALVES, Luiz Carlos dos Santos. *Mandados expressos de criminalização e a proteção de direitos fundamentais na Constituição Brasileira de 1988.* Belo Horizonte: Fórum, 2007. p. 57; FISCHER, Douglas; PEREIRA, Frederico Valdez. *As obrigações processuais penais positivas segundo as Cortes Europeia e Interamericana de Direitos Humanos.* 3. ed. Porto Alegre: Livraria do Advogado, 2022. p. 38-40; REZENDE, Guilherme Carneiro de. *O direito humano da vítima a um processo penal eficiente.* Curitiba: Juruá, 2021. p. p. 117; e OLIVEIRA, Kledson Dionysio de. *Processo penal convencional e fundamentos das obrigações positivas do Estado em matéria penal.* Belo Horizonte: D'Plácido, 2022. p. 60-66.

direito penal de intervenção mínima não se contrapõe, conceitualmente, a um direito penal de intervenção minimamente (constitucionalmente) necessária.[96]

A propósito, Ingo Sarlet destaca que a proporcionalidade na vertente da proibição de excesso acabou por se transformar num dos pilares do Estado Democrático de Direito e da correspondente concepção garantista do direito, consignando que a proporcionalidade não se esgota na categoria da proibição de excesso, já que vinculada, igualmente, a um dever de proteção por parte do Estado, inclusive quanto a agressões contra os direitos fundamentais provenientes de terceiros, de tal sorte que se está diante de dimensões que reclamam maior densificação, notadamente no que tange aos desdobramentos da assim chamada proibição de insuficiência no campo jurídico-penal e, por conseguinte, na esfera da política criminal.[97]

É certo que o direito penal tem o dever de evitar excessos, pois está vinculado a princípios constitucionais e internacionais que limitam a sua incidência. Contudo, é premente compreender que o direito penal deve também tutelar bens jurídicos com densidade social e reafirmar a sua autoridade perante a sociedade, daí surgindo o imperativo de proteção com a consequente necessidade de uma resposta proporcional e adequada por parte do Estado em caso de violações de direitos de qualquer índole. Certo é que a legitimação da intervenção penal – seja vinculando o legislador à criação de tipos penais ou o Poder Judiciário na aplicação de uma pena suficiente e adequada – é corolário da proibição da proteção deficiente dos direitos humanos das vítimas da criminalidade.

Por tal motivo é que o Tribunal Constitucional alemão tem reafirmado, em numerosas decisões, que os direitos fundamentais, como direitos objetivos, não se limitam à obrigação do Estado de não permitir a intromissão nos bens e liberdades dos cidadãos constitucionalmente protegidos como direitos fundamentais (segurança *frente* ao Estado), conotando também a obrigação de proteger tais bens e liberdades de ataques provenientes de outros cidadãos (segurança *por meio* do Estado).[98]

4.1 Proteção Constitucional e Tratados Internacionais alinhados com diretivas europeias

Vale reiterar que a Constituição Federal de 1988 alargou, significativamente, o campo das garantias e dos direitos fundamentais, inaugurando nesta constituição a cidadania e a dignidade da pessoa humana entre os alicerces que fundamentam o Estado Democrático de Direito. Como afirma Miranda e Afonso Silva, respectivamente:

> A constituição confere uma unidade de sentido, de valor e de concordância prática ao sistema dos direitos fundamentais. E ela repousa na dignidade da pessoa humana, ou seja, na concepção que faz a pessoa fundamento e fim da sociedade e do Estado.[99]
>
> É a primeira vez que uma Constituição assinala, especificamente, objetivos do Estado brasileiro, não todos, que seria despropositado, mas os fundamentais, e entre eles, uns que valem como base das prestações positivas que venham a concretizar a

---

96 V. FELDENS, Luciano. *A Constituição penal*: a dupla face da proporcionalidade no controle de normas penais. Porto Alegre: Livraria do Advogado, 2005. p. 213.

97 SARLET, Ingo Wolfgang. Constituição e proporcionalidade: o direito penal e os direitos fundamentais entre proibição de excesso e de insuficiência. *Revista Brasileira de Ciências Criminais*, v. 47, p. 63-64, mar. 2004.

98 STERNBERG-LIEBEN, Detlev. Bien jurídico, proporcionalidad y libertad del legislador penal. *In*: HEFENDEHL, Holand (Ed.). *La teoría del bien jurídico*: ¿fundamento de legitimación del Derecho penal o juego de abalorios dogmáticos? Madrid: Marcial Pons, 2007. p. 105-106.

99 PIOVESAN, Flávia. *Direitos humanos e o direito constitucional internacional*. 18. ed. São Paulo: Saraiva Educação, 2018. p. 105.

> democracia econômica, social e cultural, a fim de efetivar na prática a dignidade da pessoa humana.[100]

Isso quer dizer que o valor da dignidade da pessoa humana se impõe como núcleo básico e norteador de todo o ordenamento jurídico brasileiro, como um critério e parâmetro de valoração que irão orientar a interpretação e a compreensão de todo o sistema constitucional.[101] Nesse sentido, considerando que a Constituição Federal deve ser compreendida como unidade e como um sistema que privilegia determinados valores sociais, pode-se dizer que a Constituição de 1988 elegeu o valor da dignidade da pessoa humana como valor essencial, dando-lhe unidade de sentido.

Assim, como o movimento da vitimologia foi influenciado pelo período pós-guerra, devido à ascensão da valorização da pessoa humana, esses valores também foram refletidos na Carta Magna de 1988.

Isso, porque é sob a perspectiva da reconstrução dos direitos humanos no Pós-Guerra que é possível compreender a emergência do Chamado Direito Internacional dos Direitos humanos, de um lado, e, de outro, a nova feição de Direitos Constitucionais abertos a princípios, com destaque para o valor da dignidade da pessoa humana. Se essa foi a marca das Constituições europeias no Pós-Guerra, no Brasil não foi diferente, basta nos atentarmos à Constituição brasileira de 1988, em particular na previsão inédita de princípios fundamentais, dentre eles, o princípio da dignidade da pessoa humana.

Nesse aspecto há uma expressiva aproximação da ética com o direito. Para Piovesan, "[...] há um reencontro com o pensamento kantiano, com as ideias de moralidade, dignidade, direito cosmopolita e paz perpétua".[102] E, se partimos da premissa kantiana de que "[...] as pessoas são dotadas de dignidade, na medida em que têm valor intrínseco [...]",[103] adicionando que a autonomia é a base da dignidade da pessoa humana e de qualquer criatura racional, verifica-se o impacto dessa vertente, tanto no âmbito internacional, quanto nos constitucionalismos locais.

No plano internacional, o impacto desta vertente se concretizou com a emergência do "Direito Internacional dos Direitos Humanos". Já no plano dos constitucionalismos locais, como verifica-se na Carta Magna de 1988, a vertente kantiana concretizou-se com a abertura das constituições à força normativa dos princípios, principalmente com ênfase ao princípio da dignidade da pessoa humana.[104]

Portanto, vale dizer que há uma clara interação entre o Direito Internacional dos Direitos Humanos e os direitos locais, uma vez que um passa a ser parâmetro e referência a inspirar o constitucionalismo ocidental. Para a Ministra Cármem Lúcia:

> É no princípio da dignidade humana que a ordem jurídica encontra o próprio sentido, sendo seu ponto de partida e seu ponto de chegada, para a hermenêutica constitucional

[100] PIOVESAN, Flávia. *Direitos humanos e o direito constitucional internacional.* 18. ed. São Paulo: Saraiva Educação, 2018. p. 105.

[101] LUÑO, Antônio Enrique Pérez. *Derechos humanos, Estado de derecho y Constirución.* Madri: Tecnos, 2010. p. 292.

[102] PIOVESAN, Flávia. *Direitos humanos e o direito constitucional internacional.* 18. ed. São Paulo: Saraiva Educação, 2018. p. 18.

[103] PIOVESAN, Flávia. *Direitos humanos e o direito constitucional internacional.* 18. ed. São Paulo: Saraiva Educação, 2018. p. 18, p. 107.

[104] PIOVESAN, Flávia. *Direitos humanos e o direito constitucional internacional.* 18. ed. São Paulo: Saraiva Educação, 2018. p. 107.

> contemporânea. Consagra-se, assim, a dignidade humana como verdadeiro superprincípio a orientar tanto o direito internacional como o direito interno.[105]

É por essa razão que Flávia Piovesan[106] afirma que a dignidade da pessoa humana é o princípio que unifica e centraliza todo o ordenamento jurídico brasileiro, assumindo a prioridade dentre os princípios ali existentes.

Tamanha foi a influência dessa crescente valorização da dignidade da pessoa humana que essa valoração veio a constituir, junto com a valorização de direitos e garantias fundamentais, os princípios constitucionais que incorporam os valores éticos de justiça e conferem suporte norteador a todo o sistema jurídico brasileiro, com o advento da Constituição Federal de 1988.

Foi nessa Constituição que houve a estreia dos direitos sociais e dos direitos difusos e coletivos sendo consagrados como garantias e direitos fundamentais ao cidadão, de modo a se estabelecer um critério interpretativo que guiará todo o sistema de normas brasileiro. No dizer de Pérez Luño:

> Os direitos fundamentais representam uma das decisões básicas do constituinte, através da qual os principais valores éticos e políticos de uma comunidade alcançam expressão jurídica. Os direitos fundamentais assinalam um horizonte de metas sociopolíticas a alcançar, quando estabelecem a posição jurídica dos cidadãos em suas relações com o Estado.[107]

Para assegurar que tais princípios se tornassem de fato os princípios norteadores das demais normas do ordenamento brasileiro, positivou-se, no art. 5º, §1º, o princípio da aplicabilidade imediata. Tal princípio objetiva tornar tais direitos prerrogativas diretamente aplicáveis pelos Poderes Legislativo, Executivo e Judiciário. Nesse sentido, Canotilho afirma:

> O sentido fundamental da aplicabilidade direita está em reafirmar que os direitos, liberdades e garantias são regras e princípios jurídicos imediatamente eficazes e actuais, por via direta da Constituição e não através da ***auctoritas interpositio*** do legislador. Não são simples *norma normarum* mas *norma normata*, isto é, não são meras normas para a produção de outras normas, mas sim normas diretamente reguladoras de relações jurídico-materiais.

Pelo já aqui apresentado, compreende-se que expressiva foi a influência da crescente valoração internacional dos direitos humanos no ordenamento jurídico brasileiro. A Constituição Federal de 1988 inovou ao realçar uma orientação internacionalista inédita na história constitucional do Brasil. Essa orientação internacionalista se traduziu nos princípios positivados no artigo 4º e seus incisos da Constituição Federal.

105 ROCHA, Cármen Lúcia Antunes. O princípio da dignidade da pessoa humana e a exclusão social. *In*: *Conferência Nacional da Ordem dos Advogados do Brasil*, Rio de Janeiro, 1999. Disponível em: http://www.egov.ufsc.br/portal/sites/default/files/anexos/32229-38415-1-PB.pdf. Acesso em 22 fev. 2024.

106 PIOVESAN, Flávia. *Direitos humanos e o direito constitucional internacional.* 18. ed. São Paulo: Saraiva Educação, 2018. p. 109.

107 LUÑO, Antônio Enrique Pérez. *Derechos humanos, Estado de derecho y Constirución.* Madri: Tecnos, 2010. p. 310.

A prevalência dos direitos humanos, como princípio a reger o Brasil no âmbito internacional, implica na busca da plena integração de tais regras na ordem jurídica interna brasileira.

Isso, porque a soberania do Estado está predominantemente associada ao respeito aos direitos humanos, visto que a partir do momento em que o Brasil se propõe a fundamentar suas relações com base na prevalência dos direitos humanos, está ao mesmo tempo reconhecendo a existência de limites e condicionamentos à noção de soberania estatal.[108]

Assim, o Brasil assume a concepção de que os direitos humanos formaram tema de efetiva preocupação e interesse dentro da comunidade internacional ao determinar a prevalência dos direitos humanos como princípio norteador do país no cenário internacional, haja visto o art. 5º, §2º, da Constituição Federal Brasileira de 1988, ao determinar que os direitos e garantias expressos no texto normativo não excluem outros decorrentes de tratados internacionais dos quais o Brasil é signatário.

Nesse aspecto, como consequência direta da II Grande Guerra, incrementou-se a internacionalização dos direitos humanos, com maior ênfase na submissão das nações a compromissos mínimos de proteção e garantia das pessoas.[109]

Importante dizer que os tratados internacionais são a principal fonte de obrigação do Direito internacional. Para Henkin,

> o Direito Internacional é um sistema legal conceitualmente próprio e distinto, independente dos sistemas nacionais com os quais ele interage. É um sistema legal que constitui o Direito de uma ordem política internacional. Possui seus procedimentos próprios, relativos à elaboração e aplicação de normativas. Há uma filosofia e uma sociologia de Direito Internacional e o começo de uma criminologia.[110]

É a partir da Declaração Universal dos Direitos Humanos, de 1948 e da concepção contemporânea dos direitos humanos que se desenvolveu a ideia de direito internacional dos Direitos Humanos. A partir da Declaração Universal formou-se um sistema normativo global de proteção aos direitos humanos, no âmbito das Nações Unidas, que é integrado por instrumentos de alcance geral, como os Pactos Internacionais, que buscam responder a determinadas violações de direitos humanos, como a tortura, a discriminação racial, dentre outros.[111] Nesse sentido, Cançado Trindade, afirma:

> Sob essa ótica, ficam descartadas quaisquer pretensões ou insinuações de supostos antagonismos entre soluções globais ou regionais, porquanto a multiplicação de instrumentos – globais e regionais, gerais ou especializados – sobre direitos humanos teve o propósito e a consequência de ampliar o âmbito da proteção devida a supostas vítimas.[112]

---

108 DALLARI, Pedro. *Constituição e relações exteriores.* São Paulo: Saraiva, 1994. p. 161, e LEWANDOWSKI, Enrique Ricardo. *Proteção dos direitos Humanos na ordem interna e internacional.* Rio de Janeiro: Forense, 1994. p. 141.

109 BARROS, Antônio Milton de. *A lei de proteção a vítimas e testemunhas*: e outros temas de direitos humanos. Franca: Ribeira Gráfica e Editora, 2003. p. 55.

110 HENKIN, Louis. *International law*: politics, valoues and principles. Boston: Martinus Nijhoff, 1990., p. XVII-XXXI.

111 BARROS, Antônio Milton de. *A lei de proteção a vítimas e testemunhas*: e outros temas de direitos humanos. Franca: Ribeira Gráfica e Editora, 2003. p. 55.

112 CANÇADO TRINDADE, Antônio Augusto. O sistema interamericano de direitos humanos no limiar do novo século: recomendações para o fortalecimento de seu mecanismo de proteção. *In*: GOMES, Luiz Flávio; PIOVESAN, Flávia (Coords.). *O sistema interamericano de proteção aos direitos humanos e o direito brasileiro.* São Paulo: Revista dos Tribunais, 2000. p. 105.

Diante disso, a primeira regra a ser fixada é a de que os tratados internacionais só se aplicam aos Estados-partes, àqueles que consentiram expressamente com as normas ali discutidas. Tanto é que na própria Convenção de Viena consolidou que: "Todo tratado em vigor é obrigatório em relação às partes e deve ser cumprido por elas de boa-fé".[113]

Nisso, consagra-se o princípio da Boa-fé, pelo qual cabe ao Estado conferir plena observância ao tratado de que é parte, na medida em que, no livre exercício de sua soberania, o Estado contraiu obrigações jurídicas no plano internacional.

A Declaração Universal dos Direitos do Homem também traz o reconhecimento de que o ideal do ser humano livre, no gozo das liberdades civis e políticas e liberto do temor da miséria, não pode ser realizado, a menos que se criem condições que permitam a cada um gozar de seus direitos civis e políticos, assim como de seus direitos econômicos, sociais e culturais.[114]

Assim, visando à criação de mecanismos de implementação e controle da observância do cumprimento de suas disposições, o Pacto cria o Comitê de Direitos Humanos, destinado a receber e apreciar informes e comunicações dos Estados-partes, a emitir opiniões consultivas e a criar comissões especiais.[115]

Outros instrumentos de proteção aos direitos humanos surgiram na esteira da Declaração Universal, tendo o Brasil ratificado a maior parte deles; dentre outros, destacam-se os seguintes: (i) A Convenção sobres a Prevenção e Sanção do Crime de Genocídio, de 1948; (ii) As quatro Convenções de Genebra de Direito Internacional Humanitário; (iii) A Convenção sobre Refugiados, de 1951; (iv) A Convenção sobre os Direitos Políticos da Mulher, de 1592; (v) A Convenção Adicional sobre a Abolição da Escravatura e o Tráfico de Escravos, de 1956; (vi) As três Convenções sobre Nacionalidade, Apatrídia e Nacionalidade da Mulher Casada, de 1957; (vii) A Convenção sobre Eliminação de todas as Formas de Discriminação Racial, de 1965, e da Abolição e Punição do Crime de Apartheid, de 1966; (viii) A Convenção contra a Tortura e outros Tratamentos Desumanos, Cruéis ou Degradantes, de 1984; (ix) A Convenção sobre os Direitos da Criança, de 1988.

Para Piovesan, quando a norma interna reproduz preceitos do direito internacional, nada mais é do que o reflexo da vontade do próprio legislador:

> A reprodução de disposições de tratados internacionais de direitos humanos na ordem jurídica brasileira não apenas reflete o fato de o legislador nacional buscar orientação e inspiração nesse instrumental, mas ainda revela a preocupação do legislador em equacionar o Direito interno, de modo a ajustá-lo, com harmonia e consonância, às obrigações internacionalmente assumidas pelo Estado brasileiro.[116]

Já um segundo impacto decorrente da incorporação do Direito Internacional dos Direitos Humanos pelo Direito interno resulta no alargamento do universo de direitos nacionalmente

---

113 BRASIL. Decreto nº 7.030, de 14 de dezembro de 2009. Promulga a Convenção de Viena sobre o Direito dos Tratados, concluída em 23 de maio de 1969, com reserva aos Artigos 25 e 66. *Diário Oficial da União*, Brasília, DF: Presidência da República, 15 dez. 2009. Disponível em: www.planalto.gov.br/ccivil_03/_ato2007-2010/2009/decreto/d7030.htm. Acesso em 14 mar. 2024.

114 BARROS, Antônio Milton de. *A lei de proteção a vítimas e testemunhas*: e outros temas de direitos humanos. Franca: Ribeira Gráfica e Editora, 2003. p. 60.

115 STEINER, Sylvia Helena de Figueiredo. *A convenção americana sobre direitos humanos e sua integração ao processo penal brasileiro*. São Paulo: Revista dos Tribunais, 2000. p. 38.

116 PIOVESAN, Flávia. *Direitos humanos e o direito constitucional internacional*. 18. ed. São Paulo: Saraiva Educação, 2018. p. 180.

garantidos, quando o direito enunciado no tratado ainda não está abrangido pelo ordenamento interno.

Ressalta-se, ainda, que os tratados de direitos humanos fixam parâmetros protetivos mínimos, constituindo um piso mínimo de proteção e não um teto protetivo máximo. O que nada impede da legislação do país se desenvolver a partir do texto internacional, com vistas a abranger e garantir maiores direitos.

Sendo assim, no direito brasileiro, a incorporação dos tratados se dá através de um ato complexo, envolvendo os Poderes do Executivo e do Legislativo, mediante atos de vontade que foram manifestados pelo Congresso Nacional e pelo Presidente da República.

Dessa forma, cabe ao Poder Executivo a celebração de tratado, de acordo com o art. 84, inciso VIII, da Constituição de 1988. Em seguida, o Presidente envia ao Congresso Nacional cópia do texto, que, se aprovado, dá ensejo à publicação de um decreto legislativo, estabelecendo os limites eventualmente impostos. Após isso, o executivo ratifica e promulga o tratado, que passa a ter vigência no país.[117]

4.2 O tripé: proteção, reparação do dano e prestação de contas

4.2.1 A Lei nº 9.807 de 1999: a lei de proteção a vítimas e testemunhas

Art. 1º As medidas de proteção requeridas por vítimas ou por testemunhas de crimes que estejam coagidas ou expostas a grave ameaça em razão de colaborarem com a investigação ou processo criminal serão prestadas pela União, pelos Estados e pelo Distrito Federal, no âmbito das respectivas competências, na forma de programas especiais organizados com base nas disposições desta Lei.

§1º A União, os Estados e o Distrito Federal poderão celebrar convênios, acordos, ajustes ou termos de parceria entre si ou com entidades não-governamentais objetivando a realização dos programas.

§2º A supervisão e a fiscalização dos convênios, acordos, ajustes e termos de parceria de interesse da União ficarão a cargo do órgão do Ministério da Justiça com atribuições para a execução da política de direitos humanos.

Art. 2º A proteção concedida pelos programas e as medidas dela decorrentes levarão em conta a gravidade da coação ou da ameaça à integridade física ou psicológica, a dificuldade de preveni-las ou reprimi-las pelos meios convencionais e a sua importância para a produção da prova.

§1º A proteção poderá ser dirigida ou estendida ao cônjuge ou companheiro, ascendentes, descendentes e dependentes que tenham convivência habitual com a vítima ou testemunha, conforme o especificamente necessário em cada caso.

§2º Estão excluídos da proteção os indivíduos cuja personalidade ou conduta seja incompatível com as restrições de comportamento exigidas pelo programa, os condenados que estejam cumprindo pena e os indiciados ou acusados sob

[117] BARROS, Antônio Milton de. *A lei de proteção a vítimas e testemunhas*: e outros temas de direitos humanos. Franca: Ribeira Gráfica e Editora, 2003. p. 83.

prisão cautelar em qualquer de suas modalidades. Tal exclusão não trará prejuízo a eventual prestação de medidas de preservação da integridade física desses indivíduos por parte dos órgãos de segurança pública.

§3º O ingresso no programa, as restrições de segurança e demais medidas por ele adotadas terão sempre a anuência da pessoa protegida, ou de seu representante legal.

§4º Após ingressar no programa, o protegido ficará obrigado ao cumprimento das normas por ele prescritas.

§5º As medidas e providências relacionadas com os programas serão adotadas, executadas e mantidas em sigilo pelos protegidos e pelos agentes envolvidos em sua execução.

Art. 3º Toda admissão no programa ou exclusão dele será precedida de consulta ao Ministério Público sobre o disposto no art. 2º e deverá ser subseqüentemente comunicada à autoridade policial ou ao juiz competente.

Art. 4º Cada programa será dirigido por um conselho deliberativo em cuja composição haverá representantes do Ministério Público, do Poder Judiciário e de órgãos públicos e privados relacionados com a segurança pública e a defesa dos direitos humanos.

§1º A execução das atividades necessárias ao programa ficará a cargo de um dos órgãos representados no conselho deliberativo, devendo os agentes dela incumbidos ter formação e capacitação profissional compatíveis com suas tarefas.

§2º Os órgãos policiais prestarão a colaboração e o apoio necessários à execução de cada programa.

Art. 5º A solicitação objetivando ingresso no programa poderá ser encaminhada ao órgão executor:

I – pelo interessado;

II – por representante do Ministério Público;

III – pela autoridade policial que conduz a investigação criminal;

IV – pelo juiz competente para a instrução do processo criminal;

V – por órgãos públicos e entidades com atribuições de defesa dos direitos humanos.

§1º A solicitação será instruída com a qualificação da pessoa a ser protegida e com informações sobre a sua vida pregressa, o fato delituoso e a coação ou ameaça que a motiva.

§2º Para fins de instrução do pedido, o órgão executor poderá solicitar, com a aquiescência do interessado:

I – documentos ou informações comprobatórios de sua identidade, estado civil, situação profissional, patrimônio e grau de instrução, e da pendência de obrigações civis, administrativas, fiscais, financeiras ou penais;

II – exames ou pareceres técnicos sobre a sua personalidade, estado físico ou psicológico.

§3º Em caso de urgência e levando em consideração a procedência, gravidade e a iminência da coação ou ameaça, a vítima ou testemunha poderá ser colocada provisoriamente sob a custódia de órgão policial, pelo órgão executor, no aguardo de decisão do conselho deliberativo, com comunicação imediata a seus membros e ao Ministério Público.

Art. 6º O conselho deliberativo decidirá sobre:

I – o ingresso do protegido no programa ou a sua exclusão;

II – as providências necessárias ao cumprimento do programa.

Parágrafo único. As deliberações do conselho serão tomadas por maioria absoluta de seus membros e sua execução ficará sujeita à disponibilidade orçamentária.

Art. 7º Os programas compreendem, dentre outras, as seguintes medidas, aplicáveis isolada ou cumulativamente em benefício da pessoa protegida, segundo a gravidade e as circunstâncias de cada caso:

I – segurança na residência, incluindo o controle de telecomunicações;

II – escolta e segurança nos deslocamentos da residência, inclusive para fins de trabalho ou para a prestação de depoimentos;

III – transferência de residência ou acomodação provisória em local compatível com a proteção;

IV – preservação da identidade, imagem e dados pessoais;

V – ajuda financeira mensal para prover as despesas necessárias à subsistência individual ou familiar, no caso de a pessoa protegida estar impossibilitada de desenvolver trabalho regular ou de inexistência de qualquer fonte de renda;

VI – suspensão temporária das atividades funcionais, sem prejuízo dos respectivos vencimentos ou vantagens, quando servidor público ou militar;

VII – apoio e assistência social, médica e psicológica;

VIII – sigilo em relação aos atos praticados em virtude da proteção concedida;

IX – apoio do órgão executor do programa para o cumprimento de obrigações civis e administrativas que exijam o comparecimento pessoal.

Parágrafo único. A ajuda financeira mensal terá um teto fixado pelo conselho deliberativo no início de cada exercício financeiro.

Art. 8º Quando entender necessário, poderá o conselho deliberativo solicitar ao Ministério Público que requeira ao juiz a concessão de medidas cautelares direta ou indiretamente relacionadas com a eficácia da proteção.

Art. 9º Em casos excepcionais e considerando as características e gravidade da coação ou ameaça, poderá o conselho deliberativo encaminhar requerimento da pessoa protegida ao juiz competente para registros públicos objetivando a alteração de nome completo.

§1º A alteração de nome completo poderá estender-se às pessoas mencionadas no §1º do art.

2º desta Lei, inclusive aos filhos menores, e será precedida das providências necessárias ao resguardo de direitos de terceiros.

§2º O requerimento será sempre fundamentado e o juiz ouvirá previamente o Ministério Público, determinando, em seguida, que o procedimento tenha rito sumaríssimo e corra em segredo de justiça.

§3º Concedida a alteração pretendida, o juiz determinará na sentença, observando o sigilo indispensável à proteção do interessado:

I – a averbação no registro original de nascimento da menção de que houve alteração de nome completo em conformidade com o estabelecido nesta Lei, com expressa referência à sentença autorizatória e ao juiz que a exarou e sem a aposição do nome alterado;

II – a determinação aos órgãos competentes para o fornecimento dos documentos decorrentes da alteração;

III – a remessa da sentença ao órgão nacional competente para o registro único de identificação civil, cujo procedimento obedecerá às necessárias restrições de sigilo.

§4º O conselho deliberativo, resguardado o sigilo das informações, manterá controle sobre a localização do protegido cujo nome tenha sido alterado.

§5º Cessada a coação ou ameaça que deu causa à alteração, ficará facultado ao protegido solicitar ao juiz competente o retorno à situação anterior, com a alteração para o nome original, em petição que será encaminhada pelo conselho deliberativo e terá manifestação prévia do Ministério Público.

Art. 10. A exclusão da pessoa protegida de programa de proteção a vítimas e a testemunhas poderá ocorrer a qualquer tempo:

I – por solicitação do próprio interessado;

II – por decisão do conselho deliberativo, em consequência de:

a) cessação dos motivos que ensejaram a proteção;

b) conduta incompatível do protegido.

Art. 11. A proteção oferecida pelo programa terá a duração máxima de dois anos.

Parágrafo único. Em circunstâncias excepcionais, perdurando os motivos que autorizam a admissão, a permanência poderá ser prorrogada.

Art. 12. Fica instituído, no âmbito do órgão do Ministério da Justiça com atribuições para a execução da política de direitos humanos, o Programa Federal de Assistência a Vítimas e a Testemunhas Ameaçadas, a ser regulamentado por decreto do Poder Executivo.

A Lei nº 9.807, de 1999, regula as diretrizes para a proteção das vítimas e testemunhas de crimes brutais, em que houve o emprego de extrema violência, as quais sofrem ou podem sofrer ameaças que comprometam a integridade da própria vida.

Além das vítimas e testemunhas, esta lei também protege réus envolvidos no crime, mas que se comprometam a colaborar com as investigações ou com o próprio processo, fornecendo informações que possam esclarecer a autoria do crime praticado.

Dessa forma, a presente Lei se divide em duas partes.

A primeira dela se direciona a estabelecer quais critérios são utilizados para que a testemunha ou a vítima possam entrar no programa de proteção; os limites dessa proteção e a quem ela abrange, como, por exemplo, ascendentes, descendentes e cônjuges; além de determinar a estrutura de proteção.

Já a segunda parte é direcionada aos réus que aceitam colaborar para esclarecer a autoria do delito praticado ou, ainda, "resgatar a vítima em perigo". Nesse caso, aos réus que colaboram, além da proteção que possam vir a ter, ganham redução de pena ou até perdão judicial, verdadeira gênese da colaboração premiada no país.

É uma lei prática, ou seja, não é conceitual, pois não determina o que se entende por vítima ou testemunhas de crime. Para isso, faz-se necessário apoiar-se na definição trazida pela Lei nº 10.354 de 1999 (Lei de Proteção às Vítimas de Violência no Estado de São Paulo).

Passemos, portanto, a analisá-la em sua primeira parte, ou seja, da proteção especial a vítimas e a testemunhas e das regras do programa de proteção, abrangendo do artigo 1º ao art. 12 da Lei.

A Lei já inicia determinando que as medidas de proteção requeridas por vítima e testemunhas[118] serão prestadas por todos os entes federativos, com exceção dos Municípios, nos limites de suas competências.

Para a realização do Programa de proteção, os entes federativos competentes poderão fixar acordos e parcerias com entidades não governamentais, ou até mesmo entre si. Sua supervisão e fiscalização ficará a cargo da Secretaria de Estados dos Direitos Humanos, enquanto o Ministério da Justiça exercerá atribuições para a execução da política de direitos humanos.

Em seu artigo 1º, §1º observa-se que a União, os Estados e o Distrito Federal devem celebrar acordos entre si ou com entidades não governamentais, visando almejar os fins instituídos no programa. À primeira vista, percebe-se que os Municípios ficam excluídos desta lista, tendo sua responsabilidade absorvida pela União e pelos Estados. Outro ponto peculiar é a parceria estabelecida entre os entes federados e entidades não governamentais, estas são de fundamental importância para o sucesso do programa, visto que serão o elo entre a sociedade e o Estado, sem aquelas dificilmente se conseguirá a confiança de uma vítima

[118] O Anexo da Declaração sobre os Princípios Fundamentais de Justiça para Vítimas de Delitos e Abuso de Poder – Resolução nº 40/34 da Assembleia Geral das Nações Unidas, de 29 de novembro de 1985, ao trazer o conceito de vítima, abarca a vítima reflexa também. No mesmo sentido, o teor do artigo 245 da CF. Ademais, além da legislação existente, o conceito de vítima pode ser extraído das Resoluções nº 243/2021– CNMP e nº 253/2018- CNJ.

ameaçada. No Estado de São Paulo, por exemplo, no âmbito da Secretaria da Justiça, foi criado o programa PROVITA.[119]

É interessante apontar que esta proteção, regulamentada pela Lei, é um direito que necessita ser requerido por vítimas e testemunhas de crimes, desde que estejam sendo coagidas ou expostas a grave ameaça em razão de colaborarem com a investigação ou com o processo criminal.

A Lei determina que a proteção e as medidas dela decorrentes serão concedidas respeitando determinados critérios, sendo eles, a gravidade da coação ou da amaça à integridade física ou psicológica sofrida, a dificuldade de preveni-las ou reprimi-las pelos meios convencionais e, ainda, a sua importância para a produção da prova.

Como lembra Nucci, embora a palavra colaborar indique uma voluntariedade, as vítimas, sob pena de desobediência e condução coercitiva (art. 210, §1º, CPP), assim como as testemunhas, sob pena do regramento processual penal (arts. 218 e 219, CPP), e penal (art. 342, CP), devem obrigatoriamente depor, sendo a proteção e o resguardo de seus dados dever do Estado.

Aliás, no âmbito do Estado de São Paulo, por exemplo, vigora o Provimento nº 32/2000, da Corregedoria Geral da Justiça, disciplinando os cuidados para se evitar a identificação de vítimas e testemunhas que se sintam, de alguma forma, melindradas, intimidadas ou ameaçadas.

Voltando aos critérios estabelecidos, a proteção aqui garantida se estende ao cônjuge, companheiro, ascendestes, descendentes e dependentes, sendo condicionada a concessão de proteção àqueles que tenham convivência habitual com a vítima ou testemunha protegida. Sendo o termo "convivência habitual" aqui entendido de forma ampla, visto que a finalidade é conceder também proteção aos familiares ameaçados.

Todas as restrições de segurança e demais medidas adotadas terão a anuência do indivíduo protegido e serão mantidas em sigilo. No entanto, após ingressar no programa, o indivíduo ficará obrigado ao cumprimento das regras estabelecidas, de modo que o seu descumprimento acarretará a exclusão do programa de proteção.

Nesse sentido, a Lei estabelece, em um rol taxativo, os indivíduos que serão excluídos do programa de proteção, sendo eles aqueles cuja personalidade seja incompatível com as restrições de comportamento exigidas pelo programa de proteção, como, por exemplo, suspensão temporária das atividades funcionais, sigilo em relação aos atos praticados e preservação da imagem e de dados.

Condenados que estejam cumprindo pena e indiciados sob prisão cautelar em qualquer de suas formas também são excluídos do programa pela Lei. O legislador aqui restringiu demais, uma vez que tais indivíduos podem, muitas vezes, ter informações privilegiadas sobre fatos em investigação que poderão elucidar a autoria do crime praticado. Há também divergência na doutrina sobre esta exclusão.

A admissão no programa de proteção será procedida de consulta ao Ministério Público que, ao se manifestar, deverá se atentar aos critérios estabelecidos do art. 2º da Lei, já aqui exposto. Mesmo no caso da proteção provisória em caso de urgência, o parquet deverá

[119] O Programa Estadual de Proteção a Vítimas e Testemunhas (PROVITA/SP) é um instrumento atuante de acesso à justiça e combate à impunidade no estado de São Paulo, opera desde 1999, vinculado às Secretarias da Justiça e da Defesa da Cidadania e da Segurança Pública e faz parte do Sistema Nacional de Proteção a Vítimas e Testemunhas, gerenciado pela Secretaria Especial de Direitos Humanos do Governo Federal. Nesse sentido: SÃO PAULO. *Programa estadual de proteção a vítimas e testemunhas (PROVITA)*. [s.d.]. Disponível em: https://justica.sp.gov.br/index.php/coordenacoes-e-programas/programa-estadual-de-protecao-a-vitimas-e-testemunhas-provita/. Acesso em 21 fev. 2024.

apresentar um perecer ministerial, mesmo depois da concessão do programa de proteção. Além disso, a admissão deverá ser comunicada à autoridade policial, quando o caso, ou ao juiz competente.

O programa de proteção é composto pelo Conselho Deliberativo,[120] pelo Órgão Executor Federal e pela Rede Voluntária de Proteção. Sua direção ficará aos cuidados de um conselho deliberativo, cuja composição deverá possuir representantes do Ministério Público e de órgãos públicos e privados relacionados com a segurança pública e a defesa dos direitos humanos.

Assim, o conselho deliberativo federal terá em sua composição: um representante da Secretaria de Estado e dos Direitos Humanos; um representante da Secretaria Nacional de Segurança Pública; um representante da Secretaria Nacional de Justiça; um representante do Departamento de Polícia Federal; um representante do Ministério Público Federal, sendo ele indicado pelo Ministro de Estado da Justiça; um representante do Poder Judiciário Federal, sendo ele indicado pelo Superior Tribunal de Justiça; um representante de entidade não governamental, com atuação na proteção de vítimas e testemunhas, sendo ele indicado pelo Secretário de Estado de Direitos Humanos.

A competência do Conselho é estabelecida pela Lei, de modo que lhe é determinado: decidir sobre os pedidos de admissão e exclusão do programa; solicitar às autoridades competentes medidas de proteção; solicitar ao Ministério Público as providências necessárias à obtenção de medidas acautelatórias; adotar as providências necessárias para a obtenção judicial de alteração na identidade civil; fixar o valor máximo da ajuda financeira mensal aos beneficiários.

A execução do programa ficará sujeita à disponibilidade orçamentária (art. 6º, parágrafo único). Isso parece dispor contra a essência dos fins sociais de proteção propostos pela Lei, visto que é difícil imaginar estar a investigação ou o processo criminal em andamento e, por falta de disponibilidade orçamentária, relegar-se a segundo plano as provas que poderiam favorecer a investigação ou o processo.

Como já apresentado, a proteção às vítimas e testemunhas que a Lei regula para ser concedida necessita de requerimento, apresentando as informações obrigatórias e adicionais, que poderá ser realizado, dependendo do caso concreto, pelo interessando ou por seu representante legal; por representante do Ministério Público; pela autoridade policial que conduz a investigação criminal; pelo juiz competente da instrução do processo criminal; por órgãos públicos e entidades com atribuições de defesa dos direitos humanos.

Na Lei também são determinadas medidas que poderão ser aplicáveis de forma isolada ou cumulativamente ao indivíduo protegido. A Lei aqui, apesar de apresentar diversas medidas, não é taxativa, visto que se utiliza da expressão "entre outras".

Dentre elas, estão: informar, orientar e assessorar as vítimas de violência, nos envolvimentos com questões da natureza civil, criminal, familiar ou constitucional; colaborar para a adoção de medidas imediatas de reparação ao dano ou lesão sofrida pela vítima; acompanhar as diligências policias ou judiciais, especialmente nas situações de crimes violentos; garantir acesso à educação para os filhos que perderem o sustento familiar através da concessão de bolsas de estudo; elaborar e veicular campanhas de prevenção à violência e de conscientização da população quanto à importância de contribuir para a investigação e apuração de atos criminosos, entre outros.

---

120 Art. 6º O conselho deliberativo decidirá sobre:
I – o ingresso do protegido no programa ou a sua exclusão;
II – as providências necessárias ao cumprimento do programa.
Parágrafo único. As deliberações do conselho serão tomadas por maioria absoluta de seus membros e sua execução ficará sujeita à disponibilidade orçamentária.

Além das medidas anteriormente apresentadas, o Ministério Público, a pedido do Conselho deliberativo, poderá requerer ao juiz concessão de medidas cautelares relacionada à eficácia daquela proteção específica.

O programa desenvolve um atendimento direto a indivíduos ameaçados e sua família, retirando-os de um local insalubre e inserindo-os em espaços de moradia e convivência. Assim, no programa de inclusão, a vítima ou a testemunha protegida deverá atender às regras, mantendo condutas adequadas ao programa: "Após ingressar no programa, o protegido ficará obrigado ao cumprimento das normas por ele prescritas" (art. 2º, §4º).

O programa pode, ainda, dependendo do caso concreto, solicitar ao juiz competente, em casos excepcionais e considerando a gravidade da coação ou ameaça, solicitar a alteração do nome da testemunha/vítima protegida. Inclusive, a Lei regulamenta, de forma específica, o requerimento e processamento desta solicitação em seu art. 9º, inovação gerada pela lei. Esta alteração poderá ser estendida aos familiares da vítima que integram o seu círculo de proteção. Cessada a coação ou a ameaça que deu causa à alteração, ficará facultada ao protegido solicitar ao juiz competente o retorno à situação anterior, com alteração para o nome original.

A exclusão da pessoa protegida e de seus familiares do programa de proteção poderá ser realizada a qualquer tempo, podendo se dar por solicitação do protegido ou por decisão do Conselho deliberativo, quando cessarem os motivos que ensejaram a proteção ou quando a conduta do protegido for incompatível com o programa. Vale lembrar que a exclusão do programa será precedida de consulta ao parquet e deverá ser subsequentemente comunicada à autoridade policial ou ao juiz competente.

O tempo de duração do programa de proteção terá o tempo máximo de dois anos, podendo ser prorrogado em circunstâncias excepcionais enquanto os motivos que ensejaram a proteção perdurarem.

A Lei instituiu o Programa Federal de Assistência às Vítimas e a Testemunhas Ameaçadas, que foi regulamentado pelo Decreto nº 3.518 de 2000. Tal Decreto estabelece que o Programa Federal de Assistência às Vítimas e Testemunhas Ameaçadas consiste no conjunto de medidas adotadas pela União com o fim de proporcionar proteção e assistência a pessoas ameaçadas ou coagidas em virtude de colaborarem com a investigação ou o processo criminal.

4.2.2 A Reparação do dano

Havendo a prática de um ilícito penal, surgirá, em regra, também um ilícito de natureza civil, uma vez que a prática do crime não representaria apenas a violação de bem ou interesse penalmente protegido, sendo bem provável que a prática do crime também figure como um ilícito civil, fazendo nascer, por conseguinte, a obrigação de reparar o dano, nos termos do artigo 186 do Código Civil.

Embora as esferas cível e penal sejam independentes, o ordenamento jurídico brasileiro adotou o sistema da independência mitigada. A parte interessada, ou seja, a vítima de um crime que tenha suportado dano, tem a possibilidade de promover ação na esfera cível, hipótese em que, havendo ação penal em curso, poderá o juiz sobrestá-la, a fim de evitar a prolação de decisões conflitantes, de acordo com o artigo 64 do Código de Processo Penal.[121]

[121] Prevalece na doutrina que se trata de uma mera faculdade do juiz na esfera cível, embora haja quem defenda que se trate de um dever. Entendendo que se trata de uma faculdade, podem ser citados Gustavo Henrique Badaró (BADARÓ, Gustavo Henrique. *Processo penal.* 4. ed. São Paulo: Revista dos Tribunais, 2016, p. 213) e GRECO FILHO. *Manual de Processo Penal.* 7. ed. São Paulo: Saraiva, 2009. p. 217. Já defendendo que é hipótese de

Poderá a vítima, ainda, esperar a prolação da sentença condenatória, a qual, após o trânsito em julgado, tornará certa a obrigação de indenizar, havendo necessidade de ser liquidada na esfera cível, oportunidade em que será discutido apenas o *quantum* devido. Logo, diante de tal cenário, falava-se em um sistema de independência mitigado, porque as ações deveriam ser promovidas de forma separada, uma na esfera penal e outra na esfera cível, porém, com a peculiaridade de a sentença penal condenatória transitada em julgado conferir à vítima um título executivo judicial, embora ilíquido.[122]

Assim, a regra que predominava era a de que a sentença penal condenatória era um título executivo judicial na esfera cível, mas um título ilíquido, não sendo possível, assim, o imediato ajuizamento da execução civil. Deveria o interessado, inicialmente, promover uma liquidação prévia, a fim de se apurar o valor devido. Na redação do revogado Código de Processo Civil de 1973, sempre seria realizada a liquidação por artigos, consoante disposição contida no artigo 475-E do referido diploma legal, a qual foi substituída pela liquidação pelo procedimento comum, consoante o disposto no artigo 509, inciso II, do atual CPC.[123]

Importante mencionar, todavia, que, dentre as alterações empreendidas pela Lei nº 11.719 de 2008, estão as modificações promovidas no parágrafo único do artigo 63 e no artigo 387, IV, ambos do Código de Processo Penal, os quais passaram a ter a seguinte redação:

A partir da citada alteração legislativa, houve, portanto, a possibilidade de que, no bojo da sentença penal condenatória, já passasse a haver a fixação de um valor mínimo a título de reparação dos danos. Dessa forma, tornou-se possível que a vítima, com a sentença condenatória transitada em julgado em mãos, já ingresse com a execução de tal valor na esfera cível, sem que isso represente um impedimento para que haja a apuração do dano efetivamente sofrido em sede de liquidação, como expressamente ressaltado pelo parágrafo único do artigo 63 do Código de Processo Penal. Tal conclusão advém do fato de que o artigo 387, inciso IV, do CPP traz a previsão de fixação de um valor mínimo a título de reparação de dano.[124]

Em razão de tal alteração legislativa, parcela da doutrina passou a afirmar ter havido uma maior aproximação com o chamado sistema da solidariedade, segundo o qual há duas ações distintas, uma penal e outra civil, ambas exercidas no mesmo processo e perante o juiz criminal. Entretanto, não haveria uma cumulação obrigatória ou facultativa, pois a vítima que porventura desejar promover a ação de reparação de dano deverá ajuizá-la na esfera cível, não sendo possível deduzir tal pretensão na esfera penal.[125]

É inquestionável que a redação do artigo 387, inciso IV, do CPP inegavelmente representou uma tentativa de se conferir maior efetividade à reparação do dano causado pelo réu à vítima. Porém, a ausência de regulamentação legal mais minuciosa acerca do tema fez com que surgisse uma série de controvérsias acerca do tema na doutrina e na jurisprudência, sendo que duas questões têm ganhado maior relevo, no que dizem respeito à possibilidade ou não de o juiz fixar o valor de ofício e se este valor mínimo abarcaria ou não a indenização por danos morais.

---

suspensão obrigatória, tem-se o posicionamento de Guilherme Nucci (NUCCI. Guilherme de Souza. *Código de processo penal comentado.* 10. ed. São Paulo: Revista dos Tribunais, 2010, p. 190).

122 BADARÓ, Gustavo Henrique. *Processo penal.* 4. ed. São Paulo: Revista dos Tribunais, 2016, p. 212-213.

123 IULIANELLO, Annunziata Alves; MORAES, Alexandre Rocha Almeida de. A indenização civil ex delicto prevista no artigo 387, IV, do Código de Processo Penal e a necessidade de maior preocupação com as vítimas. In: *Revista do Ministério Público do Estado do Rio de Janeiro,* Rio de Janeiro, v. 69, 2019. p. 35-58.

124 IULIANELLO, Annunziata Alves; MORAES, Alexandre Rocha Almeida de. A indenização civil ex delicto prevista no artigo 387, IV, do Código de Processo Penal e a necessidade de maior preocupação com as vítimas. In: *Revista do Ministério Público do Estado do Rio de Janeiro,* Rio de Janeiro, v. 69, 2019. p. 35-58.

125 PACELLI, Eugenio. *Curso de processo penal.* 18. ed. São Paulo: Editora Atlas, 2014. p. 213.

Questão tormentosa ainda acerca da aplicação do inciso IV do artigo 387 do CPP diz respeito à possibilidade ou não de fixação de verba indenizatória devida a título de danos morais com base no citado dispositivo.[126]

Para uma primeira corrente doutrinária, o referido dispositivo somente admitiria a fixação de reparação devida a título de dano patrimonial, não abarcando os danos morais, pois o legislador teria utilizado a expressão "prejuízo", a qual, ainda que de forma indireta, estaria fazendo alusão ao dano material, uma vez que a noção de dano moral não está ligada à noção de prejuízo, mas sim de dor, sofrimento, abalo psíquico etc. Além disso, o processo penal não admitiria a abertura de instrução probatória no tocante a tal questão, sob pena de atrasar sobremaneira o término da instrução processual, o que acarretaria inúmeros prejuízos, especialmente levando-se em consideração que são processos que atingem, via de regra, o direito de liberdade dos réus.[127]

Na jurisprudência, é possível encontrar uma série de julgados seguindo o posicionamento supracitado, sendo o entendimento que tem sido adotado majoritariamente pelos tribunais do país. O argumento principal para o reconhecimento da impossibilidade de fixação de indenização a título de danos morais na sentença penal condenatória é basicamente a dificuldade de se estabelecer o contraditório e a ampla defesa, quanto a tal verba indenizatória, no bojo de uma ação penal, sem que isso represente um prejuízo à celeridade do processo criminal. Se o objetivo do legislador foi conferir uma maior celeridade para que a vítima tivesse uma resposta mais efetiva, reconhecer a possibilidade de fixação de dano moral produziria um efeito justamente inverso, na medida em que ensejaria um maior alargamento da instrução criminal, retardando a produção de efeitos em termos práticos.[128]

Porém, o Superior Tribunal de Justiça tem entendido ser possível a fixação de indenização a título de danos morais com base no artigo 387, IV, do CPP. Como o legislador não estabeleceu qualquer tipo de restrição, caberia ao intérprete aferir o que estará abarcado pela expressão "prejuízo", devendo ser entendido que ele abarcaria todo tipo de dano, incluindo, portanto, o dano moral.[129] Não caberia ao intérprete fazer qualquer limitação onde o legislador não o fez. Assim, para a referida Corte Superior, desde que houvesse pedido expresso nos autos, a fixação de danos morais não representaria qualquer ofensa ao contraditório e à ampla defesa.[130]

---

126 IULIANELLO, Annunziata Alves; MORAES, Alexandre Rocha Almeida de. A indenização civil ex delicto prevista no artigo 387, IV, do Código de Processo Penal e a necessidade de maior preocupação com as vítimas. In: *Revista do Ministério Público do Estado do Rio de Janeiro*, Rio de Janeiro, v. 69, 2019. p. 35-58.

127 PACELLI, Eugenio. *Curso de processo penal.* 18. ed. São Paulo: Editora Atlas, 2014. p. 663-664.

128 Como exemplo, o seguinte julgado: "Apelação criminal – Roubo bimajorado pelo concurso de agentes e emprego de arma de fogo – Recurso defensivo – Reconhecimento da confissão espontânea – Pleito contraproducente, uma vez que referida atenuante foi admitida pelo Juízo "a quo", produzindo o efeito de redução das reprimendas – Emprego de arma de fogo e concurso de agentes que restaram sobejamente comprovados – Reparação dos danos – Possibilidade de fixação de valor mínimo dos danos materiais e morais sofridos pelas vítimas – Danos morais decorrentes de possíveis consequências psicológicas para as vítimas, que demandam apuração complexa – Recurso defensivo conhecido e parcialmente provido para afastar a reparação mínima a título de danos morais, mantida a reparação relativa aos danos materiais". (TJ/SP, Apelação Criminal nº 0000028-59.2015.8.26.0028, 7ª Câmara de Direito Criminal, Rel. Des. Otavio Rocha, julgado em 21.06.17). Em idêntico sentido: 1) TJ/RS, Recurso Crime nº 71004503231, Turma Recursal Criminal, Rel. Cristia Pereira Gonzales, julgado em 07.10.13; 2) TJ/RJ, Processo nº 0027534-02.2014.8.19.0202, Rel. Des. Adriana Lopes Coutinho, julgado em 13.04.16).

129 IULIANELLO, Annunziata Alves; MORAES, Alexandre Rocha Almeida de. A indenização civil ex delicto prevista no artigo 387, IV, do Código de Processo Penal e a necessidade de maior preocupação com as vítimas. In: *Revista do Ministério Público do Estado do Rio de Janeiro*, Rio de Janeiro, v. 69, 2019. p. 35-58.

130 STJ, REsp nº 1585684/DF, Rel. Ministra MARIA THEREZA DE ASSIS MOURA, Sexta Turma, julgado em 09.08.2016, *DJe* 24.08.2016; STJ, AgRg no REsp nº 1663470/MS, Rel. Ministro REYNALDO SOARES DA FONSECA, QUINTA TURMA, julgado em 09.05.2017, *DJe* 15.05.2017.

4.3 Breves considerações sobre a proteção aos réus colaboradores

Art. 13. Poderá o juiz, de ofício ou a requerimento das partes, conceder o perdão judicial e a consequente extinção da punibilidade ao acusado que, sendo primário, tenha colaborado efetiva e voluntariamente com a investigação e o processo criminal, desde que dessa colaboração tenha resultado:

I – a identificação dos demais co-autores ou partícipes da ação criminosa;

II – a localização da vítima com a sua integridade física preservada;

III – a recuperação total ou parcial do produto do crime.

Parágrafo único. A concessão do perdão judicial levará em conta a personalidade do beneficiado e a natureza, circunstâncias, gravidade e repercussão social do fato criminoso.

Art. 14. O indiciado ou acusado que colaborar voluntariamente com a investigação policial e o processo criminal na identificação dos demais co-autores ou partícipes do crime, na localização da vítima com vida e na recuperação total ou parcial do produto do crime, no caso de condenação, terá pena reduzida de um a dois terços.

Art. 15. Serão aplicadas em benefício do colaborador, na prisão ou fora dela, medidas especiais de segurança e proteção a sua integridade física, considerando ameaça ou coação eventual ou efetiva.

§1º Estando sob prisão temporária, preventiva ou em decorrência de flagrante delito, o colaborador será custodiado em dependência separada dos demais presos.

§2º Durante a instrução criminal, poderá o juiz competente determinar em favor do colaborador qualquer das medidas previstas no art. 8º desta Lei.

§3º No caso de cumprimento da pena em regime fechado, poderá o juiz criminal determinar medidas especiais que proporcionem a segurança do colaborador em relação aos demais apenados.

Dentre as diferentes políticas criminais que foram inseridas, nas últimas décadas, na América Latina e na Europa continental (distinta da Grã-Bretanha) está o novo modelo de Direito Penal e Processo Penal de "segunda velocidade": flexibilização de garantias clássicas, conjugadas com um processo cada vez mais oral, célere, informal e orientado pelo modelo de negociação em sentido amplo, como alternativa menos custosa socialmente e mais eficiente, dada a agilidade na resposta à sociedade e aos próprios autores de crimes de pequeno e médio potencial ofensivos.[131]

[131] TURESSI, Flávio E.; MORAES, Alexandre R. A. Imputabilidade penal e o acordo de não persecução penal: ensaio sobre a aplicação da justiça penal negociada para inimputáveis e semi-imputáveis. *Revista Brasileira de Direito Processual Penal,* Porto Alegre, v. 6, n. 3, p. x-x, set./dez. 2020.

Com efeito, essa tem sido a tendência na Europa continental e em países que, assim como o Brasil, nunca tiveram propriamente uma tradição em justiça penal negociada.

No processo penal italiano, por imperativo constitucional,[132] não se permite a renúncia absoluta ao procedimento, ao contrário do que ocorre nos modelos norte-americano e inglês, que permitem que o *guilty plea* do acusado seja somado à decisão de *nolle prosequi* do *dominus litis* em relação à parcela ou à totalidade da imputação, prolatando-se imediatamente a sentença condenatória. O direito italiano, em verdade, com os institutos do *giudizio abbreviato*, do *giudizio direttissimo* e do *patteggiamento*, desenhou formas de rito abreviado, nos quais a confissão não implica renúncia total ao procedimento. Trata-se, pois, de simplificação procedimental.[133]

Em outros sistemas, o princípio da obrigatoriedade não encontra amparo constitucional, apresentando-se como consectário de opções feitas pelo legislador ordinário ou, ainda, de construções doutrinárias. Nesse quadro esteve inserido o processo penal brasileiro, prevalecendo, na doutrina nacional, a orientação de que o princípio da obrigatoriedade não teria caráter constitucional, sendo decorrência da interpretação dos artigos 28, 42 e 576 do Código de Processo Penal Brasileiro.[134]

Em outros sistemas, o princípio da obrigatoriedade não encontra amparo constitucional, apresentando-se como consectário de opções feitas pelo legislador ordinário ou, ainda, de construções doutrinárias. Nesse quadro esteve inserido o processo penal brasileiro, prevalecendo, na doutrina nacional, a orientação de que o princípio da obrigatoriedade não teria caráter constitucional, sendo decorrência da interpretação dos artigos 28, 42 e 576 do Código de Processo Penal Brasileiro.[135]

Aliás, a própria Constituição Federal de 1988 permitiu a discricionariedade regrada, por exemplo, em seu art. 98, I, permitindo que institutos como a transação penal, composição civil, além do instituto da suspensão condicional do processo passassem a figurar como hipóteses despenalizadoras na disciplina dada pela Lei nº 9.099/95. Como decorrência do enfraquecimento do princípio da obrigatoriedade da ação penal, emergiram mecanismos de solução consensual no processo penal pátrio, como o visto, por exemplo, na Lei nº 12.850/2013, com a disciplina da colaboração premiada, e na Lei nº 12.529/2011, que, ao tratar do acordo de leniência, em seu artigo 87, *caput*, impede o oferecimento de denúncia em desfavor do agente leniente beneficiário do ajuste.

Em suma, este é o panorama da *Justiça Consensual* brasileira, onde é possível identificar os modelos de justiça negociada (transação penal, suspensão condicional do processo, colaboração premiada, acordo de não persecução penal etc.). Aliás, o modelo de justiça alternativa, mais resolutiva e negociada em sentido amplo, está presente em todos os ramos do direito: justiça restaurativa, constelação familiar, justiça terapêutica, termo de ajustamento de conduta, acordo de leniência, autocomposição no âmbito da Administração Pública, transação penal, suspensão condicional do processo, acordo de não persecução penal, delação e colaboração premiadas etc.[136]

---

132 "Artigo 112. II. Il pubblico ministero há l'obbligo di esercitare l'azione penale".

133 MORAES, Alexandre Rocha Almeida de; SMANIO, Gianpaolo Poggio, PEZZOTTI, Olavo Evangelista. A discricionariedade da ação penal pública. *Argumenta Journal Law*, Jacarezinho, n. 30, p. 359, 2019.

134 MORAES, Alexandre Rocha Almeida de; SMANIO, Gianpaolo Poggio, PEZZOTTI, Olavo Evangelista. A discricionariedade da ação penal pública. *Argumenta Journal Law*, Jacarezinho, n. 30, p. 359, 2019.

135 MORAES, Alexandre Rocha Almeida de; SMANIO, Gianpaolo Poggio, PEZZOTTI, Olavo Evangelista. A discricionariedade da ação penal pública. *Argumenta Journal Law*, Jacarezinho, n. 30, p. 359, 2019.

136 TURESSI, Flávio E.; MORAES, Alexandre R. A. Imputabilidade penal e o acordo de não persecução penal: ensaio sobre a aplicação da justiça penal negociada para inimputáveis e semi-imputáveis. *Revista Brasileira de Direito Processual Penal,* Porto Alegre, v. 6, n. 3, p. x-x, set./dez. 2020.

A colaboração premiada é gênero, enquanto a delação é espécie. Mais que isso, a colaboração premiada, inaugurada no ordenamento jurídico nacional exatamente com a Lei nº 9.907/99, configura um negócio jurídico.

É certo que a colaboração premiada é retratada pelas Convenções de Palermo e de Mérida, ambas internalizadas através dos Decretos nº 5.015/2004 e nº 5.687/2006.

Como se sabe, a Convenção das Nações Unidas contra o Crime Organizado Transnacional, cognominada de *Convenção de Palermo*, é o principal instrumento normativo global de combate ao crime organizado, sendo aprovado na Assembleia Geral da ONU do dia 15 de novembro de 2000. *Art. 26 da Convenção de Palermo (texto em português).* Por seu turno, a cognominada *Convenção de Mérida* refere-se, igualmente, a ato normativo global Contra a Corrupção, no entanto, aprovado na Convenção das Nações Unidas na Assembleia Geral da ONU de 31 de outubro de 2003. *Art. 37 da Convenção de Mérida (texto em português).*

O STF já reconheceu a constitucionalidade da colaboração (ou delação) premiada como meio de prova, o que fulmina qualquer tentativa de se doutrinar no sentido contrário (HC nº 99736/DF – Rel. Min. Ayres Britto, Julgamento nº 27/4/2010, Primeira Turma). Recentemente, inclusive, o STF reconheceu que o colaborador deve falar antes do delatado (Agravo Regimental no HC nº 157627, 2ª Turma). É certo, ainda, que boa parte dos novos enfretamentos jurisprudenciais e das novas decisões da Suprema Corte se deram, em especial, pela aplicação da Lei nº 12.850/13, mas é preciso repisar que a Lei aplicada foi a de nº 9.807/99.

A Lei de Proteção à Vítima e ao Réu Colaborador foi mais específica quanto à aplicação da então existente *delação premiada*, dentro da sua característica original como causa de diminuição e posterior ampliação para causa extintiva da punibilidade. Houve verdadeira modificação da natureza premial: o Juiz, de ofício ou mediante requerimento da acusação ou da defesa, poderá conceder o benefício.

Embora pareça que se trate de um direito público subjetivo do réu, desde a recente reforma processual penal que adota, seguindo a orientação constitucional, o sistema acusatório e respeita a privatividade do Ministério Público no exercício da ação penal pública, defendemos a tese de que se trata de um negócio jurídico que demanda efetiva negociação, sem interferência do magistrado, que deve manter sua imparcialidade e ficar equidistante, com poderes reduzidos e restritos à verificação da liberdade de consentimento do acusado e se a proposta extrapola as balizas legais.

Diferentemente das outras normas, a própria norma em questão orientou o magistrado a observar o artigo 59 do Código Penal ao avaliar a concessão do benefício do perdão judicial. Não sendo o caso de perdão judicial que, como dito, depende de prévia negociação das partes e, ademais, de permissivo normativo,[137] posto que facultativo ante a expressão "poderá", no entanto, reconhecendo a importância da colaboração voluntária do delator com a investigação ou com o processo criminal, conforme requisitos elencados, "deverá" o magistrado reduzir a pena de um a dois terços, posto que imperativa a redução *ex legis*.

Parcela da doutrina posicionou-se no sentido de que a Lei nº 9.807/99 acabou por introduzir o instituto da colaboração premiada horizontalmente a todos os tipos penais, ressalvados aqueles tipificados em normas especiais e que também já acomodam o instituto. Para esse posicionamento, a Lei nº 9.807/99, por ser geral, aplica-se a todas as espécies de crimes e suas normas, que dispõem acerca de benefícios concedidos a criminosos colaboradores.

[137] Defendemos a ideia de ser inaplicável o perdão judicial como sanção premial a qualquer hipótese de crime hediondo ou equiparado, por força da exegese do art. 5º, inciso XLIII, da Constituição Federal.

O Plenário do STF, no julgamento da Ação Penal 470 ("mensalão"), expressamente tratou do tema, valendo ressaltar o voto do Ministro Luiz Fux, quando acompanhou, *in totum*, decisão do Rel. Min. Joaquim Barbosa:

> [...] frisou que a delação premiada seria ferramenta importante para elucidação de crimes societários, tendo em vista a dificuldade de individualização concreta de autores e partícipes nesses delitos sofisticados (Lei nº 9.807/99, artigos 13 e 14). A respeito, citou precedente do STF (HC nº 99.736/DF, *DJe* de 21.5.2010) no sentido de obstar ao delator a causa de diminuição de pena seria conduta desleal do Estado-juiz.

Para parte da doutrina, tal posicionamento violaria a própria Convenção de Palermo, que, em seu art. 26, Item 2, recomenda a postura premial tão somente para casos pertinentes, ou seja, aqueles em que o Estado signatário entenda conveniente, à vista da política criminal então eleita: "2. Cada Estado Parte poderá considerar a possibilidade, nos casos pertinentes, de reduzir a pena de que é passível um arguido que coopere de forma substancial na investigação ou no julgamento dos autores de uma infração prevista na presente convenção".

Prevalece a tese de aplicabilidade a qualquer tipo penal, ressalvada, evidentemente, as leis penais especiais que já sufragam o referido instituto, ou seja, criando uma espécie de colaboração premiada subsidiária, aplicável aos demais crimes sem norma especial de regência e que já acomodam o instituto (STJ/REsp. nº 1.477.982. Proc. 2014/0218118-9).

De qualquer sorte, como dito, tem natureza jurídica mista, servindo, simultaneamente, como meio de obtenção de prova (prova semiplena) e meio de defesa, com viés de negócio jurídico.

Do mesmo modo, o Supremo Tribunal Federal, no HC nº 127.483, de relatoria do Ministro Dias Toffoli, avançou conceitualmente em relação ao instituto da colaboração premiada: a colaboração premiada é um negócio jurídico processual, uma vez que, além de ser qualificada expressamente pela lei como "meio de obtenção de prova", seu objeto é a cooperação do imputado para a investigação e para o processo criminal, atividade de natureza processual, ainda que se agregue a esse negócio jurídico o efeito substancial (de direito material) concernente à sanção premial a ser atribuída a essa colaboração.

4.4 A regulamentação infralegal da proteção de vítimas de crimes e atos infracionais

Vale um registro final: na perspectiva do controle de convencionalidade e constitucionalidade, ou seja, de uma adequação do ordenamento jurídico ao previsto nos Tratados Internacionais e na Constituição Federal, o Conselho Nacional do Ministério Público editou a Resolução CNMP nº 243/2021, que dispõe sobre a Política Institucional de Proteção Integral e de Promoção de Direitos e Apoio às Vítimas, sendo certo que pouco antes, o Conselho Nacional de Justiça editou a Resolução nº 253, de 4 de setembro de 2018, definindo a Política institucional do Poder Judiciário de atenção e apoio às vítimas de crimes e atos infracionais.

Quanto ao CNJ, aplicáveis ao Poder Judiciário de todo o país, considerando o disposto no art. 245 da Constituição Federal e a insuficiência da proteção assegurada pela Lei nº 9.807, de 13 de julho de 1999, que estabelece normas para a organização e a manutenção de programas especiais de proteção a vítimas e a testemunhas ameaçadas, resolveu fixar o dever, no exercício de suas competências, de adotar as providências necessárias para garantir que as vítimas de crimes e de atos infracionais sejam tratadas com equidade, dignidade e respeito pelos órgãos judiciários e por seus serviços auxiliares, inclusive alargando o conceito de vítimas no §1º, o estendendo aos cônjuges e familiares no §2º.[138]

Tanto a Resolução do CNJ, quanto a Resolução editada pelo Conselho Nacional do Ministério Público, assim como as posteriores complementações, traçam as diretrizes de atendimento às vítimas, elenca os direitos que devem ser protegidos, assevera que o Ministério Público deve implementar políticas de atuação em rede, mediante termos de cooperação e parcerias destinadas à implementação de políticas restaurativas, bem como dispõe que lhe incumbe estimular políticas públicas e criar, em sua estrutura interna, meios de atendimento às vítimas que busquem evitar a revitimização, bem como núcleos próprios de jurimetria, para diagnosticar e produzir uma política de atuação mais eficaz, resolutiva e preventiva.

O Conselho Nacional do Ministério Público, a propósito, instituiu a Coordenadoria Nacional de Apoio às Vítimas (CNAV), unidade permanente da Política Institucional de Proteção Integral e de Promoção de Direitos e Apoio às Vítimas. A criação foi feita por meio da Resolução nº 267/2023. Referida coordenadoria é unidade colegiada e vinculada à Presidência do CNMP, que tem por finalidade exercer orientação normativa e prestar apoio aos ramos e às unidades do Ministério Público para implementação e execução da Política Institucional de Proteção Integral e de Promoção de Direitos e Apoio às Vítimas em suas localidades, bem como dar cumprimento ao disposto no caput do presente artigo. A composição e as atribuições da CNAV serão definidas em portaria da Presidência do CNMP. Com a publicação da Resolução nº 267/2023, foram inseridos parágrafos no artigo 12 da Resolução CNMP nº 243/2021.

Valei lembrar, ademais, que com um olhar de proteção às vítimas tramita na Câmara dos Deputados o Projeto de Lei nº 3.890/20, que propõe a elaboração do *Estatuto da Vítima*, com o intuito de defender os interesses de quem sofre diretamente danos físicos, emocionais ou econômicos, ao ser vítima de crimes, desastres naturais ou epidemias.

Nesse sentido, é preciso compreender que o processo penal contemporâneo deve curvar-se ao cumprimento de pautas que permitam o esclarecimento da verdade sobre o delito e assegurem o justo processo convencional. Somente assim o elemento da "justiça" estará interligado ao elemento "equilíbrio", no que tange à proteção dos direitos dos acusados e das vítimas, especialmente garantindo a estas últimas respostas adequadas ao mal contra elas praticado.

A constitucionalização somada à convencionalidade dos princípios processuais de justiça exige significativas mudanças dos intérpretes e operadores do direito. À luz das obrigações processuais positivas, impõe-se a busca por investigações aprofundadas, céleres e diligentes, no curso da persecução penal, de modo a assegurar um processo penal justo e que garanta o equilíbrio da proteção dos direitos e deveres dos envolvidos.

Portanto, o equilíbrio democrático no processo contempla a necessidade de dotar o sistema processual de efetividade, com a garantia da duração razoável do processo, esclarecendo os fatos e buscando a verdade processual, que deve ser argumentada com a técnica da prova, tutelando, sobretudo, os direitos humanos das vítimas.

O Brasil vem sendo condenado de forma reiterada pela Corte Interamericana de Direitos Humanos, não pelo excesso, mas por discriminação no acesso à Justiça, por não investigar,

[138] Art. 1º, §1º Para os fins da presente Resolução, consideram-se vítimas as pessoas que tenham sofrido dano físico, moral, patrimonial ou psicológico em razão de crime ou ato infracional cometido por terceiro, ainda que não identificado, julgado ou condenado. §2º O disposto na presente Resolução aplica-se igualmente aos cônjuges, companheiros, familiares em linha reta, irmãos e dependentes das vítimas cuja lesão tenha sido causada por um crime.

julgar e punir exemplarmente os que perpetram violações a direitos humanos das vítimas ou de seus familiares, descumprindo, portanto, o dever – assumido internacionalmente perante o sistema interamericano de direitos humanos – de esclarecer os fatos lesivos aos interesses das vítimas, materializando um cenário de completa impunidade, com a repetição crônica das violações desses direitos, em total desproteção às vítimas de delitos.

Referências

ARIÈS, Philippe. *O tempo da história*. (Trad. Roberto Leal Ferreira). São Paulo: Unesp, 2013.

AZEVEDO, Rodrigo Ghiringhelli de. *Tendências do controle penal na época contemporânea*: reformas penais no Brasil e na Argentina. São Paulo, mar. 2024. Disponível em: http://www.scielo.br/scielo.php?script=sci_arttext&pid=S0102-88392004000100006. Acesso em 22 fev. 2024.

BADARÓ, Gustavo Henrique. *Processo penal*. 4. ed. São Paulo: Revista dos Tribunais, 2016.

BARROS, Antônio Milton de. *A lei de proteção a vítimas e testemunhas*: e outros temas de direitos humanos. Franca: Ribeira Gráfica e Editora, 2003.

BELLO, Enzo. *Perspectivas para o Direito Penal e para um Ministério Público Republicano*. Rio de Janeiro: Lúmen Júris, 2007.

BONFIM, Edilson Mougenot. *Direito penal da sociedade*. São Paulo: Oliveira Mendes, Livraria Del Rey, 1997.

BOSCHI, José Antônio Paganella. *Das penas e seus critérios de aplicação*. 7. ed. Porto Alegre: Livraria do Advogado, 2014.

BRASIL. Decreto nº 7.030, de 14 de dezembro de 2009. Promulga a Convenção de Viena sobre o Direito dos Tratados, concluída em 23 de maio de 1969, com reserva aos Artigos 25 e 66. *Diário Oficial da União*, Brasília, DF: Presidência da República, 15 dez. 2009. Disponível em: www.planalto.gov.br/ccivil_03/_ato2007-2010/2009/decreto/d7030.htm. Acesso em 14 mar. 2024.

BRICCOLA, Franco. Teoria Generale del Reato. *In*: *Nuovissimo Digesto Italiano*. Torino: Utet, 1973. t. 9.

CÂMARA, Guilherme Costa. *Programa de política criminal*: orientado para a vítima de crime. São Paulo: Revista dos Tribunais; Coimbra Editora, 2008.

CANÇADO TRINDADE, Antônio Augusto. O sistema interamericano de direitos humanos no limiar do novo século: recomendações para o fortalecimento de seu mecanismo de proteção. *In*: GOMES, Luiz Flávio; PIOVESAN, Flávia (Coords.). *O sistema interamericano de proteção aos direitos humanos e o direito brasileiro*. São Paulo: Revista dos Tribunais, 2000.

CANOTILHO, José Joaquim Gomes. *Direito Constitucional e Teoria da Constituição*. 7. ed. Lisboa: Almedina, 2003.

CAVALCANTI, Eduardo Medeiros. *Crime e sociedade complexa*. Campinas: LZN, 2005.

DA PONTE, Antônio Carlos. *Crimes eleitorais*. São Paulo: Saraiva, 2008.

DALLARI, Dalmo de Abreu. *Elementos de Teoria geral do Estado*. 16. ed. São Paulo: Saraiva, 1991.

DALLARI, Pedro. *Constituição e relações exteriores*. São Paulo: Saraiva, 1994.

FELDENS, Luciano. *A Constituição penal*: a dupla face da proporcionalidade no controle de normas penais. Porto Alegre: Livraria do Advogado, 2005.

FERNANDES, Antônio Scarance. *O papel da vítima no processo penal*. Rio de Janeiro: Lumen Juris, 2001.

FERNÁNDEZ, David Lorenzo Morillas; HERNÁNDEZ, Rosa María Patró; CÁRCELES, Marta Maria Aguilar. *Victimología*: um estudio sobre la víctima y los procesos de victimización. 2. ed. Madrid: Dykinson, 2014.

FERRACINI NETO, Ricardo; MORAES, Alexandre Rocha Almeida de; *Criminologia*. Salvador: JusPodvim, 2019.

FERRAJOLI, Luigi. *Direito e razão*: teoria do garantismo penal. (Trad. Ana Paula Zomer Sica *et al.*). 3. ed. rev. São Paulo: Revista dos Tribunais, 2010.

FISCHER, Douglas. O que é garantismo penal (integral). *In*: CALABRICH, Bruno; FISCHER, Douglas; PELELLA, Eduardo (Org.). *Garantismo penal integral*: questões penais e processuais, criminalidade moderna e a aplicação ao modelo garantista no Brasil. Salvador: JusPodivm, 2010.

FISCHER, Douglas; PEREIRA, Frederico Valdez. *As obrigações processuais penais positivas segundo as Cortes Europeia e Interamericana de Direitos Humanos.* 3. ed. Porto Alegre: Livraria do Advogado, 2022.

GONÇALVES, Luiz Carlos dos Santos. *Mandados expressos de criminalização e a proteção de direitos fundamentais na Constituição Brasileira de 1988.* Belo Horizonte: Fórum, 2007.

GRECO FILHO. *Manual de Processo Penal.* 7. ed. São Paulo: Saraiva, 2009.

GRINOVER, Ada Pellegrini *et al. Juizados Especiais Criminais – Comentários à Lei nº 9.099, de 26.09.95.* São Paulo: Revista dos Tribunais, 1995.

HASSEMER, Winfried. ¿Puede haber delitos que no afecten a un bien jurídico penal? *In*: HEFENDEHL, Holand (Ed.). *La teoría del bien jurídico*: ¿fundamento de legitimación del Derecho penal o juego de abalorios dogmáticos? Madrid: Marcial Pons, 2007.

HASSEMER, Winfried. *Introdução aos Fundamentos do Direito Penal.* (Trad. Pablo Rodrigo Alflen da Silva). 2. ed. Porto Alegre: Sergio Antônio Fabris Editor, 2005.

HENKIN, Louis. *International law*: politics, valoues and principles. Boston: Martinus Nijhoff, 1990.

IULIANELLO, Annunziata Alves. *Depoimento especial*: um instrumento de concretização da proteção integral de crianças e adolescentes submetidos a abuso sexual. Belo Horizonte: Editora D'Plácido, 2019.

IULIANELLO, Annunziata Alves. *Vitimização secundária*: o depoimento especial como instrumento de concretização da proteção integral de crianças e adolescentes submetidos a abuso sexual. São Paulo: Pontifícia Universidade Católica de São Paulo, 2018.

IULIANELLO, Annunziata Alves; MORAES, Alexandre Rocha Almeida de. A indenização civil ex delicto prevista no artigo 387, IV, do Código de Processo Penal e a necessidade de maior preocupação com as vítimas. In: *Revista do Ministério Público do Estado do Rio de Janeiro*, Rio de Janeiro, v. 69, 2019.

LEWANDOWSKI, Enrique Ricardo. *Proteção dos direitos Humanos na ordem interna e internacional.* Rio de Janeiro: Forense, 1994.

LIPOVETSKY, Gilles. *A era do vazio*: ensaios sobre o individualismo contemporâneo. São Paulo: Manole, 2005.

LUISI, Luiz. *Os princípios constitucionais penais.* 2. ed. Porto Alegre: Sergio Antônio Fabris, 2003.

LUÑO, Antônio Enrique Pérez. *Derechos humanos, Estado de derecho y Constirución.* Madri: Tecnos, 2010.

MARQUES NETO, Agostinho Ramalho. *Canotilho e a Constituição dirigente.* 2. ed. Rio de Janeiro: Renovar, 2005.

MAZZILLI, Hugo Nigro. *A defesa dos interesses difusos em juízo.* 15. ed. São Paulo: Saraiva, 2002.

MAZZUOLI, Valério de Oliveira. *Direitos humanos na jurisprudência internacional*: sentenças, opiniões consultivas, decisões e relatórios internacionais. São Paulo: Método, 2019.

MAZZUTTI, Vanessa De Biassio. *Vitimologia e direitos humanos*: o processo penal sob a perspectiva da vítima. Curitiba: Juruá, 2012.

MIR PUIG, Santiago. *El derecho penal en el estado social y democrático de derecho.* Barcelona: Ariel, 1994.

MOLINA, Antônio García-Pablos de. *Criminologia.* 5. ed. São Paulo: Ed. Revista dos Tribunais, 2006.

MORAES, Alexandre Rocha Almeida de. A política criminal pós-88: o Ministério Público e a dualidade entre garantismos positivo e negativo. *In*: SABELLA, Walter Paulo; DAL POZZO, Antônio Araldo Ferraz; BURLE FILHO, José Emmanuel (Coords.). Ministério Público – Vinte e cinco anos do novo perfil constitucional. São Paulo: Ed. Malheiros, 2013.

MORAES, Alexandre Rocha Almeida de; SMANIO, Gianpaolo Poggio, PEZZOTTI, Olavo Evangelista. A discricionariedade da ação penal pública. *Argumenta Journal Law*, Jacarezinho, n. 30, p. 359, 2019.

MORAES, Alexandre Rocha Almeida de. *Direito Penal do inimigo*: a terceira velocidade do Direito Penal. 1. ed. Curitiba: Juruá, 2008.

MORAES, Alexandre Rocha Almeida de. *Direito Penal racional*: propostas para a construção de uma teoria da legislação e para uma atuação criminal preventiva. 1. ed. Curitiba: Juruá, 2016.

MORAES, Alexandre Rocha Almeida de; SMANIO, Gianpaolo Poggio Smanio. *Tutela penal da moralidade e probidade administrativas*. Tese apresentada e aprovada por unanimidade no I Congresso do Patrimônio Público e Social do Ministério Público do Estado de São Paulo, 2010. Disponível em: http://www.mp.sp.gov.br/portal/page/portal/Congresso%20PatPublico/Teses/Alexandre%20e%20Smanio%20-20TUTELA_PENAL_DA_PROBIDADEADMINISTRATIVAtese.doc. Acesso em 22 fev. 2024.

MOREIRA FILHO, Guaracy. *Vitimologia*: o papel da vítima na gênese do delito. São Paulo: Editora Jurídica Brasileira, 1999.

NASCIMENTO, José Flávio Braga. *Criminologia*. 1. ed. São Paulo: Juarez de Oliveira, 2003.

NEVES, Marcelo. *A Constitucionalização simbólica*. São Paulo: Acadêmica, 1994.

NUCCI. Guilherme de Souza. *Código de processo penal comentado*. 10. ed. São Paulo: Revista dos Tribunais, 2010.

NUCCI, Guilherme de Souza. *Leis penais e processuais penais comentadas*: volume 1. 6. ed. Rio de Janeiro: Forense, 2012.

OLIVEIRA, Ana Sofia de Schimidt de. *A vítima e o direito penal*: uma abordagem do movimento vitimológico de seu impacto no direito penal. São Paulo: RT, 1999.

OLIVEIRA. Ana Sofia Schimidt de. Vitimologia e mulher. *In*: REALE JÚNIOR, Miguel (Coord.); PACHOAL, Janaína Conceição (Org.). *Mulher e Direito Penal*. Rio de Janeiro: Forense, 2007.

OLIVEIRA, Kledson Dionysio de. *Processo penal convencional e fundamentos das obrigações positivas do Estado em matéria penal*. Belo Horizonte: D'Plácido, 2022.

PACELLI, Eugenio. *Curso de processo penal*. 18. ed. São Paulo: Editora Atlas, 2014.

PASCHOAL, Janaina Conceição. *Constituição, criminalização e Direito penal mínimo*. São Paulo: Revista dos Tribunais, 2003.

PIEDADE JÚNIOR, Heitor. *Vitimologia – Evolução no tempo e no espaço*. 1. ed. Rio de Janeiro: Ed. Biblioteca Jurídica Freitas Bastos, 1993.

PIOVESAN, Flávia. *Direitos humanos e o direito constitucional internacional*. 18. ed. São Paulo: Saraiva Educação, 2018.

REZENDE, Guilherme Carneiro de. *O direito humano da vítima a um processo penal eficiente*. Curitiba: Juruá, 2021.

RIMO, Alberto Alonso. La víctima en el sistema de justicia penal I. *In*: BALDOMERO, Enrique Baca; ODRIOZOLA, Enrique Echeburúa; SUMALLA, Josep Maria Tamarit (Coord.). *Manual de victimología*. Valencia: Tirant lo Blanch, 2006 (tradução livre).

ROCHA, Cármen Lúcia Antunes. O princípio da dignidade da pessoa humana e a exclusão social. *In*: *Conferência Nacional da Ordem dos Advogados do Brasil*, Rio de Janeiro, 1999. Disponível em: http://www.egov.ufsc.br/portal/sites/default/files/anexos/32229-38415-1-PB.pdf. Acesso em 22 fev. 2024.

ROCHA, Cármen Lúcia Antunes. *Princípios constitucionais dos servidores públicos*. São Paulo: Saraiva, 1999.

ROUSSEAU, Jean Jacques. *Do contrato social – Discurso sobre a economia política, série ciências sociais & filosofia*. São Paulo: Hemus, 2000.

SANCHEZ, Jesús-María Silva. *La expanción del derecho penal*. 3. ed. Madrid: Edisofer S.L., 2011.

SANTAMARIA PASTOR, Juan Alfonso. *Fundamentos de derecho administrativo*. Madrid: Centro de Estudios Ramón Areces, 1991.

SARLET, Ingo Wolfgang. Constituição e proporcionalidade: o direito penal e os direitos fundamentais entre proibição de excesso e de insuficiência. *Revista Brasileira de Ciências Criminais*, v. 47, p. 63-64, mar. 2004.

SARLET, Ingo Wolfgang. Constituição, proporcionalidade e direitos fundamentais: o direito penal entre proibição de excesso e de insuficiência. *Boletim da Faculdade de Direito da Universidade de Coimbra*, v. 81, p. 325-386, 2005.

SCHÜNEMANN, Bernd. *Consideraciones críticas sobre la situación espiritual de la ciencia jurídico-penal alemana.* (Trad. Manuel Cancio Meliá). Bogotá: Universidad Externato de Colombia, 1996. Colección de estúdios, n. 7.

SEPAROVIC, Zvonimi Paul. Victimology, a new approach in social sciences. *I Simposium,* Alemanha, p. 171, 1976. apud Heitor Piedade Junior.

SHECAIRA, Sérgio Salomão. *Criminologia.* 6. ed. São Paulo: Editora Revista dos Tribunais, 2014.

SHECAIRA, Sérgio Salomão; CORRÊA JUNIOR, Alceu. *Teoria da pena*: finalidades, direito positivo, jurisprudência e outros estudos de ciência criminal. São Paulo: Revista dos Tribunais, 2002.

SILVA SÁNCHEZ, Jesús-Maria. *A expansão do Direito Penal*: aspectos da política criminal nas sociedades pós-industriais. (Trad. Luiz Otavio de Oliveira Rocha). São Paulo: Revista dos Tribunais, Série as Ciências Criminais no Século XXI, 2002. v. 11.

SILVA SÁNCHEZ, Jesús-Maria. *Eficiência e Direito Penal.* São Paulo: Manole, 2004. v. 11.

SMANIO, Gianpaolo Poggio. *Tutela Penal dos interesses difusos.* São Paulo: Atlas, 2000.

STEINER, Sylvia Helena de Figueiredo. *A convenção americana sobre direitos humanos e sua integração ao processo penal brasileiro.* São Paulo: Revista dos Tribunais, 2000.

STERNBERG-LIEBEN, Detlev. Bien jurídico, proporcionalidad y libertad del legislador penal. *In*: HEFENDEHL, Holand (Ed.). *La teoría del bien jurídico*: ¿fundamento de legitimación del Derecho penal o juego de abalorios dogmáticos? Madrid: Marcial Pons, 2007.

TURESSI, Flávio E.; MORAES, Alexandre R. A. Imputabilidade penal e o acordo de não persecução penal: ensaio sobre a aplicação da justiça penal negociada para inimputáveis e semi-imputáveis. *Revista Brasileira de Direito Processual Penal,* Porto Alegre, v. 6, n. 3, p. x-x, set./dez. 2020.

VON LISZT, Franz. *Tratado de Direito Penal Allemão.* (Trad. e prefácio: José Hygino Duarte Pereira). Rio de Janeiro: F. Briguet & C., 1899. t. I.

ZAFFARONI, Eugenio Raúl. *Em busca das penas perdidas*: a perda de legitimidade do sistema penal. 5. ed. Rio de Janeiro: Revan, 1991.

ZAFFARONI, Eugenio Raul; BATISTA, Nilo; ALAGIA, Alejandro. *Direito Penal Brasileiro.* 4. ed. Rio de Janeiro: Revan, 2011. v. 1.

Informação bibliográfica deste texto, conforme a NBR 6023:2018 da Associação Brasileira de Normas Técnicas (ABNT):

MORAES, Alexandre Rocha Almeida de; PIEDADE, Antônio Sergio Cordeiro; SAGGES, Marina Bugni. Proteção às vítimas, testemunhas e réus colaboradores: Comentários à Lei nº 9.807, de 13 de julho de 1999. *In*: GOLDFINGER, Fábio Ianni; MORAES, Alexandre Rocha Almeida de (coord.). *Legislação penal extravagante*: Volume III. Belo Horizonte: Fórum, 2024. p. 239-283. ISBN 978-65-5518-818-9.

Alexandre Rocha Almeida de Moraes
Promotor de Justiça (MPSP). Professor de Direito Penal e Criminologia da Graduação e Pós-Graduação da PUC-SP e da Universidade Santa Cecília. Mestre e Doutor em Direito Penal (PUC-SP).

Antônio Sérgio Cordeiro Piedade
Promotor de Justiça do MP/MT. Coordenador do CEAF – Escola Institucional do MPMT. Doutor e Mestre em Direito pela Pontifícia Universidade Católica de São Paulo (PUC-SP). Professor de Direito Penal e Direito Processual Penal da Faculdade de Direito e do Programa de Mestrado (PPGD) da Universidade Federal de Mato Grosso (UFMT). Professor da Escola Superior do Ministério Público do Estado de Mato Grosso e da Escola Superior do Ministério Público do Estado de São Paulo. Membro da Academia Mato-Grossense de Direito – AMD. Líder do Grupo de Pesquisa Cadastrado no CNPq "Tutela Penal dos Bens Jurídicos Difusos".

Fábio Ianni Goldfinger
Promotor de Justiça (MPMS). Mestre em Direito Processual Penal pela PUC-SP (2022). Doutorando em Direito Político e Econômico pela Universidade Presbiteriana Mackenzie. Professor universitário de cursos de Pós-Graduação e autor de diversas obras jurídicas.

Fernando Reverendo Vidal Akaoui
Desembargador do TJSP. Doutor e Mestre em Direito pela PUC/SP. Coordenador e Professor Permanente do Programa de Mestrado em Direito da Saúde da Universidade Santa Cecília (UNISANTA). Professor Titular da Faculdade de Direito da Universidade Santa Cecília (UNISANTA).

Flávio Eduardo Turessi
Pós-doutorando em Ciências Jurídicas e Direito Público pela Universidad de Las Palmas de Gran Canaria/Espanha (ULPGC). Pós-doutorando em Direito pela Universidade Nove de Julho (UNINOVE). Doutor em Direito Político e Econômico pela Universidade Presbiteriana Mackenzie (UPM). Mestre em Direito Penal pela Pontifícia Universidade Católica de São Paulo (PUC-SP). Especialista em Direito Penal pela Escola Paulista da Magistratura (EPM). Promotor de Justiça do Ministério Público do Estado de São Paulo (MPSP). Professor de Direito Penal e Processual Penal nos Programas de Pós-Graduação da PUC-SP e da Escola Superior do Ministério Público. Ex-delegado de Polícia/SP e ex-membro da Advocacia-Geral da União/AGU.

Giovana Greka Godoi Franco
Graduada em Direito pela Pontifícia Universidade Católica de Campinas (PUC-Campinas). Pós-Graduada em Direito Penal pela Escola Superior do Ministério Público do Estado de São Paulo. Analista Jurídica do Ministério Público do Estado de São Paulo.

Jorge Assaf Maluly
Procurador de Justiça do Estado de São Paulo em exercício na Procuradoria de Justiça de *Habeas Corpus* e Mandados de Segurança Criminais. Ex-Coordenador do Setor de Recursos Extraordinários e Especiais Criminais do Ministério Público do Estado de São Paulo. Autor de diversos livros (*Curso de Processo Penal, Teoria e Prática dos Juizados Especiais Criminais, Habeas Corpus, Denunciação Caluniosa*) e artigos jurídicos. Bacharel em Direito pela Faculdade de Direito da Pontifícia Universidade Católica de São Paulo (PUC-SP).

Juliana Moyzés Nepomuceno Araújo
Mestre em Direito pela Pontifícia Universidade Católica de São Paulo (PUC-SP). Pós-Graduada em Direito Penal e Processual Penal e em Interesses Difusos e Coletivos pela Escola Superior do Ministério Público do Estado de São Paulo (ESMP-SP). Mediadora Judicial e Conciliadora certificada pelo Curso Ductor – Cento de Estudos Jurídicos. Professora Assistente em curso preparatório para concursos públicos. Advogada.

Marina Bugni Sagges
Graduada em Direito pela Pontifícia Universidade Católica de São Paulo (PUC-SP). Pós-graduada em Direito Penal e Processual Penal pela Escola Superior do Ministério Público do Estado de São Paulo. Mestranda em Direito Penal pela Pontifícia Universidade Católica de São Paulo (PUC-SP).

Pedro Henrique Demercian
Doutor e mestre em Direito Processual Penal pela Pontifícia Universidade Católica de São Paulo (PUC-SP). Professor nos programas de Graduação e Pós-Graduação *stricto sensu* da PUC-SP e procurador de Justiça de Habeas Corpus e Mandados de Segurança em São Paulo.

Renato Marques Martins
Advogado criminalista. Mestre pela USP. Ex-diretor do Instituto de Defesa do Direito de Defesa (IDDD).

Roberto Carlos Alves de Oliveira Júnior
Promotor de Justiça do Ministério Público de Minas Gerais (MPMG). Graduado em Direito pela Universidade Estadual de Mato Grosso do Sul/UEMS/Paranaíba. Pós-graduado em Direito Processual/UNIDERP.

Tallita Juliana Ramos de Oliveira
Especialista em Direito Penal e Processual Penal pela Universidade Federal de Mato Grosso (2019-2021). Especialista em Direito Processual Civil pela Fundação Escola Superior do Ministério Público de Mato Grosso (2022-2023). Assessora de Gabinete de Magistrado –Tribunal de Justiça de Mato Grosso. Advogada Licenciada. Mediadora Judicial dos Tribunais de Justiça de Mato Grosso e São Paulo. Mediadora Judicial certificada pelo CNJ (2019). Coautora do Livro "Legislação Penal Extravagante II", publicado pela Editora Fórum.

Vanessa Therezinha Sousa de Almeida
Promotora de Justiça do Ministério Público de São Paulo. Mestre em Direito pela Universidade Federal do Estado do Rio de Janeiro (UNIRIO).

Esta obra foi composta em fonte Frankfrut, corpo 9,5 e
impressa em papel Pólen Bold 70g (miolo) e Supremo 250g (capa)
pela Gráfica Star7.